''मैं तथाकथित ईश्वर में विश्वास नहीं करता
किन्तु ईश्वर अगर फूल और वृक्ष है
पहाड़ियां, सूरज और चांदनी–
तब मैं उसमें विश्वास करता हूं
तब मेरा समूचा जीवन एक प्रार्थना और यज्ञ है''

पेसोआ के उक्त कथन को उद्धृत करते हुए निर्मल वर्मा, 'धुंध से उठती धुन' में लिखते हैं–मैंने कभी ईश्वर पर विश्वास नहीं किया, किंतु इन दिनों खासकर रात के समय जब चांद निकलता है, मैं अपने को उसके बहुत निकट पाता हूं। ईश्वर के नहीं, बल्कि उस रहस्य के, जो उसके नाम से चारों ओर फैला है, जिसके साथ मेरा हर रोज़ साक्षात्कार होता है। सूरज और बादलों में, पेड़ों में। पेड़ और चांद जो बादलों के कुशन पर थिर रहते हैं और बादल तारों के बीच तिरते जाते हैं। उस पपड़ी को धो डालते हैं, जो मेरी आत्मा पर जम गई थी और एक बार धुलने के बाद वह अपने में लपेट लेता है–मुझे नहीं, मेरे दिल और भावनाओं को नहीं, लेकिन उसे, जो मुझे आवृत्त किए रहता है–मेरे नंगे नैसर्गिक जीवत्व को।

–निर्मल वर्मा

ध्यान प्रेम की छांव में

ध्यान घटने और सहज रूपान्तरण में सहायक कुछ
महत्वपूर्ण थेरेपी विधियां और ध्यान-प्रयोग

स्वामी ज्ञानभेद

डायमंड बुक्स

I.S.B.N. : 81-288-0797-8

प्रकाशक	:	**डायमंड पांकेट बुक्स (प्रा.) लि.** X-30, ओखला इण्डस्ट्रियल एरिया, फेज–II, नई दिल्ली–110 020
फोन	:	011-51611861-865
फैक्स	:	011-5161866, 26386124
ई–मेल	:	sales@diamondpublication.com
वेबसाइट	:	www.diamondpublication.com
संस्करण	:	2004
मूल्य	:	रु.150/-
लेजर टाइपसेटिंग	:	**टैक्ट कम्प्यूटर ग्राफिक्स,** कृष्णा नगर, दिल्ली–51
प्रिंटर	:	आदर्श प्रिंटर्स, नवीन शाहदरा, दिल्ली–32

Dhayan Prem Ki Chawan Mae Rs. 150/-

By Swami Gyanbhed

भूमिका

पेशे से डॉक्टर होते हुए भी मैं सत्य का खोजी हूं। उसी की तलाश में भटकते हुए ओशो से जुड़ा। ओशो का संन्यासी बनकर ही उनकी प्रामाणिक जीवनी एक फक्कड़ मसीहा ओशो के विभिन्न खण्डों को पढ़ते हुए एक दिन अनायास स्वामी ज्ञानभेद से मुलाकात हो गई। वह मुझे अपने ग्रंथों से भी अधिक प्रीतिकर लगे। उनसे हुई चार-पांच छोटी-छोटी मुलाकातों में ही उनका ओशोमय जीवन, ओशोमय सोच और ओशोमय भावों से आपूरित संवेदना का अनुभव कर मैं परम तृप्ति और आनन्द में डूब गया।

तभी अचानक एक दिन स्वामीजी ने मुझसे अपने नए ग्रंथ 'ध्यान प्रेम की छांव में' की भूमिका लिखने का आग्रह किया। मैंने प्रतिरोध करते हुए कहा भी—"मैं अपने में इसको लिखने की पात्रता हरगिज नहीं पाता। फिर आपको भूमिका लिखवाने की आवश्यकता क्या है? पूरा ओशो संसार आपसे भली-भांति परिचित है।" स्वामीजी एक रहस्यमय मुस्कान बिखेरते हुए बोले—"पूना कम्यून के निकट एक गंदे नाले को वनस्पति शास्त्रियों ने नहीं, साधारण संन्यासियों ने ही नंदन कानन में परवर्तित कर दिया। कोई भी अपने अंदर छिपी रहस्यमय शक्तियों से भली-भांति परिचित नहीं होता। फिर आपने तो ध्यान में गहरे उतर कर उस अतीन्द्रिय आनन्द को प्राप्त किया है। आप झिझकें नहीं। भूमिका आपको लिखनी ही है। यह मेरा नहीं, अस्तित्व का आदेश है। ओशो ने भी अन्य लोगों से अपने ग्रंथों की भूमिकाएं कुछ विशेष प्रयोजन से ही लिखवाईं।

मेरे अन्दर जो भी अघट घटा था, स्वामीजी की पारखी दृष्टि से वह कैसे बच सकता था। आदेश शिरोधार्य कर मैंने रात देर तक जाग-जाग कर धीमे-धीमे 'ध्यान प्रेम की छांव में' की पाण्डुलिपि ध्यान और प्रेम में डूबते हुए पढ़ी। मुझे शिद्दत से महसूस हुआ कि स्वामी जी ने जो जाना और अनुभव किया है उसकी भावपूर्ण अभिव्यक्ति बेजोड़ और अनुपम हैं।

इस ग्रंथ के द्वारा वे भारतीयों साधकों के लिए पूना थेरेपी उपचार के द्वारा ओशो के प्रवचनों में बिखरे सूत्रों द्वारा खोलते हुए उस महत्वपूर्ण कार्य का शुभारम्भ कर रहे हैं जिसे ओशो ने सहजयोग प्रवचनमाला में व्यक्त किया था। इन सूत्रों के द्वारा साधक स्वयं अपना निरीक्षण करते हुए अपनी शारीरिक और मानसिक आवश्यकताओं के अनुसार अपनी अंर्तमुखी, बर्हिमुखी प्रवृत्ति, रजस, तमस या सत गुणों की उपस्थिति का अनुभव कर अपने लिए सही मार्ग और उपयुक्त ध्यान विधियां चुनकर अपने दीये आप बन सकते हैं।

स्वामीजी ने प्राइमल थेरेपी, सम्मोहन, बैलेंसिंग, मालिश तथा विज्ञान भैरव तंत्र के जिन रहस्यमय आणविक प्रयोगों का उल्लेख किया है, मुझे कुछ मित्रों सहित उनके निर्देशन में उन प्रयोगों को करने का सौभाग्य भी मिला है। जो साधक वर्षों से ध्यान करते हुए कुछ भी न घटने के कारण हताशा का अनुभव कर रहे हैं, उनके लिए और समर्पित वेदनशील नये साधकों के लिए भी पांच-पांच मिनट के यह प्रयोग अद्‌भुत रूपान्तरणकारी है।

कुण्डलिनी जागरण के लिए स्वामीजी द्वारा बताए प्रयोग, अत्यंत सरल और सुगम हैं जिनमें से दो चार का उल्लेख तो ओशो ने भी अपने प्रवचनों में भी नहीं किया है और संभवत: 'तंत्र के रहस्यमय संसार' के अंतर्गत थेरेपी ग्रुप्स में उनका रहस्य थोड़े से चुने लोगों को ही बतलाया हो। हिन्दी वर्णमाला के स्वरों का दस चक्रों पर प्रयोग करने से पन्द्रह मिनट में ही ऊर्जा के ऊर्ध्वगमन का सहज अनुभव कर मैं स्वयं विस्मय विमूढ़ हो गया।

हमारा अहंकार यह भरोसा कर ही नहीं पाता कि पांच दस मिनट के प्रयोग हमको स्वयं के होने का या सत्य का साक्षात्कार करवा सकते हैं। विज्ञान-भैरव-तंत्र और आरेंज बुक के ध्यान प्रयोग अद्‌भुत रूपान्तरणकारी हैं। आज की व्यस्तता और भागदौड़ में एक-एक घंटे के दो-तीन प्रयोग नियमित रूप से नित्य करना साधारण लोगों के लिए कठिन है पर प्रेमपूर्ण, सजग और संवेदनशील होकर पांच-दस मिनटों के तीन-चार प्रयोगों को नियमित रूप से करना आसान है।

जिसकी सारी चेतना बाहर से मिनट कर अन्दर केन्द्रित हो जाती है, जिसे अपने होने की अनुभूति हो जाती है, जो पिघल कर शरीर और मन के पार अपनी और विश्व चेतना के अद्वैस्वरूप की अनुभूति करता है, तब उसे अनुभव होता है कि बात कितनी सरल और सहज थी। पर उस सरल सहज अनुभूति को अभिव्यक्त करते हुए जो बहुत दुरूह है, अस्तित्व के संकेत से जो दूसरों के रूपान्तरण के लिए करुणाकार उसे अभिव्यक्त करता

है, उसी से गीता, अष्टावक्र महागीता, उपनिषद, धम्मपद कुरान, बाइबिल और ओशो के ग्रंथों का जन्म हुआ।

मैं अनुभव करता हूं कि स्वामी ज्ञानभेद का यह सदग्रन्थ भी उसी कड़ी की एक छोटी-सी श्रृंखला है। जो लोग स्वामीजी से भली-भांति परिचित नहीं, जो उनके निकट सान्निध्य में नहीं आये, उनके लिए यह एक अतिशयोक्ति या गप्प ही होगी, पर मैं अपने अंदर जो महसूसता हूं उसे ईमानदारी से अभिव्यक्त करने से मैं अपने को रोक नहीं पा रहा हूं।

यह ग्रंथ न केवल ध्यान, वरन् प्रेम की भी गूढ़ कीमिया की पर्त दर पर्त रहस्य खोलता, ओशो के ध्यान और प्रेम का देशना को सरलतम रूप में अभिव्यक्त करने का एक अभिनव उदाहरण है।

मुझे विश्वास है कि यह ग्रंथ रत्न साधकों को मार्गदर्शन देते हुए उन्हें 'अप्पदीपो भव' बनने में सहयोगी और एक मील का पत्थर सिद्ध होगी। ध्यान और प्रेम के संबंध में ओशो की सभी हिन्दी अंग्रेजी प्रवचनमालाओं का यह सारसूत्र और अमृत होने के साथ-साथ यह स्वामीजी के भी अनुभवों का निचोड़ है।

मैं अस्तित्व के प्रति कृतज्ञ हूं कि मुझे स्वामीजी के इस सारगर्भित ग्रन्थ और उन्हें जो मिला है उसे औरों को बांटने की भावपूर्ण विकलता को प्रेमी मित्रों से परिचित कराने का सौभाग्य मिला। मैं सद्गुरु ओशो के चरणों में श्रद्धापूर्ण नमन करते हुए, पूरे अस्तित्व के प्रति अहोभाव व्यक्त करता हूं।

स्वामी अन्तर निर्मन्तु

महापरिनिर्वाण दिवस 2003

(डॉ. पी. के. गुप्ता)

133/9 पी. 1 ट्रांसपोर्ट नगर,

कानपुर

फोन : 2614769, मोबाईल: 3125744

ध्यान प्रेम की छांव में

मेरी दृष्टि में–

''अगर तुम
दूसरो के द्वार खटखटाते-खटखटाते
निराश हो चुके हो।
तो मेरी एक बात मानो
कभी अपना ही द्वार खटखटाओ।''

(इसी पुस्तक से)

अपना ही द्वार खटखटाने के लिए उकसाती स्वामी ज्ञानभेद द्वारा सृजित यह नयी पुस्तक मेरे सामने है, मुझे उकसाती हुई कि मैं पाठकों के साथ, इस पुस्तक के प्रति अपने दृष्टिकोण को बांटने की घृष्टता करूं। लेकिन इस निवेदन के साथ की मेरा दृष्टिकोण 'मेरा' है–वह लेखक के साथ ही पाठकों के लिये भी सहमति-असहमति के बीच झूल सकता है।

मैं अपने को इस काबिल नहीं मानता कि इस विशिष्ट पुस्तक को समीक्षात्मक दृष्टि से देख कर उसे जगजाहिर करूं, लेकिन स्वामी ज्ञानभेद जी ने अगर मुझे ऐसा करने का आदेश दिया है तो उसे नकारना भी संभव नहीं है। इसलिये 'छोटा मुंह बड़ी बात' सही इस घ्रष्टता के लिए उतारू हो रहा हूं। आगे जो भी होगा उसे पुस्तक की समीक्षा कहें, आलोचना कहें या कि भूमिका या परिचय, कहा और समझा कुछ भी जा सकता है लेकिन हकीकत बस इतनी है कि–

कोई भी स्तरीय साहित्य पाठक के हृदय पटल पर एक अक्स छोड़ता है। ये अक्स कभी हल्का और कभी गहरा तो कभी-कभी अमिट होता है। किसी भी स्तरीय साहित्य को पढ़ने के बाद हम बुदबुदा उठते हैं। 'क्लासिक', बहुत अच्छी या अच्छी या कभी ठीक है..... को लम्बा खींच कर शांत हो जाते हैं, लेकिन निश्चित रूप से पसंदगी या नापसंदगी नितान्त

व्यक्तिगत होती है। मैं समझता हूं किसी भी साहित्य प्रेमी का यह स्वानुभव होगा ही। एक कविता ऐसी हो सकती है कि किसी व्यक्ति को मदहोश कर दे लेकिन यह कतई जरूरी नहीं कि दूसरे किसी व्यक्ति के हृदय को छू के भी गुजर सके। मेरा यह मानना है कि किसी भी रचना का मूल्यांकन निरपेक्ष हो पाना लगभग असंभव है क्योंकि मूल्यांकन करने वाले की अपनी सोच, जीवन-दृष्टि, संवेदनशीलता, पसंद-नापसंद सभी कुछ अपना प्रभाव छोड़ते हैं।

किसी लेखक की शैली प्रभावित करती है, किसी की भाषा और किसी का कथ्य। अगर ये तीनों ही तत्व प्रभावशाली ढंग से उभर पाते हैं तो निश्चित ही वो पुस्तक एक बड़े पाठक वर्ग की सराहना का हकदार हो जाती है।

'ध्यान-प्रेम की छांव में' पुस्तक पढ़ते हुए भी मेरा ध्यान इन तीन तत्वों की तरफ जाता है। मेरी दृष्टि में कथ्य के नजरिये से यह पुस्तक 'गागर में सागर' की कहावत को चरितार्थ करती है। वैसे भी आध्यात्मिक और दार्शनिक विषय पर रचित पुस्तक में 'कथ्य' ही सर्वाधिक महत्वपूर्ण तत्व होता है। शैली और भाषा की उपादेयता को फिर भी कम नहीं समझा जा सकता है। 'ध्यान प्रेम की छांव में' पुस्तक भाषा और शैली के नजरिये से बहुत प्रभावी नहीं हो पायी है। शायद लेखक का सारा जोर कथ्य की उपादयेता की ओर है, जिसमें वो सफल है।

मैंने स्वामी ज्ञानदेव जी द्वारा रचित लगभग सभी पुस्तकों का पठन किया है। कुछ एक की भूमिकाएं भी लिखी हैं। व्यक्तिगत तौर पर मैंने ज्ञानभेद जी से अक्सर यह शिकायत की है कि विस्तार देने के मामले में वो बाढ़ पर आयी नदी की तरह कोई तटबंध स्वीकार नहीं करते हैं। लेकिन मेरे कथन से यह निष्कर्ष लेना उचित नहीं होगा कि ज्ञानभेद के लेखन में यह विस्तार व्यर्थ और बकवास को समेटे है। विस्तार है ही इस कारण कि लेखक अपनी जानकारी, अपने अनुभव और अपने हृदय पर पड़े प्रभावों को मुक्त भाव से पाठकों को समक्ष उलीच देना चाहता है। वैसे ही जैसे कोई मेजबान अपने आत्मिय मेहमान को आग्रह करके भोजन कराते हुए 'कम' और 'अधिक' के भेद को लांघ जाता है।

साहित्य का एक छोटा-सा साधक होते हुए ये मेरा अपना अनुभव है कि लेखक के लिए यह एक निर्मम कृत्य है कि वो अपने लिखे को सिर्फ इस लिहाज से कांटा-छांट दे कि उसका आकार बड़ा मालूम देता है। संशोधन और परिष्कृत करने के लिये की गयी कांट-छांट एक अलग बात

है। लेकिन आज के युग का यह एक बड़ा सत्य है कि पाठक वर्ग न केवल सीमित हो गया है वरन उसके पास समय और एकाग्रता का भी भीषण अभाव हो गया है। वो कम से कम समय में अधिक से अधिक पढ़-समझ लेना चाहता है। एम.एम.एस. के जरिये वो अपने भावों को संप्रेषित करने में सक्षम हो गया है। स्तरीय साहित्य को बांधने वाला पाठकवर्ग बहुत प्रबुद्ध हो गया है। वो किसी भी रचना में सार-तत्व की बात को खोज लेने की उत्सुकता से भरा होता है। इसका यह अर्थ भी नहीं कि अनेका-अनेक विषयों को लेकर लिखे जा रहे वृहत्त ग्रंथ, उपन्यास, आत्म-कथायें और समीक्षाएं व्यर्थ है या इनको नहीं लिखा जाना चाहिए। साहित्य की दृष्टि से ऐसे प्रयास न कभी बंद होगे और न होना ही चाहिए। साहित्य की दृष्टि से ऐसे प्रयास न कभी बंद होंगे और न होना ही चाहिए। अगर ऐसा कभी होता हैं तो उस पाठक वर्ग के लिए यह बहुत बड़ी त्रासदी होगी जो उत्कृष्ट साहित्य के शब्द-शब्द को पीते और पचाते हुए अभूतपूर्व आनन्द का अनुभव करते हैं।

विस्तार की बात आड़े आती है पाठक-वर्ग की सीमाओं के ख्याल करते हुए। अधिक से अधिक कथनीय को अगर संक्षिप्त और प्रभावशाली ढंग से संप्रेषित किया जा सके तो इस युग में वह साहित्य की उपादेयता को और अधिक विकसित करने में सहायक हो सकता है।

प्रस्तुत पुस्तक 'ध्यान-प्रेम की छांव में' लेखक स्वामी ज्ञानभेद ने आध्यात्मिक खोजियों के लिए जो हीरे चुने हैं उसमें उनकी भूमिका 'हंस' जैसी है।

'हंसा तो मोती चुगें।'

उन्होंने ये हीरे चुगे और फिर उन्हें साधकों के समक्ष उलीच दिया है। ओशो के अथाह सागर से यह हीरे चुन-चुनकर लाये गये हैं। सागर में बहुत कुछ बहुमूल्य छुपा है लेकिन गोते लगाकर उसे ढूंढ-ढूंढ कर साहिल पर खड़े लोगों तक पहुंचाने का काम लेखक ने बखूबी किया है। 'क्यों नहीं घटता ध्यान?' की सहज जिज्ञासा से पुस्तक प्रारंभ होती है। झेन गुरु हयाकुजों से संबंधित एक बोध कथा को माध्यम बनाते हुए लेखक 'क्यों नहीं घटता ध्यान?' के प्रश्न का एक अमूर्त उत्तर पाठकों के सामने परोस देते हैं? सार-तत्व तो इस बोध कथा में ही आ जाता है लेकिन विस्तार आगे मिलता है।

आखिर ध्यान है क्या? ओशो ने अपने प्रवचनों में ध्यान को अनेका अनेक ढंग से परिभाषित किया है। हजार दिशाओं से साधकों तक ध्यान के सार-तत्व को संप्रेषित करने की चेष्टा की है।

अगले ही अध्याय में 'स्वयं का निरीक्षण', 'आत्म रूपान्तरण' की बात कहते हुये ज्ञानभेद जी 'स्वपीड़क' और 'परपीड़क' मानसिक अवस्थाओं पर बात करते हुए दु:ख के कारणों पर आते हुए पंडित-पुरोहितों के शोषण की ओर इशारा करने से नहीं चूकते हैं।

'फिर आखिर ध्यान घटे कैसे?' प्रश्न से जूझते हुए ज्ञानभेद जी सद्‌गुरु ओशो के प्रवचनांश को उद्धत करते हुए विषद व्याख्या करते हुए, बुद्ध के 'अप्प दीपो भव' तक पहुंच जाते हैं।

ज्ञानभेद जी भारतीय परिवेश से जुड़े साधकों के लिए कम मूल्य की कुनकुनी थेरेपी की व्यवस्था बनाने के विषय में ओशो के विचार को संप्रेषित करते हुए इस दिशा में कोई उल्लेखनीय प्रयास न हो पाने से दुखी हैं। शायद इसीलिए वो उन तमाम साधकों के प्रति अपने उत्तरदायित्व को महसूस करते हुए ''कुछ थेरेपी (उपचार) स्वयं कैसे करें।''

''कौन-सा ध्यान कब करें।''

''साधना की अनेक विधियां और चुनाव।''

आदि पर प्रकाश डालते हुए अपने आत्म अनुभवों को भी पाठकों तक पहुंचाने के लिए प्रयत्नशील हैं।

पुस्तक में 'सम्मोहन का प्रयोग' अध्याय के अर्न्तगत यह बताने की चेष्टा की गयी है कि किस तरह से नकारात्मक भावदशा को सकारात्मक दिशा दी जा सकती है। लेखक के अनुसार ''ओशो ने सम्मोहन का प्रयोग मनुष्य के अचेतन में जड़ें जमाये भ्रमों और सपनों को तोड़ने के लिये किया है।''

सम्मोहन के अद्‌भुत प्रयोगों का वर्णन करते हुए ज्ञानभेद जी भगवान महावीर, रामकृष्ण परमहंस और गुरजियेफ की चर्चा करते हुए उसे और स्पष्ट करते हैं।

पुस्तक की विशिष्टता है इसमें संयोजित थैरेपी के वर्णन जिसके विषय में आम पाठक बहुत कम जानकारी रखता है। ओशो कम्यून पूना में उन तमाम थेरेपीज को प्रारंभ किया गया जो देह और मन की ग्रंथियों को विसर्जित करने में प्रभावी हैं। लेखक के अनुसार 'प्राइमल थैरेपी' जिसके जन्मदाता पश्चिम के ज़ेनोव हैं, पतंजिलि योग के प्रति-प्रसव विधि का ही एक भाग है। प्राइमल थेरेपी जीवन में पीछे लौटने की विधि (Reliving the past), इस पुस्तक में ऐसी विधियों का विवेचनात्मक अध्ययन साधक के लिए बहुत मूल्यवान सिद्ध होगा।

पुस्तक में आध्यात्मिक साधना के दृष्टिकोण से बहुत कीमती सूचनायें हैं। यद्यपि ओशो के प्रवचनों में योग, तंत्र, ध्यान और अचेतन में प्रवेश की तमाम पूर्वी और पश्चिमी विधियों का वर्णन और उनकी विवेचना उपलब्ध है, लेकिन ज्ञानभेद जी ने यत्र-तत्र उपलब्ध इस ज्ञान को एक विषय वस्तु के अंतर्गत ढ़ालकर एक ही पुस्तक में संजोने का जो सराहनीय प्रयास किया है, वह बेजोड़ है।

इसी प्रयास के अंतर्गत प्राइमल थैरेपी से लेकर केन्द्र की ओर लौटने के अद्‌भुत प्रयोग, उछलते हुए 'हू' का उद्‌घोष, सूफी नृत्य, गर्भासन-ध्यान, संतुलन आदि विधियों का सारगर्भित वर्णन पुस्तक में संजोया गया है।

शरीर की ऊर्जा को लयबद्ध और संतुलित करने के लिए मालिश हमेशा से ही महत्वपूर्ण भूमिका निभाती रही है।

''मालिश शरीर की वीणा में कसे तारों को ढीला कर और अधिक शिथिल तारों को कसकर उसे इतना संतुलित और लयबद्ध कर देती है कि उसमें से जीवन संगीत स्वयं गुंजारित होने लगता है।''

(इसी पुस्तक से)

मालिश करने के विशिष्ठ ढंग हैं और शरीर में जहां-जहां ऊर्जा का प्रवाह बाधित हो रहा है उसको ध्यान में रखकर अलग-अलग ढंग से मालिश करना, अपने आप में एक विज्ञान है। शरीर की अराजक ऊर्जा ध्यान में बाधक है। मालिश के विषय में इस पुस्तक में बहुत विस्तार में चर्चा हुई है और यथासंभव रेखाचित्रों की मदद भी ली गयी है।

प्रस्तुत पुस्तक में एक पूरा अध्याय योग, व्यायामों तथा आसनों के लिए समर्पित हैं। रेखाचित्रों से सुसज्जित इस अध्याय में कुछ प्रचलित योगासनों को समझाया गया है और चित्रों की मदद लेकर साधक स्वयं इनका प्रयोग कर सकते हैं। लेखक के अनुसार ये योगासन न केवल शरीर को स्वस्थ और ऊर्जावान रखते हैं बल्कि शरीर के चक्रों को भी सक्रिय करने में सहायक होते हैं।

ध्यान-प्रेम की छांव के दूसरे खंड में ज्ञानभेद जी ने ओशो द्वारा प्रदत्त अनूठी ध्यान विधियों और अभिनव प्रयोगों को बहुत ही सारगर्भित ढंग से सम्प्रेषित करने का प्रयास किया है।

ओशो के अनुसार-''सभी विधियां सहयोगी हो सकती है, पर विधि ध्यान नहीं है।''

''प्रारंभ में प्रयास भी तो कृत्य ही होगा लेकिन एक अनिवार्य बुराई की तरह। तुम्हें सतत स्मरण रखना होगा कि तुम्हें उसके पार जाना है।''

पुस्तक के इस पूरे खंड में लेखक ने ओशो के साथ ही और बुद्ध पुरुषों का संदर्भ लेकर ध्यान के प्रयोगों को बहुत सुस्पष्टता से साधकों तक पहुंचाया है। जे. कृष्णामूर्ति, झेन गुरु नानइन पातंजलि आदि का संदर्भ जहां उचित लगा है लिया गया है। हालांकि मुख्य रुप से ओशो के वचनों और उनके द्वारा संशोधित, परिष्कृत और अविष्कृत ध्यान विधियों को आधार मान कर ही पुस्तक का ये खंड विकसित हुआ है।

अगर इस खंड को ध्यानपूर्वक पढ़ा जाए तो जिज्ञासु पाठकों में गहरी समझ विकसित हो सकती है और तमाम उलझनों और आशा-निराशा के बीच झूलते मन को अपना मार्ग दिख सकता है।

पुस्तक 'ध्यान-प्रेम की छांव में' की उपादेयता इस नजरिये से और बढ़ जाती है कि आध्यात्मिक साधना जैसे गूढ़ विषय को प्रस्तुत करते हुए भी लेखक ने सरल बोलचाल की भाषा का प्रयोग किया है, जो निश्चित ही पाठक को आत्मियता का अहसास देगी। यही नहीं बिल्कुल अनभिज्ञ पाठकों को भी शायद ऐसा महसूस नहीं होगा कि वो ऐसी कोई पुस्तक पढ़ रहे हैं, जो उनके लिये नहीं है। विषय को सरल और बोधगम्य बनाने में लेखक ने पूरी सफलता पाई है।

अंततः मैं यही कहना चाहूंगा कि स्वामी ज्ञानभेद की यह कृति मूल्यवान भी है और उपयोगी भी अगर विवरण का संक्षिप्तीकरण हो सके, बिना कथ्य को हानि पहुंचाये, तो कोई भी रचना और प्रभावी हो जाती है। आशा है लेखक अपने आने वाले कृतियों में इस ओर विशेष ध्यान देंगे।

'ध्यान प्रेम की छांव में' पुस्तक के लेखक स्वामी ज्ञानभेद जी इस सुन्दर और उपयोगी कृति के लिए बधाई के पात्र है।

प्रेम निशीथ

(प्रेम निशीथ)

258-जे, आदर्श नगर
(जे.के. कालोनी)
कानपुर-208010
दूरभाष-2460026

इसके बारे में अपनी बात

सभी सुख, शांति और सुकून खोज रहे हैं, धन, वैभव, नाम, पद और यश की दौड़ में अथवा प्रेयसी के गेसुओं की छांव में। सुख किसी को मिलता नहीं। हर सुख अपने साथ दुःखों की एक अंतहीन श्रृंखला साथ लेकर आता है। लोग ऊपर से सुखी होने का नाटक भले ही रच लें पर उनके अंदर घाव ही घाव भरे हैं। उन्हें सभी से शिकायतें ही शिकायतें हैं, और मृत्यु धीमे-धीमे जबड़ा खोले उन्हें निगलने को पास आती जा रही है।

इस रोग की ओशो ने एक ही औषधि बतलाई है—और वह है ध्यान। ध्यान से ही प्रेम का जन्म होता है। एक ऐसा प्रेम, जो सभी पर बेशर्त बरसता है। जिसमें ईर्ष्या या मालकियत नहीं होती। जो अपेक्षारहित होता है, जो कुछ मांगता नहीं, सिर्फ बांटता ही बांटता है।

नगर-नगर में आयोजित ध्यान शिविरों में हजारों लोग ध्यान सीख रहे हैं, पर सिर्फ दो चार को घटता है ध्यान। चंद लोगों को ही सच्चे प्रेम का स्वाद मिल पाता है और शेष पहले से भी और अधिक दुखी हो जाते हैं। उनके दुःखी होने का कारण है कि ध्यान उनके अंदर छिपे नर्क का उन्हें शिद्दत से अहसास कराता है। उन्हें समझ में आता है कि अपनी पीड़ा का कोई दूसरा नहीं, वे स्वयं जिम्मेदार हैं। वे घबड़ाकर ध्यान करना बंद कर देते हैं। लोग ध्यान से इसलिए भी चूक रहे हैं क्योंकि उनका होशपूर्ण रेचन नहीं हो पाता है। वे अंदर से सहज सरल नहीं हो पाते। ध्यान शिविर क्या, कोई भी प्रशिक्षण होशपूर्ण होना सिखा नहीं सकता। ध्यान भी न सीखा जा सकता है और न सिखाया जा सकता है। ध्यान क्रिया नहीं है। कुछ न करना ही ध्यान है।

पर 'कुछ न करना' कैसे घटित हो, कैसे निर्विचार हुआ जाये, कैसे अपने को ध्यान के लिए तैयार किया जाये, कैसे ध्यान घटने की पृष्ठभूमि तैयार की जाये, इसके लिए ही ओशो ने एक नहीं सैकड़ों विधियां दी है।

उन सैकड़ों विधियों में कौन-सी विधि आपको बदल सकती है, कौन से प्रयोग आपको सहज और सरल बना सकते हैं, इसके लिए ही ओशो ने

मल्टी यूनिवर्सिटी में थेरेपी ग्रुप्स प्रारम्भ किए थे जिसमें प्रवेश करने पर, विशेषज्ञों द्वारा परीक्षण कर उसके उपचार के लिए वे थेरेपी ग्रुप्स और ध्यान प्रयोग निश्चित करते थे।

यह थेरेपी उपचार अनेक विशेषज्ञों द्वारा अंग्रेजी भाषा के माध्यम से, साउंडप्रूफ, वातानुकूलित पिरामिड भवनों में कराये जाने के कारण बहुत खर्चीले हैं। तथापि यह व्यवस्था प्रभावी और कारगर है।

पूना आश्रम में वर्तमान व्यवस्था के अंतर्गत मल्टी यूनीवर्सिटी द्वारा आयोजित थेरेपी ग्रुप्स के द्वारा केवल तीन ध्यान प्रयोगों के अतिरिक्त सभी प्रयोग भारतीय साधकों के लिए बंद हैं। ऐसा नहीं वे हमेशा से बंद थे, पर प्रारम्भ में उनमें भाग लेने वाले भारतीय साधकों के बेढंगे आचरण और हरकतों के कारण थेरेपी ग्रुप्स में भारतीय साधकों का प्रवेश वर्जित कर दिया गया और सहजयोग प्रवचनमाला में ओशो ने कहा–''99% भारतीय कामवासना के दमन से पीड़ित हैं इसलिए उन्हें समूह चिकित्साओं की और भी अधिक आवश्यकता है। मैं भारतीयों के लिए उनकी ही भाषाओं में विशेषज्ञ प्रशिक्षित कर शीघ्र ही कुछ कुनकुनी और सस्ती समूह चिकित्साओं के लिए एक नई कम्यून बनाने की योजना बना रहा हूं।''

पर जब तक यह व्यवस्था नहीं होती तब तक क्या भारतीय साधक इनसे पूरी तरह चूकते रहेंगे?

ओशो अपने विभिन्न प्रवचनों में वह सारे सूत्र दे गये हैं जिन्हें बोधपूर्वक जानकर प्रत्येक साधक भली-भांति यह जान सकता है कि उसमें राजसी, तामसी या सात्विक कौन से गुण अधिक हैं? वह बुद्धिप्रधान है या हृदय प्रधान? उसका मार्ग भक्ति है या ध्यान? वह अंर्तमुखी है अथवा बहिर्मुखी? वह तंत्र के सूत्रों द्वारा दमित कामवासना का किस तरह स्वयं ही होशपूर्ण रेचन कर सकता है? मालिश के द्वारा स्वयं ही अवरुद्ध ऊर्जा को मुक्त कर किस तरह स्वयं को विश्राममय कर सकता है? किस तरह मस्तिष्क से हृदय केन्द्र पर आ सकता है?

किसी तरह अपने ही अंदर स्त्री व पुरुष की निष्क्रिय और सक्रिय ऊर्जा को संतुलित कर सकता है?

किस तरह आत्मसम्मोहन का प्रयोग कर शरीर और मन से तादात्म्य तोड़कर अपने चैतन्य का बोध कर सकता है।

प्राइमल थेरेपी के सरल प्रयोगों द्वारा किस तरह अपने मूल उद्‌गम तक पहुंच सकता है?

अपने दीये आप बन कर, बहुत कुछ किया जा सकता है, केवल आवश्यकता है ओशो के प्रति, अस्तित्व के प्रति समर्पित होकर संकल्प

जागने की। प्रतिदिन नियमित ध्यान करते हुए बोधपूर्ण, सजग और संवेदनशील होने की।

पर सजगता, संवेदनशीलता और बोध न सीखा जा सकता है और न सिखाया जा सकता है। इसके लिए एक जीवन शैली निर्मित करनी होती है, जिसके उपाय ओशो ने अंग्रेजी हिन्दी के विभिन्न प्रवचनों में बतलाये हैं। इसके लिए विज्ञान-भैरव-तंत्र के पांच-पांच मिनट के प्रयोग भी बहुत प्रभावी हैं। पर उन्हें करने से पूर्व कुछ तैयारी की आवश्यकता है जिसके सूत्र भी ओशो ने बतलाए हैं। प्रायः लोगों ने भूमि तैयार किए बिना यह प्रयोग किए हैं और इसीलिए असफल होने पर उनका प्रयोग छोड़ दिया। इनके लोकप्रिय न होने का यही मुख्य कारण है। सतपुड़ा पहाड़ियों के अंचल में, जिला छिन्दवाड़ा में स्थित जमुनिया ओशो आश्रम के एकान्त में, मैं महीनों स्वयं इनका प्रयोग करते हुए विकसित हुआ। वहीं मैंने अपना निरीक्षण कर होशपूर्ण रेचन करते हुए बैलेंसिंग थैरेपी, मालिश, कुछ योग व्यायाम, प्राइमल थेरेपी तथा अन्य चिकित्साएं स्वयं कीं और उनका आशातीत परिणाम निकला।

मेरे अंदर इसीलिए यह भाव उठना सहज और स्वाभाविक था कि ओशो की जिन विधियों और सूत्रों से मैं स्वयं विकसित हुआ हूं, उसे ओशो प्रेमियों तक पहुंचाऊं।

अपनी पूर्व पुस्तक ''बुद्धत्व खड़ा बाजार में'' द्वारा मैंने प्रत्येक तरह की समाधि में सहायक ओशो के सूत्रों को देने के साथ-साथ ओशो द्वारा वेदान्त, सांख्य, ध्यान, भक्ति, तंत्र और ज़ेन आदि सभी मार्गों और विधियों का उल्लेख किया है। पर उसमें इन सभी सूत्रों विधियों और उपायों का उल्लेख संभव न था।

मैंने इटावा, मेरठ तथा कानपुर आदि नगरों में छोटे-छोटे शिविरों में जिज्ञासु प्रेमियों को यह प्रयोग करवाये भी हैं, जिनसे वे विकसित और आनन्दित हुए हैं।

स्वयं का निरीक्षण कर अपने स्वभाव और संभावनाओं का सही आकलन कर ओशो के बोध वचनों और विधियों से साधक सहज ही विकसित हो सकते हैं। मैं स्वयं हुआ हूं, इसलिए ओशो की इस कस्तूरी सुवास की ओर आपका ध्यान आकर्षित कर नीरज की दो काव्य पंक्तियों को प्रस्तुत कर रहा हूं।

खुशबू सी आ रही है, इधर जाफरान की।
खिड़की खुली है आज फिर उनके मकान की।

हारे हुए परिन्द ज़रा उड़के देख तो
आ जाएगी जमीन पै छत आसमान की।

ओशो के निकट असम्भव भी संभव बन जाता है। मछलियां पेड़ पर चढ़ जाती हैं। पानी में आग लग जाती है। निरन्तर बोलने वाले बकवादी मौन हो जाते हैं। संभोग से समाधि घटती है। गंदे बदबूदार नाले की भूमि नंदनकानन बन जाती है। जबलपुर के कक्ष में पन्द्रह व्यक्तियों के साथ शुरू किये गये प्रवचन और सत्संग का अंकुर एक विशाल वटवृक्ष बनकर एक से अनेक होते हुए पूरे विश्व में फैल जाता है। पन्द्रह की संख्या बढ़कर कई लाख हो जाती है।

थेरेपी ग्रुप्स के संबंध में ओशो के सूत्र आत्म रूपान्तरण की कुंजियां हैं। थेरेपी ग्रुप्स के प्रयोग उसे संतुलित, लयबद्ध, सजग और संवेदनशील बनाने में कारगर हैं। वे उसकी समझ को विकसित करते हैं। अतीत की कंडीशनिंग से मुक्त करते हैं। उसे वर्तमान में क्षण-क्षण जीने के रहस्य बतलाते हैं। और उसके बाद विज्ञान भैरव तंत्र के प्रयोग उसे केन्द्र तक पहुंचाने में सहयोगी हैं। अपने केन्द्र पर पहुंचना ही सहज समाधि है क्योंकि वह तुम्हारा ही नहीं, पूरे अस्तित्व का केन्द्र है। तुम्हारे पिंड में ही ब्रह्माण्ड समाया है। ये प्रयोग खंड में अखंड की अनुभूति कराते हैं।

ओशो की करुणा, प्रेरणा, आशीर्वाद और अनुकम्पा से ही यह असम्भव कार्य पूर्ण देख मैं स्वयं विस्मय-विमूढ़ हूं।

मैं पूरे अस्तित्व के प्रति आभारी और कृतज्ञ हूं जो अपनी ऊर्जा और प्रेम की मुझ पर निरन्तर वर्षा करता रहा हूं।

मैं विशेष रुप से आभारी हूं इटावा ओशो ध्यान केन्द्रों के संचालकों स्वामी ज्ञान आशू, संदीप गुप्ता, मेरठ ध्यान केन्द्र के कर्णधारों स्वामी ध्यान योग, सतीश, रवि रस्तोगी, बाराबंकी, बरनाला, पटियाला और इलाहाबाद के ओशो संन्यासियों और कानपुर के स्वामी ध्यान वैराग्य, मां आनन्द दीप्ति, स्वामी अन्तर निर्मन्तु श्री सतीश सेठ और स्वामी ज्ञान जसूर का जिन्होंने ध्यान-शिविर और सत्संग आयोजित कर मुझे विज्ञान भैरव तंत्र और आरेंज बुक के ध्यान प्रयोगों को करवाने की सुविधाएं उपलब्ध कीं और प्रेमी मित्रों को वह सब कुछ बांटने का मुझे अवसर मिला, जिसे बांटकर मैं अपने को भारमुक्त होने का सुखद अनुभव कर रहा हूं। उक्त साधकों को ध्यान में विकसित होता अनुभव कर मैं परम आनंदित हूं और इसीलिए इस पुस्तक के द्वारा ओशों की इस चुनी सम्पदा को प्यासों तक पहुंचाने का यह प्रयास है।

स्वामी प्रेम निशीथ ने अपनी अत्यधिक व्यस्तता के बावजूद जो भावपूर्ण और सुंदर भूमिका लिखी है उसके लिए आभारी होते हुए भी

उनके प्रति आभार व्यक्त करना संभव नहीं है क्योंकि वह उनके लिए पीड़ादायक होगा। स्वामी जी स्वयं ध्यान की गहराइयों में डूबे हैं, जिसका अनुभव करने के बाद ही किसी अज्ञात प्रेरणा से मैंने उनसे भूमिका लिखने का अनुरोध किया।

अस्तित्व की अनुकम्पा और ओशो की करुणा से मैं ध्यान की गहराइयों में अवश्य पहुंचा हूं, कुण्डलिनी के भी ऊर्ध्वगमन का मैं आनन्द ले रहा हूं पर इसके बाबजूद मंजिल अभी दूर है। अंतर्यात्रा का प्रारम्भ तो होता है पर इसका कोई अंत नहीं है। मैं केवल यही कह सकता हूं कि मैं विकसित हुआ हूं और विकसित हो रहा हूं। अपने अंदर ही ब्रह्म अवचेतन की पाताल जैसी अनन्त गहराइयां हैं और जितनी गहराई में प्रवेश हो सके, विकसित होकर चेतना उतने ही अधिक ऊंचे शिखरों पर पहुंचती है और शिखर भी अनन्त हैं।

स्वामी धर्म वेदांत तथा स्वामी प्रेमनिशीथ के प्रति भी उनके मूल्यवान सुझावों के लिए आभारी हूं।

ओशो शांति सदन ध्यान केंद्र जमुनिया (छिंदवाड़ा) के संचालक स्वामी कृष्णदास भारती, मां आर्या तथा उस आश्रम को खरीदने वाले ध्यानप्रेमी सुराणा जी का भी आभारी हूं जिन्होंने मुझे प्रकृति सान्निध्य और एकान्त में विकसित होने की सुविधा दी।

अपनी श्रीमती जी चन्द्रकान्ता का भी आभारी हूं जिनके निरन्तर ताने और उपालम्भ मुझे आत्म निरीक्षण और संतुलित बनाने में सहायता करते रहे हैं पर जिनके चट्टान जैसे व्यक्तित्व के नीचे बहती प्रेम सरिता बहू अनीता के साथ मुझे दैनिक जीवन में वह सभी सुविधाएं उपलब्ध कराती रही है, जो सृजनात्मक होने में सहायक है।

अंत में अपने प्रकाशक श्री नरेन्द्र कुमार के प्रति आभार व्यक्त करते हुए, जिनके सहयोग से ही सुंदरतम रुप में सभी ग्रंथ आप तक पहुंचते हैं, मैं पूरे अस्तित्व के प्रति कृतज्ञता और अहोभाव व्यक्त करते हुए अपनी लेखनी को विराम देता हूं।

प्रेम सहित।

स्वामी ज्ञानभेद

18 एम.आई.जी, बर्रा-6

कानपुर (उ.प्र.) 208027

फोन नं : 2285030

अनुक्रमणिका

प्रथम खण्ड : ओशो के दिए सूत्रों से अपनी थेरेपी उपचार स्वयं करें

1. क्यों नहीं घटता ध्यान? 25
2. स्वपीड़क या परपीड़क होकर ध्यान नहीं घट सकता 33
3. कैसे घटे ध्यान? 39
4. अप्प दीपो भव (अपनी दीये आप बनो) 42
5. होशपूर्ण रेचन तथा अलग-अलग स्वभाव व गुण वाले व्यक्तियों के लिए पृथक-पृथक ध्यान प्रयोग 44
6. भारतीय साधकों के लिए सस्ती कुनकुनी थेरेपी विधियों की पृथक कम्यून बनाने का ओशो का अधूरा स्वप्न कैसे साकार हो 52
7. ध्यान की इतनी अधिक विधियां क्यों? और अपने गुणों के आधार पर साधना विधि का चुनाव 58
8. थेरेपी ग्रुप्स में सम्मोहन का प्रयोग 72
9. ध्यान में सम्मोहन का प्रयोग 75
10. सम्मोहन का अद्‌भुत प्रयोग : मौन द्वारा विचार-सम्प्रेषण व महावीर की प्रतिक्रमण विधि 82
11. प्राइमल थेरेपी 86
12. साधक की अंतर्यात्रा : मूल या गंगोत्री की ओर 89
13. एक अद्‌भुत ध्यान : गर्भासन 94
14. बैलेंसिंग थेरेपी : तीन प्रयोग 97
15. मसाज (मालिश) थेरेपी द्वारा शरीर की ऊर्जा को लयबद्ध, संतुलित और अवरोधमुक्त कर तथाता में ले जाना 102
16. मालिश की सात विधियां और उसके महत्त्वपूर्ण नियम 107

17. चक्रों को सक्रिय करने, अवरुद्ध ऊर्जा को मुक्त करने तथा प्रौढ़ों को युवा बनाने के नौ अभिनव जीवन-संजीवनी प्रयोग 129

द्वितीय खण्ड : ध्यान घटने और प्रेम में विकसित होने की सहज, सरल विधियां और सूत्र

18. ध्यान करने से पूर्व ठीक से समझें–ध्यान है क्या? वह घटे कैसे? अंतर्यात्रा के आवश्यक सूत्र 153
19. ध्यान घटने के लिए होशपूर्ण जीवन-शैली विकसित करें 162
20. ध्यान के रहस्य, बोधपूर्वक समझें 165
21. विधियां भटकाने से बचाती हैं और प्रयास ही प्रयासरहित बनाता है 170
22. नकली सद्‌गुरु से सावधान 172
23. निष्क्रिय सजगता से निरीक्षण ही केन्द्र पर पहुंचा देता है 183
24. न परिवार छोड़ना है न संसार, केवल होशपूर्ण रहना है 190
25. किसी भी सद्‌गुरु से मिलने पर दाम्पत्य जीवन की दरार कैसे मिटे? 193
26. विकसित होने की सात सरल विधियां 196
27. मात्र न बोलना ही नहीं है मौन 203
28. पांच ग्रंथियों का विसर्जन 209
29. गीत-संगीत और नृत्य का परमात्मा से संबंध 211
30. दमित काम-ऊर्जा से मुक्ति के उपाय 216
31. तनाव और चिंता की जड़ों में उतरकर, ध्यान बीमारी का आक्रमण रोक देता है। शरीर को सतायें मत 220
32. समत्व बुद्धि योग या मध्यम मार्ग और उससे विकसित बैलेंसिंग-थेरेपी 224
33. पतंजलि योग के कुछ रूपान्तरणकारी सूत्र 230
34. तनाव मुक्ति का एकमात्र उपाय : ध्यान 235
35. ध्यान और सरल प्राणायाम 245
36. प्रेम परम मार्ग है, पर प्रेम हो तभी न? 250
37. आरेंज बुक के कुछ महत्त्वपूर्ण ध्यान-प्रयोग 261

प्रथम खंड

ध्यान से समझ विकसित कर ओशो द्वारा दिए सूत्रों से अपनी थेरेपी चिकित्सा स्वयं करें।

और स्वयं का अध्ययन कर जानें कौन से ध्यान आपके लिए उपयोगी है और क्या है आपका मार्ग?

1. क्यों नहीं घटता ध्यान?

कुछ लोग वर्षों से ध्यान कर रहे हैं और उन्हें शिकायत है कि कुछ घटा नहीं। कुछ मिला नहीं। कोई रूपान्तरण नहीं हुआ। कोई सिद्धि नहीं मिली। यहां तक कि आनन्द भी नहीं मिला। उल्टे बैचेनी और परेशानी बढ़ गई और उन्होंने घबड़ा कर ध्यान करना लगभग छोड़ ही दिया। जब कभी गाहे-बगाहे कर लेते हैं ध्यान।

जब कभी ध्यान-शिविरों में भी चले जाते हैं। शायद ध्यान की कोई नई विधि चमत्कार कर दे। शायद किसी के सान्निध्य में वह विकसित हो जायें। कोई अघट घटना अनायास घट जाये।

पहली बात तो यह, चूंकि उन्होंने ध्यान से कुछ पाने की, मिलने की, कुछ होने की कामना की थी, इसलिए विफलता मिलनी ही थी। कामना ही बाधा बन जाती है। कामना करने वाला मन ध्यान में भी सदा गतिशील रहता है। ध्यान करते हुए चोरी-चोरी अंदर देखता रहता है—कुछ हुआ या नहीं?

मन का विसर्जन, 'मैं' का विसर्जन ही ध्यान है। दूसरी तरह के ऐसे भी लोग हैं जो अधिक कामना से तो नहीं भरे हैं, पर घर-परिवार, नौकरी-दूकान में व्यस्त रहने से नियमित ध्यान नहीं कर सके। शुरू में जब उन्होंने संन्यास लिया था, उन्होंने कुछ समय तक नियमित रुप से ध्यान किया भी था। उनका तनाव कुछ कम भी हुआ था। कुछ शांति और आनन्द भी मिला था। पर फिर जीवन की व्यस्तता में उलझ कर ध्यान-व्यान करने के लिए फुर्सत मिलना ही मुश्किल हो गया।

तीसरी तरह के लोग निराश हैं, क्योंकि नियमित ध्यान करते हुए कामना न करने पर भी उनका क्रोध, कामवासना, लोभ अहंकार रेचन के बावजूद भी जस का तस रहा। ऐसे लोग निराश हैं। साहस खो बैठे हैं। उन्हें कोई साहस बंधाने वाला और उन्हें सही पथ-प्रदर्शन करने वाला नहीं मिला। उन्हें ओशो पर पूरी श्रद्धा है और वह अंदर ही अंदर यह समझ भी रहे हैं कि कहीं उनसे ही कोई गंभीर भूल रही है।

यदि संकल्प, श्रद्धा और अभीप्सा है तो हर तरह के व्यक्ति के लिए द्वार खुल सकता है।

हिम्मत हार नहीं रे।
सूरज निकल रहा है
अंधियारा तो पांवों के नीचे,
फिर भी तू अपनी आंखें मींचे,
देख, अंधेरा धीमे-धीमे पिघल रहा।
हिम्मत हार नहीं रे! सरूज निकल रहा।
और थोड़ी देर तू इस दर्द को ढो ले
फिर बुझे से कोयलों में जग रहे शोले।

कहा जाता है एक बार झेन सद्‌गुरु ह्याकूजो ने पर्वत की चोटी पर बने मठ के वातायन में एक सर्द रात अपने शिष्य ईसान से अलाव में बुझी आग को कुरेद कर उसे प्रदीप्त करने को कहा। ईसान ने राख को बहुत कुरेदा और फिर निवेदन किया-''आग तो पूरी तरह बुझ चुकी है।'' ह्याकूजो ने चीमटे से राख को काफी गहराई तक कुरेदकर एक दो अंगारों को फूंक मारकर सूखी पत्तियों की सहायता से आग जलाकर कहा-''तूने गइराई तक अलाव कुरेदा ही नहीं। तूने समग्रता से प्रयास किया ही नहीं।''

कहा जाता है-ह्याकूजो के वचन सुनते ही ईसान जो बुद्धत्व के कगार पर था, गहरे ध्यान में डूबकर बुद्धत्व को उपलब्ध हो गया।

ईसान ध्यान तो कर रहा था पर अपनी समग्र चेतना से त्वरा के साथ केन्द्र तक नहीं पहुंच पा रहा था। अतल गहराई में अपना ही केन्द्र नहीं, वहीं अस्तित्व का भी केन्द्र है।

शिष्य निराश होकर, थक कर जब हिम्मत हार बैठते हैं, सद्‌गुरु के वचन ही उसे उबारते हैं, साहस देते हैं।

और कुछ लोग हैं जो एक गुरु से दूसरे के पास, एक संत को छोड़कर दूसरे संत के निकट 'उसे' खोज रहे हैं जो उनके ही पास हैं।

बाहर बिखरी चेतना ही संसार है और बाहर से पूरी तरह सिमट कर अंदर केन्द्रित-चेतना ही ध्यान है।

अगर तुम
दूसरों के द्वार खटखटाते-खटखटाते
निराश हो चुके हो।

तो मेरी एक बात मानो
कभी अपना ही द्वारा खटखटाओ।
इधर सूरज, उधर चंदा, सितारे आसमां सब कुछ
हमारे ही दीपकों में वर्तिकाएं जल नहीं पातीं।

वर्तिका या बाती तभी जलती है जब वह 'स्नेह' (घी) में डूबी हुई हो। सद्गुरु के जलते दीये से उसके सान्निध्य में ज्योति छलांग मारकर शिष्य की बाती को ज्योर्तिमय कर देती है। पर बाती तो स्नेह या प्रेम में डूबी हुई हो। प्रेम, बिना ध्यान के विकसित नहीं होता।

किया नहीं जिसने क्या जाने, प्यार में क्या-क्या होता है?
रातें घुल जाती आंखों में, दिन उड़ जाते पंख पसार
बार-बार कोई पुकारता, रह-रह कर अमराई से।
अपना पता पूछता हूं मैं, अपनी ही परछाईं से।
कोई नहीं बोलता कुछ भी, मौन खड़े सारे घर द्वार
महक रहा ऋतु का शृंगार-जैसे पहिला-पहिला प्यार।

जिसने प्यार किया, वही समर्पण कर सकता है। वही संवेदनशील बन सकता है।

वही अज्ञात में छलांग लगा सकता है। वही प्रकृति के कण-कण में अपने प्यारे को निस वासर, हर वक्त देखता है।

तुम्हें देख क्या लिया कि कोई
सूरत दिखती नहीं पराई
तुमने क्या छू लिया-बन गई
महाकाव्य गीली-चौपाई
कौन करे अब मठ में पूजा?
कौन किराये हाथ सुमरिनी?
जीना हमें भजन लगता है।
मरना हमें हवन लगता है।

जीवन को भजन बनाना, गीत-संगीत और नृत्य द्वारा उसे उत्सवमय बनाना ही ध्यान है। जो लोग ध्यान से चूक रहे हैं–उन्होंने उसे गम्भीर बना दिया है। उदास बना दिया है। गंभीरता और उदासी एक रोग है। तुम उसके बोझ से दब कर सिकुड़ जाते हो।

प्रेम तुम्हें निर्भार कर उड़ने का आमंत्रण देता है। ध्यान और प्रेम दो पंख हैं। तुम एक पंख से शून्य अंतरिक्ष में उड़ान नहीं भर सकते।

तुम कहोगे—तुम्हें कोई प्रेम-पात्र मिलता ही नहीं। तुम्हें कोई प्रेम करता ही नहीं। प्रेम भी करूं तो किससे करूं? जिससे भी प्यार किया उसी ने मुझे धोखा दिया।

और सबसे बड़ी बात तो यह कि प्रेम किया नहीं जाता वह हो जाता है। वह प्रयास से नहीं प्रसाद से घटता है।

तुमने अभी तक प्रेम पर मालकियत करनी चाही। तुमने प्रेमपात्र के पंख तोड़कर उसे पिंजरे में कैद करना चाहा। प्रेम तो स्वतंत्रता का आकाश चाहता है उड़ने के लिए। प्रेम में ईर्ष्या का कोई स्थान नहीं। प्रेम लेने की नहीं देने की भाषा जानता है।

तुम प्रेम में भिखमंगे बने रहे। सिर्फ मांगते ही मांगते रहे। अपेक्षाएं करते रहे। प्रेम तो सिर्फ देने की भाषा समझता है।

प्रेम के लिए पात्रता अर्जित करनी होती है। यह पात्रता ध्यान करने से विकसित होती है।

यदि कोई प्रेमपात्र नहीं मिलता, तो पहले स्वयं से ही प्रेम करो। तुम स्वयं अपनी ही उपेक्षा करते आए हो। अपने ही शरीर को निदिंत मानते आये हो। अपने अंग-अंग से प्रेम करो। उसे सहलाओ। उसकी प्रेम से मालिश करो। गुनगुनाओ। नाचो। अपने को दर्पण में निहारो। अपनी सुप्त सृजनात्मकता जागृत करो।

यदि कोई प्रेमपात्र नहीं मिलता तो वृक्षों से, फूलों से, पहाड़ों, प्रपातों से प्रेम करो। किसी मनपसन्द वृक्ष से यों लिपटो जैसे वह तुम्हारी प्रेमिका हो। उसके स्पन्दनों का अनुभव करो। उसे चूमो, दुलराओ। कुछ दिनों बाद तुम उससे प्रेम और ऊर्जा के बरसने का अनुभव करोगे।

ठीक प्रेम की तरह, ध्यान से भी कुछ पाने की, मिलने की कामना मत करो। प्रेम की तरह ध्यान भी शर्त का बन्धन स्वीकार नहीं करता। वह भी प्रयास से नहीं प्रसाद से घटता है।

सिर्फ शांत, चुपचाप बैठे निरीक्षण करते रहो। आंखें इस तरह बंद करो कि पुतलियों का हिलना डुलना रुक जाये।

अंदर विचार चल रहे हैं। तटस्थ भाव से बिना उनसे रिश्ता जोड़े उनका यातायात बस देखते ही रहो। थिर पुतलियों से सारी चेतना भौहों के बीच रखकर तुम विचारों को बादलों की तरह उड़ते और विसर्जित होते देख सकते हो।

इसी तरह उठती भावनाओं को भी तटस्थता से देखो। बिना तादात्म्य जोड़े तटस्थता से विचार और नकारात्मक भावों का निरीक्षण करने से वह बिदा हो जाते हैं।

अब अपनी श्वास का आना-जाना देखते रहो। निरीक्षण करना ही ध्यान है। बंद आंखों से तटस्थ निरीक्षण कोई क्रिया या प्रयास नहीं, सिर्फ सजग और होशपूर्ण बने रहने की कला है।

चूंकि तुम्हारे अंदर दमित मनोवेगों का कूड़ा कचरा भरा है—इसीलिए, सजगता और होश जगने पर अब तुम्हें उनका होशपूर्ण रेचन करना है। तुम अभी तक अतीत के संबंधों के आयने में अपने को देखते हुए उन भावों से तादात्म्य जोड़कर रेचन करते आये, इसीलिए रेचन हुआ ही नहीं। तुम निर्भार, सहज, सरल और बच्चे जैसे निष्पाप हुए ही नहीं।

तुम दोष ध्यान को देते हो। तुमने विधि ठीक से समझी ही नहीं। सद्‌गुरु के निर्देशों की परवाह ही नहीं की। तुमने ध्यान को भी प्रेम की तरह कलुषित कर दिया।

जिम्मेदार कोई दूसरा नहीं, तुम्हीं उसके जिम्मेदार हो।

पर पछताने, बिचारने से लाभ क्या ? जो हुआ उसे जाने दो। जब जागे तभी सबेरा।

बादल से दिन, पानी से दिन
छूट गये सफर में कहानी से दिन
राजा से दिन, रानी से दिन

जो बीत गया, उसे भूल जाओ। न भविष्य के सपनों में उलझो। बीता अतीत बड़ा सुहाना लगता है। तुम उससे तादात्म्य जोड़कर अहंकार में गुब्बारे सा फूल जाते हो। बीते दिनों के तुम राजा और रानी थे। भविष्य लोभ में ले जाता है।

वर्तमान में क्षण-क्षण जीना ही ध्यान है। तुम्हें ध्यान में मिली असफलता का कारण भूत-भविष्य के जाल में उलझना ही था।

तभी ओशो कहते हैं—
तुम अकेले में पड़े क्या देखते हो आइना?
देखना है खुद को, तो देखो हमारी आंख से।

अभी तुम्हारी दृष्टि में दोष है। तुम जो देखना चाहते हो, आइने में वही देख लेते हो। तुम कल्पना से सपनों को भविष्य के आइने में प्रक्षेपित करते हो। अभी तुम्हारी आंखों में मूर्च्छा और नींद भरी है। अतीत की कीचड़ से

उनकी दृष्टि धुंधली हो गई है। सद्‌गुरु तुम्हें सम्यक दृष्टि देते हैं। ध्यान प्रेम का अंजन लगाकर तुम्हारा दृष्टि दोष दूर करते हैं। ओशो कहते हैं–

"मैं तुम्हें गुलामी नहीं दे रहा, तुम्हें नई दृष्टि और समझ दे रहा हूं। मैं तुम्हें ज्ञान नहीं दे सकता। मैं तुम्हारी बैसाखी नहीं बनना चाहता। मैं तुम्हें झकझोर रहा हूं। जगा रहा हूं। आंधी बन तुम्हारी जड़ें हिला रहा हूं।"

मैं तो पक्षी की तरह एक गीत गा रहा हूं जिससे लयबद्ध होकर तुम्हारे पैर स्वयं थिरकने लगे। पर लोग अंधेरों से, मूर्च्छा से जागना ही नहीं चाहते।

"धैर्य खोते रहे अंधेरों में, लोग रोते रहे अंधेरों में।
भाग्य को मानकर खुदा अपना, बीज बोते रहे अंधेरों में।
अपने भीतर के जानवर पुश्तों, लोग ढोते रहे अंधेरों में।

हम ही पिछले जन्मों में कभी पशु थे। हमारे अचेतन में अनन्त जन्मों का पशुत्व और हिंसा दबी पड़ी है। जब उसका ज्वालामुखी अचानक कभी फूट जाता है तो लोग हत्या या बलात्कार कर बैठते हैं। यदि उनके रेचन या निकलने का कोई मार्ग मिलता ही नहीं तो लोग पागल तक हो जाते हैं।

दमित मनोभावों से होशपूर्ण रेचन द्वारा ही मुक्त हुआ जा सकता है। ध्यान न घटने में सबसे बड़ी यही बाधा है।

उक्त कविता दूसरे लोगों के लिए नहीं, तुम जैसों को जगाने के लिए ही लिखी गई है। तुम धैर्य खो बैठे हो। ध्यान के लिए अनन्त धैर्य और प्रतीक्षा चाहिए। जन्म-जन्मों की मूर्च्छा टूटने में कई जन्म भी लग सकते हैं और यदि तुम समग्रता से, जान की बाजी लगाकर ध्यान करने में अपनी पूरी ऊर्जा लगा दो, सजग, होशपूर्ण और संवेदनशील बने रहो तो घटना एक क्षण में घट सकती है।

तुम राख को गहराई से कुरेदो। पूरी त्वरा और समग्रता से अपनी अनन्त गहराइयों में उतरो। वहीं अंगार छिपा है।

तुम ध्यान में पाने की बात ही भूल जाओ। पाने की बात तो तब उत्पन्न होती है जब तुमने उसे खो दिया हो। जो तुम पाना चाहते हो वह सम्पदा तुम्हारे ही अंदर है। तुम उसे केवल भूल गये हो। इसीलिए तुम्हें पाने की सारी दौड़ व्यर्थ ही नहीं, वह तुम्हें जन्म जन्मों से भटका रही है।

तुम्हारी भूल, तुम्हारी मूर्च्छा है। तुम उस निर्दोष पूर्ण चैतन्य को लेकर ही जन्मे थे। उस पर संस्कारों की, उधार ज्ञान की अहंकार की बहुत मोटी धूल की पर्त जमी है।

यह धूल की पर्त हटे तो सब कुछ साफ-साफ दिखाई देगा।

तुम तो अमृत घट साथ लेकर ही जन्मे थे और उसी अमृत को तुम पागल बन बाहर खोजते रहे। बाहर, धन, पद, यश और भोग को ही सर्वस्व समझकर धन, स्त्री, मकान और अलंकरण में सुख खोजते रहे।

एक जीवन मिला था
उसे जिया नहीं।
वह अमृत घट था
उसे पिया नहीं।
भरमते रहे, प्यासे और निरीह
उस झरने की खोज में
जो अंदर था—बंद और ठहरा हुआ
उसे अपने को दिया नहीं
मांगते रहे प्यार और आश्वासन
'कृपण हो गये लोग'
ये दोहराते रहे बार-बार
खुद को कुछ दिया नहीं।
खोजते रहे अलंकरण
सजाने के, उन सपनों को
जो दिखे नहीं
बीत गई उमर
और एक अदद जीवन
यों ही बिना जिए
अंदर से भरा और ऊपर से रिक्त।

पर निराशा की कोई बात नहीं। तुम आज और अभी अपने अतीत को इसी तरह छोड़ सकते हो, जैसे सांप अपनी केंचुल छोड़ता है या वृक्ष पतझड़ में अपने पत्ते और छाल।

केंचुली उतारो रे!
नई-नई मिले किरन।
नई धरा नया गगन।
केंचुली उतारो रे! केंचुली उतारो।
रेखाएं खींच मत इकाई की
सुबह शाम पाट उमर खाई की
कालिमा बुहारो रे।
केंचुली उतारो रे! केंचुली उतारो।

अतीत के संस्कार, दमन, अंधविश्वास, मूढ़ परम्पराएं और चेहंरे के ऊपर चेहरे लगाने की प्रवृत्ति यही तुम्हारी केंचुल है। यही तुम्हारा बंधन और मोह है। तुम व्यर्थ डर रहे हो इसे छोड़ने से। सांप हर वर्ष अपनी केंचुल बदलता है। वृक्ष हर वर्ष पतझड़ में पुराने पत्तों के मोह से मुक्त होकर निर्वसन हो जाते हैं और वसंत उन्हें नये कोमल पत्तों का उपहार देता है। मनुष्य कभी ओढ़े आवरणों से मुक्त होना नहीं चाहता।

ठीक वृक्ष की तरह बन जाओ। सभी पीले पत्तों को झड़ जाने दो। नई कोंपलों, नये पत्तों और नये फूलों के साथ खिलकर तुम उत्सव आनन्द में लीन हो जाओ।

नया हुआ जाये, जैसे वृक्ष नए होते हैं
समस्त शरीर पर पत्ते, फूल लेकर
पुराना शरीर-जीर्ण वस्त्र की तरह बिना फेंके।

❑❑❑

2. स्वपीड़क या परपीड़क होकर ध्यान नहीं घट सकता

(स्वयं का निरीक्षण कर स्वयं को बदलने का उपाय)

ओशो कहते हैं—आनन्द, निर्माण, सहज समाधि या संबोधि तुम उसे जो कुछ भी नाम दो, वही है मनुष्य का चरम विकास। तुम दुखी हो, यह इसी बात का संकेत है कि तुम्हारे भीतर जीवन विस्फोटित होने के लिए संघर्ष कर रहा है।, लेकिन बीज का खोल कठोर होने से वह फूट नहीं पा रहा है। अहंकार ही वह कठोर खोल है।

जितने भी धनी व्यक्ति, राजनेता, अपराधी या परपीड़क लोग हैं, वे सभी अंदर से अत्यधिक दुःखी हैं। सभी भौतिक आवश्यकताएं पूरी होने के बावजूद उनके मन की अतृप्त कामनाएं और महत्त्वाकांक्षाएं न तो उन्हें चैन से सोने देती हैं और न वे किसी के प्रति प्रेमपूर्ण हो पाते हैं। उन्हें कोई प्रेम भी नहीं करता। ऐसे लोग अंदर से मृत्यु से सर्वथा भयभीत लोग हैं। कोई उन्हें उनकी वर्तमान स्थिति या गद्दी से हटा न दे। उनके धन प्रभाव या शक्ति में कोई कमी न आ जाये, रात-दिन उन्हें उसकी ही फिक्र लगी रहती है।

इसके विपरीत स्वपीड़क अर्थात अपने ही शरीर को कष्ट देने वाले लोग हैं। इस श्रेणी में संगठित धर्मों के पंडित, पुरोहित, धर्माचार्य, कवि कलाकार और स्त्रियां सर्वाधिक है। परपीड़क लोग तो प्रत्यक्ष रूप से हिंसा करते ही हैं, पर स्वपीड़क लोग भी अप्रत्यक्ष रुप से हिंसक हैं। वे अपने शरीर को इसीलिए सता रहे हैं जिससे लोग उनकी ओर आकर्षित होकर उनका सम्मान करें, उनकी पूजा करें। उन्हें विशिष्ठ समझें। उनसे उनका अहंकार तृप्त होता है। कोई उपवास कर रहा है, कोई कांटों में लेटा है, कोई वर्षों से खड़ा है, कोई निरन्तर जागरण कर रहा है। कलाकार भी भूखे प्यासे, अपने शरीर की उपेक्षा करते हुए नशे में चूर सृजन में व्यस्त हैं। प्रसिद्ध

चित्रकार बॉन गॉग सप्ताह मे केवल तीन दिन भोजन करता था। लाल रंग न होने पर वह अपना खून निकाल कर उससे पेंटिंग बनाता था।

स्त्रियां अपने पतियों से अपनी मांगें मनवाने के लिए भोजन छोड़ देती हैं। अपना सिर दीवाल से फोड़ती हैं। आत्महत्या करने का नाटक करती हैं।

ऐसे सभी परपीड़क या स्वपीड़क लोग अर्द्धविक्षिप्त हैं, मूर्च्छित हैं। उनकी पीड़ा का कारण है–उनका अहंकार, जीवन पर उनकी पकड़। उसके खो जाने का भय और निरन्तर मृत्यु का डर। ऐसे लोग शरीर और मन के तल पर ही कर्त्ता और भोक्ता बने अर्द्धमूर्च्छित दशा में जी रहे हैं। पर ऐसे लोगों में भी थोड़े से लोग, जिन्हें धन, पद और भोग की व्यर्थता का बोध हो जाता है, सत्य की खोज पर निकल पड़ते हैं। बुद्ध, महावीर जैसे लोग राजमहल के सुख वैभव छोड़कर तभी सत्य की खोज में अज्ञात की यात्रा पर निकल पड़ते हैं।

पंतजलि सूत्रों पर बोलते हुए ओशो ने कहा कि सहज-संयम, स्वाध्याय और समर्पण यह तीनों बातें अंतर्संबंधित हैं। सबसे पहले व्यक्ति सहज, सरल और संतुलित हो। मन सदा अतियों में डोलता है। वह मध्य में थिर हो जाये। वह न परपीड़क बने और न स्वपीड़क। न अत्यधिक भोग और न अत्यधिक त्याग। वह संवेदनशीन बने। प्रत्येक कार्य सजगता से करें। कर्त्ता, भोक्ता न बनकर द्रष्टा बने।

जब सहज संयम सध जाता है तब व्यक्ति सजगता से स्वयं का निरीक्षण करने लगता है। तब उसे शरीर अलग और चेतना के शरीर से पृथक होने का बोध होता है। वह द्रष्टा बन जाता है। उसका कर्त्ताभाव विदा हो जाता है। जीवन से पकड़ और मोह छूट जाता है। उसे शाश्वत जीवन का बोध होता है और मृत्यु के भय से वह मुक्त हो जाता है। ऐसा ही व्यक्ति जीवन और अस्तित्व के प्रति स्वीकार भाव से जीते हुए सहज श्रद्धा को उपलब्ध होता है। समर्पण स्वयं घट जाता है। जो द्रष्टा को भी देख रहा है, उस साक्षी का बोध होते ही सहज समाधि घटित हो जाती है।

दु:ख वस्तुत: एक नकारात्मक अवस्था है–और वह है आनन्द का अभाव। जैसे अंधकार है प्रकाश का अभाव। अंधकार दूर करना हो तो मात्र प्रकाश हो जाना पर्याप्त है। यदि हम आनंदित और उत्सवमय होने की कला सीख जायें तो दु:ख स्वत: मिट जायें। हमारा अहंकार इसमें सबसे बड़ी बाधा है। हम सहज सरल होकर न हंस सकते हैं, न रो सकते हैं। न किसी से प्रेम कर सकते हैं और न उत्सवमय हो सकते हैं। परपीड़क हों या स्वपीड़क, वह अंहकार के करण ही गंभीर रहते हैं। वह चाहते हैं–लोग उनसे डरें, उनका सम्मान करें।

इसी बिंदु पर अधार्मिक या अर्द्धमूर्च्छित व्यक्ति दुःखों से संघर्ष करते हुए उन्हें अपने से दूर धकेलना चाहता है। पर अंधकार से कितना भी संघर्ष करो अंधकार दूर नहीं होता। धार्मिक व्यक्ति आनन्द अथवा प्रकाश की खोज पर निकल पड़ता है। यह दोनों मार्ग एक दूसरे से जुदा और एक दूसरे के समानान्तर हैं।

धार्मिक व्यक्ति अज्ञात में छलांग लगाता है। जोखिम उठाकर अपने अहंकार के कड़े खोल को हटाकर सारे सुरक्षात्मक कवच हटाकर, सहज सरल होकर स्वयं की खोज पर निकल जाता है। वह द्रष्टा बनता है। वृद्ध रोगी और मृत व्यक्ति को देखकर ही बुद्ध शाश्वत जीवन की खोज में निकल पड़े। बुद्धत्व घटित होने पर अपने उपदेश में उन्होंने यही बोध दिया कि दुःख हैं, उन्हें दूर किया जा सकता है। उनसे मुक्त होने का उपाय है, और उसके कारण हम स्वयं हैं।

अपने पहले आर्य सत्य में उन्होंने बताया कि सभी दुःख विषयों की आसक्ति से उत्पन्न होते हैं और हमारी वासना ही पुर्नजन्म का कारण है। दूसरे आर्य सत्य में उन्होंने बतलाया कि सभी दुखों का कारण कोई दूसरा नहीं हम स्वयं ही अपने दुखों के प्रति जिम्मेदार और उनके कारण हैं। हमारी मूढ़ताएं और तृष्णाएं ही हमारे दुःखों के कारण है। तीसरा आर्य सत्य है कि दुख दूर किये जा सकते हैं और उनका अंत निर्वाण है। निर्वाण प्राप्ति के आठ मार्ग हैं–सम्यक् दृष्टि, सम्यक-संकल्प, सम्यक-वाक् (वचन), सम्यक कर्मान्त, सम्यक आजीव, सम्यक व्यायाम, सम्यक स्मृति और सम्यक समाधि। सम्यक से बुद्ध का तात्पर्य था–संतुलित। दो अतियों के मध्य में थिर हो जाना। मज्झिम मार्ग।

सभी धर्मों के पंडित पुरोहित और धर्माचार्य, सभी दुःखी लोगों को पूजा, पाठ, जप, यज्ञ और दान आदि शुभ कर्म करते हुए, अगले जन्म में स्वर्ग मोक्ष या निर्वाण पाने की आशा और विश्वास दिलाते हैं। वे झूठी सान्त्वना देते हैं। वे आश्वासन की अफीम से मूर्च्छित कर तुम्हें दुःखों को भूल जाने का उपाय बताते हैं। कहना न मानने पर वे तुम्हें नर्कों का भय दिलाते हैं। वे तुम्हें पूजा-पाठ और कर्मकाण्ड में उलझा देते हैं, लेकिन तुम्हें दुःखों के कारणों की खोज नहीं करने देते। वे नहीं चाहते कि तुम सजग होकर होशपूर्वक स्वयं की खोज पर निकलो। प्रेम के स्थान पर विवाह-संस्था की जंजीर में बांधकर वे तुम्हें स्वतंत्रता के मुक्त आकाश में उड़ने नहीं देते।

वस्तुतः दुःख के कारण कहीं बाहर नहीं, भीतर ही छिपे हैं। दुःख धुएं की भांति और उसी के अंदर आग छिपी है। धुएं का कारण आग को

खोज लेने पर ही, दुःख का धुआं समाप्त हो सकता है। पतंजलि की प्रति-प्रसव-विधि, परिणाम में उतर कर कारण तक ले जाती है। वे कहते हैं कि विवेकशील व्यक्ति, अर्थात जो व्यक्ति निरन्तर होशपूर्ण, सजग और जागरुक हो वही सत्य असत्य तथा परिणाम और कारण की खोज कर सकता है। ऐसा ही प्रज्ञावान व्यक्ति जान लेता है कि यहां हर चीज परिवर्तन के कारण, पिछले अनुभवों और चिंता के कारण दुःख की ओर ले जाती है।

इस प्रवाहमान जगत में प्रति क्षण प्रत्येक वस्तु परवर्तित हो रही है। व्यक्ति अपेक्षा करता है कि सुख ठहर जाये। युवावस्था सदा बनी रहे और वह सदा भोग करता रहे। सारी अपेक्षाएं कभी पूरी हो ही नहीं सकती और दुःख का कारण बन जाती हैं। परिवर्तन के कारण युवा, वृद्ध हो जाता है। सुंदर असुंदर हो जाता है। पर यदि परिवर्तन न हो और सब कुछ ठहर जाए तो भी एक गहरी ऊब दुख निर्मित कर देती है। एक जैसे भोजन और एक स्त्री से ऊब उत्पन्न हो जाती है। एक जैसा अति स्वादिष्ट भोजन भी कुछ दिनों बाद बेस्वाद हो जाता है। मन सदा परिवर्तन चाहता है, एक उत्तेजना चाहता है। पिछले अनुभवों के द्वारा संस्कारों और आदतों के द्वारा शरीर एक यंत्र होने के कारण सुविधा और स्थायित्व चाहता है। वह नये के लिए उत्सुक नहीं होता, पर मन सदा परिवर्तन चाहता है। वह एकरसता से बैचेन हो जाता है। उसे सदैव एक नई उत्तेजना चाहिए।

सत, रज और तम तीन गुणों और मन की पांच वृत्तियों के बीच सतत् एक द्वंद चलता रहता है। मानव व्यक्तित्व के सत्व, रजस और तमस तीन घटक हैं। ये तीनों एक दूसरे के विपरीत हैं। यह तीनों विभिन्न आयामों में सरक रहे हैं। इन तीनों के तनाव के कारण ही हम जीवित हैं। जब यह तीनों गुण तनाव खोकर समस्वरता में आ जाते हैं तो मृत्यु घटित हो जाती है। वैज्ञानिक भी कहते हैं कि प्रत्येक पदार्थ के अस्तित्व के लिये तीन गुण चाहिये। इलेक्ट्रौन, प्रोट्रोन और न्यूट्रोन।

मनुष्य के जीवन में तीन ही तरह के तनाव हैं। इन तनावों के बिना कोई जीवित नहीं रह सकता। वे तीनों विपरीत होने से विभिन्न दिशाओं में खींचते हैं। एक भाग कहता है—निरन्तर काम में जुटे हुए नित नई कामनाओं और महत्वाकांक्षाओं में उलझे रहो। दूसरा भाग कहता है—कुछ मत करो, केवल खाओ पियो और चैन की नींद सो जाओ। नींद न आये तो मादक पदार्थों का सेवन करो।

तीसरा भाग कहता है—दोनों के बीच संतुलन साधकर ध्यान करो। संन्यासी बन कर स्वयं की खोज पर निकल जाओ।

पतंजलि की दृष्टि है कि अतीत में जो हो चुका उसे अनकिया नहीं किया जा सकता। अतः उसके बारे में सोचना ही व्यर्थ है। हां, भविष्य में आने वाले दु:ख से बचा जा सकता है। दु:ख, द्रष्टा और दृश्य के बीच जो संबंध निर्मित करता है उसे तोड़ देता है।

यह होगा—मन की सभी वृत्तियों का तटस्थता और सजगता से निरीक्षण करते रहने से, अतीत के संस्कारों, आदतों के प्रति सजग रहते हुए केवल एक ही बात याद रखनी है कि द्रष्टा अर्थात तुम्हारा 'शुद्ध मैं' दृश्य नहीं है। जो तुम देख सकते हो वह तुम हो भी नहीं सकते क्योंकि किसी भी चीज को देखने के लिए एक दूरी चाहिये। आंखें स्वयं को नहीं देख सकतीं। इसी जागरूकता, विवेक या सजगता से निरन्तर यह निरीक्षण करते हुए कि जो कुछ दिखाई दे रहा है, तुम उससे पृथक हो, तुम दृश्य के पार हो, तभी दु:ख तिरोहित हो जाता है। कुछ क्षणों को मुक्ति के आकाश की झलक मिलती है। दृश्य के पार द्रष्टा तक उठने में वह झलक मिलती है। इस स्थिति से यह दृश्यमान जगत जो एक स्वप्न और माया है, जो प्रवाहमान, परिवर्तनशील और नाशवान होने से क्षणभंगुर है, उसके स्वभाव का और स्वयं का उससे पृथक होने का बोध होते ही दु:खों का अंत हो जाता है। यदि तुम अपना शरीर देख सकते हो तो तुम शरीर नहीं होते। तुम आंखें बंद कर यदि विचार देखते हो तो तुम विचार या मन नहीं हो सकते क्योंकि द्रष्टा, दृश्य नहीं हो सकता।

वेदान्त कहता है—कि मनुष्य के अंदर एक तत्व दर्शन का अर्थात देखने का है, जो यह देखते हुए अनुभव कर रहा है कि वह शरीर नहीं है। वह मन और विचार भी नहीं है। जो भी बाहर दिखाई पड़ता है वह दृश्य जगत है, पर जीव भ्रमवश बाहर दीखने वाले जगत को देख यह समझने लगता है कि जो दिखाई पड़ रहा है वह स्वयं है। इसे अध्यास कहते हैं।

मैं हाथ में रखे हीरे को देख रहा हूं पर मैं हीरा नहीं हूं। आंखें सभी को देखती हैं पर स्वयं को नहीं देख पातीं। चीमटा सभी को पकड़ लेता है पर स्वयं को नहीं पकड़ सकता। जिसे हम देख लेते हैं, जानकर उसका अनुभव करते हैं, तो यह पक्की बात है कि कम से कम हम वह तो नहीं हैं जिसे हमने देखा या उसका अनुभव किया।

यदि किसी ने ईश्वर को देख लिया तो यह पक्की बात है कि वह व्यक्ति ईश्वर नहीं है। उपनिषदों की यही विधि है कि जिसे भी देखो उसे देख कर नकारते जाओ, कि मैं यह नहीं हूं। जो भी अनुभव में आये उससे पीछे हटते जाओ। चूंकि देखने के लिए एक दूरी चाहिए। अतः पीछे हटते

जाने में ही वह दिखाई देगा। जब वह दिखाई देगा तभी उसका अनुभव होगा। जब तक एक भी चीज इंकार करने को रहे, तब तक नकारते जाओ। एक दिन एक घड़ी ऐसी आती है जब नकारने को कुछ भी शेष नहीं रहता। सारे दृश्य और अनुभव खो जाते हैं। प्याज की सारी पर्तें अलग रहकर मात्र एक खालीपन या शून्य रह जाता है। मात्र द्रष्टा रह जाता है।

जब राग द्वेष के साथ आनंद व समाधि भी गिर जाती है, और निरभ्र आकाश जैसा शून्य रह जाता है, वही साक्षी है।

वही शाश्वत आत्मा, सत्य या ईश्वर है। वह अपना नियंता आप होता है। देह, मन और बुद्धि किसी का उस पर नियंत्रण नहीं रहता। यह सभी उसका अनुसरण करते हैं।

अध्यात्म उपनिषद में उसे दूसरी तरह से समझाते हुए ओशो कहते हैं–''जैसे कोई व्यक्ति किसी सुंदर स्त्री को देखता है तो वह स्वयं को भूल जाता है और उसका ध्यान उस स्त्री की ओर चला जाता है। उसकी चेतना का तीर छूट कर स्त्री को बेध देता है। पर यही चेतना का तीर यदि दो नोक वाला हो और एक नोंक यदि स्त्री को बींधे तो उसी ध्यान की दूसरी नोंक उसी व्यक्ति के अंदर उस स्त्रोत की ओर ले जाये, जहां से वह ध्यान आ रहा है। जैसे कोई दर्पण से कुछ दूर खड़ा उसमें अपना प्रतिबिम्ब देखे और वह चेतना जो उस प्रतिबिम्ब को देख रही है सीधे देखने वाले को देखने लग जाये तो वही साक्षी है। वह अभूतपूर्व अनुभव अभिव्यक्त करना बहुत कठिन है। जो भी अभिव्यक्ति है, वह मात्र कुछ इशारे हैं।''

❑❑❑

3. कैसे घटे ध्यान?

वस्तुतः कुछ न करना ही ध्यान है। ध्यान किया नहीं जाता, ध्यान में हुआ जाता है।

ध्यान, क्रिया नहीं, अक्रिया है। कुछ करने से कर्त्ता-भाव ही उत्पन्न होता है।

ध्यान चेष्टा करने या प्रयास से नहीं घटता। प्रयास ही बाधा बन जाता है। वह ठीक प्रेम की तरह है। प्रेम, प्रयास से नहीं, अचानक स्वतः घटता है।

कुछ न करने का अर्थ है–मन में विचार तक की तरंग न उठे। तुम बाहर और अंदर से रिक्त हो जाओ–शून्य आकाश की तरह।

शरीर के अंदर का आकाश भी बाहर के आकाश की तरह निर्मल है। उस पर कोई रेखा खींची ही नहीं जा सकती। वह सुख-दुःख, पाप-पुण्य सभी से तटस्थ, अछूता, असंग और निर्मल बना रहता है। वह अंतर्काश ही परम चैतन्य है। वही साक्षी और आत्मा है। उसे जानने के बाद फिर कुछ और जानना शेष नहीं रह जाता। उसी को सत्, चित्, आनन्द या सच्चिदानंद कहते हैं। वही सत्यम्, शिवम् और सुंदरम् है।

सद्‌गुरु के सान्निध्य में, उसे पीने, जीने और सुनने से उसकी झलकें मिलने लगती हैं। उसकी प्रतीति होने लगती है। अपने होने का बोध होने लगता है। पर होता तभी है, जब कोई अंदर से खाली हो। अंदर का कोलाहल शांत हो गया हो। उसे अपने मौन के केंद्र पर सरलता से सरकने में सद्‌गुरु का सान्निध्य सहायक बन जाता है।

पर सामान्य मनुष्य, जो अपने को केवल शरीर और मन ही समझने लगे हैं, जो जन्म-जन्मों के समाज द्वारा दिए संस्कारों के कारण ही केवल शरीर और मन के तल पर ही जी रहे हैं, उनके लिए बुद्ध-पुरुषों ने कुछ उपाय बताये हैं, कुछ विधियां दी हैं, जिससे वह शरीर और मन से तादात्म्य तोड़कर उसके पार अपने चैतन्य का स्वाद ले सकें। उन्हें अपने होने की याद आ जाये। वे अपने मूल स्रोत-केन्द्र पर पहुंच जायें।

बुद्धों द्वारा बताये गये मार्ग, विधियां और उपाय, तुम्हारी अपने होने की याद जगाने, तुम्हें अंदर से खाली कर केन्द्र तक पहुंचाने के संकेत हैं। जिन्हें सदगुरु के वचनों को सुनकर बोध नहीं होता, अपने होने की याद नहीं आती, उन्हीं के लिए विधियां और उपाय हैं। यह विधियां या उपाय-ध्यान नहीं है। ध्यान को घटने की पृष्ठभूमि तैयार करने में सहायक हैं। जो साक्षी या चैतन्य के बीज हम साथ लेकर जन्मते हैं–सारी विधियां उस बीज को अपेक्षित गीली भूमि, वायु और उष्णता देने के उपाय हैं, जिससे बीज अंकुरित हो।

ओशो कहते हैं–"प्रेम और ध्यान के चक्र से भी बाहर आओ। प्रेम के चक्र से बाहर आने के लिए ध्यान तुम्हारी सहायता करेगा और ध्यान के चक्र से भी बाहर आने में जीवन के प्रति श्रद्धा तुम्हारी सहायता करेगी।

प्रेम और ध्यान चेष्टा करने से नहीं घटते, स्वत: घटते हैं। प्रेम और ध्यान से मुक्त होने पर ही सच्चा प्रेम और ध्यान स्वत: घटेंगे। चेष्टा करने से कर्ता रहता है।"

दूसरे से संबंधित होना एक छलावा है। जब यह अनुभव बन जाये और तुम अकेलेपन (एकान्त) की ओर गतिशील होने लगो, और कुछ समय बाद अकेलेपन से ऊब कर जब प्रेम तुम्हें फिर अपनी ओर खींचे तो अपने अकेलेपन की ऊब से छलांग लगाकार अपनी ही गहराई में कूद पड़ो (अपने केन्द्र पर सरक जाओ)।

ओशो से जब किसी ने प्रश्न किया कि ध्यान क्या है? तो उन्होंने कहा–ध्यान एक समझ या बोध है। अंदर से खाली हो जाना ही ध्यान है। खेलपूर्ण, सृजनात्मक और सदा सजग रहना ही ध्यान है।

सदा तनावरहित विश्रामपूर्ण, होशपूर्ण, संवेदनशील, प्रेमपूर्ण और साक्षी बनकर रहना ही ध्यान है।

भूत-भविष्य के जाल से मुक्त होकर वर्तमान में क्षण-क्षण जीना और दो अतियों के मध्य संतुलन साधना ही ध्यान है।

उत्तेजना रहित, एकात्म, मौन, फूल की तरह खिले रहना और पलायनवादी न होना ही ध्यान है।

पारदर्शी, निर्मल, सृजनात्मक और आनंदपूर्ण होकर रहना ही तुम्हें विकसित और निर्भार कर तुम्हें तुम्हारे मूल घर या केन्द्र पर पहुंचने में सहायता देता है।

ध्यान के लिए कोई नीति, नियम, आचरण या अनुशासन नहीं देते ओशो। वे कहते हैं–जिसके अंदर स्वयं को जानने की गहरी अभीप्सा और

संकल्प है, जिसे बाहर के संसार में भटक कर भी अशांति तनाव, दुःख और निराशा ही मिली है, जो सभी से ऊबा हुआ है, और जिसे शांति, आनन्द की तलाश है उसे ध्यान के सूत्रों और उसके स्वभाव को जानकर उसके अनुकूल जीवन-शैली निर्मित करनी होगी। अपने को तैयार करना होगा।

ध्यान का बीज अंकुरित हो सके, इसलिए खुदाई जुताई कर भूमि तैयार करनी होगी। उसे जल और सूर्यप्रकाश उपलब्ध कराने की सुविधा जुटानी होगी।

ध्यान करने के लिए सर्वाधिक उपयुक्त है, आप जंगल, उद्यान, पर्वत या नदी आदि के निकट कोई ऐसा शांत स्थान चुन लें जहां शोर न हो। वृक्षों का सान्निध्य हो। जहां ताजी वायु, सूर्य की रौशनी, जल और पृथ्वी का सान्निध्य मिले। ऐसा न भी हो सके तो घर में एक खाली कमरा चुन लें जहां शुद्ध वायु और प्रकाश मिले और शोर कम से कम हो। वह स्वच्छ हो। फर्श पर ऊनी कम्बल याा चटाई का प्रयोग बैठने के लिए करें

ध्यान करने जब भी बैठें, दोनों नितम्बों पर संतुलन साधकर बैठें। जब भी खड़ें हो पैरों का संतुलन साधकर खड़े हों। इसकी विस्तृत प्रक्रिया और महत्व विज्ञान भैरव तंत्र के सूत्रों में बताई गई है।

ध्यान करने से पूर्व पूरे शरीर को तनाव देकर धीमे-धीमे विश्राम में जाते हुए श्वास के मार्ग को होशपूर्वक देखते रहें। रेचन करें। भक्ति संगीत, भजन के कैसेट या वाद्य-संगीत की ट्यून कर नृत्य करें।

पूना आश्रम द्वारा कीर्तन, नृत्य, संगीत के ऐसे आडियो कैसेट तैयार किए गए हैं, जो ध्यान में सहायक हैं।

सब कुछ करना हमें ही है। सद्‌गुरु करता कुछ नहीं। उसकी निकटता भरोसा दिलाती है। थक कर निराश हो बैठ जाने पर वह हमें साहस दिलाता है। मार्ग की ओर इशारा कर देता है। वह देह से मुक्त होने पर भी मार्ग निर्देशित करता है। अहंकार से मुक्त होने में अप्रत्यक्ष रुप से सहायता करता है।

❑❑❑

4. अप्प दीपो भव
(अपने दीये आप बनो)

"माई पीक मोमेंट्स विद ओशो : अनसरपासेबल मैन" पुस्तक में अपने अनुभवों को व्यक्त करती हुई मां प्रेम मनीषा लिखती हैं–"जब ओशो शरीर में थे, तो अनजाने में ही मुझे उनसे यह अपेक्षा होती थी कि वे कोई जादू की छड़ी घुमायेंगे और मैं रूपान्तरित हो जाऊंगी। अब न तो जादूगर है और न उस रहस्यदर्शी जादूगर की झेन छड़ी है। अपनी संभावनाओं को पूरा करने का दायित्व मुझी पर है।"

वे लिखती हैं–"ओशो के सान्निध्य में रहने के कारण ही मैं ध्यान की गहराइयों में जा सकी, और ध्यान से ही मेरा जीवन रूपान्तरित हो गया। उन्होंने मुझे सिखाया कि किस तरह मैं अपनी ऊर्जा को चरम शिखर पर पहुंचा कर आनन्द की अनुभूति करूं।....

अब प्रश्न यह उठता है कि ओशो की शारीरिक उपस्थिति के बिना उनका काम कैसे होगा? एक मित्र ने ठीक ही कहा है कि उनकी जीवन दृष्टि तो यहीं पर है, उसको कार्यान्वित करने के लिए उपयुक्त वातावरण भी यहीं पर है, इसके लिए आवश्यक सहारे भी यहीं पर उपलब्ध हैं, अगर ओशो अपने कमरे में बैठे होते हो इससे अधिक सुविधाएं तो हमें उस समय भी उपलब्ध नहीं होती।

अगर मैंने स्वयं ही दु:खी होने का निश्चय किया हो, तो दूसरी बात है। अब जब मैं सुबह उठती हूं तो मैं जानती हूं कि नये दिन के साथ मुझे भी नई तरह से बनना है और यह अब मुझ पर ही निर्भर है कि दिन भर मैं किस मूड में रहती हूं। इसके लिए अब मैं किसी दूसरे पर निर्भर नहीं हो सकती। हां! यह बहुत बड़ा उत्तरदायित्व है और इसे मुझे ही निभाना है या यूं कहा जा सकता है कि यह स्वतंत्रता का नया अनुभव है।"

एक प्रवचन में ओशो ने कहा है–"ध्यान में विकसित और रूपान्तरित होने के लिए सब कुछ करना तुम्हें ही है। इसमें बुद्ध तुम्हारी सहायता नहीं

कर सकते। उनकी उपस्थिति कैटेलेटिक एजेन्ट की भांति होती है।

वे यह भी कहते हैं, तुम लोग मेरे शरीर के दीए में अटक जाते हो। मैं शरीर नहीं 'नो बाडी' या शून्य हूं। मात्र चैतन्य हूं। दीये से नहीं ज्योति से जुड़ो। देह छोड़ने के बाद मैं पूरे अस्तित्व में फैल जाऊंगा।

देह से मुक्त होने के बाद ओशो की दिव्य चेतना 2500 वर्षों तक तो पथ प्रशस्त करती ही रहेगी। कोई भी बुद्ध धर्म के चक्र को गतिशील करता है, तो उसे पूरी तरह रुकने पर 2500 वर्ष लग जाते हैं। गौतम बुद्ध ने जो धर्म चक्र गतिशील किया था, ओशो ने उसी चक्र की गति रुक जाने पर उसका पुनः प्रवर्तन किया है। उनकी देह से मुक्त होने के बाद भी उनकी बुद्ध चेतना 2500 वर्षों तक साधकों को मार्गदर्शन देती रहेगी।

आवश्यकता है हम अपनी शारीरिक, मानसिक और आत्मिक क्षमताओं का सम्यक् निरीक्षण कर अपनी कमजोरियां और विशेषताएं भली-भांति जानें। हम बुद्धिवादी, तर्कपूर्ण हैं या भावना प्रधान ? यदि हम प्रेमपूर्ण, भावना प्रधान और कलाप्रेमी हैं, हमारे लिए समर्पण सहज है तो हमारा मार्ग भक्ति है। यदि बुद्धिवादी और अहंकारी हैं तो मार्ग ध्यान होगा।

यदि हम आलसी तमस प्रधान प्रवृत्ति के हैं तो हमारे लिए निष्क्रिय ध्यान ही रूपान्तरकारी हो सकते हैं। रजस प्रधान व्यक्तियों के लिए ही सक्रिय तथा एक घंटे की अवधि के शक्ति-ध्यान उपयोगी हैं।

यदि हम स्वयं यह निर्णय लेने में अक्षम हैं तो किसी अनुभवी सद्‌गुरु से परामर्श लें अन्यथा ध्यान और भक्ति दोनों मार्गों पर एक साथ चलकर अनुभव से आवश्यकता का चुनाव करें कि कौन-सा मार्ग हमें रूपान्तरित कर रहा है?

❑❑❑

5. होशपूर्ण रेचन तथा अलग-अलग स्वभाव व गुण वाले व्यक्तियों के लिए पृथक-पृथक ध्यान प्रयोग

इस संसार में प्रत्येक व्यक्ति अनूठा और अद्वितीय है। प्रत्येक का स्वभाव, बोलचाल का तरीका, बुद्धि, क्षमताएं और गुण पृथक-पृथक हैं। कोई बुद्धि प्रधान है तो कोई ह्दय प्रधान। किसी की प्रवृत्ति बर्हिमुखी है तो कोई अंतर्मुखी।

इसीलिए ज्ञान, भक्ति, योग, ध्यान और तंत्र आदि विभिन्न मार्ग और सक्रिय और निष्क्रिय ध्यान विकसित हुए हैं।

तीन दिनों के ध्यान शिविरों में जो ध्यान प्रयोग करवाये जाते हैं उनका मुख्य उद्देश्य नये साधकों को ध्यान प्रयोग सिखलाना, थकाकर कर्त्ता भाव से मुक्त करना और समूह में दमित मनोवेगों का रेचन करना मुख्य है। यह ध्यान प्रयोग व्यक्ति को सहज और सरल बनाने के लिए काफी हैं।

काफी लोग वर्षों से यह ध्यान प्रयोग कर रहे हैं पर उनका रूपान्तरण न होने का मुख्य कारण रेचन का होशपूर्ण न होना और नियमित रुप से ध्यान न करना है। एक अन्य कारण यह भी है कि उनकी भाव शुद्धि और विचार शुद्धि भी नहीं हुई है। इस जीवन शैली के विकसित न होने से सजगता संवेदनशीलता और होशपूर्ण होना संभव नहीं है।

फिर जिन लोगों की वृत्ति तामसी या सात्विक है, उनके लिए यह शक्ति ध्यान हैं भी नहीं। जब ओशो द्वारा सक्रिय तथा कुंडलिनी ध्यान प्रारम्भ कराये गये उससे पूर्व ओशो विपस्सना तथा निष्क्रिय ध्यान प्रयोगों द्वारा तथा प्रकृति के सान्निध्य में होने वाले ध्यान-शिविरों में विचार तथा भावशुद्धि के सूत्रों द्वारा उन्हें संवेदनशील, सजग, प्रेमपूर्ण तथा होशपूर्ण होने की कला पहले ही बतला चुके थे।

आज होने वाले उनके ध्यान शिविर मंहगे होने के साथ-साथ, अंतर्यात्रा के सूत्रों की उपेक्षा किए जाने के कारण ध्यान के नाम पर व्यायाम का पर्याय बन कर रह गये हैं। एक सीमा तक सुस्वादु भोजन, गपशप और

का पर्याय बन कर रह गये हैं। एक सीमा तक सुस्वादु भोजन, गपशप और सुविधा, मनोरंजन, वीडियो फिल्मों के छायांकन ने उन्हें उसे ध्येय से च्युत कर दिया है।

मल्टी यूनिवर्सटी में प्रवेश करने वाले प्रत्येक साधक का शारीरिक और मानसिक परीक्षण किया जाता है और तब विशेषज्ञ उसके विकास और उपचार के लिए अलग-अलग विधियों का चुनाव करते हैं।

ओशो ने रजस गुण प्रधान व्यक्तियों के लिए ही सक्रिय कुंडलिनी नटराज ध्यान आदि शक्ति प्रयोग खोजे क्योंकि ऐसे लोगों का विकास अक्रिया ध्यान और विपस्सना के प्रयोगों से नहीं हो रहा था। ओशो ने इसे स्पष्ट करते हुए बाद के प्रवचनों में कहा कि शक्ति ध्यान प्रयोगों के प्रथम दो तीन चरण ध्यान न होकर ध्यान के जम्पिंग बोर्ड हैं। जिन लोगों का अहंकार कुछ करने में ही रस पाता है जो बिना कुछ किए रह ही नहीं सकते, ऐसे ही लोगों के लिए यह ध्यान प्रयोग उपयोगी है। समर्पित, प्रेमपूर्ण और संवेदनशील लोगों के लिए सत और तमस प्रधान गुण वाले व्यक्तियों के लिए उन्होंने 1972 के विज्ञान भैरव तंत्र की विधियां दी जो व्यक्ति के रूपान्तरण के लिए आणुविक प्रयोग हैं।

ओशो ने अपने एक प्रवचन में कहा था "मैं अपने पीछे पूरा गोरखधंधा छोड़ जाऊंगा। एक पूरी केमिस्ट की दूकान छोड़ जाऊंगा। जिसमें आस्तिक, नास्तिक, बुद्धिवादी, हृदयवादी, तमोगुणी, रजोगुणी और सात्विक सभी के निदान के लिए औषधियां होगी, तुम दवा का चुनाव स्वयं कर लेना।"

एक अन्य स्थान पर उन्होंने कहा कि योग्य चिकित्सक तक अपने रोग की स्वयं ही सही दवा नहीं खोज सकता।

उसे जीवित गुरु ही सही मार्ग निर्देशन दे सकता है। ध्यान शिविरों में ध्यान करने की विधि मात्र सिखाई जाती है, जो नये साधकों के ध्यान प्रारंभ करने के लिए आवश्यक है। पर वर्षों से ध्यान करते हुए जो लोग विकसित नहीं हो रहे हैं, उन्हें यह बताया ही नहीं जाता कि वे कैसे होशपूर्ण, सजग और संवेदनशील बनें? कैसे उनका होशपूर्ण रेचन हो? कैसे वह सहज सरल बनें? तीन दिनों के ध्यान शिविर में संन्यासियों की संख्या अधिक होने से भी प्रत्येक साधक पर ध्यान देना संभव नहीं हो पाता।

सक्रिय और कुंडलिनी ध्यान प्रयोगों में होने वाली चूकें

Meditation The Art of Ecstasy में Chaotic Medition अध्याय के पृष्ठ 27-31 में ओशो कहते हैं-

"आधार रुप में मेरी विधि अंदर के पागलपन के रेचन की है। चेतन मन का एक बड़ा भाग अचेतन हुआ ही इसीलिए है क्योंकि समाज और धर्मों ने बच्चे को बड़े होते ही सहज स्वाभाविक वृत्तियों का दमन सिखाया। जब तक चेतन-अचेनत का भेद नहीं मिटता, अभेद और अद्वैत की स्थिति घटित नहीं हो सकती।

इस दिशा का प्रथम सूत्र है–स्वयं आत्मनिंदा मत करो। काम, क्रोध, घृणा, हिंसा, लोभ यह सभी सहज स्वाभाविक वृत्तियां हैं। इन्हें स्वीकार करो। इनके प्रति निंदा का भाव मन को खण्डित ही करता है, उन वृत्तियों से छुटकारा नहीं दिलाता। यदि तुम इन्हीं वृत्तियों से सतत संघर्ष करते रहे तो सेक्स की विकृतियों का जन्म होगा। पर इन्हीं स्वीकार करने का यह अर्थ नहीं कि तुम कामी, क्रोधी और हिंसक हो जाओ। इन्हें स्वीकार करते ही, इनके साथ एक होते ही, इनके पार जाने की अथवा इनके समानान्तर की प्रक्रिया प्रारम्भ हो जाती है।

If you become consciously neurotic one day you will come to a point where you are no more neurotic.

And to do this catharsis you have to approach it in a very systematic, methodical way because it is becoming mad with a method conseiously mad.

इसलिए सचेतन रुप से होशपूर्वक पागल बनो तभी अचेतन की विक्षिप्तता से मुक्त हो सकोगे। रेचन से पूर्व सक्रिय ध्यान में गहरी और तेज श्वांस का उलीचना ही अंदर एक अव्यवस्था उत्पन्न कर देता है और बिना यह अव्यवस्था उत्पन्न हुए दमित मनोवेग अचेतन से निकल कर सतह पर नहीं आते।

इन मनोवेगों के होशपूर्ण रेचन से ही अंदर रिक्तता आती है। खालीपन की अनुभूति होती है और उसी खालीपन में 'हू' का महामंत्र प्रभावी होता है और तुम अपने केन्द्र पर पहुंचते हो।

लेकिन यदि अंदर दमन भरा है तो कुछ भी नहीं होगा। यह दमन ही 'हू' की ध्वनि और दिशा बदल देगा और लाभ के स्थान पर हानि होगी, क्योंकि अंदर से तुम खाली नहीं हुए हो।

ओशो कहते हैं–The movement of sound is possible only when you are empty, if you are filled with repressions nothing will happen. And sometimes it is even dangerous to use any mantra or sound when you are filled with repressions, because each suppression will change the sound inside and ultimate result may be something of which you never dreemed, never expected, never wished for because each layer of repression will change the path of the sound. You need a vacent mind, only then can mantra be used.

It should never be done without doing first two steps. If you are neurotic and the neurosis is not released, then if you do 'hoo' you will become more neurotic.

अंदर के इसी खालीपन को प्राप्त करने के सचेतन रेचन के संबंध में ''जगत तरैया भोर की'' प्रवचनमाला के आठवें प्रश्नोत्तर प्रवचन में ओशो कहते हैं–''कामवासना, क्रोध, घृणा या हिंसा की दमित मनोवृत्तियों को होशपूर्ण रेचन के लिए, प्रत्येक वृत्ति का स्मरण कर उसी बीती स्थिति के अंदर निर्मित कर उन्हीं क्षणों में होशपूर्ण जीकर ही उस ऊर्जा का रूपान्तरित किया जाना संभव है।

डेढ़ दो वर्ष पूर्व इस बाबत मैंने पूना कम्यून के सचिव को एक विस्तृत पत्र भी लिखा था। उसके बाद शिविर-संचालक होशपूर्वक रेचन करने का निर्देश तो देने लगे पर होश कैसे जगे, कैसे साधक द्रष्टा बने, इस संबंध में अधिकतर लोग मौन हैं। ध्यान शिविर नये लोगों को ध्यान, प्रयोग सिखलाने की दिशा में गतिशील अवश्य हैं पर ध्यान वही है जो बिना चेष्टा से एकदिन स्वतः घटने लगे। ध्यान की गहराइयों में ले जाने की दिशा में कुछ करना जैसे ध्यान शिविरों का लक्ष्य ही नहीं है।

मल्टी यूनिवर्सटी की प्रक्रिया के अनुसार साधक की मानसिक शारीरिक परीक्षा कर उसकी संभावनाओं को ज्ञात कर जब तक संतुलन साधने, स्त्री-पुरुष ऊर्जा को लयबद्ध करने आदि जैसे प्रयोग नहीं किए जाते, रूपान्तरण सहज रुप में संभव नहीं है। ओशो भारतीयों के लिए कुनकुनी थेरेपी विधियां विकसित कर एक अलग कम्यून बनाना चाहते थे और उनके अधूरे स्वप्न का यह अंश भी संन्यासियों को ही पूरा करना है।

इसी तरह कुंडलिनी ध्यान जिस भांति ध्यान शिविरों में कैसेट लगाकर यांत्रिक-विधि से कराया जाता है, वह मात्र एक व्यायाम बन जाता है।

'शिन-शिन यिंग' प्रवचनमाला में एक स्थान पर ओशो कहते हैं–जैसे तुम कुंडलिनी ध्यान कर रहे हो तो शरीर को बलपूर्वक हिला या कंपा रहे हो। तुम शांत चुपचाप रहो। कंपनों को अंदर से आने दो। इन्हें आने में शरीर को कंपा कर सहायता दो। यदि तुम जर्बदस्ती कंपाओगे शरीर को तो वह ध्यान न होकर मात्र एक शारीरिक व्यायाम बन जायेगा। तब कंपना केवल बाहर परिधि पर होगा। वह तुम्हारे अंदर गहराई से नहीं निकलेगा। तुम उसमें

कर्त्ता बने रहोगे और उसमें चूक जाओगे। तुम शिला की भांति ठोस बने हुये हो। यदि कंपनें तुम्हें ठोस से पिघला कर तरल नहीं बनाती तो ध्यान के साथ तुम बह नहीं सकते।

कम्पनें हों, पर कंपन करने वाला कर्त्ता न बचे। और यही नृत्य का राज है। नृत्य तभी ध्यान बनता है, जब नर्तक खो जाये और केवल नृत्य रह जाये।''

पर अंदर से कम्पनें कैसे आयें? ठोस शरीर पिघल कर कैसे तरल बने? कर्त्ता-भाव कैसे मिटे?

इसका राज विज्ञान-भैरव-तंत्र के सूत्रों से मिला। भाव या कल्पना करो, तुम्हारे शरीर के रोएं-रोएं से प्रकाश की किरणें निकल रही हैं। तुम्हारा असंख्य अणुओं से बना शरीर-प्रकाश की तरंगों में परवर्तित हो रहा है। जब यह भाव प्रगाढ़ हो जाये और शरीर प्रकाश का वर्तुल बन जाये तो भाव करो–सारा प्रकाश कामकेन्द्र पर एकत्रित हो गया है और कामकेन्द्र से प्रकाश, विद्युत की धारा के रूप में ऊपर रीढ़ की हड्डी में नाभि की ओर गति कर रहा है।

दोनों घुटनों को मोड़ने और उठाने से काम केन्द्र कंपने लगता है। कामकेन्द्र पर अवधान थिर करने से और प्रेम के क्षणों का स्मरण करने या कल्पना करने से अंदर पुलकन, सिहरन और कंपन आरंभ हो जाता है। बाहर शरीर के हिलने कंपने से अंदर की कंपनें पूरे शरीर को रोमांचित कर देती हैं। यही कामऊर्जा को जगाने का उपाय है।

'ध्यान योग' पुस्तक ओशो ने लिखी नहीं। उन्होंने कोई भी पुस्तक नहीं लिखी। उन्होंने अपने प्रवचनों में जो भी कहा, उसे टेप कर लिया गया। सक्रिय और कुंडलिनी ध्यान प्रयोगों को उन्होंने प्रारम्भ में जिस ढंग से करवाया, उसी के आधार पर ध्यान योग पुस्तक तैयार हो गई। बाद में जब उनसे साधकों ने प्रश्न करते हुए कतिपय ध्यान प्रयोगों द्वारा रूपान्तरण न होने का कारण पूछा, तब उन्होंने उससे चूकने का जो कारण बताया वह पुस्तकें तैयार करने वाले कदाचित 'ध्यान-योग' की पुस्तकों में सम्मिलित करना भूल गये और शिविर-संचालक भी ध्यान-योग की पुस्तकों की ही विधि दोहराते गये।

कुंडलिनी ध्यान करवाते हुए वह अंदर से कम्पनों के आने और बाहर से कम्पन द्वारा उसको सहयोग देने की बात तो करते रहे पर अंदर से कम्पन किस प्रकार उत्पन्न हों, इसकी उन्होंने कोई विधि नहीं बतलाई। सक्रिय ध्यान में वह होशपूर्ण रेचन की बात तो करते रहे पर होशपूर्ण या सचेतन रेचन किस तरह संभव है, यह बतलाना ही चूक गये।

उन्होंने विपस्सना ध्यान में श्वास के साथ यात्रा करने और उनके अंतराल में रुकने का निर्देश तो दिया पर विपस्सना ध्यान की वह बारीकियां नहीं बतलाई जिनका ओशो ने विस्तार से उल्लेख विज्ञान-भैरव-तंत्र खण्ड एक में विपस्सना की नौ विधियां बतलाते हुए किया है। ओशो 1964 से ही विपस्सना और शिथिल ध्यान-प्रयोगों द्वारा होश साधने की विधि बतला चुके थे, अतः सक्रिय ध्यान की विधि देते हुए उन्होंने होशपूर्ण कैसे बना जाये, इस बात को दोहराया नहीं।

मैं वर्षों सक्रिय और कुंडलिनी ध्यान व्यायाम की तरह करता रहा। शिविरों में भी और घर भी। नियमित रुप से 21 दिन भी ध्यान किया। कुछ अंतर तो अवश्य हुआ पर रूपान्तरण न हुआ। दमित काम, क्रोध, घृणा विसर्जित नहीं हुये। कुंडलिनी ऊर्जा जाग्रत तो हुई पर पुस्तकों में लिखी विधि के अनुसार वह मन का ही प्रक्षेपण था। काम की ऊर्जा राम की ऊर्जा में रूपान्तरित नहीं हुई। सहस्त्रार का न तो स्वर्णकमल खिला और न उस प्रकाश और अमृत की वर्षा हुई जो सत् चित आनन्द की अनुभूति करा सके। यह मेरी ही नहीं मेरे जैसे सैकड़ों हजारों साधकों की यही पीड़ा है। इसी का परिणाम है कि साधक दस-दस वर्षों से सक्रिय, कुंडलिनी, नादब्रह्म, नटराज, नो माइन्ड और विपस्सना, ध्यान कर रहे हैं, पर उनका रूपान्तरण नहीं होता। समाधि नहीं घटती। ध्यान करना उनके लिए मात्र व्यायाम रह गया है। जिस रजस प्रधान गुण वाले व्यक्तियों के लिए यह ध्यान प्रयोग ओशो ने विकसित किए थे, उनका भी इसीलिए रूपान्तरण नहीं हो रहा।

और रूपान्तरण न होने के कारण है, होशपूर्ण सचेतन रेचन न हो पाना। दमित वृत्तियों का रेचन करते समय यदि साधक उन वृत्तियों से साथ तादात्म्य जोड़कर रस लेने लगता है तो रेचन हो ही नहीं पाता। वह निर्भार और खाली नहीं हो पाता और बिना अंदर से खाली हुए 'हू' का तृतीय चरण लाभ के स्थान पर हानिप्रद ही हो जाता है।

इसी प्रकार कुंडलिनी ध्यान में अंदर से कम्पन उत्पन्न ही नहीं होते। आंतरिक कम्पन कैसे उत्पन्न हों, कैसे होशपूर्ण रहा जाये, तटस्थ द्रष्टा कैसे सधे, यह ध्यान शिविरों में कहां बताया गया है?

अधिकांश ध्यान-शिविर दिन पर दिन महगें होते जा रहे हैं और मध्यम वर्ग के व्यक्ति के लिए भी उनका बोझ संभालना बूते से बाहर होता जा रहा है। इनके मंहगे होने का कारण ठहरने खाने की व्यवस्था का महंगा हो जाना तो है पर शिविर संचालकों द्वारा हवाई जहाज या एयाकंडीशन्ड कोच का दो लोगों के किराये से अधिक धनराशि मांगना तथा शिविर में वीडियो

फिल्म उतारने आदि के भी फिजूल खर्च सम्मलित हैं। वीडियो फिल्म में अपना चेहरा दिखने की चाह में, ध्यान भी खण्डित और बाधित हो जाता है। कुछ शिविर तो पंचसितारा होटलों में किए जा रहे हैं जो तड़क-भड़क और प्रदर्शन अधिक है। ओशो से निकट जुड़े कुछ संन्यासियों ने आठ समाधियों का जो 72 दिनों का कोर्स विकसित किया है उसकी भी रु 500/- प्रतिदिन की फीस मध्यम आय वर्ग के व्यक्ति की भी पहुंच से बाहर है। फिर सहज समाधि प्रयास से नहीं प्रसाद से घटती है। इसका कोई शिक्षण या प्रशिक्षण नहीं हो सकता। फिर उनकी यह भी घोषणा है कि उन्हें बुद्धत्व घटा है। यदि उन्हें बुद्धत्व घटा ही है तो उनमें बुद्ध की ओशो जैसी वह करुणा कहां, जो समाधियों की सभी विधियां सार्वजनिक कर दे। समाधि के कोर्स के साथ लोगों के बुद्धत्व को उपलब्ध होने की घोषणा भी उनकी तथाकथित अकादमी समय-समय पर कराती ही रहती है। उन्हें दस हजार बुद्ध बनाने का लक्ष्य पूरा करना है।

वैसे भी नगर-नगर में कुछ लोगों ने अपने को बुद्ध होना घोषित कर दिया है। बोधिधर्म की प्रवचनमाला के अंतर्गत ओशो ने तीन विषों से सावधान रहने को कहा था उनमें प्रमुख विष था–कुछ होने का भ्रम उत्पन्न होना, जो व्यक्ति वास्तव में हुआ नहीं है।

इसी पृष्ठभूमि में ओशो की सभी प्रमुख हिन्दी, अंग्रेजी प्रवचनमालाओं के अमृतसागर में डूबते हुए उन साधन सूत्रों और विधियों को जानो जो सहज रूपान्तरण में सहायक हैं, और उन्हें श्रद्धापूर्वक, संवेदनशील और सजग होकर करो। जमुनिया छिन्दवाडा की एकान्त कम्यून में तीन मास रहते हुए उन विधियों का प्रयोग करते हुए विकसित हुआ मैं। तभी अस्तित्व ने मुझे माध्यम बनाकर इन अनुभवों को लिपिबद्ध करने के लिए मुझे प्रेरित किया। "बुद्धत्व खड़ा बाजार में और ओशो द्वारा बताये समाधि के सहज सरल सूत्र" पुस्तक इसी का परिणाम है। 'बुद्धत्व खड़ा बाजार में' में व्यंग्य चित्र तो स्वामी प्रेम निशीथ ने लिखे और 360 पृष्ठों में मैंने ओशो के समाधि में सहायक सरल सहज सूत्रों और विधियों का उल्लेख किया है। प्रत्येक चित्त वृत्ति वाले व्यक्तियों के लिए चुनने के लिए ओशो द्वारा बताये हर मार्ग और लगभग हर विधि का इसमें उल्लेख है। पुस्तक का इतना लम्बा नाम लिखा जाना संभव नहीं था अत: "बुद्धत्व खड़ा बाजार में" के नाम से यह पुस्तक डायमण्ड पॉकेट बुक्स दिल्ली ने सन् 2003 में रिलीज की है।

मेरी दृष्टि में ध्यान शिविरों का आयोजन करते समय ओशो द्वारा निर्देशित सभी बातों का ध्यान रखा जाये। उसमें सादगी हो, प्रदर्शन और दिखावा न हो। बिना मिर्च-मसाले के सात्विक सम्यक् भोजन की व्यवस्था

हो। आर्थिक रुप से विपन्न लोगों का आंशिक और सम्पन्न संन्यासी वहन करें, जिसके लिए उन्हें रहने की विशिष्ट सुविधाएं उपलब्ध हों। शिविर संचालक साधकों के साथ ही भोजन करें। उनके साथ मिलजुलकर उनके प्रकृति प्रदत्त गुणों का परीक्षण कर तमस और रजस गुण प्रधान व्यक्तियों के अलग-अलग ग्रुप बना दें। यदि वह संख्या अधिक होने के कारण प्रत्येक साधक का परीक्षण न भी कर सकें फिर भी बुद्धिवादी, हृदयवादी, स्त्रैण व पुरुष चित्त और इसी प्रकार तम रज तथा सत तीनों गुणों के अलग-अलग लक्षण बतलाते हुए साधकों में स्वयं चुनाव करने की योग्यता विकसित करें और प्रत्येक वर्ग के लिए कौन-कौन सी विधियां और ध्यान प्रयोग सहायक हैं, उसे स्पष्ट करें।

पर सर्वाधिक आवश्यक है विज्ञान भैरव तंत्र के वह प्रयोग सभी साधकों को करवाना, जिससे वह अपनी श्वास के, विचारों और भावों के तटस्थ द्रष्टा बन सकें। त्रिनेत्र साधना और विपस्सना द्वारा संतुलन साधने के प्रयोगों से साधक को जब तक तटस्थ द्रष्टा बनने की कला नहीं सिखाई जाती, उसे होशपूर्ण रेचन, आंतरिक कम्पन्न उत्पन्न करने की विधि नहीं बतलाई जाती, उसे श्रद्धापूर्ण, संवेदनशील और प्रेमपूर्ण बनने की जीवनशैली जीने को प्रेरित नहीं किया जाता, तब तक साधक विकसित नहीं हो सकता। उसका प्रेम भी बेशर्त, ईर्ष्यामुक्त और बिना मालकियत के नहीं हो सकता।

यही समय है, जब सभी ओशो संन्यासी स्वयं का अध्ययन करें। कुछ लोग पद, प्रतिष्ठा और व्यवस्था में लिप्त हैं। और ओशो के इस वचन को आधार बनाकर कि जीवन प्रतिपल परिवर्तनशील, प्रवाहमान और तरल है, पुराने से बंधना नहीं मुक्त होना है, वे ओशो के सुंदरतम और स्मरणीय चिह्नों को मिटाकर कुछ ऐसा नया सृजित कर रहे हैं, जो आत्मीय व मानवीय कम और यांत्रिक अधिक है।

कुछ ऐसे भी लोग हैं जो पुराने से बंधे हैं। वे जीवन के प्रवाह को अवरुद्ध कर, जहां आज से दस वर्ष पूर्व थे वहीं ठहरा रहना चाहते हैं। वे मनुष्य की बदली चित्तवृत्ति, बदले समय और परिस्थितियों के अनुसार कुछ भी बदलने को तैयार नहीं।

ये दो अतियां हैं जबकि ओशो का मार्ग मध्य मार्ग है। अतियों में सदा मन डोलता रहता है। दोनों को अति का, अहंकार का विसर्जन करना है।

ओशो का एक ही संदेश है, ध्यान और प्रेम। ध्यान और प्रेम का संदेश देने वाले संन्यासी ही यदि आपस में प्रेमपूर्ण नहीं रहे, होशपूर्ण, सजग और संवेदनशील न हुए तो ओशो के अधूरे स्वप्न को पूरा कौन करेगा?

❑❑❑

6. भारतीय संन्यासियों के लिए सस्ती कुनकुनी थेरेपी विधियों की पृथक कम्यून बनाने का ओशो का अधूरा स्वप्न कैसे साकार हो?

सहजयोग प्रवचनमाला में ओशो कहते हैं, "99% भारतीय कामवासना के दमन से पीड़ित हैं और इसीलिए उन्हें मल्टी यूनीवर्सटी में समूह-चिकित्साओं की और भी अधिक आवश्यकता है। इस समय पश्चिम के श्रेष्ठ मनोचिकित्सक यूरोप में अपने केन्द्र बंद कर मेरे संन्यासी बनकर अंग्रेजी भाषा में साउंड प्रूफ व वातानुकूलित कक्षों में जिनका रख रखाव बहुत मंहगा है यह थेरेपी-ग्रुप्स संचालित कर रहे हैं। जो भारतीय इन ग्रुप्स में भाग लेने के लिए गये वह अपने संकोच झिझक और दमन के कारण अन्य लोगों के लिए अवरोध बन गये और इसीलिए भारतीयों का प्रवेश इन समूह-चिकित्साओं में रोक देना पड़ा।

मैं समझता हूं कि उक्त पाश्चात्य व्यवस्था और अंग्रेजी भाषा द्वारा भारतीयों की समूह चिकित्सा संभव नहीं है। मैं भारतीय शैली और व्यवस्था के अनुसार नये ढंग खोज रहा हूं और उनके लिए पृथक नई कम्यून बनाने का आयोजन कर रहा हूं, जिनमें भारतीय भाषाओं का माध्यम बनाते हुए थोड़ी उदार, सस्ती और थोड़ी कुनकुनी चिकित्साएं विकसित करनी होगीं क्योंकि भारत को इनकी बड़ी जरूरत है।"

ओशो अपना अधूरा सपना अपने सभी संन्यासियों को सौंप गये हैं। भारतीयों के विकास के लिए एक नई कम्यून जिसमें थोड़ी उदार कुनकुनी समूह चिकित्साएं भारतीय भाषाओं में उपलब्ध हों। ओशो को देह से मुक्त हुए 13 वर्ष हो चुके, पर अब भी इस दिशा में साधन सम्पन्न होते हुए भी पूना कम्यून द्वारा कोई सार्थक प्रयास नहीं किया गया है।

पहले सभी थेरेपी ग्रुप्स के प्रवेश द्वार सभी भारतीय संन्यासियों के लिए खुले थे। पर कामवासना के दमन के कारण, खुले हृदय से सक्रिय होकर भाग न लेने, अपने अनुचित हरकतों के कारण, वे विदेशी संन्यासियों के लिए एक अवरोध बन गये। तब केवल मिस्टिक रोज, मैं कौन हूं? और 'नो माइन्ड' ध्यान प्रयोगों के एक सप्ताह से तीन सप्ताह के थेरेपी ग्रुप्स के अतिरिक्त शेष सभी ग्रुप्स में भारतीयों का प्रवेश रोक दिया गया।

ओशो से जुड़े भारतीय संन्यासी जो इन ग्रुप्स में भाग लेकर थेरेपी चिकित्सा को भली भांति हृदयंगम कर चुके थे, और पूना कम्यून से पृथक होकर उन्होंने अपने नये आश्रम भी बना लिए थे, उनके द्वारा भी इस दिशा में कोई भी सार्थक प्रयास एक लम्बे समय तक नहीं किया गया। अब 2003 में ही इस दिशा में ओशोधाम नई दिल्ली में मां धर्म ज्योति ने 'बार्न एगेन' तथा अनहत ध्यान केन्द्र भोपाल ने कुछ थेरेपी प्रयोगों का शुभारम्भ किया है जो एक शुभ संदेश है।

मल्टी यूनिवर्सटी पूना में नौ केन्द्रों द्वारा थेरेपी उपचार दिए जाते हैं जो उसे अतीत की कंडीशनिंग और दमित मनोवेगों के फलस्वरूप अवरुद्ध ऊर्जा से मुक्त कर उसे सहज, सरल, निर्दोष और विश्राममय बनाने में सहायक हैं। इन सभी नौ केन्द्रों द्वारा संचालित थेरेपी ग्रुप्स का विस्तृत विवरण मैं ''एक फक्कड़ मसीहा ओशो'' खण्ड नौ में दे चुका हूं।

उदाहरणस्वरूप सेंटर ऑफ ट्रॉसफॉरमेशन (रूपान्तरण का केन्द्र) में निम्न 11 ग्रुप्स हैं।

1. साक्षी होना
2. हारा केन्द्र पर पहुंचना
3. अपने को ऊर्जा ग्रहण करने योग्य बनाना
4. संवेदनशील बनना
5. हृदय के द्वार खोलना
6. अंतरंग संबंध
7. ध्यान के लिए तैयार किए जाना
8. बुद्ध ऊर्जा क्षेत्र के रहस्य में प्रवेश की तैयारी
9. सृजनात्मक और खेलपूर्ण बनने के लिए तैयार करना
10. अपने से ही प्रेम करने की कला सिखाना
11. स्पर्श के प्रति संवेदनशील होना।

इनका उद्देश्य मनुष्य का शारीरिक और मानसिक परीक्षण कर उसके अवरोधों और संभावनों का पता लगाना था जिससे उसके रूपान्तरण के लिए विशिष्ट थेरेपी चिकित्सा द्वारा उसे सर्वप्रथम तनावमुक्त, विश्राममय, सहज, सरल और निर्दोष बनाया जाये। उसकी दमित ग्रंथियों का विसर्जन किया जाये। उसे उत्सवपूर्ण और खेलपूर्ण बनाया जाये। उसे बुद्धि के केन्द्र से हृदय केन्द्र पर ले जाकर बुद्धि और हृदय के बीच संतुलन स्थापित किया जाये।

ओशो ने इन थेरेपी उपचारों में तांत्रिक विधियों का भी समावेश किया। सम्मोहन का भी उपयोग किया। चीन, जापान, तिब्बत, मंगोलिया आदि विभिन्न देशों में व्यक्ति के शारीरिक, मानसिक और आध्यात्मिक उत्थान के लिए जो भी विधियां खोजी गई थीं, उन सभी को परमार्जित कर उनका भी उपयोग किया।

वस्तुतः यह थेरेपी उपचार व्यक्ति को ध्यान के लिए तैयार और विकसित करते हैं। मन को अमन बनाने की दिशा में, उसका द्वैत मिटाकर मध्य में चेतना को थिर करने के यह अदभुत प्रयोग हैं। वैज्ञानिकों ने प्रयोग कर यह सिद्ध किया है कि पिरामिडों का आकार तथा डिजायन, उसका आधार भुजाओं की लम्बाई और विशिष्ट कोण और दिशा उसके अंदर एक ऐसा वातावरण निर्मित करते हैं जिसमें मृत व्यक्ति का शरीर सुरक्षित रहता है। वह सड़ता और गलता नहीं। उसके अंदर एक जीवंतता और अद्भुत शांति होती है। इन्हीं खोजों के आधार पर ओशो ने पिरामिड की डिजायन के अनुसार काले ग्रेनाइट पत्थरों के पिरामिड निर्मित करवाये। उनके ही अंदर साउंडप्रूफ तथा वातानुकूलित कक्षों में थेरेपी चिकित्साएं प्रारम्भ कराईं। ओशो ने अपने प्रवचनों में प्रत्येक ग्रुप्स की गतिविधियों के संबंध में विस्तृत प्रकाश डालते हुए वह विधियां भी दी हैं जिनसे अभीप्सा से भरा साधक स्वयं उनका प्रयोग करते हुए विकसित हो सके। उनकी प्रमुख हिन्दी अंग्रेजी प्रवचनमालाओं में उल्लखित उनके दिशा-निर्देश और विधियां मैं यथा सम्भव देने का प्रयास कर रहा हूं। स्वयं प्रयोग करने के दौरान भूलें करते हुए और उन्हें सुधारने में समय तो अवश्य लगता है, पर पिछले तीन वर्षों में अपनी भूलों से सबक लेकर मैंने जो मार्गरहित मार्ग पाया है, मैं उसका भी उल्लेख कर रहा हूं जो जिज्ञासुओं के लिए सहायक हो सके।

कुछ थेरेपी उपचार स्वयं कैसे करें?

थेरेपी उपचार से ध्यान नहीं घटता। यह लिखने का तात्पर्य, हरगिज यह नहीं है कि उक्त थेरेपी ग्रुप्स के उपचारों का कोई महत्त्व नहीं। पिरामिड आकार के ऊर्जामय एयरकंडीशंड और ध्वनि निरोधक भवनों में विश्व के

योग्यतम और ओशो द्वारा प्रशिक्षित मनोचिकित्सकों और ध्यान व प्रेम में डूबे संन्यासियों द्वारा विधिवत इनका प्रशिक्षण देने का महत्त्व, गरिमा, स्वाद और सुगंध कुछ और है। पर सबसे महत्त्वपूर्ण बात है कि घर परिवार छोड़कर एक महीने या तीन महीने के लिए, बाहर के संसार से अपनी चेतना समेटकर सम्यक भोजन लेते हुए प्रकृति के सान्निध्य में बने किसी एकान्त स्थान में साधना करने से बहुत कुछ स्वयं घटित होने लगता है क्योंकि चेतना बाहर से सिमट कर अंदर केंद्रित होती जाती है। इसके लिये आवश्यकता है अभीप्सा और संकल्प की और जब तक भारतीयों के लिए नई थेरेपी विधियां विकसित नहीं होतीं, इनमें से जिन विधियों को मैं जान सका हूं, उनके प्रयोग से ओशो द्वारा दिए निर्देशों के अनुसार भारतीय संन्यासी उन्हें सजगता से समझ कर स्वयं अपना उपचार कर विकसित हो सकते हैं। अपना दीया स्वयं ही बनना है। यह प्रतीक्षा करना व्यर्थ है कि शिविर-संचालक स्वयं ऐसी पहल करें। वह तो केवल वही करेंगे, जिसे करने के लिए व्यवस्था से अनुमति मिले। हर व्यवस्था, हर संगठन में कुर्सी, पद, महत्त्वाकांक्षा से भरे लोग अर्द्धमूर्च्छित हो जाते है। दायित्व का तो बोध केवल उन्हें होता है जिन्हें वास्तव में ध्यान घटा हो।

धन के अभाव या कुछ परवशताओं के कारण घर छोड़ कर लम्बी अवधि के लिए जो लोग कहीं एकान्त में न भी जा सकें फिर भी अपने घर के कोने में ही वह अपनी अभीप्सा और संकल्प से इन थेरेपी विधियों का सार लेकर उनसे अपना उपचार स्वयं कर सकते हैं। जिन थेरेपी विधियों को ओशो की करुणा से जितना मैं समझ सका हूं, उसी का सार प्रस्तुत कर रहा हूं।

कौन सा ध्यान कब करें?

यदि हम स्वयं का निरीक्षण करें तो ज्ञात होगा दिन के चौबीस घंटों में हम कभी कुछ घंटों के लिए अनायास उदास हो जाते हैं। कुछ भी करने का मन नहीं होता। चुपचाप अंधेरे कमरे में अकेला बैठना अच्छा लगता है। मन में घृणा, वासना, ईर्ष्या आदि के नकारात्मक भाव ही उठते हैं। इन क्षणों में अधिकतर लोग सिगरेट पीने लगते हैं। शराब भांग या किसी अन्य नशे में डूब जाना चाहते हैं। कुछ लोग चादर तान कर ही सो जाते हैं। इन क्षणों में सजग होकर तमस साधना के प्रयोग बिस्तरे पर लेटे हुए या अंधेरे कमरे में बैठे हुए सरलता से किये जा सकते हैं।

स्त्रियों के मासिक धर्म के चार-पांच दिन बहुत कष्टदायक होते हैं पीड़ा के साथ, उदासी, थकान, निष्क्रियता और अवसाद के साथ कोई भी

काम करने की इच्छा नहीं होती। शरीर के विकार गंदे रक्त के साथ बाहर निकलने के बाद ही उन्हें चैन मिलता है।

इसी तरह प्रत्येक पुरुष के महीने में चार-पांच दिन विशेष रूप से स्त्रियों के मासिक धर्म जैसी भाव दशा में गुजरते हैं। यह समय भी तमस साधना के ध्यान-प्रयोगों के लिए सर्वोत्तम है।

इस तरह दिन में कुछ समय या मास में जो भी सर्वाधिक तनाव का समय हो, जब लड़ने-झगड़ने, चीजों को तोड़ने-फोड़ने की तबियत हो, अधिक क्रोध या हिंसा का भाव उठे तो रजस साधना के ध्यान प्रयोग और होशपूर्ण रेचन का सबसे अच्छा सुअवसर है।

जो शांत चित्त के हैं, जो अपने अंदर जब सात्विक भाव का उदय देखें और महसूस करें तो विज्ञान-भैरव तंत्र के प्रयोग, त्रिनेत्र पर अवधान केन्द्रित कर पुतलियां थिर कर द्रष्टा साधने के प्रयोग किये जा सकते हैं। विपस्सना तो परम ध्यान है ही।

इसीलिए क्रियाशील, ऊर्जा से भरे अहंकारी व्यक्ति के लिए विज्ञान भैरव तंत्र के प्रयोगों से रूपान्तरण बहुत कठिन है और ऊर्जा के व्यर्थ नष्ट करने का प्रयास है। ऐसे लोगों के लिए ही थकाने वाले शक्ति ध्यान सक्रिय, कुंडलिनी व नटराज तथा नो माइन्ड ध्यान उपयोगी हैं।

आलसी और तामसी वृत्ति के लोगों के लिए भी विपस्सना, त्राटक और त्रिनेत्र साधना के कुछ प्रयोगों की बहुत आवश्यकता हैं, जिससे उनका द्रष्टाभाव जग सके। वे लेटे हुए छत की कड़ियां या बिजली का पंखा घूरते रहें। खाली दीवार ताकते रहें। रात में छत पर लेटे हुए अंधकार या तारों भरे आकाश पर त्राटक करें।

वैसे ध्यान के लिए भोर और संध्या का झुटपुटा समय सर्वाधिक प्रभावी है। जब अंधकार जा रहा हो और पूरब में ऊषा की लाली फैल रही हो, अथवा जब सूरज डूब रहा हो और अंधेरा धीमे-धीमे घिरने लगा हो। कामकाज में लगे व्यक्तियों के पास भी सुबह या शाम का समय होता है। नौकरी पेशा में लगे व्यक्ति तो शाम का समय किसी तरह निकाल सकते हैं पर दूकान या व्यवसाय में लगे लोग देर रात से घर थक थकाये लौटते हैं। वे भोजन करने के बाद सोने से पूर्व 15-20 मिनट में यदि विज्ञान-भैरव-तंत्र की तीन-चार विधियां ही कर लें तो उसके जीवन में शनैः शैनः एक रूपान्तरण होना प्रारंभ हो जायेगा।

पहले स्वयं का निरीक्षण कर जानें, प्रकृति से प्राप्त गुण तमस, रजस एवं सत में से किसके लक्षण अधिक हैं? उसी के अनुसार साधना विधि

व ध्यान प्रयोग चुनें। यदि बुद्धिप्रधान अधिक हैं तो ध्यान मार्ग और यदि हृदय प्रधान हैं तो भक्ति मार्ग, और यदि दोनों गुण लगभग बराबर हैं तो सजगता से दोनों मार्ग एक साथ। अपने गुणों को संतुलित करें।

इसकी विस्तृत चर्चा अगले अध्यायों में की गई है।

❑❑❑

7. ध्यान की इतनी अधिक विधियां क्यों? और अपने गुणों के आधार पर साधना विधि का चुनाव

एक विचार गोष्ठी में मुझसे यही प्रश्न पूछा गया था कि जब गौतम बुद्ध ने एक विपस्सना ध्यान के द्वारा ही हजारों लाखों का रूपान्तरण किया फिर ध्यान की 108 या 112 विधियों की क्या आवश्यकता है? फिर ओशो ने और भी नये ध्यान प्रयोगों को क्यों विकसित किया? इससे क्या लाभ है? क्या इससे लोगों की उलझन बढ़ेगी नहीं? इस समस्या का समाधान नये ओशो संन्यासियों के लिए भी उपयोगी है।

ओशो के ध्यान प्रयोगों को मुख्यत दो भागों में श्रेणीबद्ध किया जा सकता है—निष्क्रिय और सक्रिय ध्यान प्रयोग। सक्रिय प्रयोगों से मेरा तात्पर्य—सक्रिय ध्यान, कुंडलिनी, नटराज, नादब्रह्म और नो माइन्ड ध्यान प्रयोगों से है जिसमें काफी शक्ति और ऊर्जा लगानी होती है। यह प्रयोग भी एक घंटे या सवा घंटे की अवधि के हैं।

निष्क्रिय ध्यान प्रयोगों में विपस्सना, बहना-मिटना, शवासन और विज्ञान भैरव तंत्र के विविध प्रयोग हैं, जो बैठ कर या लेटे हुए ही करना होता है। इनमें न अधिक ऊर्जा या शक्ति लगाने की आवश्यकता है और न यह अधिक अवधि करने वाले ध्यान प्रयोग हैं। पांच मिनट से आधा घंटा की अवधि में करने वाले यह ध्यान प्रयोग हैं। विज्ञान-भैरव-तंत्र के प्रयोग के लिए तो पांच सात मिनट ही काफी हैं।

1964 से 1967 तक ओशो निष्क्रिय ध्यान प्रयोग ही करवाते रहे। 1969 से उन्होंने शक्ति ध्यान प्रयोगों को प्रारम्भ कराया। 1972 में उन्होंने विज्ञान-भैरव-तंत्र के प्रयोगों पर अंग्रेजी भाषा में 'दि बुक ऑफ दि सीक्रेट्स' प्रवचनमाला प्रारम्भ की। यह सभी कुछ अकारण नहीं है। ऐसा ओशो ने समझबूझ कर, साधकों को विकसित करने के लिए ही किया।

इसका रहस्य उनके गीता दर्शन अध्याय 14 के प्रवचनों में स्वत: स्पष्ट हो जाता है, जिसमें उन्होंने सांख्य के तम, रज और सत त्रिगुणों पर बोध देते हुए प्रत्येक गुण से संबंधित व्यक्ति के लिए अलग-अलग साधना पद्धतियों की आवश्यकता बतलाई है। इसके सार को समझना साधकों के लिए बोधपूर्ण और परमावश्यक है। इससे उन पुराने ओशो संन्यासियों को भी बोध मिलेगा, जो वर्षों से ध्यान कर रहें हैं और उन्हें अपना सारा श्रम व्यर्थ प्रतीत होता है और उससे उनका कोई रूपान्तरण नहीं हुआ।

ओशो कहते हैं, साधना करने से पूर्व प्रत्येक साधक के लिए यह जानना बहुत जरूरी है कि प्रकृति ने उसके व्यक्तित्व में किस गुण का अनुपात अधिक रखा है। उसमें तामसी गुण अधिक हैं या वह रजस प्रधान है और यदि उसमें सात्विक गुण हैं तो उसकी साधना विधि तामसी और रजस गुण वालों से भिन्न होगी। न कोई गुण अच्छा है और न बुरा। प्रत्येक के अपने-अपने उपयोग हैं। तमस गुण, व्यक्ति को आलसी, अकर्मण्य बनाता है। वह अधिक देर तक सोता है। वह ठंडा और बासी भोजन पसन्द करता है। वह प्राय: उदास और थका-थका सा रहता है। उसे कोंच-कोंच कर किसी काम में लगाओ भी तो वह उसे बेमन से बोझ समझ कर आधा-अधूरा करता है। इसका परिणाम है–अज्ञान। वह प्रकाश से दूर अंधेरे में ही मस्त रहता है। रौशनी निद्रा में बाधक होती है। तामसी लोग भी गुणातीत होकर बुद्ध हो सकते हैं–इसलिए जो लोग तमस गुण प्रधान हैं वे इसे बुरा मानकर इसे स्वीकार करने में हिचकें नहीं। यद्यपि उनका मन कई तरह के तर्क देकर उन्हें समझायेगा कि तुम तो सात्विक गुण प्रधान हो। वह भी अधिक सक्रिय कहां होता है? पर मन के बहकावे में आकर यदि तुमने गलत साधना पद्धति अपना ली तो वह तुम्हारा रूपान्तरण नहीं करेगी।

उन्होंने लाओत्से, और मेहर बाबा की विधियों को स्पष्ट करते हुए कहा कि यह दोनों तमस के द्वारा ही सीधे उपलब्ध हो गये। लाओत्से कहता है, कुछ करने की कोई जरुरत ही नहीं। तुम्हारा कुछ करना ही बाधा बन जायेगा। करने से कर्त्ताभाव जाग्रत होगा। अहंकार होगा। बस जो हो रहा है उसे तटस्थ होकर देखते रहो।

मेहर बाबा की विधि थी, वह कमरे में लेटे हुए थिर पुतलियों से घंटों छत घूरते रहते थे। कुछ बोलते ही नहीं थे। इस परम विश्राम में पुतलियां थिर रहने से उनका त्रिनेत्र सक्रिय हुआ। वह सीधे परम मौन में अपने केन्द्र पर पहुंच गये। अंधकार साधना खाली आकाश या खाली दीवार को घूरना, हवा चूसते हुए चूसना (चोषण) ही बन जाना तथा ध्वनि ध्यान आदि भी तमस साधना के लिए उपयोगी ध्यान प्रयोग हैं।

तमस गुण प्रधान व्यक्ति के लिए जप-तप, ध्यान सभी व्यर्थ हैं। लेकिन बहुत जरूरी है, अंदर निरन्तर बनी रहने वाली जागरूकता। तटस्थ द्रष्टा भाव। साक्षी। ओशो स्वयं अपने जीवन का उदाहरण देते हुए बतलाते हैं कि बचपन से लेकर सागर यूनिवर्सटी में एम.ए. करने तक वह तमस साधना ही करते रहे। वह 12-14 घंटे तक सोते थे। क्लास में भी बैठे वह सोया ही करते थे। अपने हॉस्टेल के कमरे की कभी सफाई भी नहीं करते थे। बरसात में उनके कमरे में सांप प्रायः आ जाते थे। वे केवल देखते रहते थे बिना किसी प्रतिक्रिया के। खुली पुतलियों से छत घूरते रहते थे। जबलपुर में इंटर बी.ए. करने के दौरान उन्होंने देवताल की पहाड़ियों में अंधकार साधना का उल्लेख किया है।

वे कहते हैं, मां के गर्भ में शिशु तमस साधना में गुणातीत होकर समाधि का आनन्द लेता है। यदि व्यक्ति ने पहले आनन्द का कभी स्वाद नहीं चखा तो जीवन में आनन्द की खोज होगी कैसे?

तमस में वही व्यक्ति पतन के गढ़े में गिरकर नशेबाजी, अपराधी और आलसी बनता है जो जागरूक नहीं होता। तटस्थ द्रष्टा नहीं बनता। भोक्ता बन जाता है।

जहां तमस में अवगुण हैं वहां उसका यह गुण भी है कि उसमें असंतोष नहीं होता। उसकी कोई मांग नहीं होती। करने का कुछ भी भाव न होने उसमें कर्त्तापन का अहंकार नहीं होता। वह सर्वस्वीकार भाव से जीता है।

जो तमस के गुणों का विधायक उपयोग कर द्रष्टा बना रहता है, वह भी गुणातीत हो जाता है। उसकी सीधी छलांग लग जाती है। आवश्यकता से अधिक सोना, जागकर फिर सो जाना, इस अनवरत सोने से भी अंदर जागरूकता का स्वर उठने लगता है।

जो व्यक्ति अपने तमस को पूरी तरह जी लेता है फिर उसका रजस गुण जाग्रत होता है। पर तमस में साक्षी होने वाला व्यक्ति रजस आने पर फिर पागल राजनेताओं और धनपतियों की तरह पागल महत्वाकांक्षा का दीवाा नहीं होता। उसकी सक्रियता शुभ को बांटने की होती है।

रजस गुण के प्रभाव से व्यक्ति शांत नहीं बैठ सकता। उसे बिना कुछ किए चैन नहीं मिलती। वह हमेशा भागदौड़ में ही लगा रहता है। वह महत्वाकांक्षा के ज्वार से पीड़ित होता है। वह हिसंक, उपद्रवी और झगड़ालू होता है। तर्क-वितर्क झगड़े-फसाद और वाद-विवादों में उसकी रुचि होती है। उसमें कर्त्ता-भाव और जबरदस्त अहंकार होता है। कर्मों की व्यस्तता

उसके अंदर तनाव और बैचेनी उत्पन्न करती है। वह दु:खी और भयभीत रहता है। उसके मित्र बहुत कम और शत्रु ही अधिक होते हैं। वह प्रत्येक पर संदेह करता है। उसका प्रेम में कोई रस नहीं होता। हिटलर, नेपोलियन, स्टालिन यह सभी रजस प्रधान गुणों के हैं।

आज के युग में मशीन की तरह रात दिन भागदौड़ करते महत्वाकांक्षा से पीड़ित अधिकतर लोग रजस गुण के ही हैं। उनके अंदर प्रकृति प्रदत्त रजस गुण ही उनसे यह सब कुछ करा रहा है। वे असहाय हैं।

ऐसा व्यक्ति बिस्तर पर भी करवटें बदलता रहता है। सपने देख बड़बड़ता रहता है। सुबह भी वह थका-थका एक झटके से उठता है और फिर कामों में लग जाता है। पर रात 10-11 बजे दिन भर किए गये कामों का स्मरण कर वह ताजगी अनुभव करता है। वह नाइटक्लबों या बाजारों में देर रात तक व्यस्त रहता है।

पर रजस के विधायक गुण सक्रियता और निरन्तर क्रियाशीलता को ग्रहण कर उनका सही उपयोग करते हुए रजस गुण प्रधान व्यक्ति भी जीसस क्राइस्ट मुहम्मद और परशुराम की तरह गुणातीत हो सकता है। केवल तटस्थ जागरूकता और साक्षी होने की आवश्यकता है।

ओशो ने अपने जीवन का उदाहरण देते हुए बतलाया है कि शिक्षा पूरी करने के बाद जब मैंने तमस को पूरी तरह जी लिया तो रजस का उदय हुआ। इस अवधि में मैंने 15 वर्षों में इतनी यात्राएं कीं जिसके लिए साधारण व्यक्ति को शायद 10 जन्म लगें। सप्ताह में पांच दिन 'मैं' यात्रा पर ही रहता था। वाद-विवाद, तर्क-वितर्क और निरन्तर कुछ न कुछ करते हुए मैं रजस को अंगार की तरह जला कर उसकी निर्जरा कर रहा था उन दिनों। सन् 69 तक आते-आते यात्राएं लगभग बंद हो गईं और सत गुण का आभिर्भाव हुआ।

रजस गुण प्रधान व्यक्तियों के लिए ही ओशो ने शक्ति ध्यान दिए। घंटे सवा घंटे उछलो, कूंदों, हिलो, नाचो, चीखो, चिल्लाओ और जब थक कर गिर पड़ो या रुक जाओ तो ध्यान में उतर जाओ। दि मेडीटेशन दि आर्ट ऑफ एक्सटेसी में ओशो कहते हैं कि इन शक्ति ध्यानों के प्रारम्भ के दो-तीन चरण ध्यान न होकर ध्यान के लिए जम्पिंग बोर्ड हैं, जिससे तुम थक कर चूर हो सको। रजस गुण प्रधान व्यक्तियों के लिए सीधे निष्क्रिय ध्यानों के प्रयोग प्रभाव नहीं हैं। वे उनका रूपान्तरण नहीं कर सकते।

सभी कुछ करते हुए भी जो तटस्थ द्रष्टा बना रहता है वह भी गुणातीत हो जाता है। मुहम्मद ने डाकुओं लुटेरों को मारने के लिए तलवार

भी उठाई पर वह साक्षी थे। जीसस ने इसीलिए कर्म का मार्ग सेवा को प्रमुखता दी।

अर्जुन रजस प्रधान है। वह क्षत्रिय है। मारना काटना, युद्ध करना उसका प्रकृति प्रदत्त गुण है। महाभारत युद्ध के समय उसे अपनों को देख जो वैराग्य हुआ वह सहज वैराग्य न होकर मोह से उत्पन्न ममता थी। कृष्ण गीता में अर्जुन को सांख्य के अंतर्गत तीनों गुणों के गुण-अवगुण बतलाते हुए समझा रहे हैं–"तेरा यह वैराग्य सहज नहीं है। अंदर यह वैराग्य अपनों के प्रति मोह ममता से उत्पन्न हुआ है। इसके अंदर अभी राग सम्मलित है इसलिए यह झूठा वैराग्य है। तू जंगल जाकर भी अपने प्रकृति प्रदत्त गुणों के वशीभूत होकर वहां भी जानवरों का शिकार करेगा। हिंसा करेगा। तू शांत होकर साधना कर ही नहीं सकता। निष्क्रिय साधना तेरे वश की नहीं। तू कर्मो से भाग मत। बस यदि तू कर्त्ता भाव छोड़ दें, कर्मों का तटस्थ द्रष्टा बन जा तो रजस से भी सीधा गुणातीत हो सकता है।

मेरे जबलपुर में एक मित्र हैं। बहुत प्यारे और शांत स्वभाव के। नौकरी करते हुए उनका रजस जल चुका था। रिटायर होने पर वह ओशो से जुड़े और दस बारह वर्ष निरन्तर शक्ति ध्यान करते रहे। पर उससे उनका कोई रूपान्तरण नहीं हुआ। वह बहुत परेशान थे। फिर प्रभुजी के पास बैठकर उन्होंने निष्क्रिय ध्यान किया। उन्हें कुछ रूपान्तरण का अनुभव हुआ। वे यदि प्रभुजी के पास न बैठ कर अपने सतगुणों को पहिचान कर निष्क्रिय ध्यानों अथवा विज्ञान-भैरव-तंत्र के प्रयोग करते तो घटना घट जाती।

तामसी और सात्विक गुणों में बहुत थोड़ी सी समानता भी है, जिसे समझना बहुत आवश्यक है, अन्यथा तामसी व्यक्ति को अपने सात्विक होने का भ्रम हो जाता है। सात्विक गुण वाला व्यक्ति भी भाग दौड़ समाप्त कर परम विश्राममय होता है। पर वह आलसी नहीं होता। जितना दूसरों के शुभ के लिए कार्य करना आवश्यक है वह उतना ही कार्य करता है। उसे आनन्द अहोभाव से करता है। जितनी शरीर की आवश्यकता है वह उतना ही विश्राम करता है। यह नहीं कि हर वक्त सोता ही रहता हो। वह प्रसन्नचित और प्रमुदित होता है।

रजस गुण प्रधान व्यक्ति यदि घर छोड़ निर्जन आश्रम में भी चला जाये तो वहां भी वह आश्रम के कार्यों में व्यस्त रहेगा। अपने ही साथ रहने वालों से झगड़ा विवाद करेगा। तर्क-वितर्क करेगा। शक्ति ध्यान प्रयोगों में वह अधिक उछलेगा, कूदेगा। उसका चीखना, चिल्लाना उसके रेचन में कहीं अधिक होगा।

ऐसे लोग रजस के गुण का जब तक विधायक उपयोग नहीं करेंगे, तटस्थ दृष्टा नहीं बनेंगे, तब तक रूपान्तरण नहीं होगा। इसीलिए सक्रिय ध्यान के प्रथम तीन चरणों को ओशो होशपूर्वक व सजगता से करने को कहते हैं। यदि रेचन, होशपूर्ण नहीं होगा, यदि भावों के साथ साधक अपना तादात्म्य जोड़ लेगा तो रेचन होगा ही नहीं। वह अंदर से खाली ही नहीं होगा। इस गुण के लोग यदि ध्यान भी करते हैं तो उनका चित्त परिणाम पर लगा रहता है। वह शीघ्रता से सुख, शांति और आनन्द पाने की कामना से भरे रहते हैं। ऐसे लोग संदेहों से भरे हुए स्थिरचित्त नहीं होते। उन्हें तेज मसालों के खट्टे चटपटे, चिकनाई युक्त, मांस-मछली आदि भोज्य पदार्थ अधिक पसंद होते हैं। इन्हें स्वयं अपने शरीर को सताने या दूसरों को सताने में मजा आता है।

ओशो स्पष्ट करते हैं कि सतोगुण प्रधान व्यक्ति भी बिना साक्षी के भटक सकता है। उसमें भी कर्त्ता होने का अहंकार आ सकता है। गौतम बुद्ध में सतोगुण अधिक थे। संसार छोड़कर वह कठोर तप में पांच वर्ष तक लगे रहे। पर इससे शरीर कृश हो गया और मिला कुछ भी नहीं। तपस्या, रजस गुण प्रधान व्यक्तियों के लिए है। जैसे ही वह सब कुछ छोड़कर विश्राम में लेट गये, घटना घट गई। सात्विक व्यक्तियों के कर्मों का प्रतिफलन, ध्यान है।

सात्विक गुण प्रधान व्यक्ति शांत, सौम्य, कम बोलने वाला और हंसमुख स्वभाव का होता है। उसे शोर-शराबा, तड़क-झड़क अच्छी नहीं लगती। वह भीड़ से दूर रहता है। प्रकृति के सान्निध्य और सत्संग में वह अधिक से अधिक समय गुजारता है। वह धीमी चाल से चलता है और जोर से नहीं बोलता। हल्का, शाकाहारी, बिना तेज मसालों का सादा भोजन पसंद करता है। उसके जीवन में एक सहजता होती है। पर सात्विक गुण वाले व्यक्ति भी बिना साक्षी हुए कुछ होने का भ्रम पाल बैठते हैं। उन्हें अपने सात्विक जीवन जीने का अहंकार हो जाता है। वे दूसरों को पापी, पथभ्रष्ट और अधम समझकर अपने को ज्ञानी समझ बैठते हैं। पर यह केवल तभी होता है जब तक कि वह सभी कर्मों के प्रति साक्षी नहीं हो जाते। दान और पुण्य का अहंकार भी आत्मोपलब्धि के मार्ग में बहुत बड़ी बाधा है। सत-गुणों का विधायक उपयोग कर, साधक साक्षी होकर गुणातीत हो जाता है।

तमस, जीवन के मंदिर का आधार है। रजस उसकी बीच की मंजिल है और सत् उसका शिखर है। गुणातीत हो जाना ही परमात्मा बन जाना है।

इसीलिए ओशो ने प्रारम्भिक ध्यान शिविरों में साधकों को विपस्सना ध्यान द्वारा तटस्थ द्रष्टा होने की कला बताई। विचारों, भावों और अनुभवों का तटस्थ द्रष्टा बने बिना किसी भी गुण वाले व्यक्ति की छलांग गुणातीत में नहीं लग सकती।

जिन लोगों में तमस और रजस दोनों गुणों का क्रमशः उतार-चढ़ाव होता रहता है, जो कभी सक्रिय और कभी निष्क्रिय हो जाते हैं, जो न पूरे आलसी हैं और न पूरी तरह सक्रिय, उनके लिए मेरी समझ में विज्ञान-भैरव-तंत्र के प्रयोग सर्वथा उपयुक्त है। तंत्र के प्रयोगों के लिए सर्वस्वीकार भाव के साथ संकल्प भी चाहिए। यह प्रयोग उन लोगों के लिए भी उपयोगी हैं जो रजस प्रधान हैं पर शक्ति-ध्यान करने के बाद रेचन द्वारा जो थोड़ा सहज सरल हो गये हैं जिनका अहंकार तरल होकर पिघलने लगा है। सात्विक व्यक्तियों के लिए तो यह उपयोगी हैं ही।

मल्टी यूनिवर्सटी में प्रवेश लेने वाले साधकों के शारीरिक, मानसिक और भावनात्मक परीक्षण के बाद, उनके अंदर तम, रज तथा सात्विक गुणों की प्रधानता जानकर उनके रूपान्तरण के लिए विविध थेरेपी विधियों का चुनाव किया जाता है। इसके लिए विदेशी थेरेपिस्ट तथा विविध विधियों के जानकार विशेषज्ञ एयरकंडीशंड साउन्डप्रूफ पिरेमिड ध्यान मंदिरों में उन्हें 21 दिनों से लेकर छः माह तक का कोर्स करवाते हैं। पर ऐसा अन्य लाखों के लिए संभव नहीं है। अंग्रेजी न जानने वाले, अधिक फीस चुकाने में असमर्थ, और दमन से पीड़ित भारतीय साधकों के लिए ओशो सस्ती थेरेपी विधि विकसित करते हुए नई मल्टी यूनीवर्सटी की स्थापना करना चाहते थे पर असमय देह से मुक्त होने के कारण वे यह कार्य पूरा नहीं कर सके पर अपने प्रवचनों में वह सभी के लिए पर्याप्त संकेत छोड़ गये हैं। केवल उसे संवेदनशीलता तथा प्रज्ञा से समझा जा सकता है।

जो लोग ओशो से नहीं जुड़े हैं पर जिनके अंदर अभीप्सा है उनके मार्गदर्शन के लिए यह बताना भी प्रासांगिक होगा कि प्रायः स्त्रियों के लिए अथवा उन पुरुषों के लिए जिनका केन्द्र मस्तिष्क न होकर हृदय है जो सृजनात्मक संवेदनशील और स्त्रैण चित्त वाले हैं प्रेममय और भावुक हैं भक्ति ओर तंत्र मार्ग ही एकमात्र मार्ग हैं। प्रायः पुरुषों के लिए जो बुद्धिवादी हैं या पुरुष चित्त स्वाबलम्बी स्त्रियों के लिए ध्यान मार्ग ही सही मार्ग है। गलत मार्ग का चुनाव सारे प्रयास व्यर्थ कर देता है।

तुम्हारा मार्ग साक्षी या ध्यान है अथवा भक्ति और प्रेम, यह तुम से अधिक अच्छी तरह और दूसरा कौन जान सकता है? पर तुम्हीं द्विविधा में

खड़े हो। तुम चाहते हो कोई ऐसा सरल मार्ग हो जिसमें न तो श्रम अधिक करना पड़े और न तुम्हारी वर्तमान सुख-सुविधा में कोई रुकावट खड़ी हो।

संसार में पुरुष चित और स्त्रैण चित वाले दो तरह के स्त्री पुरुष हैं। कोई पुरुष होकर भी स्त्रैण चित्त का हो सकता है। जिसे न अधिक क्रोध आता हो और न उसकी प्रवृत्ति आक्रामक और हिंसक हो। वह शांत, प्रेमपूर्ण और संगीत नृत्य का रसिया हो सकता है। स्वाभाविक रुप से ऐसा पुरुष भक्ति मार्ग से ही परमात्मा तक पहुंच सकता है। ध्यान का संकल्प भरा नीरस मार्ग उसके लिए है ही नहीं। इसी तरह कोई स्त्री भी पुरुष चित्त की हो सकती है जिसे कठोर श्रम और चुनौतियां प्रिय हों। वह हिसंक, आक्रामक, क्रोधी और रजस वृत्ति की हो। ऐसी स्त्री के लिए भक्ति न होकर साक्षी या ध्यान का मार्ग ही सरल होगा।

पर आज का मनुष्य अत्यंत जटिल चरित्र का है। वह अभी तक जीवन में अनुकरण और अनुसरण ही करता आया है। किसी ध्यानी संत और उसके पास मंडराते शिष्यों को देखकर स्त्रैण चित्त होने के बावजूद वह अपने अहंकार को तृप्त करने के लिए ध्यान और साक्षी का मार्ग चुन लेता है। उसके पुरुष होने का अहंकार, उसे न तो समर्पण करने देगा और न लोकलाज अहंकार खोकर उसके कदम नृत्य कर सकेंगे। सांसारिक पद प्रतिष्ठा की तरह परमात्मा को प्राप्त करना भी उसका एक शौक या सनक है। जीवन में कोई ठोकर खाकर उसके मन में अचानक वैराग्य जाग जाता है, और वह भोग छोड़कर त्यागी बन जाता है। पहले वह धन, पद, प्रतिष्ठा के लिए दौड़ रहा था, अब वह त्यागी तपस्वी बनकर स्वर्ग या मोक्ष पाने अथवा परमात्मा को पाने का प्रयास कर रहा है। मन सदा दो अतियों पर डोलता है। उसका यह वैराग्य मात्र रस परिवर्तन है। वह योग के जीवन से ऊब गया था अब वह त्यागी बन गया है। उसने कामवासना, क्रोध, घृणा आदि का दमन कर उन्हें अचेतन के तहखाने में कैद कर दिया है। अब या तो वह पाखंडी बनेगा अथवा विक्षिप्त।

किसी शास्त्र में पढ़कर, दूसरों के अनुभवों को सुनकर अथवा किसी का अनुकरण लोभ वश करने मात्र से जागा वैराग्य एक प्रवंचना है। यह लोभ और अहंकार ही की यात्रा है। पर बड़े-बड़े आश्रम और उसके मठाधीश ऐसे व्यक्तियों को आदर देते हैं, सान्त्वना देते हैं। उन्हें भरोसा दिलाते हैं कि आपका त्याग, दान और तप वैराग्य का अनुपम उदाहरण है। आपके लिए स्वर्ग का साम्राज्य निश्चित है। यह साधू संत स्वयं भटके हैं और उनकी ही तरह क्षणिक उत्तेजना या निराशा में संसार छोड़ बैठे हैं।

जब स्वयं के अनुभव से यह बोध होता है कि धन कमाकर, पद प्रतिष्ठा पाकर और शरीर घिसकर कुछ मिला नहीं, जब घर-परिवार सभी से ऊब होने लगे जब जीना व्यर्थ जान पड़े, तब संसार छोड़ना नहीं पड़ता, स्वयं छूट जाता है।

बुद्ध को वृद्ध, रोगी और मुर्दे को देखकर मृत्यु का बोध हुआ और धन, राजमहल, भोग सब व्यर्थ और कचरा लगने लगा और वह अमृत की खोज में निकल पड़े।

पर स्वयं को या परमात्मा को पाने की प्यास, शरीर मन के रोम-रोम में बस जाये, जब यह लगने लगे कि अभी तक हमने जीवन व्यर्थ गंवाया, तभी अंतर्यात्रा का प्रारम्भ होता है।

अधिकतर लोगों को भक्ति का मार्ग सरल सहज और सरस लगता है। नाचना-गाना, प्रेम में मदमस्त होकर शराबी की तरह झूमते रहना उनको बहुत आसान लगता है। पर पहले ही कदम पर सद्‌गुरु या परमात्मा के प्रति सर्वात्म समर्पण उनके बुद्धिवादी संस्कारी मन को एक गहरा झटका देता है। फिर मन तर्क देने लगता है, तुम शिक्षित व्यक्ति हो, समाज में तुम्हारी अपनी प्रतिष्ठा और साख है, तुम्हें पागलों की तरह नाचते गाते देखकर लोग कहेंगे क्या? परिवार की प्रतिष्ठा धूल में मिल जायेगी। भक्ति का मार्ग आत्म विस्मरण का, स्वयं को मिटाकर कण-कण में परमात्मा को ही देखने का मार्ग है। पर ऐसे पुरुष अपनी ही स्त्री और नौकर में तथा स्त्री वैरागिनी बनकर अपने ही पति और अपनी जमादारिन में भगवान का दर्शन कहां कर पाते हैं? इसके लिए बहुत बड़े साहस की आवश्यकता है। मीरा राजरानी होकर सड़कों पर नंगे पैर नाची, चमार रैदास को गुरु बनाकर उनकी चरण वंदना की। आज के युग में अहंकार, बुद्धि का विसर्जन पहले ही चरण पर बिरले वही लोग कर पाते हैं जिन्हें लोक, लाज, प्रतिष्ठा सब बेमानी लगने लगी हो।

अधिकतर स्त्रियों को भक्ति मार्ग सहज लगता है, पर उनकी भक्ति भावना, परम्परावादी, मूर्ति पूजन, भजन कीर्तन, अर्चना और वंदना से है। उनकी भक्ति, भगवान से निरन्तर सुख, सम्पत्ति, पद, प्रतिष्ठा, पति और बच्चों की भलाई मांग रही है। वह रिश्वत में भगवान को भोग लगाकर, सोने-चांदी के छत्र और जेवर चढ़ाकर देवी रतजगा या अखंड रामायण द्वारा स्वर्ग मांग रही है। भक्ति भी उनका प्रदर्शन और मुखौटा है। उनका प्रेम, अपेक्षारहित और बेशर्त नहीं है। वह निरन्तर मांग कर रहा है। जब तक प्रेम, ईर्ष्या और मालकियत की भावना से मुक्त अपेक्षारहित नहीं होता, जब तक

लेने के स्थान पर देने का ही भाव होता है, ऐसे लोग भक्ति मार्ग पर आगे बढ़ ही नहीं सकते। यह पागलों दीवानों का मार्ग है। इस मार्ग में तो सभी तरह अपने को मिटाना होता है। पूरी तरह लोकलाज भूलकर पागल बनना होता है।

भक्ति मार्ग की यह कठिनाइयां देखकर, पहले जिन्हें भक्ति-मार्ग सहज, सरल और रसपूर्ण लगा था, वे सोचने लगते हैं कि उनके लिए तो ध्यान मार्ग है। उन्होंने भक्ति मार्ग का गलत चुनाव किया था। अब वे ध्यान करना शुरू करते हैं। ध्यान-शिविरों में जाकर, सत्संग करके ज्ञानी संतों की सेवा कर उनके सान्निध्य में वे ध्यान सीखते हैं। सभी को ध्यान करता देखकर ध्यान शिविरों में वे भी ध्यान करने बैठते हैं। आत्म विस्मरण की अपेक्षा उन्हें आत्म स्मरण का प्रयोग शुरू में बहुत भाता है। "मैं ब्रह्म हूं" यह सोचकर ही उन्हें फुरफुरी होने लगती है। साक्षी का एक कठिन लक्ष्य उनके सामने है और उसके लिए उन्हें कठोर श्रम करना पड़ेगा, यह विचार ही उनके अहंकार की तुष्टि करता है। उनका प्रबल रजस चूंकि हमेशा कुछ न कुछ करता ही रहा है और कुछ करने के बाद ही कुछ मिलता रहा है इसलिए वह सक्रिय ध्यान, कुंडलिनी, नाद ब्रह्म तथा नटराज ध्यान पूरे श्रम और शक्ति से करते हैं। इस समय वे यह भूल जाते हैं कि वस्तुतः कुछ न करना ही ध्यान है और यह विधियां उन्हें अंदर से खाली करने के लिए हैं। ध्यान के प्रथम दो या तीन चरण श्रम करने के चरण या ध्यान के Jumping board हैं। उन्हें सहज सरल बनाने के लिए वह एक उपाय है।

रेचन करते हुए जब पहली बार उन्हें अपने अचेतन में दबी वासना, क्रोध, घृणा और ईर्ष्या का नर्क दिखाई देता है, उनकी अशांति बढ़ जाती है। वह ध्यान शांति पाने के लिए कर रहे थे और बदले में अशांति मिलते देख वे घबड़ा उठते हैं। फिर ओशो के ध्यान-प्रयोगों में गीत-संगीत नृत्य भी है। ध्यान मार्ग में भी नाचना-गाना उन्हें अजीब सा लगता है। किसी तरह अपने को समझा-बुझा कर वह नाच भी लेते हैं पर वह अंदर से खाली नहीं हो पाते। मैं ध्यान-शिविरों में ऐसे बहुत से संन्यासियों से मिला हूं जो पिछले आठ-दस वर्षों में सक्रिय, कुंडलिनी और नटराज ध्यान आदि कर रहे हैं पर उन्हें ध्यान नहीं घटा। उनकी कामवासना, क्रोध कुछ भी तो रूपान्तरित नहीं हुआ। अहंकार के कारण वे अपनी पीड़ा बहुत कठिनाई और हिचक के साथ स्वीकार करते हैं। ऐसे लोगों में से कुछ लोग या तो ध्यान करना ही छोड़ बैठते हैं अथवा किसी अन्य गुरु की खोज में निकल जाते हैं।

ऐसा मेरे भी साथ हुआ-प्रारम्भ के पांच वर्षों में। कुंडलिनी ऊर्जा भी जागी पर एक वर्ष बाद ओशो के प्रवचनों को सुनकर जाना कि वह पुस्तकों

में किये गये वर्णन के अनुसार ही जागरण नहीं, अपितु मन का प्रक्षेपण था, क्योंकि काम, क्रोध आदि नकारात्मक ऊर्जाओं का करुणा, क्षमा में रूपान्तरण नहीं हुआ था। तब मैंने सजगता से ओशो के ध्यान सूत्रों को गहराई से समझने का प्रयास किया। अपना स्वयं का अध्ययन और आत्मनिरीक्षण किया। तब मैंने जाना कि सक्रिय ध्यान के प्रथम तीन चरण होशपूर्वक न करने से ही रेचन हुआ ही नहीं। वासना, क्रोध आदि निकालने समय मैं उन भावों से तादात्म्य स्थापित कर होश और सजगता नहीं रख पाता था। अंदर से बिना खाली हुए 'हू' मात्र के घोष ने लाभ के स्थान पर हानि ही की है, जैसे ओशो Meditation The Art of Ecstasy पुस्तक में स्पष्ट करते हैं। कुंडलिनी ध्यान में भी अंदर से कम्पनों का मैंने अनुभव ही नहीं किया था और बाहर से ही शरीर कंपाता रहा था। नादब्रह्म ध्यान में भोंरे की गुंजार क्रमशः धीमी होती हुई संगीतमय नहीं हुई थी। नटराज ध्यान में भी नृत्य करते समय नर्तक पूरी तरह मिटता नहीं था। सबसे प्रमुख बात थी कि ध्यान करते समय 'हंसिबा खेलिबा करिबा ध्यानम्' सूत्र भूलकर मैं गंभीर हो जाता था, जैसे कोई महत्त्वपूर्ण कार्य सम्पादित कर रहा होऊं। ध्यान के समय अचेतन में यह भावना और कामना बनी ही रहती थी कि कुछ घंटे, कुछ मिले। कुछ घटता क्यों नहीं? यह कामना ही सबसे बड़ी बाधा थी। फिर ध्यान नियमित रुप से लगातार न होकर बीच में अंतराल आ जाते थे, जब ध्यान के लिए समय ही नहीं मिलता था। समय जरूर मिलता था पर मन उस समय टी.वी. देखने, उपन्यास पढ़ने में लग जाता था। विचार शुद्धि और भावशुद्धि के स्थान पर मैं दुनिया भर का कूड़ा कचरा अपने अंदर उड़ेल रहा था और प्रकृति सान्निध्य, सत्संग, मैत्री, प्रेम साक्षी से विमुख होकर केन्द्र पर पहुंचने से चूकते हुए परनिंदा और शिकायतों से भरा रहता था।

ज्यों-ज्यों होश, सजगता, समझ और खेल भावना बढ़ी या जागृत हुई, मस्ती और आनंद बरसने लगा। इस बात का उल्लेख भी अप्रासांगिक न होगा कि अब तक धन, पद, यश, भोग, घर-संसार सभी से मुझे गहरी ऊब हो गई थी। उनकी व्यर्थता का बोध हो चला था।

मैं इन बातों का उल्लेख केवल इसीलिए कर रहा हूं, जिससे मेरे अन्य मित्र जो ध्यान करते हुए भी उसे अपनी नासमझी और मूर्च्छा से चूके जा रहे हैं, उनका होश जागृत हो। उनकी कुनकुनी प्यास अभीप्सा बने। यह सब कुछ हुआ तभी, जब मैं सतपुड़ा पहाड़ियों के वनांचल ग्राम जमुनिया छिन्दवाड़ा के ओशो शांति सदन आश्रम में चार-पांच बार एक, डेढ़ और

दो महीने एकान्त में प्रकृति के सान्निध्य में रहा। वहां भोले आदिवासियों और आश्रम के वृक्षों से मेरी मैत्री स्थापित हुई। जहां टी.वी., अखवार से विरत रहकर मेरा होशपूर्ण रेचन हुआ। जहां स्वयं भोजन बनाते, वृक्षों को सींचते और इसके साथ ही सृजनात्मकता जागृत हुई।

जमुनिया ओशो आश्रम के जिन वृक्षों पौधों और वहां के भोले सहज सरल आदिवासियों के मध्य रहकर उनसे जो मैत्री और प्रेम घटित हुआ, और जो आंतरिक संवाद स्थापित हुआ उनका स्मरण करते हुए मुझे दो शेर आ रहे हैं।

कुछ लम्हे जो तेरे पास गुजर गये
जिंदगी कुरबान कर दूं उन लम्हों के लिए।
तुझसे न मिलते तो जिंदगी में कुछ कमी रहती
तुझको देखा तो खुदा पै भरोसा कर लिया मैंने।

सार और मुख्य बात है, सजगता और समझ विकसित होना। खेलपूर्ण और उत्सवपूर्ण होना। समझ शब्द के लिए अंग्रेजी का पर्यायवाची शब्द है–Understanding / Under शब्द का अर्थ है–नीचे, गहराई में उतरना। Stand का अर्थ है–खड़ा हो जाना। जो अपने अंतस की गहराई में डूब कर, थिर हो गया, जहां कोई विचार तरंग भी न रही, जिसका संतुलन सध गया, होश सध गया, वह ध्यान के मर्म को जान गया। जब तक दो अतियों में, बुद्धि और हृदय में, कृत्य और अकृत्य अथवा कर्म और अकर्म में, ज्ञान और भक्ति में संसार और अध्यात्म में संतुलन नहीं सधता, तब तक थिरता नहीं आती।

किसी कवि ने ठीक ही लिखा है–
जिंदगी तीन छंद का गीत
पहिला छंद : उमड़ते बादल
मध्य छंद है : बरखा।
अंतिम छद : गगन का रीतापन हमने परखा।
पंच तत्व के तारों पर यह सांसों का गीत।
जिन्दगी तीन छंद का गीत।

हमारे मन में विचारों और भावनाओं के बादल ही उमड़–घुमड़ रहे हैं। विचार–कुछ पाने के, कुछ बनने और सपने पूरा करने के। नकारात्मक भाव–वासना, क्रोध, घृणा, हिंसा, ईर्ष्या, निन्दा आदि के घुमड़ते बादलों ने घटाटोप अंधेरा करा दिया है। यही मूर्च्छा का अंधकार है। इसी अंधकार से

प्रकाश की ओर गति देने की प्रार्थना कर रहा है ऋषि। तमसो मा ज्योर्तिगमय। चेतन-अचेतन का संघर्ष, रजस और तमस का संघर्ष, सारे द्वंद, यही घुमड़ते बादल हैं।

ध्यान की प्रक्रिया और कला, वर्षा की है। इन बादलों को बरसा कर आकाश को निरभ्र करने की जिससे अंदर रीतापन, खालीपन, जन्मे। यह शरीर और मन पंचतत्वों से निर्मित है। इस पंचभूतों से बने पुतले में परमात्मा ने प्राण फूंके हैं। सांसों का संगीत दिया है, जिससे जीवन थिरक रहा है।

सांख्य कहता है—जब परमात्मा (पुरुष) ने एक से अनेक होना चाहा तो तमस रजस और सत प्रकट हुए। परमात्मा एक से तीन, तीन से नौ, नौ से इक्यासी और इसी अनुपात में फैलता चला गया।

विज्ञान कहता है—एक विद्युत तरंग से सृष्टि हुई। एक अणु के विस्फोट से वैज्ञानिकों को इलेक्ट्रान, प्रोटोन और न्यूट्रान तीन अणु मिले जिसमें एक गतिशील एक थिर और एक न्यूट्रल है। ठीक रजस, तमस और सत् की भांति।

हिन्दू दर्शन कहता है, परमात्मा के तीन मुख हैं। ब्रह्मा, विष्णु और महेश। वही जन्म देता है, वही पालन पोषण करता है और वही संहार करता है।

ईसाई कहते हैं, मनुष्य, परमपिता और शैतान इन तीन का जोड़ है संसार।

जीवन वीणा के यह तीन तार हैं, जिनसे सात सुरों के संगीत का जन्म हुआ। इन सात सुरों के सुर हमारे शरीर के सात तलों (स्थूल शरीर, सूक्ष्म शरीर, आकाश शरीर, मनसशरीर, अध्यात्म शरीर, ब्रह्मशरीर और निर्वाण शरीर) को स्पंदित करते हैं और मनुष्य परमात्मा हो जाता है।

ऋषि कहते हैं ओ३म की ध्वनि शाश्वत और समाधि में सुनी जाने वाली परमात्मा की अनाहत ध्वनि है, जो दो के संघर्षण से नहीं, किसी कारण से नहीं, अकारण, स्वयं हो रही है। उनका न जन्म है और न मृत्यु।

ओ३म के तीन अक्षरों से 'अ' से लेकर 'क्ष' तक वर्णमाला के सभी अक्षरों की उत्पत्ति हुई। हर आती-जाती श्वास के साथ 'सोह्म' की ही ध्वनि होती है। जागते-सोते हमारे अनजाने में ओ३म का अजपाजाप चल रहा है। ध्वनि के प्रपात में स्नान करते हुए नाभि द्वारा महीन से महीन अनाहत की इस ध्वनि पर चेतना केन्द्रित करना ध्यान की सुंदर शुरूआत है। जब भी खाली बैठें, चेतना इसी ध्वनि पर थिर करें।

बाहर विभिन्न विषयों पर डोलती चेतना संसार है और बाहर बिखरी चेतना का अंदर किसी केन्द्र पर थिर होना ही ध्यान है।

ओशो कहते हैं कि ध्यान की शुरूआत रेचन से करें। रेचन में वेग से सांस उलीचना, पूरे शरीर को तनाव देना, जिबरिश ध्यान और दमित मनोभावों का होशपूर्ण रेचन है। गीत-संगीत, नृत्य उत्सव अथवा नासाग्र पर चेतना थिर करने से भी ध्यान की शुरूआत की जा सकती है।

इन सभी उपायों का एकमात्र उद्देश्य है, श्वास का सुषुम्णा नाड़ी से चलना। यदि दिन में दाई नासिका से और रात में बाई नासिका के छिद्र से श्वास ले रहें हों अथवा दिन में सूर्य स्वर और रात्रि में चंद्र स्वर चल रहा हो तो ध्यान की शुरूआत करना हानिकर है। दिन में चंद्र स्वर और रात्रि में सूर्य स्वर अथवा सुषुम्णा नाड़ी में दोनों स्वर एक साथ चलने पर ही ध्यान करना चाहिए। ओशो ने यद्यपि इन स्वरों का अलग से उल्लेख नहीं किया है पर उन्होंने सभी ध्यान प्रयोगों का क्रम इस तरह निश्चित किया है जिससे सुषुम्णा से श्वास लेना संभव हो जाये।

ध्यान का प्रारंभ वह सक्रिय ध्यान से करते हैं जिसके प्रथम चरण में कपालघाती प्राणायाम अर्थात बाहर श्वांस उलीचने से श्वांस सुषुम्ना से चलने लगती है। दिन में कार्यशील होने के लिए दाहिने नथुने से ही श्वास चलती है और रात्रि विश्राम के लिए चन्द्रस्वर बाईं नासिका से ही चलता है। कुछ विविधों से यह स्वर बदले जा सकते हैं, जिनका उल्लेख आगामी अध्यायों में किया गया है।

❑❑❑

8. थेरेपी ग्रुप्स में सम्मोहन का प्रयोग

ओशो ऐसे पहले बुद्ध हैं जिन्होंने सम्मोहन का उपयोग मन को जगाने के लिए किया और इसके लिए कई ग्रुप्स ईजाद किए।

पूना कम्यून में मां देव मुदिता पिछले बीस वर्षों से इन ग्रुप्स का संचालन कर रही हैं। वे कहती हैं–''ओशो चाहते हैं हम मन से लड़ें नहीं। उससे संघर्ष न कर उसे मित्र बनायें। उसके नकारात्मक रूप को जो सदा लड़ता-झगड़ता रहता है, निंदा और शिकायत से भरा रहता है, जो हर बात पर 'ना' करता है, उसे विधायक बनायें। ऐसा मन ध्यान के लिए भी 'ना' कहेगा।

सम्मोहन द्वारा नकारात्मक मन को सरलता से विधायक बनाया जा सकता है। सम्मोहन का अर्थ है–तंद्रा की स्थिति। मूर्च्छित दशा। जब व्यक्ति क्रोध में पागल बन जाता है, या फिल्म अथवा क्रिकेट का मैच देखते हुए अपने को भूल जाता है, तब उसका मन सम्मोहन की ही स्थिति में होता है। यह सब कुछ मूर्च्छा में घटता है, पर ऐसा उसके सजगता रहते घटे, यही इस चिकित्सा का उद्देश्य है। क्रोध, घृणा और कामवासना का होशपूर्ण या सचेतन रेचन इसी चिकित्सा का एक भाग है।

यह चिकित्सा देने से पूर्व व्यक्ति को परम विश्राम की स्थिति में ले जाकर उससे उसकी रुचियां, मनपसंद चीजें और उसे आनंदित करने वाली बातें पूंछते हुए उस व्यक्ति को हृदय खोलकर वह सब कुछ कहने को प्रोत्साहित किया जाता है जो उसे अंदर से भारयुक्त और बोझिल बनाये हुये है। ओशो के सान्निध्य में या किसी अन्य के प्रेम में बिताये, मधुर क्षणों और घटनाओं को बतलाने का उससे अनुरोध किया जाता है और उसका मन उक्त प्रक्रिया से पिघलने लगता है। इसी दशा में उसके अवचेतन मन में प्रवेश करना सरल होता है।

उसके नकारात्मक मन को विधायक बनाने के लिए उसे आरामदायक बिस्तर पर लिटा कर उससे ऐसे प्रश्न पूछे जाते हैं जिसका उत्तर 'हां' में हो। उदाहरण के लिए उससे पूछा जाता है।

–क्या यह बिस्तर नर्म और मुलायम है?

–क्या आप एयर कंडीशनर की आवाज सुन रहे हैं?

–आज मंगलवार और दो तारीख है न?

इसी तरह के साधारण प्रश्नों द्वारा उसके मन को विधायक बनाया जाता है जिससे उसके अचेतन की गहरी पर्तों में उतरा जा सके। फिर उसे धीमे-धीमे लम्बी सांस बाहर छोड़ने और पूरी सांस बाहर निकल जाने पर पांच सेकंड रुक कर सांस न लेने का सुझाव दिया जाता है। इसी थमे अंतराल में अवचेतन का झरोखा खुलता है। इसी प्रकार पूरी श्वास छाती और पेट में भरने के बाद उसे फिर पांच सेकिंड रुकने को कहा जाता है।

पूरी श्वास के बाहर निकल जाने पर और श्वास अंदर भर कर रुकने की पांच सेकिंड की अवधि में उस व्यक्ति से कहा जाता है कि वह स्वयं को जो भी सुझाव देगा, वह उसके अवचेतन के गहरे में पहुंच कर संकल्प जाग्रत करेगा। मन को आदतों से मुक्ति देगा और ध्यान में गहरे उतरने में सहयोगी बनेगा।

'बियांड साइकोलॉजी' प्रवचनमाला में सम्मोहन विधि पर प्रकाश डालते हुए ओशो कहते हैं–"सम्मोहन की प्रक्रिया अत्यंत सरल है। जिसे सम्मोहित करना हो उसे विश्राम में ले जाने तथा उसके नकारात्मक मन को विधायक बनाने के बाद उसे मंद बल्ब की रोशनी वाले एक खाली कमरे में ले जाकर उसे शरीर शिथिल कर आराम से लेटने को कहा जाता है। यह बहुत आवश्यक है कि जिसे सम्मोहित किया जा रहा है, उसे सम्मोहन करने वाले पर पूरा विश्वास हो। यदि सम्मोहन कर्त्ता उसका विश्वास प्राप्त न करे तो उसका चेतन मन शिथिल नहीं हो सकता।

अब उस व्यक्ति से कहा जाता है कि तुम पैरों के पंजों से लेकर अपने पूरे शरीर के भीतर से सजगता देखो कि उसमें कहीं तनाव तो नहीं है। यदि घुटनों या पेट के पास कहीं कोई तनाव महसूस हो तो वहां शरीर को शिथिल करो। उसे ढीला छोड़ो और इस तरह शिथिलता को सिर तक लाओ और आंखों की धीमी रोशनी वाले बल्व पर केंद्रित किये रहो।

फिर सम्मोहनकर्ता मधुर कोमल स्वर में हाथों से पाश देते हुए कहता है–तुम्हें नींद आ रही है। तुम्हारी पलकें मुंदी जा रही है। तुम विश्राममय गहरी नींद की घाटियों में उतरते जा रहे हो। उतरते जा रहे हो। गहरे, बहुत गहरे।

दो तीन या अधिक से अधिक पांच मिनटों में व्यक्ति की आंखें बंद होने लगती हैं।

यह देखकर सम्मोहनकर्ता कहता है, तुम अपने अंदर गहरे उतरते जा रहे हो। गहरे, बहुत गहरे। अब मैं धीमे-धीमे सात तक गिनती गिनूंगा। हर संख्या के साथ तुम और गहरे उतरते जाओगे। वह गिनती गिनना शुरू करता है एक....दो.....तीन। हर संख्या गिनाने के बाद वह दोहराता जाता है....तुम्हारी नींद अब और गहरी होती जा रही है। सात तक पहुंच कर वह रुक जाता है। फिर कहता है, अब तुम अपने अचेतन मन की गहराइयों में उतर गये हो। अब तुम सिर्फ मेरी ही आवाज सुनोगे। तुम्हें मेरी आवाज के अलावा कुछ और सुनाई ही नहीं पड़ेगा। तुम मुझे सुनोगे और उसका उत्तर दोगे।

अचेतन मन कभी झूठ बोलता ही नहीं। वह सभ्यता में शिक्षित होकर पाखंडी नहीं बना है। वह सहज और सरल है।

इसी सम्मोहित दशा में अचेतन मन में दमित मनोवेगों की ग्रंथियां खोली जा सकती हैं। इसी दशा में उसे पिछले जन्मों तक पहुंचने को कहा जाता है। इसी प्रक्रिया द्वारा अवचेतन के सामूहिक अवचेतन और सामूहिक अवचेतन से ब्रह्म अवचेतन में ले जाया जा सकता है। मन के अचेतन की पर्तों में उतरने के बाद जब व्यक्ति वहां से वापस आता है उसकी चेतना समृद्ध हो जाती है। अचेतन, चेतन बन जाता है और तब मन सहज ही चेतन से परमचैतन्य की ऊर्ध्वगामी यात्रा पर चल पड़ता है।

□□□

9. ध्यान में सम्मोहन का प्रयोग

हम सभी लगभग एक सम्मोहन में जी रहे हैं। जन्म-जन्मों का यह सम्मोहन ही है कि हम अपने को मात्र शरीर और मन समझते हैं। हमें अपने होने का बोध नहीं है।

नागार्जुन के पास एक युवक पहुंचा। उसने निवेदन किया–''मेरा शरीर और मन से तादात्म्य कैसे छूटे? कृपया इसका उपाय बतायें।''

नागार्जुन ने पूछा–''तेरा सबसे अधिक लगाव किसके साथ है?'' वह अविवाहित और अनाथ चरवाहा था। उसने सोचकर उत्तर दिया, ''मेरा लगाव तो सिर्फ मेरी भैंस से है। पर इससे मेरे प्रश्न का संबंध क्या है?''

नागार्जुन ने कहा, ''भैंस से ही काम चलेगा। अब तू सामने वाली गुफा में जाकर केवल यही ध्यान कर कि तू भैंस है, और जब तक मैं स्वयं आकर तुझे न पुकारूं, तुझे गुफा के बाहर नहीं आना है।''

श्रद्धा से भरा वह युवक गुफा में जाकर इसी ध्यान में खो गया कि वह एक भैंस है। यही भाव, कल्पना और ध्यान करते हुए दो दिन गुजर गये। तीसरे दिन सुबह जब नागार्जुन ने उस गुफा में भैंस के अर्राने की आवाज सुनी वह गुफा के द्वार के पास आकर बोले–''अब तू गुफा के बाहर आ जा।''

उस युवक ने उत्तर दिया–''मैं बाहर आऊं कैसे? द्वार से मेरे सींग अड़ रहे हैं।''

नागार्जुन गुफा के अंदर गये। उन्होंने युवक के सिर पर हाथ रखकर उसे अपनी आंखें खोलने को कहा। उसने दो दिनों के बाद आंखें खोलीं। उसे सब कुछ सपना जैसा लगा।

नागार्जुन ने प्रश्न किया–''तेरे सींग कहां हैं?' युवक ने सिर पर हाथ फेरा। बुदबुदाते हुए कहा, ''कुछ देर पहले वे थे। दरवाजे पर अड़ भी रहे थे।''

नागार्जुन ने मुस्कारते हुए पूछा–''तुझे तेरे प्रश्न का उत्तर मिल गया या नहीं?''

युवक ने चरण स्पर्श करते हुए कहा–''उत्तर तो मिल गया। पर आप कृपया मुझे गुफा में तीन दिन और ध्यान करने की अनुमति दें।''

जब तीन दिन बाद वह युवक गुफा से बाहर आया तो एक आभामंडल उसे चारों ओर से घेरे था। उसकी आंखों में एक दिव्यता और पवित्रता थी। उसने नागार्जुन के चरणस्पर्श कर कृतज्ञता और अहोभाव व्यक्त किया और विदा ली।

नागार्जुन के शिष्यों के लिए पूरा घटनाक्रम एक जटिल पहेली बन गया था। उन सभी की जिज्ञासा शांत करते हुए नागार्जुन ने कहा–''जन्म-जन्मों का यह सम्मोहन कि हम मात्र शरीर और मन हैं, यह तोड़ने के लिए अड़तालीस घंटे वह युवक अपने आपको भैंस समझने का ध्यान करने लगा। उस पुराने सम्मोहन को तोड़ने के लिए अड़तालीस घंटों के इस आत्मसम्मोहन से वह भैंस ही बन गया। उसे लगा कि उसके सींग उग आये हैं और वह भैंस की तरह ही अर्राने लगा। फिर तीन दिन उसने ध्यान किया कि वह शून्य है, मात्र चैतन्य है, न शरीर है और न मन, वह तीन दिनों में ही अपने संकल्प और निष्ठा के बल पर आत्मसम्मोहन के द्वारा ही बुद्धत्व को उपलब्ध हो गया।''

ओशो ने ध्यान में प्रवेश करने के लिए ही सम्मोहन का प्रयोग किया है। सम्मोहन कर्त्ता माध्यम को किसी ज्योति पर ध्यान करने के लिये कहता है या उसे अपनी आंखों में झांकने को कहता है। फिर उसे सुझाव देता है कि उसकी पलकें झपकती जा रही हैं और वो गहरी नींद में जा रहा है। ध्यान में नींद में जाने के विपरीत सजग और होशपूर्ण होने का निरन्तर सुझाव दिया जाता है। प्रक्रिया एक है। केवल लक्ष्य और उद्देश्य भिन्न है।

ओशो जब ध्यान करवाते थे तो बहुत कुशलता से सम्मोहन का सुझाव देते थे। उनके द्वारा करवाया गया बहने-मिटने, चिता में जलने और तथाता के ध्यान प्रयोग बहुत प्रभावी हैं। सन् 88 में झेन प्रवचनमाला के अंतर्गतअपने प्रवचन के बाद वह जिबरिश ध्यान करवाते थे और फिर साधकों को अपनी बिखरी ऊर्जा को नाभि पर केन्द्रित करने का सुझाव देते थे। उनका सम्मोहक रेशमी और मादक स्वर, साधकों के बंद द्वार खोलने की कुंजी बन जाता था।

ओशो ने मनुष्य के अभी तक सुप्त पड़े दाएं मस्तिष्क को जिसकी विशेषताएं, काव्य, कला, सौंदर्य, प्रेम, श्रद्धा और रहस्यमयी सुप्त शक्तियों

का जागरण है, कुसुमित, विकसित और पर्तों को तोड़ने के लिए सम्मोहन का प्रयोग किया है। पश्चिम में सुप्रसिद्ध थेरेपिस्ट जान ग्रिंडा तथा रिचर्ड ब्रैंडलर ने सम्मोहन विज्ञान के अंतर्गत NLP Neuro Linguistic Programming की नई अनुभव प्रणाली विकसित की है जिसके अंतर्गत, समाज और तथाकथित धर्मों ने मनुष्य को सम्मोहित कर जो संस्कार दिए हैं, जिससे प्रत्येक मनुष्य के मस्तिष्क का एक विशिष्ट ढांचा निर्मित हो गया है। वह समझने लगा है कि उसके ही सुनने-समझने का ढांचा सही है और दूसरों का दृष्टिकोण गलत है। यह विज्ञान मनुष्य के मस्तिष्क की उन गहरी पर्तों को उघाड़ता है, जहां कोई ढांचा नहीं है, और एक तनावरहित विस्तीर्णता और स्वीकार भाव है। यह विज्ञान कहता है कि मस्तिष्क की समझ के विशिष्ट ढांचे के अनुसार ही प्रत्येक मनुष्य दूसरे को गलत समझते हुए सतत् संघर्ष और कलह में जीता है।

इस समझ और सम्मोहन की बेहिसाब पर्तें हैं, जो धर्म, समाज, देश, जाति, भाषा, शिक्षा और संस्कृति की देन हैं। इन पर्तों को जोर-जर्बदस्ती से नहीं हटाया जा सकता। इन नफीस पर्तों को हटाने के लिए एक स्त्रैण, नफीस, कुसुम कोमल सम्मोहन, ध्यान का प्रेम भरा सुझाव और स्पर्श ही कारगार सिद्ध हो सकता है।

ओशो विरोधी निरन्तर ओशो पर यह आरोप लगाते रहे हैं कि वह अपने संन्यासियों को सम्मोहित कर उन्हें अपना गुलाम बनाकर उनकी निजता और स्वतंत्रता छीन लेते थे। पर आरोप लगाने वाले यह भूल जाते हैं कि सम्मोहन करने के लिए व्यक्ति को पहले तंद्रा या नींद में ले जाया जाता है। उसके सो जाने पर उस व्यक्ति को जो सुझाव दिए जाते हैं, वह उनके अनुसार ही कार्य करता है। ओशो ने सम्मोहन का प्रयोग मनुष्य की जनम-जन्मों की मूर्च्छा तोड़ने के लिए किया है और इसके साथ सिखाया है--साक्षी होना। ध्यान में साक्षी-भाव निरन्तर जागे रहने और होशपूर्ण बने रहने में सहायता करता है। यह साक्षी भाव ही सम्मोहन से रक्षा करता है। उसकी इच्छा के विरुद्ध, उसे दबा कर मिटाकर कुछ भी ऐसा गलत कार्य करने को बाध्य नहीं किया जा सकता, क्योंकि ध्यान में वह सदा होशपूर्ण रहता है। सम्मोहन तभी कारगर होता है जब व्यक्ति मूर्च्छित हो जाता है। नींद में चला जाता है।

ओशो ने सम्मोहन का प्रयोग मनुष्य के अचेतन की गहराइयों में 'डीप रूटेड इल्यूजंस' अर्थात् गहरे में जड़ जमाये भ्रमों और सपनों को तोड़ने में किया है। पर यह विधि उन्हीं के लिए कारगार सिद्ध हुई है जो संकल्पवान, बुद्धिवान और समझदार हैं। जिनके हृदय के द्वार खुले हैं और जो स्वयं

रूपान्तरण के लिए आतुर हैं। जो कहते हैं, उनके भ्रमों और सपनों की पर्तों को तोड़ा जा सके।

जो संकल्पहीन, कमजोर, डरे हुए और जड़बुद्धि हैं, उन्हें सम्मोहित किया ही नहीं जा सकता। ऐसे लोग ओशो के पास आकर भी निरन्तर उनसे चूकते रहे हैं।

सम्मोहित होने के लिए श्रद्धा, समर्पण, सरलता और स्वीकार भाव की जरूरत है। इसीलिए औसतन पुरुष 30%, स्त्रियां 50% और बच्चें 75% सम्मोहित किए जा सकते हैं।

सम्मोहित व्यक्ति का यदि साक्षी न सधा हो, तो उसकी तर्क शक्ति क्षीण हो जाती है। वह धीमे-धीमे सम्मोहनकर्ता की कठपुतली बन कर परवश हो जाता है।

संसार की सारी शक्तियां मनुष्यों को सम्मोहित करने के उपायों में जुटी हैं। सभी के अलग-अलग तरीके और अलग-अलग उपाय हैं।

व्यापारिक संस्थाएं अपने विज्ञापनों द्वारा लोगों को सम्मोहित कर रही हैं। अखबारों में छपे पूरे पृष्ठ के विज्ञापन, रेडियो, टी.वी. पर भी वही विज्ञापन सतत मस्तिष्क पर चोट करते हुए सम्मोहन बन जाते हैं। पेप्सी, कोकाकोला के लोकप्रिय और खपत बढ़ने का कारण विज्ञापनों द्वारा किया गया सम्मोहन ही है। लक्स और फेयर एण्ड लवली, सौंदर्य बढ़ाने की कुंजी है, यह बात विज्ञापनों ने स्त्रियों के मस्तिष्क में इतनी गहराई से प्रविष्ट कर दी है कि सौंदर्य प्रसाधनों की दूकान पर जाकर ढेरों साबुनों और क्रीमों के बीच स्त्रियां अनजाने ही लक्स टायलेट सोप और फेयर एण्ड लवली खरीद कर ही घर लौटती हैं।

हिटलर ने जर्मनों को श्रेष्ठ आर्य जाति होने का अहंकार स्वभामिान के रूप में इसी सम्मोहन द्वारा दिया। गोबिल्स का यह सिद्धांत कि किसी भी झूठ को सतत दोहराये जाओ, वह व्यक्ति को सम्मोहित कर उसे सच मानने को विवश कर देगा।

राजनेता, सार्वजनिक सभाओं में इसीलिए ऊंचे मंच बनवाते हैं, जिससे नीचे बैठे लोग पलकें खोलकर उन्हें एकटक देखें। उनकी उठी पलकें और थिर पुतलियां तृतीय नेत्र पर थिर हो जाती हैं और इस स्थिति में नेता अपनी भाषण कला से उन्हें आसानी से सम्मोहित कर देते हैं।

शिक्षा-व्यवस्था भी धारणाएं थोप कर छात्रों को सम्मोहित कर रहीं हैं। तथाकथित धर्मों ने सीधे सरल लोगों को सम्मोहित करके ही 'जेहाद'

या अन्य नारों के द्वारा धार्मिक उन्माद उत्पन्न कर लाखों-करोड़ों का कत्लेआम किया है। अमूल्य ज्ञान की धरोहर सुरक्षित रखने वाले विशाल पुस्तकालयों में आग लगाकर उनके जलते ग्रंथों से महीनों सेना की गुसल के लिए हम्मामों का पानी गर्म किया गया है।

रूस के रासपुटिन ने सम्मोहन के द्वारा ही जार और पूरे राजपरिवार को सम्मोहित कर पूरे रूस पर वर्षों तक शासन किया। सांप और शेर जैसे जीवों की आंखें ऐसी चुंबकीय होती हैं कि शिकार उनकी आंखों के सम्मोहन से ही जड़ हो जाता है। चतुर शिकारी अपनी समस्त ऊर्जा को आंखों के द्वारा प्रवाहित कर निहत्थे होने पर सिंह की चुम्बकीय आंखों को निष्प्रभावी बनाकर उसे दुम दबाकर भाग जाने पर विवश कर देते हैं।

सम्मोहन और ध्यान दो बिलकुल विपरीत दिशाओं से साधी गई एक ही प्रक्रिया है। सम्मोहन का प्रयोग, नागार्जुन के पास आये युवक की भांति स्वयं को जगाने के लिए और अचेतन में दबी गहरी पर्त को तोड़ने के लिए भी किया जा सकता है और गहरी नींद में ले जाने के लिये भी। साधक, आत्मसम्मोहन के द्वारा पुराने सम्मोहन से मुक्त होता है। यह कांटे से कांटा निकालने की अचूक विधि है।

पर जो लोग सम्मोहन को पेशा बनकर अपनी समस्त ऊर्जा को अपनी आंखों पर केंद्रित कर लेते हैं, उनकी आंखें तनाव से भरकर लाल हो जाती हैं। वे आंखों द्वारा व्यक्ति को सम्मोहित कर उसके मन में प्रवेश कर जाती हैं। उसके आघात से उसकी विचार-प्रक्रिया बंद हो जाती है और वह सम्मोहनकर्त्ता का गुलाम बन जाता है। ऐसे लोगों की केवल आंखें ही जीवंत होती हैं, लेकिन चेहरा मुर्दा हो जाता है क्योंकि सारी ऊर्जा आंखें पी जाती हैं और दूसरी जगहों के जीवंत होने के लिए ऊर्जा बचती ही नहीं।

दूसरे पर प्रभुत्व करना, केवल अहंकार को तृप्त करता है और यह शक्ति का अपव्यय है। काली साधना, मारण जादू टोना और वशीकरण, इसी साधना के निम्नतम अंग हैं। इसी ऊर्जा का दुरुपयोग करने से शक्ति स्वयं कम होती जाती है।

सम्मोहन का प्रयोग बुद्ध-पुरुष दूसरों पर प्रभुत्व जमाने के लिए नहीं, स्वयं अपने मन का मालिक बनने के लिए करते हैं। बुद्ध-पुरुषों के चुम्बकीय प्रभाव क्षेत्र में आने पर दूसरे उससे निश्चित ही प्रभावित और सम्मोहित होते हैं। इसके लिए बुद्ध स्वयं कोई सचेतन प्रयास नहीं करते कि उनके सान्निध्य में आने वाले लोग उनसे सम्मोहित हों, बल्कि इसके विपरीत वे निरन्तर यही कहते हैं, जागो, अपने स्वामी आप बनो।

जब गौतम बुद्ध मृत्युशैय्या पर थे तो मरने के एक दिन पूर्व आनन्द ने उनसे पूछा, जब आप नहीं होंगे तो हम लोग क्या करेंगे, कैसे रहेंगे? बुद्ध ने कहा, अच्छा ही होगा कि अब मैं नहीं रहूंगा। तब तुम अपने स्वामी आप हो जाओगे। मुझे भूल जाओ और अपना दीया आप बनो। अप्प दीयो भव।

बुद्ध पुरुष जो स्वयं के मालिक होते हैं, वे अपने प्रभाव को कम करने के लिए ही, साधक को स्वयं का मालिक बनने में सहायता देते हैं। चूंकि वह मंगलकामना से भरे हुए हैं, इसीलिए उनकी आंखों में प्रेम, करुणा और पवित्रता झलकती है। उनके पूरे चेहरे में एक अपूर्व आभा और दीप्ति होती है।

आसपेंस्की जब गुरुजियेफ के पास गया, वह गहरी मूर्च्छा में था। गुरुजिएफ ने उसे तीन माह एक एकांत स्थान में अकेले मौन में रखकर उसकी मूर्च्छा तोड़ी। ऑसपेंस्की दस वर्ष गुरुजियेफ के निकट रहा और जब वह जागरण के निकट पहुंच गया तो गुरुजियेफ ने जानबूझ कर ऐसी अजीबोगरीब स्थितियां निर्मित कीं, जिससे ऑस्पेंस्की उसे छोड़ कर उसके प्रभाव क्षेत्र से दूर चला जाये।

तभी ओशो कहते हैं–ध्यान में गहरे जाने पर मुझे भी भुला दो। मुझे धारणा की तलवार से काटकर अलग फेंक दो। मैं वैसे तो स्वयं दूर हटा लेता हूं अपने को, पर फिर भी कोई मुझे न भुला सके तो मैं ही बाधा बन जाऊंगा उसके लिए।

वह बार-बार कहते थे, मेरे शरीर से मुक्त हो जाओ। मैं 'नोबडी' हूं। शून्य हूं। मेरी देह से नहीं, मेरी चेतना से सम्पर्क साधो।

जो लोग सम्मोहन का प्रयोग दूसरों पर प्रभुत्व जमाने के लिए करते हैं वे तनावग्रस्त और बैचेन रहते हैं। उनके जीवन में उत्सव आनंद नहीं होता। दूसरे पर मालकियत करना एक आंतरिक हिंसा है और इसी का एंडीडोट है प्रेम। बुद्ध पुरुष प्रेम और करुणा की निरन्तर वर्षा करते रहते हैं।

तभी ओशो कहते हैं, जब किसी आध्यात्मिक साधना से कुछ उपलब्ध हो तो उसे छिपाकर रखो। उसका उपयोग मत करो। उसे अछूता और शुद्ध रहने दो, तभी वह आंतरिक रूपान्तरण के काम आयेगा।

ओशो ने शक्तिपात और ऊर्जादर्शन के द्वारा सामूहिक सम्मोहन का ही प्रयोग किया था लेकिन उसका उद्देश्य साधकों को ध्यान में गहरे ले जाने का था। उनमें यह विश्वास उत्पन्न कराना था कि जो अमन की झलक आनंद और होश की झलक तुम्हें शक्तिपात या ऊर्जादर्शन में मिली है, उसे ध्यान का अवलम्बन बनाकर अपनी बाहरी बिखरी चेतना को वापस अपने

में समेट कर तुम भी उस शक्ति के साथ अपने मन के मालिक बन सकते हो। लेकिन जब ओशो ने अनुभव किया कि मूर्च्छित लोग ध्यान न कर अब शक्तिपात की ही प्रतीक्षा करते रहते हैं, उन्होंने यह कार्यक्रम अचानक बंद कर दिया।

❑❑❑

10. सम्मोहन का अद्‌भुत प्रयोग- मौन द्वारा विचार सम्प्रेषण व महावीर की प्रतिक्रमण विधि

कई बुद्धों ने अपने जाने गये सत्य को अभिव्यक्त करने के लिए सम्मोहन का उपयोग किया है।

रामकृष्ण परमहंस अशिक्षित थे। उनके पास शब्दों द्वारा अभिव्यक्ति की क्षमता नहीं थी, इसीलिए उन्होंने विवेकानंद को अपना वाहन बनाया। उन्होंने विवेकानंद के आज्ञाचक्र को स्पर्श कर हिप्नोसिस या सम्मोहन के द्वारा ही समाधि दी। विवेकानंद के अंदर एक शक्ति का उदय हुआ। उन्होंने उस शक्ति का दुरुपयोग कर आश्रम के एक भक्त गोपाल बाबू को हिप्नोटिक संदेश दिया कि तू अपने कमरे में रखी सभी मूर्तियों को एक बोरे में भरकर गंगा में फेंक दे। जब गोपालबाबू सभी मूर्तियों को बोरे में भरकर गंगा तट पर पहुंचे तो रामकृष्ण ने गोपालबाबू को सम्मोहन से मुक्त कर विवेकानंद से कहा–तू शक्ति का कोई भी दुरुपयोग कर सकता है। इसलिए तेरी चाभी अब मेरे हाथ रहेगी। तुझे आज जिस समाधि का अनुभव हुआ है वह अनुभव अब मरने के केवल तीन दिन पूर्व होगा। यह पोस्ट हिप्नोटिक संदेश था।

रामकृष्ण ने विवेकानंद का उपयोग साधन की तरह किया। वह सम्मोहित अवस्था में पूरी विश्व में भ्रमण करते हुए रामकृष्ण का ध्वनि-विस्तारक यंत्र बने उनके संदेश को प्रसारित करते रहे। गुरुजियेफ ने भी ऑस्पेस्की का उपयोग सम्मोहन के द्वारा करते हुए, उससे वह सब कुछ लिखवा लिया जो गुरुजियेफ चाहता था, क्योंकि ऑस्पेंस्की के पास बुद्धि, तर्क, वाणी और अभिव्यक्ति की अनूठी कला थी, जब कि गुरुजिएफ के पास वाणी तो थी ही नहीं, उसकी अभिव्यक्ति भी बहुत कमजोर थी। उसकी लिखी पुस्तक ऑल एण्ड एवरीथिंग इतनी जटिल और क्लिष्ट है कि अति बुद्धिमान लोग भी उसे समझ नहीं पाते।

पर इस पद्धति में जिस व्यक्ति को सम्मोहन द्वारा साधन बनाया जाता है वह परवश होकर दु:खी, संतप्त, चिंतित और तनावग्रस्त हो जाता है। विवेकानंद ने आखिरी समय जो पत्र लिखे हैं उनमें उनकी पीड़ा के साथ यह भावना स्पष्ट झलकती है कि उनका जीवन व्यर्थ हो गया और वह कुछ पा न सके।

महावीर के पास रामकृष्ण जैसा अनुभव और विवेकानन्द जैसी सामर्थ्य थी। अहिंसा को परम धर्म मानने वाले महावीर किसी का साधन की तरह प्रयोग हरगिज नहीं कर सकते थे, क्योंकि साधन बनाने से दूसरा व्यक्ति तनावग्रस्त, बैचेन और परवश हो जाता है। उसकी स्वतंत्रता छिन जाती है।

महावीर ने दूसरा रास्ता चुना। यदि दूसरा व्यक्ति ध्यान को उपलब्ध हो जाए, उसके चित्त में चलने वाली सारी विचार-प्रक्रिया ठहर जाये तो वह उस दिव्य-ध्वनि को सुनने में समर्थ हो जायेगा, जो बोली नहीं गई लेकिन अंतस-कानों द्वारा ग्रहण की गई। जो महावीर के चित्त में तरंग की तरह उठी और सम्प्रेषित हो गई। जो दी नहीं गई और श्रावक तक पहुंच गई। महावीर के चित्त की विद्युत तरंगों को ज्यों का त्यों, श्रावक ने अपने निष्तरंग चित्र के एण्टीना द्वारा ग्रहण कर लिया। महावीर ने श्रावकों को यह राइटलिसनिंग की कला दी।

एक जंगल के निर्जन बंगले में तीस व्यक्तियों को गुरुजिएफ ने इस शर्त के साथ रखा था कि तीन महीने तक न तो व्यक्ति कुछ पढ़ेगा, न लिखेगा, न किसी दूसरे से बात करेगा और न कोई दूसरे को रिकग्नीशन देगा। वह सभी पर गुप्त दृष्टि रखता था। पन्द्रह दिनों में उसने सत्ताइस साधकों को शर्त पूरी न करने के कारण बाहर कर दिया। केवल तीन बचे जिनमें एक ऑस्पेंस्की भी था।

इस अवधि में बाहर सभी पर बिखरी चेतना सिमट कर केन्द्र पर पहुंची तो उसी दिन ऑस्पेंस्की को पहली बार अपने होने का ख्याल आया। यह आत्मस्मरण का प्रयोग था। पन्द्रह दिनों के प्रयोग से दूसरों का ख़्याल विलीन हुआ। अपना ख्याल जाग्रत हुआ। एक महीने बाद बाहर का जगत विदा हो गया। फिर अगले महीने सपने विलीन हुए। तीसरे महीने सोते हुए भी जागते रहने की प्रतीति होने लगी।

तीन महीने बाद गुरुजियेफ ऑस्पेंस्की के निकट के कक्ष में आकर चुपचाप बैठ गया। उसके कुछ न बोलने पर भी ऑस्पेंस्की ने सुना, गुरुजिएफ पूछ रहा था-"ऑस्पेंस्की! तूने पहिचाना?" उसनें चौंक कर

देखा। गुरुजिएफ कहीं दिखाई नहीं दे रहा था। पर उसकी आवाज अंदर गूंज रही थी। वह उसके चित्त की विचारतरंगों को ग्रहण कर रहा था।

आॅस्पेंस्की को श्रावक बनाकर ही गुरुजियेफ ने उससे वह सब कुछ लिखवा लिया जिसे वह सम्प्रेषित करना चाहता था पर उसके पास अभिव्यक्ति नहीं थी।

महावीर ने भी ध्यान प्रयोगों द्वारा ऐसे कई श्रावक तैयार किए। श्रोता कान से सुनता है और श्रावक प्राणों से। तभी महावीर कहते हैं जो श्रावक बनने की योग्यता अर्जित न कर सके वह शरीर और मन का भी उपयोग करके तप करें। श्रावक को वह सर्वोच्च स्थान देते हैं।

महावीर की प्रतिक्रमण विधि, श्रावक बनने की कला का एक भाग है। प्रतिक्रमण का अर्थ है, सारी चेतना को जो बाहर बिखरी है, वापस भीतर समेट लेना। हमारी चेतना, पत्नी, पुत्र, पुत्रियों, मकान, धन, पद, प्रतिष्ठा में चारों ओर बाहर बिखरी है, उस चेतना को वापस अपने अंदर पुकार लेना। गुरुजियेफ ने तीन माह निर्जन बंगले में आॅस्पेंस्की को जिन शर्तों के साथ रखा था वह प्रतिक्रमण की ही विधि थी।

तभी पंतजलि और सभी बुद्ध पुरुष कहते हैं, जब तक धन, पद, भोग की व्यर्थता का बोध नहीं हो जाता, चेतना बाहर से हटकर अंदर नहीं लौटती, अंतर्यात्रा प्रारम्भ नहीं हो सकती। ओशो कहते हैं, ध्यान करते हुए होशपूर्वक जीयो। भोगो, पूरी तरह संपूर्णता से भोग में उतरो पर होशपूर्वक और तुम भोग से मुक्त हो जाओगे।

जब चेतना बाहर से वापस अंदर आती है तभी सही अर्थों में ध्यान की शुरूआत होती है। जब भीतर चेतना ही नहीं है तो ध्यान लगायेगा कौन? वह तो बाहर भटक रही है।

प्रतिक्रमण है पहला चरण और दूसरा चरण है–सामायिक। महावीर ध्यान के लिए सामायिक शब्द का प्रयोग करते हैं, क्योंकि ध्यान में भी कहीं न कहीं दूसरा छिपा है। किसका ध्यान करें? कहां ध्यान करें? ध्यान कहीं गहरे में पर-केन्द्रित है। सामायिक 'पर' से मुक्त है। सामायिक का अर्थ है, आत्मा में होना, स्वयं में होना।

प्रतिक्रमण है, दूसरे से लौट आओ, सामायिक है, अपने में हो जाओ।

ओशो के ध्यान-शिविरों का यही उद्देश्य था, साधक तीन दिनों के लिए घर, परिवार, मित्र, स्वजन, बाहर का संसार छोड़कर, बाहर बिखरी चेतना को वापस अपने को लौटायें। इसीलिए उन्होंने अखबार न पढ़ने, रेडियो न सुनने और मौन रहने को कहा था। वह पूना आने वाले साधकों

को प्रोत्साहित करते थे तो यहां आओ तो कम से कम तीन महीने के लिए। और तीन महीने भी बाहर के संसार से पूरी तरह कटकर अपनी बिखरी चेतना को वापस अपने अंदर लाकर ध्यान करो।

❑❑❑

11. प्राइमल थेरेपी

मल्टी यूनीवर्सटी द्वारा आयोजित ग्रुप्स में प्राइमल थेरेपी, पंतजलि द्वारा बताये प्रतिप्रसव प्रयोग का ही आधुनिक संस्करण तथा उसका एक भाग है।

पश्चिम में प्राइमल थेरेपी का जन्मदाता जेनोव है। जेनोव कहता है, यदि कोई व्यक्ति स्त्री से भयभीत है तो उसके भय का कारण खोजने के लिए हमें उसके बचपन मे लौटना होगा। हमें उन जड़ों की खोज करनी होगी जिन्होंने उसके मन में स्त्री के प्रति भय उत्पन्न कर दिया। जेनोव कहता है क्योंकि बच्चे के सम्पर्क में सबसे पहले उसकी मां आती है, इसलिए स्त्री के प्रति भय की भावना उसे निश्चित ही मां से मिली होगी। मां से मिला व्यवहार ही उसके जीवन में स्त्रियों के प्रति संबंध स्थापित करने का आधार बन जाता है। साधारण जीवन जीते हुए वह घृणा या भय को भूल जाता है। पर जब अंधेरे कमरे में उस व्यक्ति को विश्राम में आंख बंद कर लिटा दिया गया तो उससे कहा गया कि वह पीछे अपने बचपन में पीछे लौट कर उस प्रत्येक घटना को न केवल याद करे, वरन् भाव करे कि वह पांच वर्ष का बालक बन गया है और इस घटना को फिर से जी रहा है। इस प्रयोग के दौरान छः वर्ष का जीवन जीते हुए उस व्यक्ति को ख्याल आया कि उसकी मां ने अपने स्तनों का सौंदर्य नष्ट होने के डर से उसे कभी अपना दूध नहीं पिलाया। वह डिब्बे का दूध पीकर ही बड़ा हुआ। उसकी मां उसे नौकरों के सहारे छोड़कर क्लब चली जाती थी। नौकर उसे अकेला लिटाकर अन्य कार्यों में व्यस्त हो जाते थे और वह अकेला पड़ा रोता रहता था। मां के सामने रोने पर, मां उसे झिड़कती थी।

बचपन की उन सभी घटनाओं को जीते हुए उस व्यक्ति का स्त्री के प्रति भय समाप्त हो गया।

जेनोव ने यह प्रयोग 30 वर्ष की एक वृद्धा के साथ भी किया जो किसी दुर्घटना में अंधी हो गई थी। अपने बचपन को जीते हुए उसे एक ऐसी घटना याद आ गई, जिससे उसकी पुनः दृष्टि लौट आई और उसके चेहरे

की सारी झुर्रियां गायब हो गईं। पर प्रयोग के बाद उठने पर वह फिर अंधी हो गई और फिर झुर्रियां भी वापस आ गईं।

गीता अध्याय 15 में संसार एक उल्टा वृक्ष कहा गया है। एक अन्य प्रवचन में ओशो कहते हैं, झेन सद्‌गुरु सदा से कहते रहे हैं, कि तुम उस स्थिति में वापस लौट जाओ जब तुम्हारा जन्म नहीं हुआ था, तुम अपने मूल स्वभाव को उपलब्ध हो जाओगे।

पतंजलि–योग में इसी को प्रति प्रसव कहते हैं। प्राइमल थेरेपी चिकित्सा प्रतिप्रसव की विधि का ही एक भाग है।

ओशो कहते हैं, जिस दिन मां के गर्भ से जन्म लेने पर बच्चे के मुंह से पहली चीख निकलती है, यदि प्राइमल थेरेपी विधि से लगातार तीन से छः माह तक कोई निरन्तर शवासन में लेटे हुए धारणा के द्वारा अपने बचपन की घटनाओं को जीते हुए पीछे लौटता जाये तो एक दिन अचानक फिर उसके मुंह से ठीक वैसी ही चीख निकलती है जैसी जन्म के समय निकली थी। उसी चीख के बाद वह व्यक्ति भोला सरल और निर्दोष हो जाता है। उसे समाधि की पहली किरण मिलती है। उसके अंदर का सारा दमन और ग्रंथियां स्वतः विसर्जित हो जाती हैं। वह अपने मूल को, प्रथम अवस्था को प्राप्त कर लेता है। अपने भगवत स्वरूप को उपलब्ध हो जाता है।

सक्रिय ध्यान या नो माइन्ड ध्यान में भी रेचन करते समय चीखते चिल्लाते हुए जब व्यक्ति अपने अचेतन की गहराइयों में पहुंच जाता है, तो कभी प्रसव के समय किए जाने वाली चीख भी स्वतः निकल जाती है और उसका पूरा रूपान्तरण हो जाता है।

परमात्मा की खोज में उसी मार्ग से वापस जाना होगा, जिस मार्ग से परमात्मा संसार में आया है। जिस भांति परमात्मा से सृष्टि बनी है, उससे ठीक विपरीत यात्रा करनी होगी।

जाते समय परमात्मा की ओर मुख और संसार की ओर पीठ होगी।

विज्ञान खोजता है सत्य को–पदार्थ या व्यक्ति के द्वारा, सृष्टि के द्वारा और धर्म खोजता है, सृष्टा को, मूल को।

विज्ञान कहता है, जगत एक ही तत्व से बना है और वह है तरंग, या विद्युत। वह उसी को ऊर्जा या एनर्जी कहता है।

पर ऊर्जा का हृदय से नाता नहीं जुड़ता। इसी ऊर्जा को परमात्मा कहते ही, श्रद्धा या प्रेम प्रकट होते ही बुद्धि के स्थान पर हृदय आ जाता है। उससे जुड़ने की संभावना बन जाती है क्योंकि बुद्धि तोड़ती है और हृदय जोड़ता है।

इस बिंदु पर भी सहमति है कि एक विघटित होकर तीन होता है। Electron, Neutron and Proton। ब्रह्मा विष्णु और महेश। पहला तत्व जिससे जन्म होता है, जो आधार भूत है ब्रह्मा। दूसरा जो संभालता है, पालन पोषण करता है। मध्य में रहता है अर्थात विष्णु। तीसरा जो विघटन में ले जाता है विनाश करता है, वह मृत्युदाता शिव। इसी को सांख्य कहता है, तम, रज और सत।

इन्हीं तीन से वह अनंत हो जाता है। यदि परमात्मा तक जाना हो तो पहले अनेक से तीन में आना पड़ेगा और फिर तीन को एक से जोड़ना पड़ेगा।

साधारण लोगों की चेतना सभी तरफ बिखरी है, अनेक में बिखरी है इसीलिए ये लोग सांसारिक हैं। जिसकी चेतना अनेक से तीन में आ गई वह साधक। जो तीन में से एक में आ गया, वह सिद्ध। वह वापस मूल में पहुंच गया, खण्ड से अखण्ड हो गया, वह परमात्मा ही हो गया।

अनेक से तीन को पैदा करने विधि ही है साक्षी भाव। भोक्ता और कर्त्ता बनने पर व्यक्ति अनेक में बिखर जाता है। सुख-दुख, आदि भावों, अच्छे या बुरे विचारों का तटस्थ दृष्टा बनते ही जगत का, अनेक का हृदय विलीन होने लगता है। जिस क्षण अहंकार का कर्त्ता होने का नशा आ जाता है, साक्षी खो जाता है। तीन में रमते, रमते, उनका तटस्थ दृष्टा बनते हुये, अनेक में बिखरने की संभावना नष्ट हो जाती है और अचानक एक दिन थिर होकर पता चलता है कि तीन नहीं, एक ही है। संन्यासी वही है जिसे मृत्यु की प्रतिपल बोध बना हुआ है। वृक्ष, पशु और पूरी प्रकृति अचेतन है। मृत्यु का बोध नहीं किसी को, सिवाय मनुष्य के। मनुष्य, मृत्यु का बोध होते ही मूल की ओर लौटना शुरू कर देता है। यदि नहीं करता तो मनुष्य होकर भी वह पशु की तरह सोया हुआ है।

मृत्यु के निरन्तर बोध और स्मरण से कर्त्ताभाव नहीं रहता। अकड़ नहीं रहती। तुम अपनी आंख से सारे संसार को देखते हो, और तुम्हारे भीतर छिपा द्रष्टा तुम्हारी आंख को भी देखता है पर तुम्हारी आंख उसे नहीं देख पाती।

❑❑❑

12. साधक की अंतर्यात्रा, मूल या गंगोत्री की ओर

मनुष्य की नाभि ही उसका केन्द्र है। वह नाभि के द्वारा ही मां के गर्भ से जुड़ा रहता है। नाभि के द्वारा ही वह गर्भ में मां से जीवन-ऊर्जा प्राप्त करता है।

नाभि के लगभग चार अंगुल नीचे वह स्थान जहां से श्वास प्रारम्भ होती है और नासिका तक जाकर फिर नीचे आ कर रुकती है, हारा अथवा प्राण केन्द्र है। इस स्थान पर छुरे से आघात करने पर तुरन्त मृत्यु हो जाती है। जापानी आत्महत्या के लिए इसी केन्द्र हारा का प्रयोग करते है। तभी उनकी भाषा में आत्महत्या को हाराकारी कहते हैं।

लाओत्से की साधना पद्धति की पहली शर्त ही यही थी, कि व्यक्ति उठते-बैठते, चलते-फिरते सदा हाराचक्र से ही श्वांस ले। पुष्ट वक्ष की शौकीन स्त्रियां और पुरुष नाभि से पूरी श्वास न लेकर छाती से अधूरी सांस लेते हैं।

हारा चक्र से सदा गहरी, धीमी और लयबद्ध सांस लेने को लाओत्से तानदेन कहता है। वह शिष्य उसे ही चुनता था जिसकी श्वास उसके मानदंड के अनुसार उक्त विधि के अनुसार व्यवस्थित हो जाती थी।

इसी सुप्त चक्र को जाग्रत करने की अलग-अलग साधना मार्गों में भिन्न-भिन्न विधियां हैं।

सूफी 'अल्लाह हू' .... (जो लगातार उच्चारण करने से मात्र 'हू' रह जाता है) ध्वनि मंत्र की चोट से और सूफी नृत्य द्वारा इसे सक्रिय करते हैं।

'ओ३म्' या 'ओम् मणि पद्मे हुम्' मंत्र का उच्चारण भी इसमें सहयोगी है पर यह मंत्र नाभि चक्र के साथ अन्य चक्रों को भी सक्रिय करता है और केवल म् की ध्वनि ही मद्धिम होकर इस चक्र पर पहुचंती है।

भूमि पर नाभि के बल लेटे हुए साष्टांग दण्डवत प्रणाम मुद्रा में लेटे रहना भी इस चक्र को सक्रिय करता है।

बुद्ध आती-जाती श्वास का सतत् निरीक्षण करने और अनापान सतीयोग में आती-जाती सांस के अंतराल में क्षण भर रुकने की बात कहते हैं। यह भी इस चक्र को सक्रिय करने की प्रभावी विधि है।

गीता में कृष्ण कहते हैं–कि संसार वृक्ष उल्टा है। इसका मूल ऊपर और शाखाएं नीचे हैं।

धारा के विरुद्ध इसी उल्टी यात्रा में मस्तिष्क के नीचे की ओर यात्रा का आरम्भ करना होगा। यही गंगोत्री की यात्रा है।

आधुनिक युग में, ज्ञान के प्रसार प्रचार और समुन्नत टेक्नोलॉजी के साथ कदम से कदम मिलाकर चलने के लिए मनुष्य को बहुत जानकारी संग्रहीत करनी होती है। छोटे-छोटे बच्चों की स्कूली पुस्तकों का बोझ आठ गुना दस गुना अधिक बढ़ गया है। बच्चे इसीलिए शीघ्र जवान हो रहे हैं। हम प्रत्येक कार्य मस्तिष्क से करने के आदी हो गये हैं। सेक्स क्रिया में जाने के लिए भी पहले हमें मानसिक रूप से तैयार होने के लिए सेक्स का चिंतन करना होता है। इसी के फलस्वरुप मानसिक बीमारियों और आत्महत्याओं की संख्या में बड़ी तेजी से वृद्धि हुई है। इसका मुख्य कारण यही है कि हम अपने केन्द्र से बहुत दूर हट गये हैं।

मूल की ओर केन्द्र की ओर जाने का एक अद्‌भुत ध्यान प्रयोग

कम्पन ध्यान–ओशो ने आरेंज बुक में इस ध्यान-प्रयोग का जिक्र किया है।

प्रथम चरण–खड़े होकर पांच मिनट या कम से कम दो मिनट अपने सिर को मजा लेते दाएं-बाएं घुमायें। शेष शरीर थिर रहे।

द्वितीय चरण–अब पांच मिनट दोनों हाथों को कोहनियों तक उठाकर अपने धड़ को तेजी से दाएं-बाएं हिलायें या घुमायें। जहां तक हो सिर व पैर थिर रहें।

तृतीय चरण–केवल दोनों पैरों के घुटनों को थोड़ा झुकाकर और फिर उठाकर हिलें। यथासंभव शेष शरीर थिर रहे। जितनी देर सिर व धड़ को हिलाया है, उतनी ही देर पैरों को कंपायें।

चतुर्थ चरण–अब पांच मिनट सिर, धड़ और पैरों तीनों को एक साथ तेजी से हिलायें, कंपाये। कम्पन या हिलने का एक झंझावात सा उत्पन्न हो जाये।

अंतिम चरण—एकाएक बर्फ की तरह जम जायें। जो कुछ अंदर घट रहा है, उसके दृष्टा हो जायें।

इस ध्यान प्रयोग का प्रथम चरण आपके मस्तिष्क को विचार शून्य और खाली कर देगा। ऊर्जा हृदय चक्र पर आ जायेगी।

द्वितीय चरण के द्वारा हृदय चक्र तथा नाभि चक्र तो सक्रिय होगें ही, आपकी विचार और भावशुद्धि भी स्वतः हो जायेगी।

तृतीय चरण से हारा चक्र सक्रिय होगा।

चतुर्थ चरण में शरीर के पिघलने और ऊर्जा का वर्तुल होने की अनुभूति होगी।

अंतिम चरण में शरीर शून्यता, भावशून्यता और विचार शून्यता के अनुभव के साथ अद्वैत की अनुभूति होगी। आप अपने केन्द्र पर पहुंच जायेंगे।

शवासन में हंसना-रोना—भूमि पर मुर्दे की तरह शांत लेट कर शरीर को ढीला छोड़ दें। भाव करें, शरीर शिथिल होता जा रहा है। आप भुरभुरी मिट्टी पर लेटे हैं और शरीर भूमि में नीचे धसता जा रहा है। पांच मिनट शांत इसी स्थिति में लेटे रहें।

द्वितीय चरण—अब आप भाव करें कि आपकी नाभि हंस रही है। कृत्रिम रूप से हंसें, ठहाके लगायें। कुछ ही देर में अंदर का दबा हास्य बाहर आने लगेगा। हंसने के साथ पेट को ऊपर नीचे उठता सजगता से देखते रहें। कम से कम पांच मिनट और पंद्रह मिनट भी इस चरण को कर सकते हैं।

तृतीय चरण—हंसना बंद कर नाभि के ऊपर नीचे गिरने उठने की प्रक्रिया को देखते हुए उसके शांत होने की प्रतीक्षा करें।

फिर एक मिनट तक अपने किसी प्रियजन की मृत्यु की याद करें जिससे आपको गहरा आघात लगा था पर आप रो नहीं सके थे। अपनी हताशा, निराशा और असफलता से उत्पन्न उन अवसाद के क्षणों को याद करें जब आपकी प्रेमिका आपसे दूर कर दी गई अथवा आपको आपके श्रम का मूल्य नहीं मिला और उन क्षणों में आप जी भर कर रोना चाहते थे और नहीं रो सके। अब रोना आरम्भ करें। पेट को ऊपर नीचे उठने-गिरने दें। सिसकियां भरें, रोयें।

इस चरण को भी पांच से पन्द्रह मिनट तक करें। फिर पांच मिनट शांत कुछ भी न करते हुए शवासन में लेटे रहें। यह प्रयोग रेचन के साथ आपके केन्द्र को सक्रिय करेगा।

सूफी नृत्य—Whirling के नाम से सूफी नृत्य के संगीत का कैसेट ओशो ध्यान केन्द्र से खरीद कर खुले आकाश के नीचे अर्द्ध निमीलित नेत्रों से देखते-देखते चारों ओर घूमें, ठीक छोटे बच्चे जैसे छाई माई का खेल खेलते हुए गोल-गोल घूमते हैं। हाथ की कनिष्ठका नाभि से लगाकर और दायां खुला हाथ आकाश में ऊपर उठाकर गोल-गोल घूमते हुए नृत्य करें। जब दायां हाथ ऊपर उठे हुए थक जाये तो बायां हाथ ऊपर उठाकर तथा दायें हाथ की कनिष्ठका अंगुली नाभि से स्पर्श करते हुए नृत्य करें।

संगीत कैसेट 30 मिनट का है। यदि पहले ही अत्यधिक चक्कर आने लगें तो रेत के बोरे की तरह भूमि पर गिर जायें और कुछ देर उसी स्थिति में पड़े रहकर एक मिनट बाद ही नाभि भूमि से लगाकर पेट के बल 15 मिनट लेटे हुए अंदर जो भी हो रहा है उसके सजगता से दृष्टा बने रहें।

नाभि व हारा या प्राण केन्द्र सक्रिय करने के लिए यह विधि सर्वाधिक प्रभावी है।

होशपूर्वक रेचन के बाद ही सक्रिय ध्यान में उछलते हुए 'हू' का घोष

यों तो सक्रिय ध्यान की कई दृष्टियां से-लाभदायक है, जिसका विस्तृत उल्लेख पृथक से किया गया है। Meditation—The Art of Ecstasy पुस्तक में ओशो कहते हैं कि यदि आप द्वितीय चरण में होशपूर्वक रेचन कर अंदर से खाली नहीं हुए हैं तो 'हू' मंत्र का जाप लाभ के स्थान पर हानि भी कर सकता है।

क्रोध या वासना का रेचन करते समय यदि स्थिति से तादात्म्य कर उसमें रस लेने लगते हैं और सांस तीव्र हो जाती है और यह रेचन मूर्च्छा ही में होता है। रेचन के समय स्थिति से तादात्म्य न जोड़कर तटस्थता और सजगता से दृष्टा बने रहना है।

'बिन घन पड़त फुहार' प्रवचनमाला में ओशो बताते हैं रेचन के लिए सर्वाधिक उपयोगी विधि है कि पहले एक वृत्ति रेचन के लिए चुन लें। पहले क्रोध या हिंसा का रेचन करें। तो जिसके प्रति जब क्रोध जागा था और लोगों के बीच बचाव से उसका दमन कर चुप लगा गये थे अथवा किसी की हत्या करने का भाव जागा था और उसे भी दबाना पड़ा था तो उस घटना की स्मृति करते-करते उन क्षणों में लौटकर उस स्थिति को फिर से जीयें। पर अंदर सजगता बनी रहे। श्वांस तेज न होने पाये। दो मिनट रेचन कर अचानक रुक जायें और सांस रोकर अंदर सजगता से दृष्टा हो जायें।

इसी विधि से अन्य वृत्तियों का भी होशपूर्वक रेचन करें। जब अंदर से खाली हो जायें तभी 'हू' मंत्र की चोट से उछलते हुए पूरा सक्रिय ध्यान करें।

विज्ञान भैरव तंत्र की अनूठी विधि-किसी भी कार्य को करते समय अचानक रुक जायें।

गुरुजियेफ ने Stop Meditation की यह विधि सूफियों से और सूफियों ने विज्ञान-भैरव-तंत्र से ली थी। गुरुजियेफ की विधि से इसमें मुख्य अंतर यह है कि अचानक रुकते ही श्वांस भी रोक लेना है। और जब तक श्वांस रुकी रहे, अंदर जो भी रूपान्तरण हो रहा है उसे सजगता से देखते रहना है।

नहाते समय, भोजन करते समय, किसी सुनसान स्थान में चलते समय, दफ्तार में अकेले काम करते समय इस विधि को कभी भी किया जा सकता है। अचानक Stop का मन ही मन आदेश देकर उसी अवस्था में श्वांस रोककर फ्रीज हो जायें। जम जायें। किसी सुविधाजनक स्थिति तक आने का प्रयास न करें। मुंह खुला हो तो खुला ही रह जाये। नहाने की मग हाथ में ऊपर थमा है तो हाथ के नीचे लाने का भी प्रयास मत करें।

यह विधि आपको सीधे केन्द्र पर ले जाती है।

❑❑❑

13. एक अद्भुत ध्यान–गर्भासन

(ओशो गीता दर्शन अध्याय 15 में ओशो द्वारा दी गई अपूर्व विधि)

धुंधल के भरे या अंधेरे कमरे में, जहां शोरगुल न हो, जहां गर्भ की भांति शांति हो, नमाज पढ़ने की मुद्रा में घुटनों के बल बैठ जायें। आंखें बंद कर बहुत धीमे-धीमे झुकते जायें और झुकाव का सजगता से अनुभव करें। झुकते समय निरन्तर शरीर के लघु या छोटा होने का भाव करें। श्वास शांत होती जाएगी। भाव करें, आप एक छोटे बच्चे हो गये हैं। मुंह से चूसने का भाव करें जैसे दुग्धपान कर रहे हों।

यह मूल की ओर, पीछे जाने की प्रक्रिया है। प्राइमल थेरेपी। मनोचिकित्सा के क्षेत्र में जेनोव ने व्यक्ति को स्वस्थ करने के लिए यह विधि खोजी है। इसका सिद्धान्त है कि चेतना में पीछे की ओर लौटने की गति शुरू कर देनी चाहिए। जिस दिन व्यक्ति बचपन की अवस्थाओं को उपलब्ध करना शुरू कर देता है वह स्वस्थ होने लगता है।

ओशो ने प्राइमल थेरेपी को विकसित कर उसे ध्यान के साथ जोड़ दिया है। वह कहते हैं जिस दिन व्यक्ति ठीक अपनी गर्भ की चेतना दशा को उपलब्ध हो जाता है वह परम शांत और स्वस्थ हो जाता है।

जीवन में पीछे लौटने की कोशिश मात्र स्मृति में ही नहीं हो, उसे जीने का भी प्रयास किया जाये। भाव करो तुम मां की गोद में लेटे उसका स्तन चूस रहे हो। फिर जन्म लेने की घड़ी याद करो जब गर्भ से बाहर आने पर पहली रुदन की चीख निकली थी। तीन या छ: माह के प्रयोग से जब यह चीख (प्राइमल स्क्रीम) निकलती है, उसी दिन उसके सारे दोष विलीन होकर वह सरल भोला और निर्दोष हो जाता है।

यह ख्याल रहे कि गर्भासन की स्थिति में जब श्वांस इतनी धीमी हो जाये कि उसका चलना प्रतीत ही न हो, जब यह अनुभव होने लगे कि वह बिल्कुल रुक गई है तभी आपको प्रथम मूल की खबर मिलनी शुरू हो जायेगी।

गर्भ से जन्म लेने की स्थिति के बाद आप अपने को मां के गर्भ में होने का अनुभव करें।

यह संसार के मूल प्रवाह धारा के विरुद्ध राधा की मूल के उद्गम की ओर की यात्रा है।

गीता–अध्याय 15 में कृष्ण कहते हैं–हे अर्जुन जिसका मूल ऊपर की ओर तथा शाखाएं नीचे की ओर हैं, ऐसे संसार रूपी वृक्ष को अविनाशी कहते हैं और वेद उसके पत्ते है। इस संसार रूप वृक्ष को जो पुरुष मूल तत्व से जानता है वही वेद के तात्पर्य को जानने वाला है।

संसार परमात्मा का पतन है। विकास का एक ही उपाय है कि पतन खो जाए और हम मूल स्रोत को उपलब्ध हो जायें।

पश्चिम में संसार को विकास कहा गया है। सफलता, समृद्धि, सांसारिक उपलब्धियों को प्राप्त करना वह उन्नति होना, विकासमान होना मानता है। पूर्व धन, संसार और सुखों के त्याग को विकास कहता है। इसीलिए बुद्ध महावीर ने संसार का त्याग किया। संसार को छोड़ इतना अकेले बचे रहना कि विचार, भाव भी न बचें। उसे महावीर कैवल्य कहते हैं।

पर यह संसार-वृक्ष परमात्मा से या मूल से जुड़ा है। इस वृक्ष का मूल परमात्मा है जो ऊपर है। मनुष्य का चरम विकास उस मूल परमात्मा को पाने का ही है।

हमें पीछे लौटना होगा मूल की ओर। जब हम शिशु थे। निर्दोष, भोल. अनजान और गहरे आश्चर्य से भरे। पांच, चार और तीन वर्ष तक की अवस्था की स्मृतियों में पीछे लौटा जा सकता है। पर मात्र स्मृति ही काफी नहीं है, हमें उस बचपन को एकबार जीना होगा। फिर गहरे अचेतन में सजगता से उतरते हुए मां का स्तनपान करने और फिर जन्म के समय प्रथम चीख की प्रतीक्षा करनी होगी।

मां के अंधेरे गर्भ में सुषुप्तावस्था और समाधि में सजगता से उतरना होगा। यह प्रयोग निरन्तर करते हुए ध्यान में या स्वप्न में पूर्व जन्म की स्मृति भी आने लगती है। यह गंगोत्री की यात्रा है।

आधुनिक मनोविज्ञान के अनुसार पुत्र, पिता से और पुत्री मां से अपने अचेतन में घृणा करती है। जब संतान को व्यस्क होने पर यह ज्ञान होता है कि वह अपने माता-पिता की सेक्स प्रक्रिया के फलस्वरुप जन्मा है, उसे माता-पिता से घृणा होने लगती है। उसके अचेतन में उसकी बचपन में की गई मारपीट और वर्जनाएं उसकी घृणा को और पुष्ट करती हैं। पश्चिम में

इसीलिए माता-पिता के प्रति संतान का प्रेम आदर और श्रद्धा विलुप्त होती जा रही है।

पर साधक को मूल के प्रति, माता-पिता के प्रति आदर और अहोभाव से भरकर श्रद्धा का जन्म होना ही उसका विकास है। पर इसके साथ उसे माता-पिता द्वारा दिए रूढ़ संस्कारों, गलत परम्पराओं और अंधविश्वासों से मुक्त होना है।

गर्भासन दस मिनट की अवधि से प्रारम्भ कर आधा घंटे तक बढ़ायें। गर्भासन के बाद पेट के बल भूमि पर पांच मिनट समर्पण भाव मुद्रा में लेटे रहें और महसूस करें जैसे पूरा शरीर पृथ्वी में नीचे धंसता जा रहा है।

पांच मिनट बाद आहिस्ते से बिना झटके के धीमे-धीमे उठकर खड़े हो जायें और पांच मिनट तक खड़े रह कर नेत्र मूंदे सजगता से अंदर जो कुछ घटे उसके साक्षी बने रहें।

चूंकि इस ध्यान को करते हुए मस्तक भूमि से स्पर्श करता रहता है। इसलिए तृतीय नेत्र भी सक्रिय हो जाता है। इस ध्यान के बाद सुखासन में बैठकर त्रिनेत्र ध्यान भी सुगमता और सरलता से किया जा सकता है।

इसके बाद शवासन में कम से कम दस मिनट शांत होकर सजग बने विश्राम करते रहें।

एक अन्य प्रवचन में ओशो कहते हैं–'तुम सीधे बचपन को याद कर उसी तरह नहीं जी सकते। अत: रात में सोने से पूर्व, दिन भर जो कुछ तुमने किया है उसे याद कर सुबह उसी स्थिति में पहुंच कर उसे जियो। आंख खुलते ही बरतन खटकने की आवाज सुनाई दी थी। पड़ोस में किसी बच्चे के रोने की आवाज सुनाई दी थी। तुम जम्हाई लेते हुए उठे थे। तुम्हारी पत्नी ने गुडमार्निंग कहते हुए तुम्हें चाय दी थी। वह लाल गाउन पहने हुए बहुत सुंदर लग रही थी। उसने बेड-टी के साथ तुम्हारे हाथ में अखबार रख दिया था। तुम चाय पीते हुए अखबार पढ़ने लगे थे। पत्नी बच्चे को स्कूल के लिये तैयार करने कमरे के बाहर चली गई थी।

इसी तरह फिर दो दिन पूर्व, चार दिन, दस दिन, एक मास दो मास पूर्व के जीवन के याद कर जियो। धीमे-धीमे एक दिन तुम्हें बचपन में चार-पांच वर्ष की अवस्था की सभी घटनाएं याद आने लगेंगीं।

सम्मोहन के प्रयोग द्वारा भी अचेतन की गहराइयों में ले जाकर किसी को भी जन्म के समय की अवस्था में ले जाया जा सकता है।

❑❑❑

14. बैलेंसिंग थेरेपी : तीन प्रयोग

ओशो कहते हैं–जिसका संतुलन सध गया, वही संत है। मन सदा दो अतियों में डोलता रहता है। मध्य में कभी ठहरता ही नहीं। मध्य में ठहरना ही मन की मृत्यु है।

शरीर आत्मा का मंदिर है। शरीर वह वीणा है जिससे आत्मा का संगीत झंकृत होता है। यह वीणा तभी संगीत की सरिता प्रवाहित करती है, जब उसके तार न तो ढीले हों और न अधिक कसे हुए हों।

नितम्बों का संतलुन–इसलिए जब भी ध्यान करने के लिए बैठें तो एक मिनट अपनी पूरी चेतना नितम्बों पर केन्द्रित करें। नितम्बों के प्रति संवेदनशील बनें। फिर जरा बाईं ओर झुककर बाएं नितम्ब पर पूरे शरीर का भार डालकर एक मिनट सजग हुये झुके रहें। फिर एक मिनट दाई ओर झुककर दायें नितम्ब पर भार डालकर बैठें। थोड़ा आगे-पीछे झुककर इस भांति बैठें कि दोनों नितम्बों पर शरीर का समान भार हो। रीढ़ की हड्डी 90 डिग्री कोण पर सीधी रहे। न बहुत तनी हुई और न शिथिल। फिर भाव करें कि शरीर भाररहित हो गया है।

पैरों का संतुलन–इसी प्रकार जब खड़े हों तो पहले पैरों पर चेतना केन्द्रित कर उसके प्रति संवेदनशील बनें। फिर बाएं पैर पर शरीर का पूरा भार डालकर खड़े हो जायें और जागृत हुई स्त्रैण या निष्क्रिय ऊर्जा का अनुभव करें। फिर इसी भांति दाएं पैर पर शरीर का भार डालकर जागने वाली सक्रिय अथवा पुरुष ऊर्जा का अनुभव करें। यह एक-एक मिनट के तीन प्रयोग हैं। फिर दोनों पैरों पर संतुलन साधकर इस प्रकार खड़े हो कि दोनों पैरों पर समान भार हो। जब अंदर प्रवाहित सक्रिय और निष्क्रिय ऊर्जा संतुलित हो जाती हैं तो ध्यान स्वत: घटने लगता है।

आंखों का संतुलन–इसी तरह संतुलन साधने का लूत्सू का तुला ध्यान है। उक्त विधि से दोनों नितम्बों पर संतुलन साधकर बैठ जायें और बंद नेत्रों से जब पुतलियां थिर हो जायें तो यह भाव करें कि तुम्हारे दो नेत्रों

की भौंहें तराजू की डंडी हैं। तराजू के दो पलड़े दोनों आंखों के कान के निकट वाले छोर से दोनों चूचकों पर लटक रहे हैं। अब केवल दोनों पलड़ों का संतुलन साधना है। भृकुटि के मध्य झूलते कांटे को थिर करना है। जब संतुलन सध जाता है तो तीसरी आंख सक्रिय हो जाती है। सक्रिय और निष्क्रिय ऊर्जाएं लयबद्ध हो जाती हैं। जीवन के प्रत्येक क्षेत्र में संतुलन साधना कर, दो अतियों के मध्य ठहर जाना है। बुद्धि और हृदय के मध्य। न भोगी, न त्यागी। त्याग का अहंकार भोग के अहंकार से भी बढ़कर है।

न अधिक भोजन कि उसे पचाने में सारी ऊर्जा खर्च हो जाये और आलस्य आये। न इतना कम भोजन कि शरीर को आवश्यक ऊर्जा ही न मिले और मन भोजन का चिंतन करता रहे। हल्का सुपाच्य शाकाहारी भोजन ही संतुलित आहार है।

जितना आवश्यक है उतना विश्राम और जितना कर्म आवश्यक है, उतना समग्रता से डूब कर काम।

आज बुद्धिप्रधान समाज में मस्तिष्क सर्वाधिक तनावग्रस्त है। इस तनाव को कम करने के लिए मस्तिष्क का बोझ कम करने की जरूरत है। हमें ऊर्जा, मस्तिष्क से हृदय तक और फिर हृदय से नाभि तक ले जानी होगी।

हमारा पूरा शरीर एक वीणा की तरह है। उसके मस्तिष्क के तार अधिक कसे हैं और हृदय के तार ढीले हैं। हमें विचार तल से भावतल तक आना होगा। हमें संवेदनशील, प्रेमपूर्ण और सृजनात्मक होना होगा। पर यह तो यात्रा का प्रारम्भ है। जब हृदय चक्र सक्रिय हो जाये फिर विचारों के साथ भावों का भी दृष्टा बनना होगा।

आत्मा, न मस्तिष्क से और न हृदय से जुड़ी है। नाभि उसका प्रवेश द्वार है।

हृदय केन्द्र, सक्रिय होने के बाद नाभि केन्द्र को विकसित करना होगा। उसे जगाना होगा। इस केन्द्र के विकसित होने से अभय का जन्म होता है।

मस्तिष्क और हृदय का संतुलन

मस्तिष्क-केन्द्र को हृदय चक्र तक लाने की विधि-पांच मिनट तक ज़िबारिश ध्यान करें। ऐसी भाषा में अर्नगल शब्द बड़बड़ायें, जो भाषा आप नहीं जानते हों। उदाहरण के रूप में ला...ला ध्वनि से शुरू करते हुए

–'चिन चू चिंयाग-फिंयाग, बू तू ला ले ली चुन फिन शिन शियांग, जोकडू फोकडू' आदि।

मन के चलने वालों विचारों का बवंडर इस जिबरिश या देववाणी ध्यान से कुछ शांत होगा।

अब शांत दो मिनट बैठे रहें। अंदर जो कुछ भी शांति और खालीपन हो गया हो, उसे महसूस करें। उसके द्रष्टा बन जायें।

1. **ध्यान में संतुलन साधना–** अब एक मिनट सारी चेतना नितम्बों पर केन्द्रित करें। थोड़ा सा बाईं ओर झुककर बाएं नितम्ब पर शरीर का भार डालकर और एक मिनट बाद दाईं ओर झुककर दायें नितम्ब पर भार डालकर बैठें। अब इस तरह संतुलन साधकर बैठें कि दोनों नितम्बों पर समान भार रहे। इस विधि से अपने ही अंदर की सक्रिय (पुरुष) तथा निष्क्रिय ऊर्जा का संतुलन सध जायेगा। रीढ़ की हड्डी 90^0 कोण पर सीधी रहे। न बहुत तनी और न शिथिल। दोनों नेत्र बंद कर नासाग्र को एक या आधे मिनट देखें, जिससे पलकों की गति रूक जाये। आंखें मन का द्वार हैं। मन सदा विचारों के झूले पर दाएं बाएं झूलता रहता है, इसी तरह पुतलियां भी। पुतलियों के थिर होते ही विचार थम जायेगें। दोनों हथेलियों को गोद में रख लें। आकाश की ओर उठी बाईं हथेली पर आकाशान्मुख दायें हाथ की हथेली इस तरह रखें जिससे दोनों अंगूठे एक दूसरे को स्पर्श करते रहें।

प्रत्येक ध्यान, इसी मुद्रा में बैठकर करें।

अब सिर झुकाकर ठोड़ी को सीने से लगा लें। भाव करें कि आपका सिर कहीं अज्ञात में उठी तलवार ने काट दिया है और वह कटा सिर आपकी चेतना के आगे सामने पड़ा है। अपने सिर विहीन कबंध का अनुभव करते हुये अपनी पूरी चेतना अनाहत या हृदय चक्र पर ले आयें।

यह ध्यान दस मिनट तक करें। दस मिनट सम्भव न हो तो पांच मिनट की अवधि से प्रारम्भ करें और धीमे-धीमे अवधि बढ़ायें। मस्तिष्क केन्द्र को हृदय तक लाने की यह अनूठी विधि है। इस प्रयोग के बाद शवासन में अवश्य लेटें।

हृदय पर केन्द्रित होने की अन्य विधियां

दूसरी विधि–हे भगवती! जब इन्द्रियां हृदय में विलीन होती हैं तब कमल के केन्द्र पर पंहुचो।

यह विधि केवल हृदयोन्मुखी, प्रेम से आपूरित व्यक्ति के लिए ही है। जो भविष्य का विचार न कर वर्तमान में रहे, जो पाने का नहीं देने का भाव

रखे, वही हृदयवादी है। जो संवेदनशील, भावुक और पर पीड़ा से प्रभावित हो स्वयं दु:खी हो जाये।

अपनी सभी इन्द्रियों को हृदय के साथ जोड़ो। भाव करो, सभी इन्द्रियां सीधे हृदय में गहरे उतर कर घुल-मिल गई हैं। बुद्धि कुछ काम ही नहीं करो। शुद्ध प्रेम में बुद्धि और मन ठहर जाता है। प्रेमी से प्रेमिका दिव्य हो जाते हैं।

आंखे बंद कर अपने प्रेमी, प्रेमिका, मां, मित्र या बच्चे को छुओ, या किसी वृक्ष, फूल या वृक्ष को ही छुओ और उससे प्रवाहित ऊर्जा को अपने अंदर महसूस करो। उस स्पर्श की अनुभूति में रूप, रस, गंध और स्वाद सभी घुले मिले हों।

स्पर्श की अनुभूति को हृदय से जोड़ो। संगीत मस्तिष्क से नहीं हृदय से सुनो। अपने को सदा सिरविहीन होने का अनुभव करो। भोजन करते समय स्वाद की अनुभूति हृदय में करो। सभी इंन्द्रियों के साथ होने वाले अनुभव को हृदय में जाते और विलीन होते देखो।

तीसरी विधि–अपने समक्ष किसी विषय को महसूस करो। इसको छोड़ कर अन्य सभी विषयों की अनुपस्थिति महसूस करो। और तब विषय भाव और अनुपस्थिति भाव को पीछे छोड़कर आत्मोपलब्ध होओ।

कोई भी विषय चुन लो मसलन गुलाब का फूल, कोई वृक्ष, कोई चट्टान या कोई मूर्ति।

उसे मात्र देखो नहीं महसूस करो। उसे छुओ, सूंघो और उसे चूमो। हृदय से लगाओ। सभी विषयों से चेतना हटाकर उस एक पर पूरी चेतना केन्द्रित कर दो। उसे अपना भाव अर्पित करो। आंखें बंद कर अनुभव करो कि वह विषय और तुम एक हो गये हो। सभी विचार विसर्जित कर केवल उस एक के संबंध में ही विचार चलें। मात्र विचार ही नहीं भाव भी । उस विषय के साथ आविष्ट हो जाओ। डूब जाओ। उसे आश्चर्य भाव से ऐसे देखो जैसें उसे पहली बार देख रहे हो। उसे समग्रता से देखो।

स्त्रियों के लिए यह ध्यान सरल है। जो कलाकार हैं-भावुक, प्रेमपूर्ण और संवेदनशील हैं, सौंदर्य प्रेमी है, वे भी इस ध्यान को सरलता से कर सकते है। बच्चों के लिए भी यह प्रयोग सुगम है।

दस मिनट के बाद दूसरा चरण जो कठिन है उसमें उस विषय और उसके प्रति भाव के प्रति भी अनुपस्थित हो जाना है। गहन शून्यता में उतर जाना है।

मूर्ति उपासना, चेतना को एकाग्र करने की विधि ही है। पर फिर उसके प्रति भाव छोड़कर, मूर्ति हटाकर निराकार शून्य में स्थित होना ही कठिन होता है।

पहले भाग में यदि फूल या मूर्ति के लिए सारा संसार भुला दिया गया था तो दूसरे भाग में शून्यता के लिए फूल या मूर्ति को भी भूलना सम्भव हो सकेगा।

अंत में शुद्ध चेतना रह जाती है।

चौथी विधि–प्रेमपूर्ण बनो। घास पर चलो तो भाव करो कि घास भी जीवन्त है। उस पर पैर बहुत कोमलता से रखो। कुर्सी पर बैठो तो उसके प्रति कृतज्ञता और प्रेम प्रकट करो। जूते उतारो तो उन्हें पोंछ कर प्रेमपूर्वक उन्हें धीमे से सजाकर रखो। उन पर प्रेम बरसाओ। उनके प्रति कृतज्ञता अनुभव करो कि उन्होंने तुम्हें अति शीत अति गर्मी, कीचड़ और फिसलन से तुम्हारी रक्षा की।

भोजन करो तो एक-एक ग्रास प्रेमपूर्वक चबाओ। लोग भोजन चबाने में पशुओं की तरह हिंसा विसर्जित करते हैं।

पांचवी विधि–सौंदर्य के प्रति, कला के प्रति संवेदनशील और सृजनात्मक बनो।

छठी विधि–

तीन से पांच वर्ष आयु के बालक की आंखों में झांकना–छोटे बच्चे, सहज सरल और निर्दोष होते हैं। उनके साथ बच्चे बनकर खेलें। खेल खेल में जिस बच्चे को प्रेम करते हों, उसकी आंखों में बिना पलक झपकायें, देखें।

एक दो सप्ताह के प्रयोग से बच्चे का भोलापन सहजता, सरलता और निर्दोषता आपके अंदर प्रविष्ट होने लगेगी।

यदि ऐसा कोई बच्चा न मिल सके तो गाय की बछिया या गाय की आंखों में ही झांकें। उसकी आंखें भी सहज, सरल और निर्दोष होती हैं।

❑❑❑

15. मसाज थेरेपी द्वारा शरीर की ऊर्जा को लयबद्ध अवरोधमुक्त और संतुलित कर तथाता में ले जाना–

पूना कम्यून में मैसेजिंग अर्थात् कई तरह की मालिशों का एक पृथक थेरेपी ग्रुप है। इसी के अंतर्गत ओशो ने रेकी को भी सम्मलित कर दिया है जिसके द्वारा सूक्ष्म शरीर को ऊर्जा दी जाती है।

ओशो कहते हैं– शरीर एक मंदिर है जिसके अंदर ही परमात्मा प्रतिष्ठित है। चूंकि शरीर एक मंदिर है, इसलिए उसे परम पवित्र मानकर उसे प्रेम करो।

शारीरिक, मानसिक, भावात्मक और आत्मिक तल पर परम विश्राम की स्थिति पर पंहुचने से ही अपने होने का बोध होता है। इसके ही साथ जब शरीर धीमे-धीमे पिघलते हुए मात्र एक ऊर्जा का वर्तुल बन जाता है तो अस्तित्व से एकाकार कर खण्ड से अखण्ड होने की अनुभूति होती है। परम विश्राम में लेटे हुए पुरुष का यदि ध्यान में डूबी कोई स्त्री उसे प्रेम से स्पर्श करती हुई उसकी मालिश करे तो अपनी स्त्रैण निष्क्रिय ऊर्जा द्वारा वह उसे सभी तलों पर परम विश्राम में ले जाने में समर्थ होती है।

मालिश रक्त प्रवाह को तीव्र बनाती है। वह पाचन संस्थान, श्वसन संस्थान, अस्थि तथा मसल्स और नाड़ी संस्थान को भी सक्रिय बनाती है।

ध्यान में ऊर्जा के ऊर्ध्वगमन होने पर उसे सहस्त्रार द्वारा निष्कासित कर देना चाहिए। पर कई साधक ध्यान करते हुए कभी टेलीफोन की घंटी बजने पर ऊर्जा निष्कासित किये जाने के पूर्व ही उठकर बैठ जाते हैं, अथवा उचित निर्देशन न मिलने से ऊर्जा का ऊर्ध्वगमन हृदय चक्र तक ही हो पाता है। इन दोनों स्थितियों में पीठ, गर्दन व रीढ़ की हड्डी में मालिश ऐसे सभी स्थानों में अवरुद्ध ऊर्जा को मुक्त कर शरीर को स्वस्थ कर देती है।

यदि काव्यात्मक भाषा में कहा जाये तो मालिश शरीर की वीणा के कसे तारों को ढीला कर और अधिक शिथिल तारों को थोड़ा कस कर उसे इतना संतुलित, विश्राममय और लयबद्ध कर देती है कि उसमें से जीवन संगीत स्वयं गुंजरित होने लगता है।

यदि कोई मालिश करने वाला सुलभ नहीं है तो आप स्वयं अपनी मालिश कर सकते हैं। बाएं हाथ से मालिश करते हुए आप शरीर को स्त्रैण या निष्क्रिय ऊर्जा तथा दाएं हाथ से मालिश करते हुए आप उसे सक्रिय अर्थात् पुरुष-ऊर्जा दे रहे हैं।

मालिश नीचे पैरों से प्रारम्भ करना चाहिये। केवल छाती को छोड़कर शरीर के सभी अंगों में नीचे से ऊपर की ओर मालिश करनी चाहिए। केवल छाती तथा पेट पर गर्दन पर हाथ रखकर ऊपर से नीचे की ओर मालिश करनी चाहिए।

स्वयं मालिश करते समय या दूसरे की मालिश करने से पूर्व प्रार्थना ध्यान करना मेरी दृष्टि से उपयोगी है क्योंकि दोनों हाथ इस ध्यान के बाद ऊर्जा से भरे होते हैं। इसी स्थिति में रेकी देना भी लाभदायक है। यह स्मरणीय तथ्य है कि आप मालिश केवल शारीरिक स्वस्थता के लिए ही न कर मानसिक और भावनात्मक प्रगति के लिए ध्यान में गहरे जाने के लिए कर रहे हैं।

ओशो कम्यून में स्वीडिश, हवाई स्टाइल की लोमी-लोमी, शायत्सू बेयर फुट, शायत्सू तथा चीनी तिब्बती आदि कई प्रकार की मसाज प्रचलित हैं जिनके द्वारा साधकों का शारीरिक मानसिक, भावनात्मक एवं आत्मिक उपचार किया जाता है और इन चारों ऊर्जाओं को लयबद्ध करते हुए संतुलित किया जाता है। प्रत्येक के अंदर बहने वाली स्त्रैण (निष्क्रिय) और पुरुष (सक्रिय) ऊर्जाओं को तंत्र के अनुसार लयबद्ध किया जाता है।

लोमी-लोमी मसाज हवाई द्वीप के प्राचीन मंदिरों में हूला नृत्य की तरह मधुर संगीत की लय पर झूमते हुए की जाती थी जिससे साधक के अंदर ऊर्जा लयबद्ध की जा सके। यह सद्गुरु द्वारा दीक्षा देते समय, मंदिर के पुजारियों द्वारा की जाती थी।

पैरों की मालिश व अन्य प्रक्रियाओं द्वारा साधक को विश्राममय तथा तथाता की स्थिति में ले जाने की चिकित्सा **फुट रिफ्लोक्सोलोजी** के नाम से जानी जाती है। इसे **फुट केयर मेडीटेशन** कहा जाता है।

इस थेरेपी के जन्मदाता डा. विलियम फिट्ज़जरेल्ड तथा जोसेफ शेलबाई रिले हैं। यूनाइन इनधाम ने इसे जोन थेरेपी के नाम से विकसित किया है।

ओशो कहते हैं–पैर, शरीर के सर्वाधिक उपेक्षित अंग हैं और उनकी देखभाल बहुत कम की जाती है, जब कि पैर ही पृथ्वी से ऊर्जा लेते हैं और ऊर्जा के ऊर्ध्वगमन के बाद रूपांतरित ऊर्जा हाथ और पैरों द्वारा ही प्रवाहित होती है। भारत में तभी सद्गुरुओं और संतों के चरण-स्पर्श किये जाते थे जिससे उनके पैरों द्वारा बहती ऊर्जा से साधक विकसित हो सकें। पैरों की उचित देखभाल तथा विशिष्ट प्रक्रिया द्वारा पूरे शरीर को तथाता की स्थिति में ले जाया जा सकता है।

फुट केयर मेडीटेशन–एक टब में सहन करने योग्य गर्म पानी भरकर उसमें एसेंशियल आइल या आस्ट्रेलियन टी ट्री आइल की कुछ बूंदें डाल दें जो एण्टी फंगल है। इससे पैरों की उंगुलियों के बीच की व्याधियां मिट जाती हैं। इसके ही साथ पानी में थोड़ा सा लेवेन्डर भी डाल दें जो विश्राम देने के लिए सहायक है। अब दोनों पैरों को पन्द्रह मिनट तक टब में डुबाये रखें। जो पैरों के मसिल्स को नर्म बनाकर सारा तनाव और थकान दूर कर देता है। विशेष रूप से एड़ी की सख्त त्वचा मुलायम हो जाती है। इस त्वचा के मुलायम होने से पैर संवेदनशील सजग और जीवंत हो जाता है।

शरीर के टोक्सीन पैरों द्वारा गर्म पानी में घुलकर पूरे शरीर को विश्राममय कर देते हैं।

यह प्रक्रिया सोने से पूर्व की जाये तो पूरा शरीर हल्का जीवंत और विश्राममय हो जाता है।

सोने से पूर्व ओशो ने पैरों द्वारा किए जाने वाले एक अन्य महत्त्वपूर्ण ध्यान करने को भी कहा गया है।

पैरों को टब से निकालने के बाद नर्म रोयेदार तौलिए से पोंछकर बिस्तर पर लेट जायें और भाव करें कि बाएं पैर से तुम श्वास ले रहे हो और दाएं पैर से श्वास बाहर निकाल रहे हो। प्रेमपूर्वक परम श्रद्धा से कुछ दिन निरन्तर यही भाव करने से ऐसा सचमुच अनुभव होने लगता है कि पैर के तलुवे ही श्वास लेते हैं और छोड़ते हैं। ऐसा दस पन्द्रह मिनट करने के बाद सो जायें।

यह ध्यान तथाता की स्थिति में ले जाते हुए अद्भुत रूपान्तरण करता है।

Holistic Message Training में साधक को स्वयं अपने हाथों से ही शरीर के विभिन्न अंगों को प्रेमपूर्ण और संवेदनशील होकर स्पर्श करते हुए, जिन अंगों में तनाव हो उनकी सूखी मालिश़ करते हुए तनावमुक्त और विश्रामपूर्ण होना सिखाया जाता है।

Psychic Message द्वारा शरीर के विभिन्न चक्रों को सक्रिय करने की कला सिखाई जाती है।

चीनी पद्धति की मालिश द्वारा अवरुद्ध ऊर्जा को मुक्त किया जाता है। जिन अंगों में जन्म लेने की पीड़ा और पुराने जन्मों के संस्कारों के कारण उत्पन्न मनोवेगों से ऊर्जा अवरुद्ध हो जाती है, उसका भी उपचार किया जाता है।

चुवाका विधि—मंगोलिया में प्रचलित चुवाका विधि से मालिश करते हुए शरीर के विभिन्न अंगों में दमित मनोवेगों और विशेष रूप से भय के कारण अवरुद्ध ऊर्जा का निष्कासन किया जाता है।

ओशो बैक केयर ट्रैनिंग के अंतर्गत झेन-शायत्सू विधि से पीठ और रीढ़ की हड्डी पर मालिश करते हुए पीठ में होने वाली पीड़ा के उपचार के साथ शरीर का मन के साथ, रीढ़ की हड्डी और नाड़ी संस्थान द्वारा बोध कराया जाता है।

यह थेरेपी चिकित्साएं एक सप्ताह से चार सप्ताह तक की जाती हैं। इनमें भारतीय संन्यासी सम्मलित नहीं हो सकते, जिसका कारण ओशो ने सहजयोग प्रवचनमाला में स्वयं स्पष्ट किया है।

जब भारतीयों के लिए इन थेरेपी उपचारों के द्वार खुले थे तो कई ओशो संन्यासियों ने इन ग्रुप्स में भाग लिया था और वे अब स्वतंत्र आश्रमों का भी संचालन कर रहे हैं। उनकी संवेदनशीलता और करुणा, पूना जितने साधन उपलब्ध न होने पर भी कुछ सरल थेरेपी उपचारों का प्रारम्भ कर ओशो के अधूरे सपने को पूरा करने में गतिशील हो, और साधन सम्पन्न पूना कम्यून भी शीघ्र ऐसी योजना कार्यान्वित करें, यह मेरा उनसे नम्र आग्रह है।

फिर भी विभिन्न साहित्य के अध्ययन मनन कर मैंने मालिश की वैज्ञानिक विधि जानकर अपनी स्वयं की मालिश कर उसका लाभ उठाते हुए मन और शरीर में लयबद्धता उत्पन्न कर परम विश्राम का अनुभव किया है, इसलिए उस महत्वपूर्ण पुस्तक के अंश ज्यों के त्यों मैं उद्धृत कर रहा हूं जिससे साधक स्वयं विकसित हो सकें।

इसके ही साथ चक्रों को सक्रिय करने और अवरुद्ध ऊर्जा को मुक्त

करने के संबंध में योग के कुछ व्यायामों तथा योगासनों ने भी मेरी बहुत सहायता की है, अतः उनका जिक्र करना भी मैं उपयोगी समझता हूं।

'गीता ज्ञान दर्शन' में ओशों ने स्वयं इस बात का उल्लेख किया है कि योगासन और योग व्यायाम चक्रों को सक्रिय करने में सहायक हैं। योग की इन विधियों का थेरेपी उपचार में भी ओशो ने अप्रत्यक्ष रूप से उपयोग किया है।

मैं जिन यौगिक व्यायामों का उल्लेख कर रहा हूं वह शरीर के प्रत्येक अंग को तनाव के चरम शिखर पर ले जाकर, परम विश्राम की गहरी घाटियों में ले जाते हैं।

आरेंज बुक में 'टेंशन टेकनीक' के ध्यान में ओशो ने इसका उल्लेख किया है। पूरे शरीर में तनाव उत्पन्न कर, जब शरीर की बूंद-बूंद और शरीर का प्रत्येक अंग तनाव के चरम शिखर पर पंहुच जाये तब आंखें बंद कर शांत बैठ कर जो कुछ अंदर हो रहा है, उसका सजगता से निरीक्षण करो।

'मालिश' के अध्याय के बाद, शरीर के विभिन्न अंगों को किस विधि से तनाव के चरम शिखर पर ले जाकर उन्हें विश्रामपूर्ण कर ध्यान की गहरी घाटियों में उतरा जाये, इसका उल्लेख किया गया है।

❑❑❑

16. मालिश की सात विधियां और उसके महत्त्वपूर्ण नियम तथा चक्रों को सक्रिय करने, अवरुद्ध ऊर्जा को मुक्त करने तथा प्रौढ़ों को युवा बनाने के नौ अभिनव जीवन-संजीवनी प्रयोग

मनुष्य के जन्म लेते ही मालिश की उपयोगिता शुरू हो जाती है। मनुष्य के विकास में और संसार के योग्य बनाने में मालिश बहुत सहायक सिद्ध हुई है। शिशु को थपथपा कर सुलाया जाता है, उसे सहलाया जाता है, जिससे वह तेजी से बढ़े, उसका विकास हो। मालिश में प्रेमपूर्ण स्पर्श का बहुत महत्त्व है।

पशु तक इसका महत्व भली-भांति जानते हैं। गाय तथा अन्य पशु जन्म लेते ही अपने शिशु को खुरदरी जीभ से चाहते हैं। यह प्रेमपूर्ण मालिश ही है। आधुनिक मालिश में भी स्पंजी पत्थर या झांवे जिसमें स्टीम गुजार कर एक निश्चित ऊष्मता दी जाती है, प्रयोग किया जाता है। गाय की खुरदरी जीभ एक गर्म झांवे या स्पंजी पत्थर से भी अधिक कोमल और प्रेमपूर्ण होती है।

प्रेमपूर्ण मालिश शारीरिक और मानसिक तनाव को शिथिल कर नव स्फूर्ति देती है। वह मनुष्य को गहन विश्राम में ले जाती है।

ध्यान परम विश्राम है। शरीर और मन के तनाव को दूर कर ध्यान केन्द्र पर पंहुचाने में सहायक है, जहां परम आनन्द है।

ईसा से 3000 वर्ष पूर्व चीन में मालिश द्वारा कई रोगों के उपचार करने का उल्लेख मिलता है। भारत में नवप्रसूता की दाइयों द्वारा एक माह तक मालिश करने का प्रचलन बहुत प्राचीन है। अखाड़ों में पहलवान मालिश द्वारा शरीर को स्वस्थ रखते हैं।

मालिश की सात विधियां हैं–

1. हाथों के स्पर्श द्वारा सूखी मालिश

2. सरसों, गरी या जैतून के तेल से मालिश

3. ठंडी मालिश

4. गर्म-ठंडी मालिश

5. पॉउडर से मालिश

6. बिजली से मालिश

7. उंगुलियों व हाथों से थपकी देते हुए मालिश

मालिश करने के कुछ सामान्य नियम हैं। जिन्हें नींद न आती हो, अनिद्रा की शिकायत हो, जिनकी नाड़ियां दुर्बल हों, शरीर में जलन और गर्मी हो तो **सूखी मालिश** उपयोगी है।

हाथ-पैरों में सरसराहट और झनझनाहट की अनुभूति हो अथवा निर्बलता का अनुभव हो तो **ठंडी मालिश या तेल मालिश** की जाती है।

मोटापा दूर करने के लिए **सूखी और ठंडी मालिश** लाभदायक है। जोड़ों के दर्द, गठिया, पीठ के दर्द या पोलियो ग्रस्त व्यक्ति के लिए गर्म-ठंडी मालिश, तेल मालिश और बिजली की मालिश लाभदायक है।

स्वस्थ व्यक्ति के लिए **तेल मालिश और ठंडी मालिश** उपयोगी है।

मालिश की वैज्ञानिक विधि के सम्बंध में 'वैज्ञानिक मालिश' पुस्तक के लेखक श्री सत्यपाल तथा श्री रामकृष्ण नेवटिया की पुस्तक 'योग द्वारा बुढ़ापे से मुक्ति' के कुछ अंश में उद्धृत करना समुचित समझता हूं जो इस दिशा में सहयोगी और मार्गदर्शक होंगे।

मालिश के लिए रखी जाने वाली सावधानियां–योग के अनुसार मालिश या त्वचा-घर्षण शरीर को स्वस्थ और तनावमुक्त रखने के लिए आवश्यक है। त्वचा के करोड़ों छिद्रों से पसीने की रूप में त्वचा के अंदर स्थित लाखों ग्रंथियां शरीर की गंदगी बाहर निकाल कर, शुद्ध वायु का अवशोषण करती है। यदि शरीर के अंदर उत्पन्न होने वाले विषाक्त पदार्थों का विसर्जन न हो, तो शरीर के सभी यंत्र प्रभावित होते हैं। स्नान व त्वचा की मालिश से, बाहरी धूल के कण तथा पसीना बदन पोंछने पर त्वचा को स्वच्छ कर देता है। सभी रोम छिद्र खुल जाते हैं। त्वचा की सिकुड़नें मिट जाती हैं। पसीने की ग्रंथियां क्रियाशील हो जाती हैं। त्वचा पर क्रीम या पॉउडर के उपयोग से वह स्निग्ध अवश्य हो जाती है पर रोम-छिद्र बंद हो जाते हैं।

मालिश, सूर्योदय के समय जब सूर्य किरणों के प्रभाव से वायु प्राणशक्ति से भरी होती है, किए जाने पर अधिक उपयोगी है। सुविधा और अनुकूल जलवायु न होने पर इसे कमरे की खिड़कियां खोलकर किया जाये।

हाथों से मालिश करने के साथ-साथ मुलायम ब्रुश से करना भी उपयोगी है।

पहले सिर की मालिश से प्रारम्भ कर कान, नाक गाल और पीछे की गर्दन पर करें। फिर छाती, पेट, पीठ, नितम्बों, जंघा पिंडली और अंत में पैर के पंजों और तलवों पर करें। 15 मिनट से आधे घंटे की मालिश के बाद स्नान कर खुरदरे तौलिए से मलते हुए शरीर पोंछे।

विशेष तेलों से मालिश–साधारणत: सरसों या नारियल तेल ही मालिश के लिए उपयोगी होता है, परन्तु अलग-अलग रोगों में विशेष तेल से मालिश करके विशेष लाभ लिया जा सकता है। नारियल तेल को भिन्न-भिन्न रंगों की बोतलों में सूर्य-किरणों से तैयार करके उसमें विशेषता पैदा की जा सकती है। इसके लिए चार रंग काम में लाये जाते हैं, लाल, हल्का नीला, नीला और हरा।

लाल रंग की बोतल में तैयार किया हुआ तेल का प्रभाव बहुत गर्म हो जाता है। जहां गर्मी देने की हरकत पैदा करने की आवश्यकता है, वहां यह तेल लाभदायक है। हल्के नीले रंग की बोतल में तैयार किया हुआ तेल ठंडा होता है। यह सिर की मालिश या जहां ठंडक की आवश्यकता हो, व्यवहार में लाया जाता है। नीला रंग ठंडा होता है। पीठ, छाती और गर्दन के रोगों में विशेष लाभ करता है।

हरे रंग की बोतल में तैयार किया हुआ रंग कृमिनाशक होता है तथा चर्मरोग में लाभदायक है।

तेलों के तैयार करने को विधि–तेल को आप जिस रंग में तैयार करना चाहें उस रंग की बोतल में तीन भाग तेल भर दीजिए और उसे अच्छी तरह डांट से बंद कर दीजिए। अब आप उन बोतलों को काठ के तख्ते पर रखें। धूप में ऐसी जगह रखिये जिससे उसे सारे दिन धूप मिले। बोतल कभी जमीन पर न रखें क्योंकि जमीन पर रखने से रासायनिक क्रिया नहीं होती। रात दिन खुले में रखने से रासायनिक क्रिया नहीं होती। सारे दिन धूप में रखने के बाद संध्या को घर में रख लें। रात को चांद की चांदनी नहीं पड़नी चाहिए। इस प्रकार बोतल को चालीस दिन रखें। अधिक रखें तो अधिक लाभ होगा। अगर आप दो-तीन रंगों की बोतलें तैयार कर रहे हों तो उन्हें अलग-अलग रखें कि एक-दूसरे की छांह न पड़े। अब तेल तैयार है। काम में लीजिये, लाभ होगा।

मालिश के कुछ नियम

जनसाधारण में यही धारणा है कि तेल से शरीर को रगड़ लिया और हो गयी मालिश। लेकिन लोग अभी तक नहीं समझ रहे हैं कि मालिश का

कोई वैज्ञानिक रूप भी हो सकता है और इससे हम अपने रोग भी ठीक कर सकते हैं। केवल तेल का शरीर पर लगा लेना वास्तव में मालिश नहीं है। मालिश के विज्ञान को समझकर और उसके नियमों का पालन करके ही इससे पूर्ण लाभ उठाया जा सकता है, अन्यथा लाभ अधूरा ही रहेगा। यह ध्यान रहे कि मालिश से हम अपनी शक्ति रोगी को देते हैं और उसके शरीर की गर्मी अपने शरीर में लेते है। विशेषकर कम्पन-क्रिया से मालिश करने वाले की सबसे अधिक शक्ति नष्ट होती है, क्योंकि इससे सारे-शरीर का संतुलन रखना पड़ता है और उसकी शक्ति उंगुलियों से निकलकर रोगी के शरीर में प्रविष्ट होती है।

मालिश करते समय निम्नलिखित नियमों का विशेषकर पालन करना चाहिए–

1. मालिश का स्थान स्वच्छ और शांत होना चाहिए। स्थान खुला तथा प्रकाशवान भी होना चाहिए। मालिश करते हुए रोगी से बातें न की जायें तो अच्छा रहता है। यह आवश्यक है कि शरीर के जिस भाग पर मालिश की जा रही है, मालिश करने वाले का ध्यान उसी पर लगा रहे।

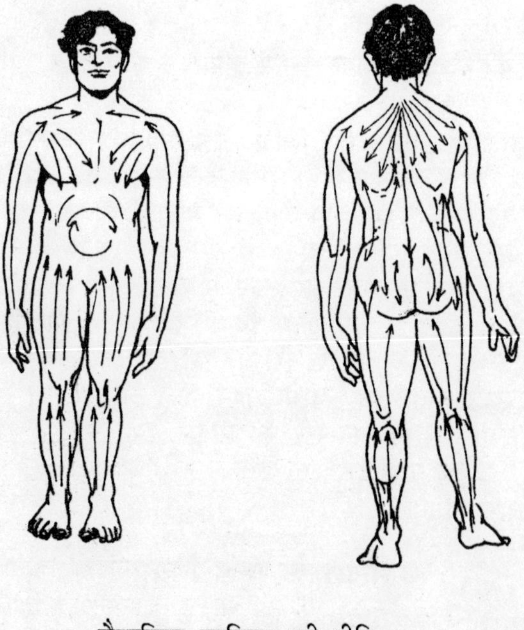

वैज्ञानिक मालिश की रीति

2. मालिश रोगी को लिटाकर ही की जाय। मालिश भूमि पर चटाई, गद्दा आदि बिछाकर या बड़ी मेज पर या तख्तपोश पर लिटाकर करनी चाहिए, चारपाई पर नहीं। स्वयं अपनी मालिश बैठकर ही हो सकेगी। अपनी मालिश खड़े होकर न करें।

3. मालिश करने वाले का शरीर, हाथ-पांव बिल्कुल शिथिल हों। जितने उसके हाथ शिथिल होंगे, उतना अच्छा प्रभाव रोगी पर पड़ेगा। मालिश लेने वाला भी शवासन में शरीर को शिथिल करके लेटा हो।

4. मालिश नीचे से ऊपर हृदय की तरफ होनी चाहिए। मालिश से हम शिराओं को ताकत देते हैं, तेज चलने के लिए प्रभावित करते हैं, जिससे वे दूषित रक्त हृदय से लेकर जायें और वहां से स्वच्छ रक्त-धमनियों द्वारा शरीर की पंहुचे, जिससे शरीर में ताजगी आये। परन्तु, ठंडी मालिश में यह नियम लागू नहीं होता। ठंडी मालिश में सिर से मालिश शुरू की जाती है और ऊपर से नीचे को लाते है। ठंडी मालिश में हम धमनियों को तेज चलाने में सहायता करते हैं।

5. मालिश धीमे और दबाव डालकर करनी चाहिए। दबाव रोगी की स्थिति को देखते हुए डालना चाहिए। मालिश में जितना आपके हाथ का संतुलन रहेगा और आपकी क्रियाएं रोगी को शक्ति के अनुसार दबाव डालकर होंगी, उतना जल्दी लाभ आप रोगी को दे सकते हैं।

6. मालिश अक्सर लोग तेल से करते हैं। तेल मालिश करने का ही उत्तम ढंग है, वैसे मालिश पॉउडर से भी की जाती है ओर सूखे हाथ चलाकर भी। पानी के टब में बैठकर किसी तौलिये से रगड़कर भी मालिश होती है, परन्तु अलग-अलग प्रयोगों से मालिश के लिए अलग-अलग तरीके हैं, जिन्हें समझकर और ठीक ढंग अपनाकर ही करनी चाहिए।

7. मालिश के लिए सरसों या नारियल का तेल सबसे उत्तम माना जाता है। अच्छा है, इन तेलों को कुछ दिन शीशी में बंद करके धूप में रखकर सूर्य-किरणों का प्रभाव उनमें ले लें, जिससे तेल का लाभ और अधिक बढ़ जाता है।

8. मालिश करने वाले का स्वास्थ्य अच्छा होना चाहिए। किसी रोग से पीड़ित व्यक्ति से कभी भी मालिश न करवानी चाहिए। दुर्बल व्यक्ति भी मालिश के लिए उपयुक्त नहीं है। अच्छा हो, यदि हमें

मालिश करने वाले के स्वभाव का भी पता हो कि वह क्रोधी है या शांत स्वभाव वाला, लालची है या संतोषी, मीठे स्वभाव वाला है या कड़वे, वासना-वृत्ति वाला है या संयमी, भगवान पर विश्वास करने वाला है या नहीं, क्योंकि इन सब बातों का मालिश लेने वाले पर प्रभाव पड़ता है।

9. रोगी कमजोर है, तो उसके नीचे गद्दा अवश्य बिछाना चाहिए। स्थूल शरीर का व्यक्ति है तो दरी, चादर और रबड़ क्लाथ ही उपयुक्त है। यदि घास पर मालिश करने वाले हैं, तो चटाई ही काम दे सकती है, परन्तु ये सब चीजें साफ होनी चाहिए।

10. तेल की मालिश पांव की उंगुलियों तथा टांगों से शुरू करके ऊपर को बढ़ना चाहिए। पहले टांगों को करें, फिर दोनों बाजुओं की, फिर पेट और छाती की, उसके बाद पीठ की। सबसे अन्त में मुख तथा सिर की करें।

    यह ध्यान रहे कि रक्तचाप के रोगी की मालिश ऊपर से नीचे को होनी चाहिए और बहुत धीरे-धीरे तथा सावधानी से करने की आवश्यकता होती है।

11. यदि रोगी दुर्बल है या तपेदिक से पीड़ित है, तो उसे मालिश तेल से ही देनी चाहिए, पाउडर से, सूखी या पानी से नहीं। मालिश धीरे-धीरे की जाए और यह ध्यान रहें कि रोगी मालिश से सुख अनुभव करे।

12. मालिश का स्थान यदि ठंड है तो गर्म रहना चाहिए, यदि गर्मी है तो ठंडा। जिस कमरे में मालिश की जा रही हो वहां ताजी हवा के आने-जाने का मार्ग होना चाहिए। गर्म कमरे से मतलब यह नहीं समझना चाहिए कि सब खिड़कियां-दरवाजे बन्द करके की जाय। यदि धूप सहन करने योग्य हो तो सबसे उत्तम है कि मालिश धूप में ही की जाय। धूप में मालिश करने का लाभ सबसे अधिक होता है। यह देख लेना चाहिए कि रोगी को सर्दी तो नहीं लग रही है या धूप तेज तो नहीं है।

    गर्मियों में सुबह-सुबह हल्की धूप में मालिश कर लेना ठीक है अन्यथा छाया में या कमरे में करें, जहां हवा अच्छी आती हो।

13. रोगी को किसी कपड़े से या सर्दी हो तो कम्बल से ढंककर मालिश करें। जिस अंग पर मालिश करनी हो, केवल उसी अंग को नंगा रखें।

14. मालिश के बाद रोगी को स्नान करवाना उत्तम है। यदि रोगी के दुर्बल होने से स्नान देना सम्भव न हो तो तेल से मालिश न देकर पॉउडर से मालिश करें। यदि एक आध बार तेल से दी भी है तो अच्छी तरह से स्पंज करे। यदि ठंडे पानी से स्नान नहीं कर सकता तो गर्म पानी से करवा दें।

15. यदि रोगी उपवास पर है तो तेल की मालिश लाभदायक रहती है। तेल की मालिश त्वचा द्वारा शरीर को सीधी खुराक पंहुचाती है। इसीलिए रोगी में अधिक कमजोरी नहीं आती। उसकी शक्ति बनी रहती है तथा उपवास का लाभ भी पूरा मिलता है।

16. मालिश करवाते समय व्यक्ति को गहरे लम्बे श्वास लेने चाहिए, जिससे शरीर का जो विकार रक्त-शिराओं द्वारा हृदय से फेफड़ों में आता है, वह शुद्ध होकर शरीर में पूरे वेग से जाय, जिससे शरीर में चेतनता आये।

17. बुखार तथा सूजन की अवस्था में मालिश का कभी प्रयोग नहीं करना चाहिए।

स्त्रियों की मालिश के नियम

1. गर्भावस्था में तथा मासिक धर्म के दिनों में पेट तथा गर्भाशय को छोड़कर मालिश की जा सकती है।
2. स्त्री की मालिश स्त्री के द्वारा ही होनी चाहिए, जिससे वह बिना संकोच के तथा शरीर को ढीला रखकर मालिश करवा सके या परिवार में पति-पत्नी की मालिश आवश्यकता पड़ने पर कर सकता है।
3. स्त्रियों की छाती की मालिश विशेष ढंग से करनी चाहिए। उनके स्तनों को चारों तरफ से धीरे-धीरे हाथ से घर्षण दें।
4. स्त्री को बच्चा जनने के बाद अवश्य दाईं से या अन्य किसी स्त्री से मालिश लेनी चाहिए, क्योंकि प्रसव के बाद प्रसूता का सारा शरीर ढीला पड़ जाता है और कमजोर भी होता है। गर्भावस्था में त्वचा फैल जाती है, विशेषकर पेट, कमर तथा जांघों की। मालिश से त्वचा को उत्तेजना मिलने पर वह फिर से अपनी स्वाभाविक अवस्था में आ जाती है, साथ ही अंग भी मजबूत होते हैं, कमजोरी भी जल्दी दूर हो जाती है।

5. स्त्रियों के हिस्टीरिया, वंध्यापन आदि अनेक रोगों में मालिश बहुत लाभ देती है।

मालिश की विधियां

तेल मलना—इसमें तेल को अंग पर लगाकर धीरे से नीचे से ऊपर दबाव डालकर मलना होता है। तेल सारे अंग पर लगायें, परन्तु दबाव और मसलना केवल मांस-पेशियों पर ही होना चाहिए, हड्डियों पर नहीं।

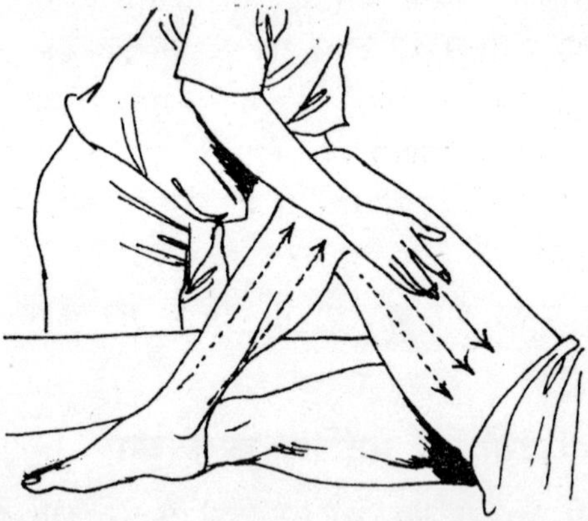

प्रभाव—तेल शरीर में रचेगा, चर्म नर्म होगा, रक्त-संचार बढ़ेगा, मांसपेशियां शिथिल होंगी। मालिश के आगे के ढंगों को अपनाने के लिए शरीर तैयार हो जायेगा। यह क्रिया केवल मांसपेशियों तथा जोड़ों पर की जायेगी, हड्डियों पर नहीं।

ताल से हाथ चलाना—अंग की बनावट के अनुसार अपने हाथ को ढीला रखते हुए तथा ताल से हाथ की हल्की परन्तु दबाव वाली ठोंक देकर, दिल की तरफ चलावें। मालिश करने वाला चाहे खड़ा होकर या बैठकर मालिश कर रहा हो, उसे आरामदेह स्थिति में होना चाहिए, ताकि उसका हाथ सुविधा से चल सके। जिस अंग की भी मालिश की जाय उस अंग के आरम्भिक स्थल से हाथ चलाकर अंत तक एक ताल से जाय। मान लीजिये कि टांग की मालिश की जा रही है, तो पांव से शुरू करके जांघ तक हाथ ही चलाया जाय। यदि किसी टूटी हड्डी या किसी चोट वाले रोगी का उपचार कर रहे हैं, तो केवल चोट वाले स्थान पर ही हाथ न चलाकर अंग के शुरू से आवश्यकतानुसार दबाव डालकर हाथ की हल्की ठोंक ताल से दें। इससे रोगी को लाभ होगा।

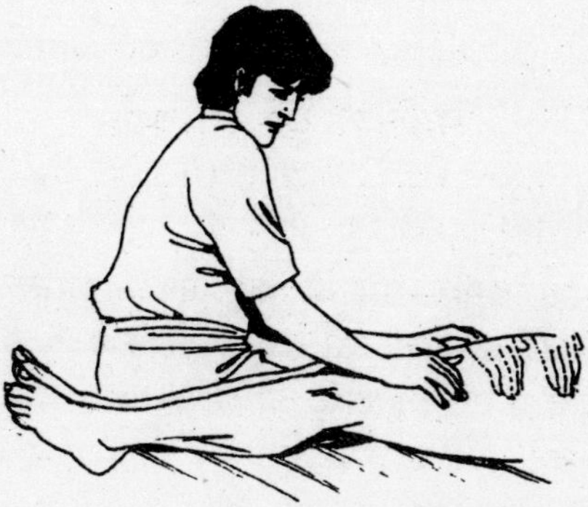

शरीर पर प्रभाव–यह आरामजनक क्रिया है। शिराओं को उत्तेजित कर दिल की तरफ रक्त के संचार को तेज करती है। अंगों में भी शुद्ध रक्त आता है, जिससे टूटे हुए कोषाणु रक्त में मिलकर शिराओं द्वारा हृदय में वापस चले जाते हैं। ताल से हाथ चलाना मालिश का प्राथमिक उपचार है।

लाभ–यह रक्त संचार की गड़बड़ी को ठीक करता है मांस-पेशियों की ऐंठन (खिंचाव), नाड़ियों की उत्तेजना, अनिद्रा, चोट लगने पर तथा सूजन में यह क्रिया विशेष लाभ देती है।

थपथपाना–यह क्रिया पूरे हाथ को ढीला रखकर थपथपाने से होती है। इसका प्रभाव नाड़ी संस्थान पर अधिक पड़ता है और रक्त-संचार पर कम। इसलिए इस क्रिया का उपयोग पीठ में ऊपर से नीचे की ओर, अंगों में नाड़ियों के समानान्तर पेट पर गोलाई से, बड़ी आंत पर दायें से बायें, इस प्रकार होना चाहिए।

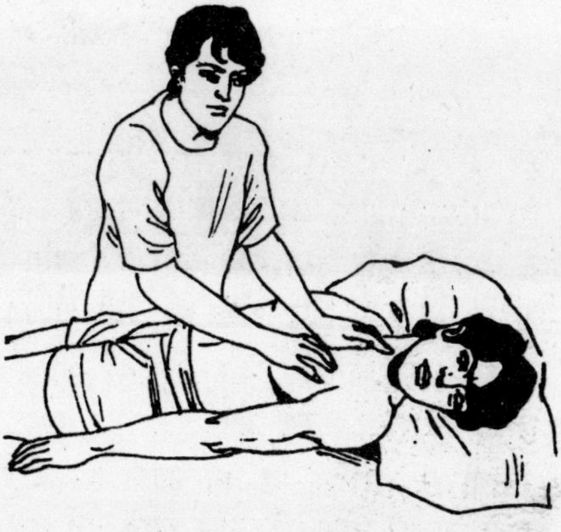

प्रभाव–यह नाड़ी-संस्थान को आनन्द प्रदान करती है। मांस-पेशियों में शिथिलता लाती है। थकावट दूर होती है। यह आमाशय, यकृत, फेफड़े और आंतों के लिए विशेष लाभदायक है।

लाभ–यह स्नायु-दुर्बलता, उच्च रक्तचाप, अनिद्रा, मानसिक उद्विग्नता, खांसी, दमा मिर्गी तथा हिस्टीरिया आदि पर शान्तिदायक प्रभाव डालती है।

मसलना–इसमें मांस-पेशियों को अपनी उंगुलियों और अंगूठे में पकड़कर मसलते हैं। मांसपेशी को हड्डी के ऊपर से उठाकर मसलते हुए हृदय की ओर गति करनी है। हाथ को मांस-पेशी के संपर्क में रखते हुए ही पेशी को पकड़ते और मसलते जाते हैं। पहले मांस-पेशी को उंगुलियों और अंगूठे से लीजिये, मसलिये और हाथ को ढीला छोड़कर और आगे बढ़कर अगले भाग को पकड़कर मसलिये। इस प्रकार एक साथ एक अंग से दूसरे अंग पर आगे बढ़ना है। यह क्रिया मांस-पेशी के समानांतर होनी चाहिए। जहां से मांस-पेशी शुरू होती है और जिधर जाती है उसी के अनुसार चला जाय। यह भी ध्यान रखें कि आपके मसलने से रोगी को पीड़ा अनुभव न होकर आराम मिलना चाहिए।

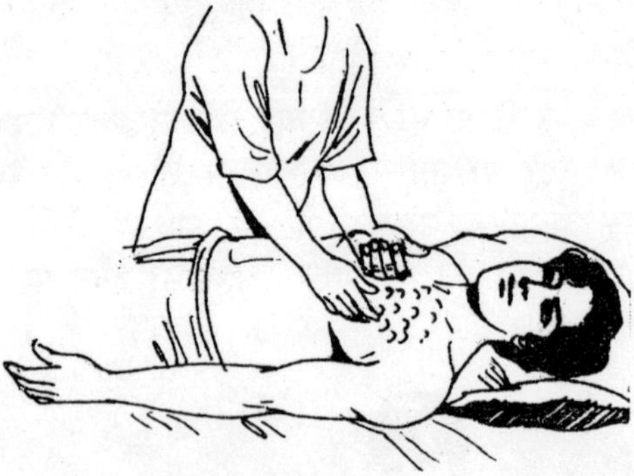

प्रभाव–इसका प्रभाव मांस-पेशियों पर अधिक पड़ता है। उनकी थकावट दूर होती है। मांस-पेशियों के जो कोषाणु टूट जाते हैं, वे रक्त में मिलकर वहां से हट जाते है और नया रक्त वहां आ जाता है। नस-नाड़ियों के विकार भी इससे दूर होते हैं और उन्हें भी नयी शक्ति प्राप्त होती है।

लाभ–नस-नाड़ियों को जगाने, मांस-पेशियों को सबल बनाने तथा उनके विकार दूर करने में लाभदायक है।

घर्षण–यह क्रिया सारे शरीर पर की जाती है। उंगुलियों को खुला रखकर हाथों से जल्दी-जल्दी नीचे से ऊपर रगड़ देते हुए दिल की तरफ

बढ़ना चाहिए। शरीर पर पहले दोनों हाथों का दबाव डालना चाहिए और फिर हाथ चलाना चाहिए। प्रत्येक क्रिया के बाद घर्षण देना चाहिए। यह क्रिया एक जोड़ से दूसरे जोड़ तक करते हुए आगे बढ़ना चाहिए। मान लीजिये, आप टांगों की मालिश कर रहे है। पहले टखनों से घुटनों तक, फिर घुटनों से जांघों तक जायं, इसी प्रकार घर्षण करें।

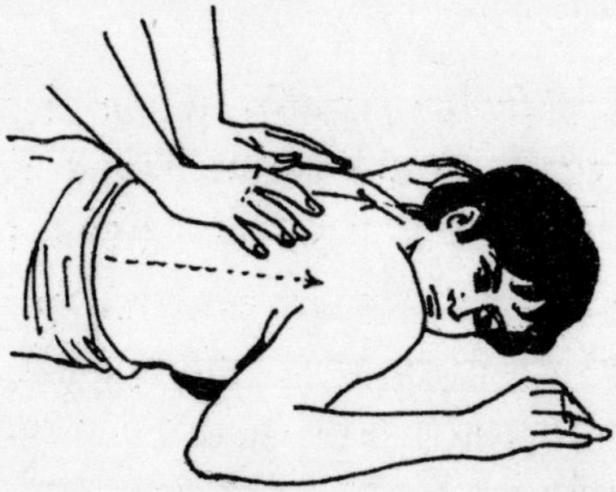

प्रभाव—इससे ग्रंथियों के कार्य करने की क्षमता बढ़ती है। चर्म की वृद्धि तथा पुष्टि होती है और उसका ताप बढ़ता है। जोड़ों के आसपास हुई सूजन दूर होती है। मांस-पेशियों के तनाव को दूर कर वहां शुद्ध रक्त का संचार करती है।

लाभ—पांव से हुई गांठों तथा उसके निशानों को ठीक करती है, जोड़ों का दर्द, कमर का दर्द, सायटिका का दर्द तथा चेहरे के लकवे में विशेष लाभ पंहुचती है।

मरोड़ना—यह क्रिया टांगों, गर्दन और बाजुओं पर की जाती है। अपने दोनों हाथों की उंगुलियों को मिलाकर चूड़ी की शक्ल बना लें। टांग के टखने से शुरू करके मांस-पेशियों पर ही पड़े, सामनेवाली हड्डी पर नहीं। यह एक साथ एक जोड़ से दूसरे जोड़ तक ही जायेगी। टखनों से घुटनों तक, फिर घुटनों के चारों तरफ, घुटनों से जांघों तक, कलाई से कुहनी तक, फिर कंधे तक।

प्रभाव—इससे जो मांस-पेशियां शिथिल हैं, उनका खिंचाव दूर होता है, नस-नाड़ियां जागती हैं, चेतना आती है, रक्त-संचार बढ़ता है।

लाभ—इस क्रिया से स्वस्थ व्यक्ति को मालिश में थकावट दूर करने में काफी लाभ मिलता है। साथ ही अधरंग, वात रोग तथा बच्चों के लकवे में इसका प्रयोग किया जाता है।

ठोंक देने वाले अनेक ढंगों का शरीर पर प्रभाव

कटोरी थपकी, खड़ी थपकी, उंगुलियों से ठोंकना, ये क्रियाएं जिगर को शक्तिशाली बनाने के लिए, नाड़ी-संस्थान को जागृत करने के लिए, शरीर में उत्तेजना लाने के लिए, छाती पर जमे कफ को, जो खांसी, ब्रोन्काईटिस, दमा आदि रोगों में जमा हो जाता है, निकालने में विशेष लाभ पंहुचाती है।

जिसकी नस-नाड़ियां बहुत कमजोर हो गयी हों, कमजोर तथा पतले शरीर वाले, ताजी हड्डी टूटी होने पर तथा अधिक दर्द के स्थान पर इन सब क्रियाओं का प्रयोग नहीं करना चाहिए। यह इनके लिए हानिकारक है।

गांठ घुमाना—मालिश करते हुए जोड़ों को घुमाना भी बड़ा महत्त्व रखता है। इसके कई ढंग है। साधारणतः गांठ घुमाने में जोड़ को चक्राकार घुमाया जाता है। संधि-प्रसारण करने के साथ गांठ-मरोड़ की क्रिया देनी चाहिए। उंगुलियों और अंगूठे की मदद से हाथ, बाजू, पांव, कंधा, घुटने इत्यादि की गांठों को चक्राकार कई बार घुमायें। इसके बाद इन अंगों को पकड़कर जोड़ों से झटके दिये जाये। झटके हल्के तथा कुछ गहरे दिये जाने चाहिए। ऐसे झटके ऊपर-नीचे करके कई बार दें।

अक्सर रोगी या स्वस्थ व्यक्ति में भी शरीर का विकार जोड़ों में इकट्ठा हो जाता है। इस प्रकार गांठ घुमाने तथा झटके देने से जोड़ खुलता है। वहां रक्त का संचार तेजी से होता है, जिससे विकार वहां ठहर नहीं सकता। यह एक प्रकार का व्यायाम ही है।

प्रभाव—इसका प्रभाव अस्थियों तथा जोड़ों पर की मांस-पेशियों पर विशेष रूप में पड़ता है। मांस-पेशियों के प्रसार व संकोच-क्रिया से उसमें चेतना आती है।

लाभ—यह वात-रोगों तथा अधरंग आदि में दी जा सकती है। स्वस्थ व्यक्ति की मालिश में गांठों को घुमाना चाहिए।

गांठ घुमाते हुए यह ध्यान रखना चाहिए कि रोगी कष्ट अनुभव न करें। रोगी के जोड़ों में या शरीर में यदि दर्द अधिक है और जोड़ अधिक सख्त हो रहे हैं, तो बहुत धीरे-धीरे गांठ घुमानी चाहिए तथा जोड़ों को चलाना चाहिए।

कम्पन—मालिश में कम्पन का विशेष स्थान है और इस क्रिया से रोगी को बहुत अधिक लाभ दिया जा सकता है। कम्पन कई प्रकार से दिया जाता है। तेज और हल्का भी। बहुत हल्के स्पर्श से भी कम्पन होता है। दोनों हाथों से तथा एक हाथ से भी दिया जाता है।

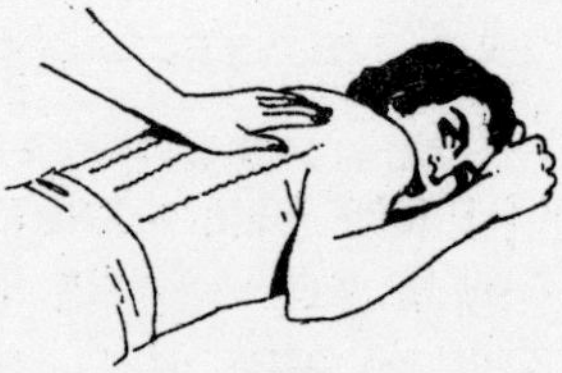

पेट की मालिश–पेट की मालिश करते हुए पेट को ढीला रखना चाहिए। इसके लिए पैर और जांघ मिलाकर घुटने खड़े कर लें। इससे पेट ढीला हो जाता है। अक्सर पेट पर हाथ चलाने से गुदगुदी होती है और मालिश लेने वाला अपने पेट को सिकोड़ लेता है। पेट को ढीला रखकर ही मालिश की जाय।

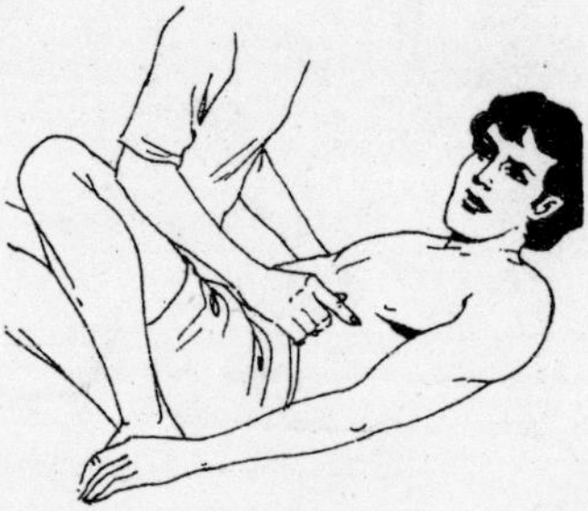

पेट की मालिश कभी भी खाने के बाद नहीं करनी चाहिए। पेट बिल्कुल खाली हो अथवा चार-पांच घंटे पहले खाया हुआ हो। यह ध्यान रहे कि पेट पर सूजन होने या घाव होने पर पेट की मालिश कभी भी नहीं करनी चाहिए। इससे लाभ के स्थान पर हानि होती है।

पेट हमारा पोषण-संस्थान है। इसमें यकृत, प्लीहा, आमाशय, पक्वाशय, क्लोम ग्रंथि, छोटी आंतें, बड़ी आंतें आदि होती हैं। इसलिए पेट की मालिश बहुत महत्त्वपूर्ण है।

पहले पेट पर तेल से मर्दन करें। बड़ी आंत के प्रारम्भिक भाग से मालिश शुरू करके धीरे-धीरे दबाते हुए जिगर तक जाना चाहिए। फिर बायें को मुड़कर आमाशय तक फिर आगे प्लीहा पर हाथ चलाते हुए नीचे की तरफ ले जायें। अनन्तर थोड़ा दायीं तरफ बढ़ें और दबाव से ऊपर को लाकर बीच में नीचे की तरफ पेड़ू के निचले भाग पर समाप्त करें। हमारी बड़ी आंत इसी प्रकार चलती है। वह दायीं तरफ पेट के निचले कोने से होकर

यकृत के नीचे होती हुई आमाशय की तरफ बढ़ती है। वहां से दायीं तरफ नीचे जाती है, फिर थोड़ा दायें हटकर ऊपर को उठती है। फिर दायें मुड़कर नीचे गुदा से जा मिलती है।

पहले पांच-छः बार मालिश का हाथ इसी प्रकार चलना चाहिए। हर बार हाथ चलाने के बाद पेट पर थोड़ा-सा घर्षण दें, झकझोर दें। फिर हाथ चलायें, पेट की मांसपेशियों को मसलें, बेलन-क्रिया दें।

फिर अपने हाथ को नाभि पर रखें और वहीं से दायें से बायें चक्राकार घुमाते हुए, धीरे-धीरे उस चक्र को बड़ा करते हुए बड़ी आंत पर आ जायें और वही चक्र बड़ी आंत पर दें। ऐसा दो-तीन बार करें। फिर घर्षण देकर पेट को झकझोरें, इसमें आपका हाथ भी ढीला होगा और रोगी का पेट भी ढीला हो जायेगा।

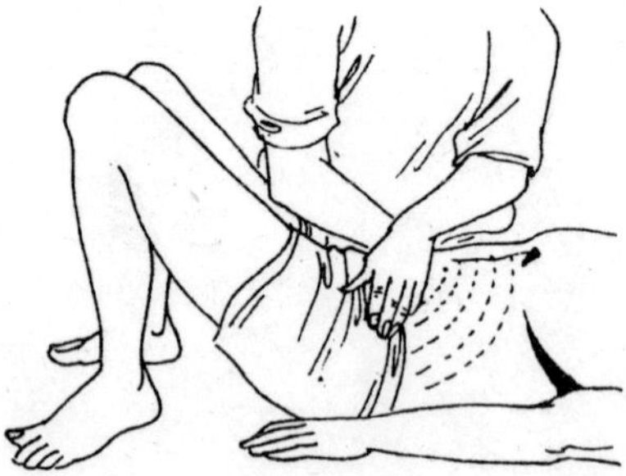

अपने हाथ की पांचों उंगुलियों को मिलाकर नाभि पर रखें और कम्पन देते हुए अपनी उंगुलियों का दबाव रोगी की स्थिति के अनुसार देते हुए नीचे पेट की ओर ले जायें। फिर ढीला छोड़कर हल्का हाथ दायें से बायें चलायें। अब हाथ की उंगुलियों को एक साथ मिलाकर पसलियों के बीच से जहां खाली जगह है, रखें। वहां से दबाव देते हुए, सीधे नीचे की तरफ बढ़ें और पेड़ू के निचले भाग पर समाप्त करें। आवश्यकता समझें, तो अपने दूसरे हाथ का दबाव भी उस पर डाला जा सकता है। ऐसा दो-तीन बार करें, फिर वहीं पर लम्बे आकार में पूरे हाथ को रखकर नीचे ले जायें। इस क्रिया को भी तीन-चार बार करें। हल्का घर्षण देकर झककोर दें। बेलन, थपथपाना, दलन, कम्पन आदि क्रियाएं क्रमशः दें।

छाती की मालिश—छाती में फेफड़ें तथा हृदय दो महत्त्वपूर्ण अंग हैं। निचले भाग में दायीं तरफ यकृत और बायीं तरफ अमाशय होता है जो आधा पसलियों के नीचे और आधा पेट में होता है।

पहले तेल से छाती की मालिश करें, बगलों की तरफ की मांस-पेशियों को मसलें, फिर एक-एक पसली को घर्षण दें। हृदय पर गोलाकार मालिश करें, स्तनों पर गोलकार घर्षण दें, फिर दोनों हाथों को बीच में रखकर बगलों की तरफ से दबाव से हृदय की तरफ मर्दन करें, छाती को झकझोर दें। फिर छाती को थपथपायें, कटोरी थपकी दें। सारी छाती पर घर्षण दें, हल्की-हल्की मुक्कियां मारें और कम्पन दें।

पीठ की मालिश–शरीर की थकावट दूर करने के लिए पीठ की मालिश का बहुत बड़ा हाथ है, क्योंकि नसों का जाल मेरुदंड से होकर सारे शरीर में फैलता है।

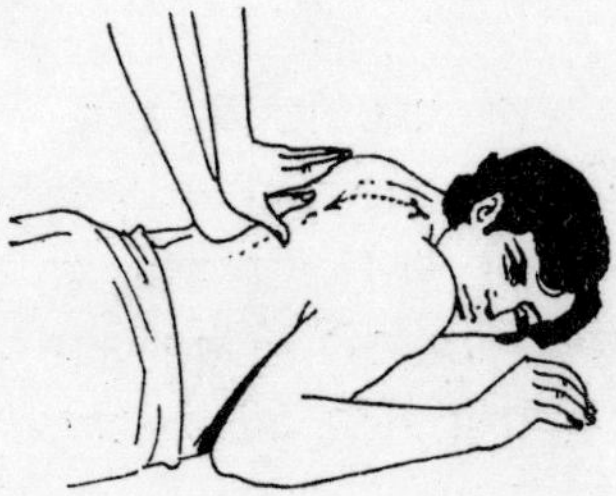

पहले पीठ पर तेल लगायें और मालिश करें, फिर दलन, ताल से हाथ चलाना आदि क्रियाएं दें। पीठ के ऊपर के भाग की नीचे और नीचे वाले भाग की ऊपर हृदय की तरफ मालिश करें। फिर रोगी पर सवार होकर (जैसा पीछे लिख आये हैं) अपने दायें हाथ को सीधा कमर पर रीढ़ की हड्डी पर रखें, दूसरे हाथ को भी उसके ऊपर रख दें। अब अपने शरीर के दबाव से (रोगी की स्थिति के अनुसार) ऊपर की तरफ, गर्दन तक जायें। रोगी को अपना माथा जमीन पर टेककर, मुख नीचे की ओर, गर्दन सीधी करके लेटना चाहिए। यह क्रिया दो-तीन बार करें। पीठ पर घर्षण दें तथा झकझोरकर अपने हाथ तथा पीठ को ढीला कर लें।

दूसरी क्रिया–अपने हाथों को सीधा रीढ़ के साथ दोनों तरफ रखें, जिससे आपके अंगूठे रीढ़ के साथ मसलते हुए चल सकें। उंगुलियों तथा हथेली का दबाव एक साथ रहना चाहिए। अब अपने दवाब से ऊपर की ओर फिसलाते हुए कंधों तक ले जायें। कंधे की मांसपेशी को दोनों तरफ से पकड़कर कई बार मसलें। यहां मसलने से रोगी पीड़ा का अनुभव करेगा। मसले जाने के बाद शरीर में तथा मस्तिष्क में रोगी हल्कापन अनुभव करेगा। इस क्रिया में रोगी अपना सिर एक तरफ रख सकता है। पीठ की मालिश में बाजू मुड़े, बगल से हटकर, जमीन पर टिके रहेंगे। हथेलियां मुख के पास

नीचे की तरफ होंगी। ऐसे लेटने से पीठ की मांसपेशियों में खिंचाव नहीं पड़ता।

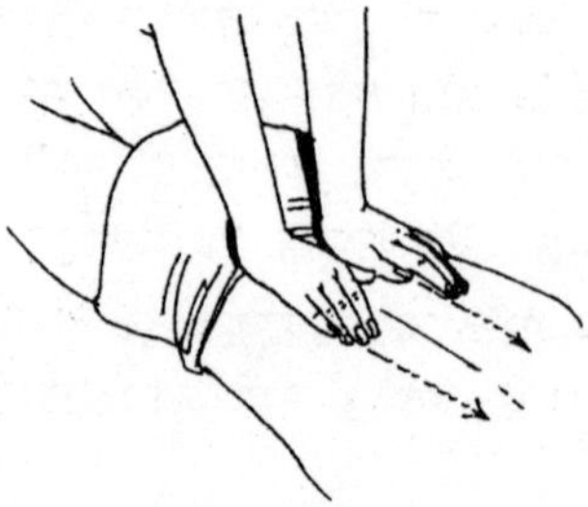

तीसरी क्रिया—अपने हाथ रीढ़ के दोनों तरफ इस प्रकार रखें कि अंगूठे तो रीढ़ के साथ-साथ चलें और हथेलियां बगलों से सारी पीठ का मर्दन करती हुई ऊपर को चलें और उसी पर कंधों को मसलते हुए कोहनियों तक हाथ चला जाय। इसे भी तीन-चार बार कीजिये और पर हर क्रिया के बाद घर्षण दें तथा शरीर को झकझोरें।

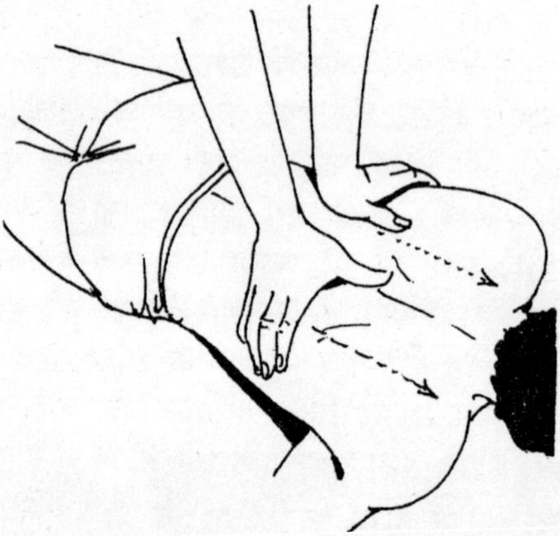

अपनी उंगुलियों को कई बार मेरूदंड पर चलायें।

चौथी क्रिया—अपने हाथों को रीढ़ के दोनों तरफ इस प्रकार रखें कि उंगुलियों नीचे की तरफ रहें। हथेलियां एक-दूसरे से रीढ़ के आसपास मिली हों।

नितम्बों को हथेलियों से दलन-क्रिया दें। अपने हाथों को शरीर के दबाव से बगलों की तरफ फिसलायें। इसी प्रकार रीढ़ से बगलों की तरफ मांसपेशियों को मसलते हुए ऊपर की ओर ले जायें।

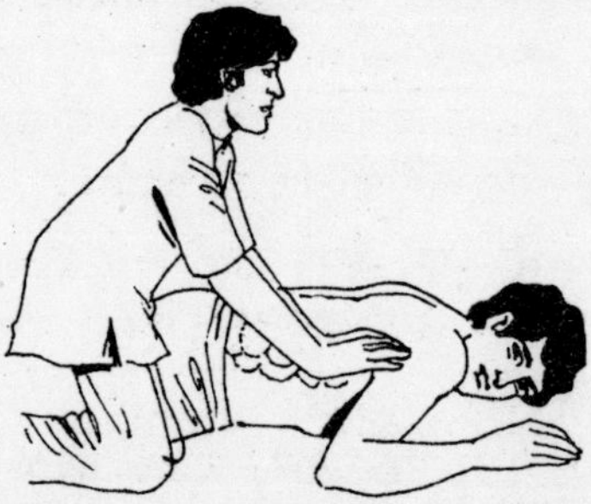

अब कमर से हटकर रोगी के बायीं तरफ ऐसे बैठें, जैसे कि पीछे दिखाया गया है। इस स्थिति में बैठने से हाथ सुविधा से सिर से पांव तक चलेगा।

स्वयं अपनी मालिश करने की विधि

टांगों की मालिश–टांगों पर पहले तेल ऐसे ही लगा लें, ताकि मालिश करते समय आपका हाथ सुविधा से चल सके। पांव, उसकी उगुंलियों, तलवे आदि की मालिश उसी प्रकार करें।

1. अपना बायां हाथ उसी ओर दायां हाथ अन्दर बायें पांव के टखने पर ठीक से गोलाई में जमायें। दायीं बाजू पर दायीं टांग का दबाव डालें और बायें हाथ से घुटने पर दबाव डालें, ताकि टांग उसी स्थिति में रहे। अब अपना हाथ नीचे से ऊपर धीरे-धीरे मालिश करते हुए ले जायें। आपका हाथ दायीं टांग के दबाव और बायें हाथ को घुटने पर रोकने से स्वतः ही चलेगा। ऐसा चार-पांच बार करें।

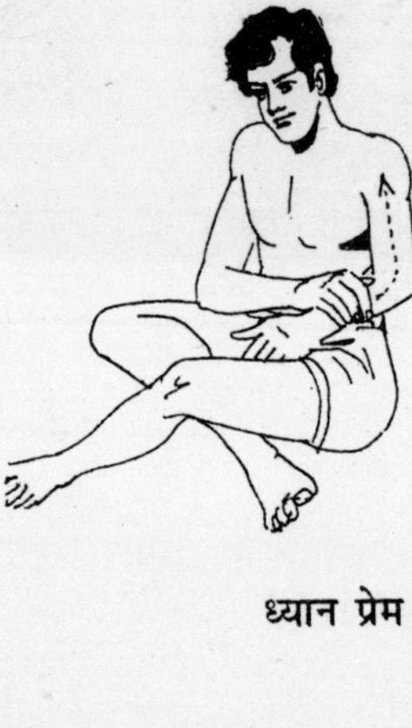

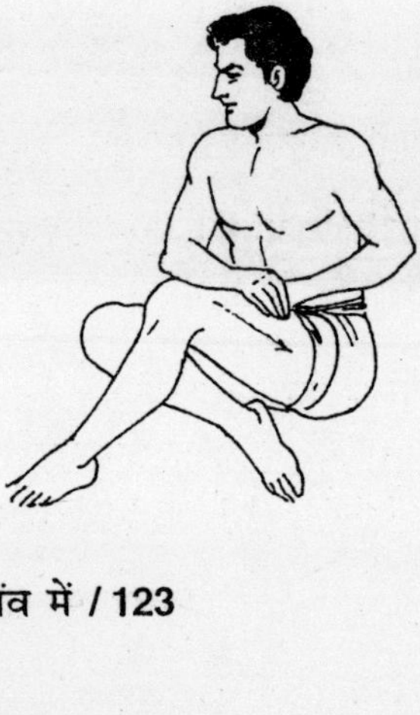

2. अब अपने बायें हाथ को घुटने पर से हटाकर बाहर से उसी टखने पर रखें और अपने हाथ का दबाव डालते हुए दूसरी ओर की मालिश करें। ऐसा दो-तीन बार करें। इससे उसी टांग के निचले भाग के दूसरी ओर की मालिश हो जायेगी।

हरएक हरकत के बाद, अपने दोनों हाथ ढीले कर सारी टांग पर नीचे-ऊपर घर्षण दें और झकझोरें। इससे टांगे और हाथ दोनों शिथिल हो जाते हैं।

3. अपने हाथ एक-दूसरे पर रखकर घुटनों के पास जांघों पर रखें। दबाव डालते हुए नीचे जांघों पर मर्दन दें। ऐसा अपने हाथों को थोड़ा दायीं और बायीं ओर करके भी चलायें। यह क्रिया तीन-चार बार दें।

4. अपनी टांग को सामने तोप की तरह फैलायें। अपने दोनों हाथों को बांधकर टांगों के नीचे से पांव के तले पर रखें। हाथ इस प्रकार से गोलाई में हों कि टांग की गोलाई पर ठीक प्रकार से बैठें। अब वहां से अपने हाथों को पीछे की ओर जोर लगाते हुए जांघों की ओर चलायें। पीछे जोर लगाते हुए आपको थोड़ा लेटना पड़ेगा, तभी आपका जोर लग सकेगा और हाथ ठीक प्रकार से चलेगा। ऐसा तीन चार बार करें।

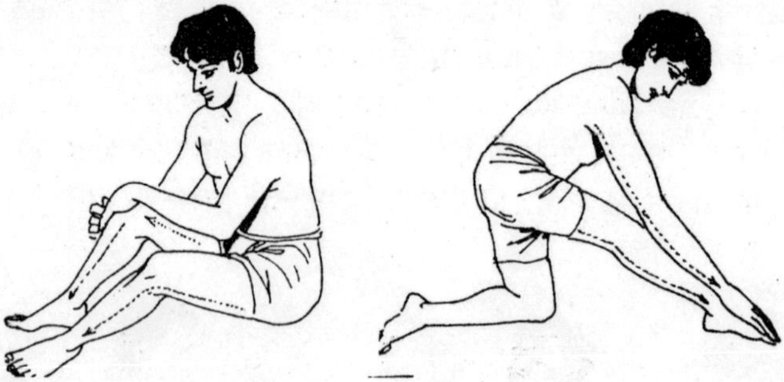

5. अपने हाथों को जांघ पर घुटने के पास न रखकर, अपने बाजुओं को जांघों के नीचे से अंदर-बाहर कर लें। अब दोनों बाजुओं से अन्दर-बाहर करके टांग का मर्दन करें।

6. अब अपने हाथ की चूड़ी बनाकर टखने को पकड़ लीजिये। उस हाथ की चूड़ी की दबाव से चक्कर में टांग पर घुमाते हुए घुटने तक

लायें। इस क्रिया को हमने मरोड़ना क्रिया कहा है। अब घुटनों पर थोड़ा चारों ओर मालिश करें और अपने हाथ की चूड़ी की दबाव डालते हुए पूरी जांघ पर चलायें। ऐसा चार-पांच बार करें। यह ध्यान रहे कि टांगों के निचले भाग के सामने वाली हड्डी पर, जो ऊपर होती है, दबाव नहीं पड़ना चाहिए, केवल स्थान पर दो-तीन बार अन्दर-बाहर घुमायें, फिर आगे बढ़ें।

7. सारी टांग पर ताल से हाथ चलायें।
8. अपनी टांगों को पांव से लेकर जांघों तक नीचे से ऊपर लाते हुए झकझोर डालें।
9. अंत में उंगुलियों से ठोंक दें। खड़ी ठोंक, मुक्की मारें और कंपन दें। इसी प्रकार दूसरी टांग की भी मालिश करें। इस भांति बड़ी सुविधा से बिना अधिक शक्ति खर्च किये अपनी मालिश हो जाती है।

बाजुओं की मालिश—पहले बाजुओं पर तेल लगा लें। अपना आधा हाथ अंदर से दूसरे पांव के नीचे रख दें और दूसरे को उसी हाथ के पास गोलाई में टिकायें और टांग का दबाव डालते हुए हाथ से मालिश करते हुए नीचे से ऊपर को चलें। दूसरी टांग का भी बाजू को पूरा सहारा देते रहना चाहिए, तभी दबाव पूरा बैठ सकता है।

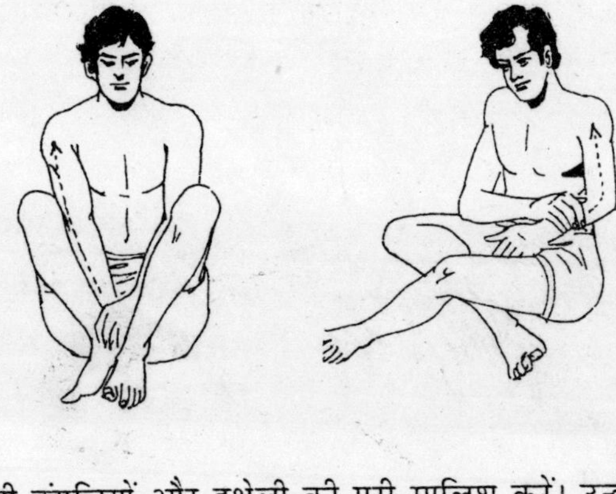

1. अपनी उंगुलियों और हथेली की पूरी मालिश करें। उन्हें कसरत दें, कोहनी से बाजू को कई बार कसरत दें, कंधे से भी कसरत दें।
2. अपने पेट को थोड़ा दबाव डालकर नीचे-ऊपर, दायें-बायें धीरे-धीरे मसलें, बेलन-क्रिया दें, झकझोरें और कंपन दें।

3. अपने हाथ छाती पर रखें और उन्हें दबाव डालते हुए अन्दर की ओर इस प्रकार लायें कि दोनों हाथ मिल जायें। हाथ नीचे-ऊपर करके छाती की मालिश करें, पसलियों पर घर्षण दें, जैसे पिघले अध्याय में बताया गया है। इसके बाद हाथों को अंदर-बाहर की ओर करके सारी छाती पर मालिश करें। हृदय पर तथा स्तनों पर गोलाकार मर्दन करें।
4. अपना दायां हाथ बायें कन्धे पर से नीचे छाती की ओर लायें, फिर बायें हाथ को दहिने कन्धे पर दबाव डालते हुए, बायीं ओर छाती पर मालिश करें।

पीठ की मालिश—पीठ की मालिश अपने-आप सुविधा से नहीं हो सकती है। इसलिए इसे दूसरे व्यक्ति से ही करवाना उत्तम है। यदि ऐसी सुविधा न मिल सके, तो इस प्रकार मालिश करें।

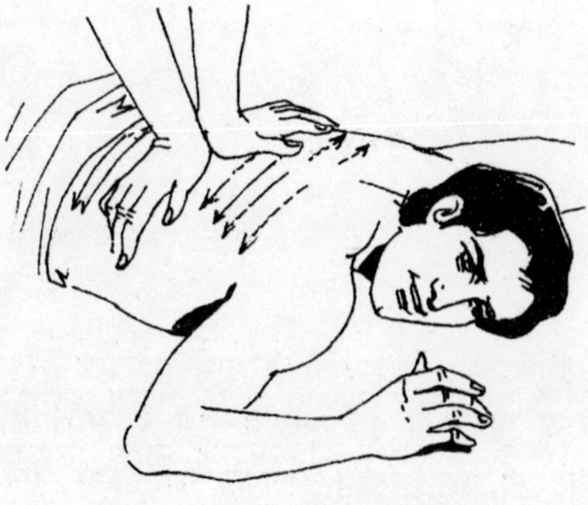

1. पहले जैसे भी हो, अपने हाथों से पीठ पर तेल लगा लें, अब अपने हाथ पीठ पर रखें और बाहर की ओर दबाव डालते हुए मसलें। हाथों से ऊपर-नीचे करके जितने भाग की मालिश हो सके, करें।

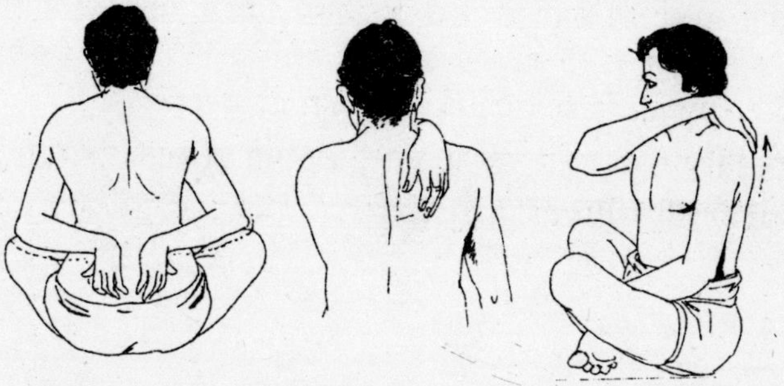

2. हाथों को उल्टाकर पीठ पर जहां तक ले जा सकें, ले जाकर मसलें।
3. अपने हाथों को बारी-बारी पीठ पर ले जायें और दबाव डालते हुए मालिश करें। फिर दोनों को एक ही साथ पीठ पर ले जाकर मसलें, जिससे दोनों कन्धों की भी मालिश हो जाय।
4. अपने बायें हाथ को बायीं तरफ बगल से पीठ पर ले तायें और इसी प्रकार दायें हाथ को बायीं तरफ बगल से पीठ पर ले ताकर कई बार नीचे-ऊपर मर्दन करें।

सिर की मालिश–

1. सिर की मालिश आवश्यकतानुसार हल्की होनी चाहिए।
2. थोड़ी-थोड़ी देर के बाद मालिश की गतियों (हरकतों) को बदलते रहना चाहिए।
3. मालिश इस प्रकार से हो कि बालों की जड़ों को शक्ति मिले। तेल बालों की जड़ों को मिले, न कि केवल बालों की ही मालिश हो जाये।
4. सिर की मालिश रात को करनी अधिक लाभदायक होती है, क्योंकि दिन भर की दिमाग की थकावट रात की मालिश से दूर हो जाती है, सिर हल्का हो जाता है। रात को मालिश सोने से बिल्कुल पहले ही होनी चाहिए, ताकि अच्छी तरह नींद आ जाये।
5. सिर की मालिश सप्ताह में एक बार अवश्य होनी चाहिए। इससे बुद्धि का विकास होता है, जुकाम नहीं होता, सिरदर्द नहीं रहता। बाल जल्दी सफेद नहीं होते।

मालिश करने की विधि—अपने हाथों की कंघी बनाकर सारे सिर पर बालों की जड़ों में मालिश करें। अपने हाथों से दाईं बाईं ओर खोलकर अंदर बाहर आगे-पीछे सारे सिर की मालिश करें। सिर को थपथपायें।

दोनों हाथों को सिर के पीछे ले जाकर पिछले भाग की ऊपर-नीचे मालिश करें। दोनों हाथों को जोड़कर और उंगुलियों को खुला रखकर सिर पर ठोंके। दोनों हाथों से सिर को चारों ओर से दबाएं।

इन विधियों से शरीर स्वस्थ और विश्राममय हो जाता है। सारा तनाव, पीड़ा और अवरोध मिट जाते हैं।

□□□

17. चक्रों को सक्रिय करने, अवरुद्ध ऊर्जा को मुक्त करने तक प्रौढ़ों को युवा एवं स्वस्थ बनाने के नौ अभिनव जीवन-संजीवनी-योग व्यायाम

यद्यपि यह नौ यौगिक व्यायाम हैं, जो शरीर को स्वस्थ रखने में सहायक हैं। पर प्रयोग करने पर मैंने अनुभव किया कि यह सभी प्रयोग चक्रों को सक्रिय करने एवं शरीर में कहीं भी अवरूद्ध ऊर्जा को निष्कासित करने में अत्यंत कारगर हैं।

यह चित्त का सारा तनाव दूर कर, निर्विचार और गहरे ध्यान में ले जाने में सहायक हैं। इन्हें प्रात:काल शौच के बाद खुले हवादार स्थान में कम्बल या चटाई बिछाकर करने से आशातीत लाभ होता है। थायराइड आदि ग्रंथियां इन्हें करने से सक्रिय होकर हारमोन्स को सक्रिय करती हैं।

इन्हें जन्म देने वाले स्वामी योगिराज रामलाल जी महाराज के अनुसार 40-45 वर्ष से अधिक आयु वाले मनुष्यों के लिए तो यह सर्वाधिक लाभप्रद हैं क्योंकि इन्हें नियमित रूप से करने से उनकी आयु बढ़ जाती है और वे अपने को अधिक युवा अनुभव करने लगते हैं।

उनकी मान्यता है कि शरीर की धमनियों में जो अशुद्ध रक्त परिभ्रमण करता है उसमें मिनरल्स आदि के बिना घुले बहुत छोटे-छोटे कण होते हैं जो रक्त प्रवाहिनी धमनियों की दीवारों से चिपक जाते हैं। जिस अंग के आस पास किसी धमनी में इनकी पर्त मोटी हो जाती है तो रक्त प्रवाह की गति धीमी हो जाती है। यदि यह कण घुटने की धमनी में मोटी पर्त के रूप में जमा हो गये तो गठिया या सार्टिका का दर्द होने लगता है। यदि यह हृदय के आसपास किसी धमनी में एकत्रित हुए तो उसका उपचार डॉक्टर बाईं पास सर्जरी द्वारा करते हैं।

इन यौगिक व्यायामों द्वारा विभिन्न अंगों पर इस भांति तनाव दिया जाता है जिससे इन कणों की परत चटक कर रक्त में मिलकर पेशाब या मल द्वारा शरीर के बाहर निकल जाये।

यह सभी व्यायाम, अंदर सांस रोककर किये जाते हैं। 10-15 सेकंड या जितनी भी अवधि तक सुखपूर्वक सांस रोकी जा सके, तनाव देते रहें और जब श्वास रोकना सम्भव न हो तो धीमे-धीमे श्वास छोड़ते हुए व्यायाम करने से पूर्व की स्थिति में आ जायें।

प्रत्येक व्यायाम के बाद कम से कम दो मिनट शवासन में लेटे हुए सजग और होशपूर्वक अपने अंदर निरीक्षण करते हुए श्वास को देखते रहें। इस भांति व्यायाम के साथ ध्यान भी होता चलता है।

इसी के साथ मैं कुछ योगासनों का भी चित्र सहित उल्लेख कर रहा हूं। यह योगासन भी चक्रों को सक्रिय करने, अवरुद्ध ऊर्जा को निष्कासित करने, पेट साफ रख गैस न बनने में, तथा मोटापा रोकने में सहायक हैं।

मेरे अपने अनुभव के अनुसार जीवन तत्व साधन क्रम संख्या 1 व 3 का प्रयोग दमित क्रोध के रेचन के लिए भी किया जा सकता है।

पहले प्रयोग में जब दोनों हाथों की उंगुलियां एक दूसरे में फंसाकर उन्हें सिर की ओर पीछे ले जाकर भूमि पर बिछी चटाई या कम्बल पर लगाते हुए पूरे शरीर को तनाव के शिखर तक लाया जाता है तब दमित क्रोध और हिंसा का भी रेचन करते हुए चेहरे की भाव मुद्राओं द्वारा भी क्रोध निकालें। दमित क्रोध को निकालते हुए आप सरलता से उसके तटस्थ द्रष्टा बने रह सकते हैं।

जब तनाव धीमे-धीमे शिथिल कर आप दोनों हाथों को वापस लाकर शवासन में जाते हैं तो क्रोध व हिंसा के रेचन के बाद परम विश्राम में लेटे हुए क्षमा, प्रेम और अहिंसा के स्वाभाविक रूप से उत्पन्न भावों को भी निष्क्रिय सजगता से देखते रहें।

इसी भांति तीसरे प्रयोग में भी जब लेटे हुए एक पैर को दूसरे पर रखते हुए ऊपर रखे पैर की एड़ी को नीचे दबाते हुए भूमि पर लगाने का प्रयास करते हैं और नीचे दबे पैर के अंगूठे को बाईं ओर मोड़कर भूमि से लगाते हैं तो इन दोनों स्थितियों में पूरा शरीर तनाव से भर जाता है। इस तनाव के साथ भी दमित क्रोध व हिंसा का भी होशपूर्ण रेचन पहले प्रयोग की ही भांति करें और शवासन में भी उसी तरह की अनुभूति करें।

प्रत्येक प्रयोग को कम से कम तीन बार या अधिक से अधिक पांच बार करें।

पहले प्रयोग को एक बार करने के बाद शवासन में जाने पर चेतना को त्रिनेत्र पर, दूसरी बार हृदय चक्र पर, तथा तीसरी बार नाभि चक्र पर केन्द्रित कर होने वाले अनुभवों के तटस्थ द्रष्टा बनें।

प्रत्येक जीवन तत्व साधन के प्रयोग के बाद शवासन में पहली बार भ्रूमध्य में, दूसरी बार अनाहत चक्र पर तथा तीसरी बार मणिपुर चक्र पर चेतना थिर करें।

पांच में से शेष दो प्रयोगों के बाद आती-जाती श्वास के साथ यात्रा करते हुए श्वासन में लेटे हुए सजगता से निरीक्षण करें कि श्वास कहां से प्रवेश कर अंदर कहां समाप्त होती है और कहां से प्रश्वास बाहर की यात्रा पर समाप्त होती है।

आगे विज्ञान भैरव-तंत्र के प्रयोगों के साथ बाह्य तथा अंतद्वादशांत का विस्तार से उल्लेख किया गया है। उसका मनन कर आप श्वास के यात्रा-पथ को भली-भांति जान सकते हैं।

इस प्रकार योग के इन व्यायामों को ध्यान बनाकर आप साधना में बड़ी तेजी से विकसित होते हैं।

इन सभी जीवन तत्व साधनों के योग व्यायाम करते समय आपको स्वयं इसका अनुभव होगा कि किस योग व्यायाम से आपके किन-किन चक्रों पर दबाव पड़ता है और वह सक्रिय होते हैं।

इस ग्रंथ के अंतिम खंड में मैंने प्राणायाम के पूरक, कुम्भक तथा रेचक का विस्तार से उल्लेख किया है। इन प्रयोगों में यह तीनों प्राणायाम स्वत: बिना उलझन के स्वयं हो जाते हैं और साधना तथा कुंडलिनी जागरण में उसका लाभ भी मिलता है।

मैं इन यौगिक व्यायामों का प्रयोग पिछले दो वर्षों से कर रहा हूं और ध्यान में विकसित करने के लिए यह बहुत सहयोगी सिद्ध हुए हैं।

1. व्यायाम करते समय श्वास नाक से ही लेना चाहिए।
2. खुली जगह में जहां वृक्ष हों या नदी-तालाब का किनारा हो, कमरे में हवा का प्रवेश अच्छी तरह हो। शुद्ध हवा आती हो। धुआं एवं गंदगी की बदबू न हो, ऐसे स्थान पर आसन या व्यायाम करें।
3. आसन करते समय शरीर को ढीला रखिये। कड़ापन बिल्कुल न रहे। आसन बहुत धीरे-धीरे करें। यदि किसी अंग पर दर्द का अनुभव करें तो वहां जोर न लगायें।
4. आसन करते समय हल्के, ढीले, आरामदायक वस्त्र धारण करना उचित होगा। चश्मा, घड़ी, आभूषण उतार देना चाहिए।
5. आसनों के करने के पूर्व ठंडे जल से स्नान करें तो यह आसनों के प्रभाव को अधिक बढ़ा देगा।

योगिराज रामलाल तथा स्वामी चन्द्रमोहन द्वारा अविष्कृत नौ संजीवनी यौगिक व्यायाम

शवासन से प्रारम्भ करें

1. विधि–पेट के बल लेट जाइये। दोनों भुजायें शरीर के बगल में हों। हथेलियां ऊपर की तरफ खुली रहें। पैरों को आराम की स्थिति में थोड़ा दूर-दूर कर लें। आंखे बंद रहें। पूरा शरीर ढीला रखिये। अपना ध्यान पैरों के अंगूठे पर धीरे-धीरे लगाते हुए सब अंगों पर यह सोचते हुए मस्तिष्क तक ले जाइये कि अब हम और युवा तथा जीवन्त हो रहे हैं, स्वस्थ हो रहे हैं। ऐसा कम-से-कम चार छः बार सोचें।

श्वास–सहज, स्वाभाविक श्वास की क्रिया हो।

समय–जितनी देर कर सकें, करिये।

लाभ–यह समस्त शारीरिक एवं मानसिक प्रणालियों को शिथिल करके विश्राम देता हैं। सोने के पूर्व, आसनों के करने के पहले या मध्य में जब थकावट का अनुभव हो तब करना चाहिए।

मैं प्रत्येक प्रयोग के बाद कम से कम दो से पांच मिनट श्वासन में पड़ा सजगता से श्वास का निरीक्षण करता रहता था। प्रत्येक प्रयोग के बाद श्वास की गति तीव्र हो जाती है अतः श्वास के मार्ग का अनुसरण और उसके साथ चेतना की यात्रा करना सुगम हो जाता है। हारा चक्र पर आती जाती श्वास के अंतराल पर कुछ सेकंड रूककर सजगता से निरीक्षण करते हुए चित्त निर्विचार और निर्मल हो जाता है।

जीवन तत्त्व साधन–1

1. जीवन तत्व की पहली क्रिया–पेट के बल लेट जाइये। पैर के पंजे आपस में सटे हों और सामने की तरफ झुके रहने चाहिए। दोनों हाथों को पेट के पास लाकर दोनों हाथों के उंगुलियों को एक-दूसरे के बीच फंसा कर हथेलियों को ऊपर की उंगुलियों तरफ कर दीजिये। अब श्वास को धीरे-धीरे लेते हुए हाथों को सिर के पीछे तक ले जाइये।

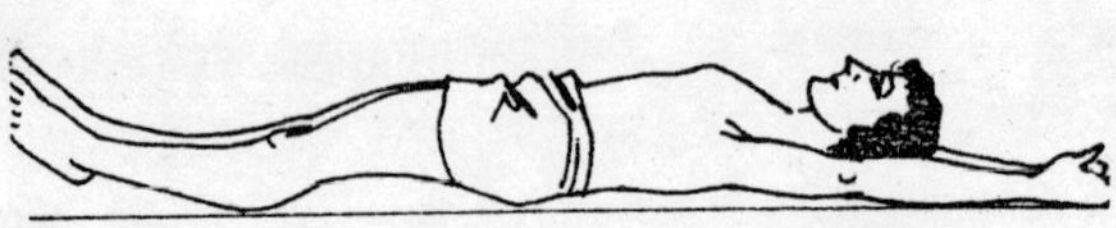

वहां श्वास को कुछ क्षणों तक रोक रखिये। पुनः हाथों को, श्वास धीरे-धीरे छोड़ते हुए पूर्व की तरह वापस आइये। हाथों के पंजों को खोल दीजिये। कुछ क्षण आराम करिये फिर पुनः इसी को तीन-चार बार करिये।

लाभ—शरीर के प्रत्येक अवयव का संकोचन और विकास संतुलित रहने से रक्त, प्राण, सूक्ष्मतंतु, श्वास-प्रणालियां, धमनियां, नाड़ियां, मांसपेशियां और हड्डियां अपना कार्य स्वाभाविक रूप से करने लग जाती हैं, जिससे किसी भी अंग में विरुद्ध पदार्थ एकत्र नहीं होते और शारीरिक विकास में किसी प्रकार का अवरोध नहीं होता। इस क्रिया को सबसे पहले इसलिए किया जाता है कि सारे शरीर के प्रत्येक अवयव में प्राणाग्नि संदीप्त हो उठे और जहां वात-कफ आदि का विकार हों तो उसे हटाते हुए प्राणाग्नि तीव्रगति से अपने यातायात का मार्ग बना ले, इसके बाद किसी भी अंग से संबंधित कोई भी क्रिया की जायगी तो कठिनाई नहीं होगी। शरीर में लचीलापन आ जायगा।

जीवन तत्त्व साधन-2

स्कंध-संचालन

विधि—समतल भूमि पर कम्बल बिछाकर पद्मासन लगाकर या सुखासन में सीधे बैठ जायें, दोनों हाथ घुटनों पर रख दें। नाभि के ऊपर शरीर को, दोनों कंधों को ढीला कर दें। फिर वक्षस्थल के साथ दोनों कंधों को साइकिल के पैडल के समान पीछे की ओर घुमायें, 25 बार ऐसा करने के बाद आगे की ओर भी 25 बार कम-से-कम घुमायें, यानी, पहली बार कंधा उठाकर आगे की ओर घूमेगा तो बायां कन्धा स्वतः ही नीचे की ओर होकर पीछे की ओर घूमेगा और फिर बायां कंधा पहले आगे की ओर उठकर घूमेगा तो दायां कंधा स्वतः पीछे की ओर झुककर घूमेगा। यह

स्कंध-संचालन के प्रारम्भ करने का ढंग है, ताकि दोनों कंधे सीधे और उलटे घूमने के क्रम में हो जायें।

लाभ–इस साधन से फेफड़ें और हृदय की शुद्धि होती है। यक्ष्मा, दमा, भीतर के फोड़े-फुंसी, रक्त के निम्न या उच्च चाप से पैदा हुई बीमारियां एवं हृदय का फैलाव आदि हृदय-रोग सभी प्रकार के धीरे-धीरे मिट जाते हैं। छाती के चमड़े में जो सिकुड़न आ जाती है वह दूर होकर नवयौवन कर अनुभव होने लगता।

जीवन तत्त्व साधन-3

पाद-संचालन

विधि–समतल भूमि पर कम्बल आदि के आसन पर दक्षिण या पूर्व दिशा में सिर टिका कर पीठ के बल सीधे लेट जायें। पांव पर पांव रखें। फिर दोनों पावों को एक साथ दायें-बायें चलायें, नीचे पैर का अंगूठा भूमि पर लग जाय और ऊपरी पैर की एड़ी नीचे लग जाय, जब थकावट प्रतीत हो तो ऊपर का पांव नीचे के पांव पर रखें और पहले की तरह ही पांव संचालन करें। इसे कम-से-कम 10 बार करें।

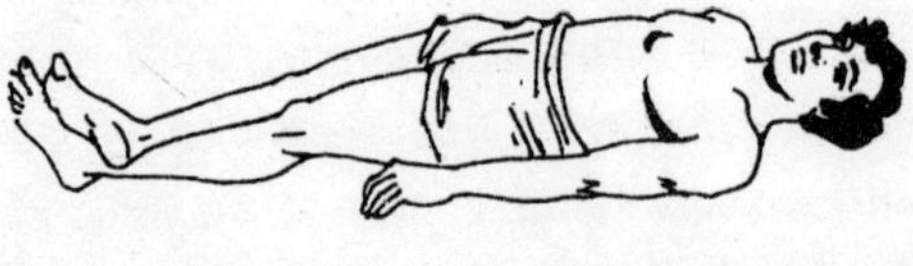

लाभ–इस क्रिया से नाभि के नीचे पैरों तक की नाड़ियां, सूक्ष्म तंत्र, मांसपेशियां, हड्डियां, गुर्दे, मूत्राशय, मलाशय, गुदा एवं उपस्थ आदि सारे अंग-प्रत्यंग, प्राण तथा रक्त प्रवाहिनी धमनियां सक्रिय हो जाती हैं। नवजीवन संचार कर और निर्माण करने वाले अनुकूल पदार्थों को एकत्र कर यह क्रिया स्वास्थ्य की संवृद्धि करती है। इस क्रिया से पैर गिट्टे, पिंडलियां, घुटने का दर्द कम होता है। इस क्रिया का संबंध कमर के नीचे की बीमारियां से है। जिस अंग में रोग हो, उसी में मन, प्राण इन्द्रियां चित्त को धारण करते हुए यह क्रिया करनी चाहिए।

जीवन तत्त्व साधन-4

नाभि-संचालन

विधि–समतल भूमि पर कम्बल बिछा कर पीठ के बल लेट जाइये। दोनों पांवों को मिलाकर एवं हाथों को शरीर से हटाकर लम्बा जमीन पर सटा लें और पृथ्वी पर हथेलियां सटाकर शरीर को ढीला रखते हुए, आकाश की ओर देखते हुए सिर को स्थिर रखते हुए, भुजा के बल से पैरों तक सारे शरीर को दायें-बायें पलटते हुए घुमायें। 10 से आरम्भ करें और धीरे-धीरे क्षमता के हिसाब से 15-20 तक ले जायें।

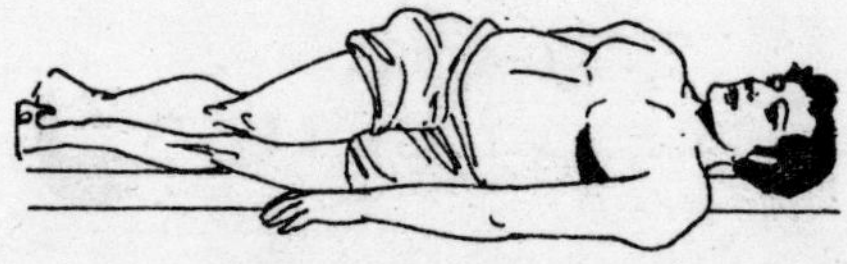

लाभ–शरीर में नाभिचक्र समान वायु का मुख्य केन्द्र है जो शरीर को संतुलित रखता है। इसी स्थान से सारे शरीर में वायु सम्यक् रूप से सारे पदार्थों को तैयार करती है। जिसका रज-वीर्य पतला हो जाता है और अपने स्थान से उसकी नाभि टल जाती है। 90 प्रतिशत सभी नर-नारी नाभि खिसक जाने से अस्वस्थ रहते हैं। इस क्रिया के करने से नाभि अपने स्थान पर संतुलित हो जाती है। इस क्रिया से कमर का दर्द, मस्तिष्क की कमजोरी, कब्ज दूर होता है। मेरूदण्ड लचीला बनता है।

जीवन तत्त्व साधन-5

जानुप्रसार

विधि–समतल भूमि पर कम्बल पर पीठ के बल लेट जायें। दोनों हाथ अपनी छाती पर रखें। दायें पैर को बायें घुटने पर रख दें। फिर नाभि से ऊपर आकाश की ओर ले जायें, ऐसा ही कम-से-कम तीन-चार बार

करें, फिर बायें पैर को दायें घुटने पर रख कर बायें घुटने को भूमि पर लगा दें और पूर्ववत करें। धीरे-धीरे क्षमता के अनुसार बढ़ायें।

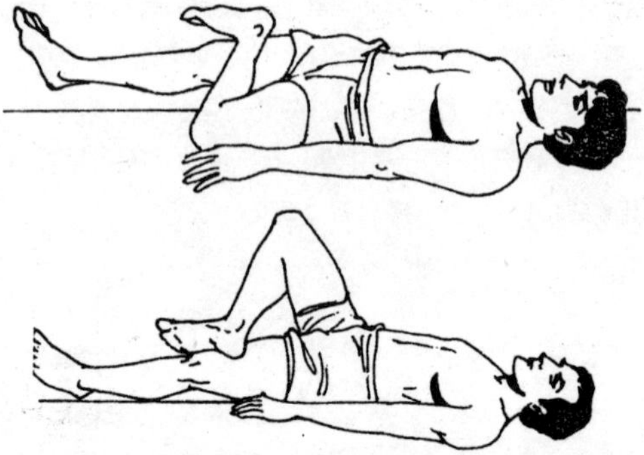

लाभ–इस क्रिया से घुटने और घुटने के ऊपर जंघा के जोड़ तथा मसाने और गुर्दे तक लाभ पहुंचता है। गठिया, हाथी पांव की बीमारियां दूर होती है। कमर का दर्द, पैर एवं घुटने के साइटिका दर्द में लाभ होता है। जंघा के चमड़े की सिकुड़न दूर होती है। इस क्रिया से बुद्धिजीवी जो बैठ कर काम करते हैं उनको बड़ा लाभ होता है।

जीवन तत्त्व साधन-6

नाड़ी-संचालन

विधि–समतल भूमि पर कम्बल का आसन बिछा कर बैठें। दोनों हाथों और पैरों को दायें-बायें शक्ति के अनुसार दूरी तक फैला लें, कमर और सिर को चक्राकार गति देते हुए और बायें हाथ से दायें पैर का अंगूठा और दायें हाथ से बायें पांव का अंगूठा छूयें। आंखें बंद रखें। इस प्रकार कम-से-कम 10 बार करें और शक्ति के अनसार मात्रा बढ़ा सकते हैं।

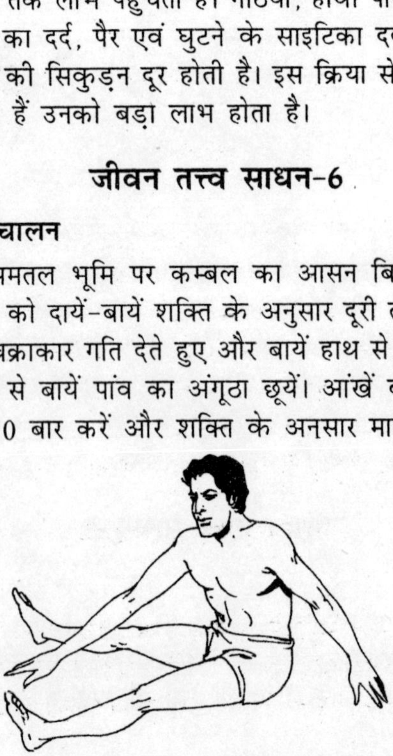

लाभ–इस क्रिया से सारी नाड़ियां, नसें, धमनियां, छोटी-बड़ी आंतें तथा रक्त और प्राणवाही स्थूल एवं सूक्ष्म तंतु क्रियाशील हो जाते हैं और क्रियाशीलता का होना ही बुढ़ापे से जवानी लाना है। मेरुदण्ड को भी सक्रिय करके लचीला बनाता है। सारे रोमकूप स्वच्छ होते हैं। सारे शरीर में रक्त का संचालन होता है। अंग-प्रत्यंगों की बीमारियों से छुटकारा मिलता है।

जीवन तत्त्व साधन-7

बाल-मचलन

विधि–पूर्व रीति से आसन पर पीठ के बल सीधे लेट कर हाथ के अंगूठे दोनों मुट्ठियों में बच्चे की तरह बांध लें। कुहनी को भूमि पर टिकाये रखें। दायें हाथ की मुट्ठी को कंधों तक ले जायें और दायें पैर को भी पेट के पास एकत्र कर लें, फिर बायें हाथ और बायें पैर को समेटते हुए दायें पैर और हाथ को नीचे की ओर फैला दें। ठीक आप छः महीने के बच्चे की तरह बन जायें। इसे 10 बार करें। शक्ति के अनुसार बढ़ायें।

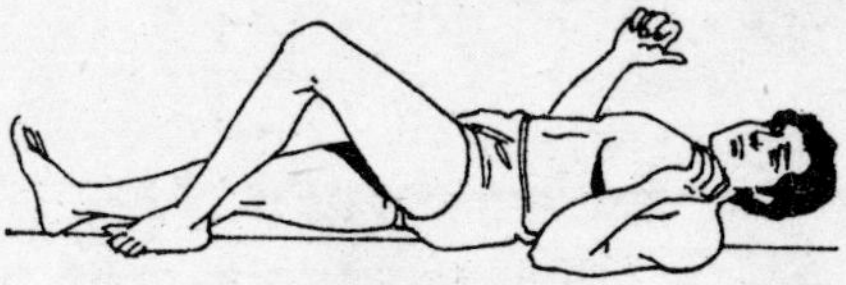

लाभ–इस क्रिया से पेट की नसों को विश्राम मिलता है। हाथ, पैर, मस्तिष्क की धमनियां और तंतुओं को सम्यक् शक्ति और विश्रामजनित आनन्द मिलता है। जठराग्नि प्रदीप्त होती है। भोजन सम्यक् रूप से पाच्य होकर प्रत्येक अंग को रस-रक्त और ऊर्जा प्रदान करता है। मनुष्य भौतिक तनावों से मुक्ति पाता है और तनावों से मुक्ति पाना ही नवयौवन प्राप्त करना है।

जीवन तत्व साधन-8

बाल-ध्यान

विधि–समतल भूमि पर कम्बल या आसन पर पीठ के बल लेटकर, आंखें बंद कर लें। अपने आप को दुधमुंहा बच्चा समझ कर भावनाहीन होकर ध्यान करें, अर्थात् बच्चों में कोई भावना नहीं होती, ऐसा स्वयं को बच्चा समझे लें। जिस भाव में बाल-मचलन किया गया हो, और ऐसा अब

समझना चाहिए कि मचलन के बाद दूध प्राप्त हो गया है और आप विश्राम कर रहे हैं। ऐसी भावना लाना ही बुढ़ापे को दूर भगा कर नवयौवन प्राप्त करना है।

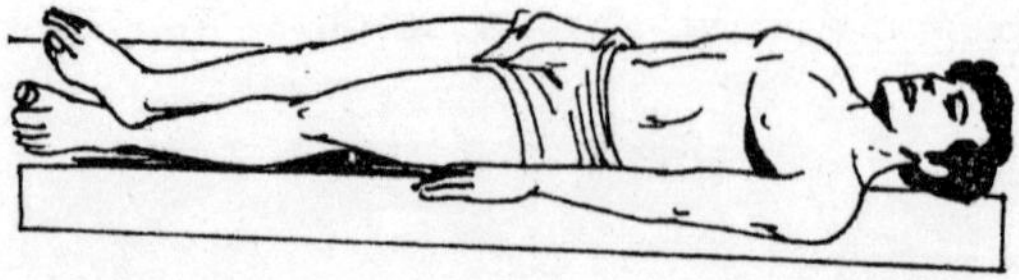

लाभ–इस साधन में ही दिव्य जीवन की यात्रा पराकाष्ठा पर पंहुचती है। अब आप आदित्य मंडल के समान परम प्रकाशित परमात्म-ज्योति का ध्यान करें, जब आप स्वयं को, अपनी आत्मा को सार्थक कर लें कि अब सत्व गुण आपके भीतर भर गया है। आप चिर शिशु बन जायेंगे। यही नवयौवन के चिन्ह हैं।

जीवन तत्त्व साधन-9

उत्क्षेपण

विधि–भूमि पर सीधे सम अवस्था में खड़े होकर दाहिने हाथ की मुट्ठी बांध कर कंधे के साथ लगायें और कुहनी बगल में बनी रहे। दाहिने पैर की एड़ी पीछे की ओर उठा लें और हाथ को ऊपर की ओर तथा पैर को नीचे की ओर झटक दें। फिर बायें पैर और हाथ को उसी प्रकार झटकें। यह क्रिया कम-से-कम तीन बार करें।

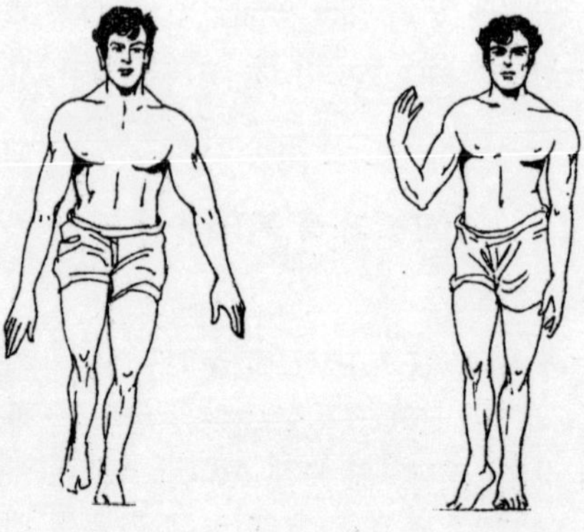

लाभ–इस क्रिया से प्राण, अपान, समान, ध्यान और उदान आदि पंचप्राण और देवदत्त, धनंजय आदि पंच उपप्राण सारे शरीर में संतुलित होकर लाभ पहुंचाते हैं। अधिक छींके आना, हिचकी आना, जम्हाई आना, गठिया आदि बीमारियों में लाभ होता है।

सभी चक्रों को सक्रिय करने तथा शरीर को स्वस्थ रखने के कुछ लाभप्रद सरल योगासन

सर्वांगासन–योग में शीर्षासन के बाद सर्वांगासन का ही स्थान है। यह जीवन-रस ग्रंथियों और उनके जरिये शरीर के सारे अंगों को प्रभावित करता है इसलिए इनका नाम सर्वांगासन रखा गया है।

विधि–कंबल बिछाकर पीठ के बल लेट जाइए। शरीर बिल्कुल ढीला, पैर सीधे, हाथ बगल में और हथेलियां फर्श पर रहें। अब सांस खींचकर पैरों को सीधे रखते हुए नितंब-संधि के पास से धीरे-धीरे उठाकर फर्श के साथ तीस अंश का कोण बनाइए और चार-पांच सेकिंड इस स्थिति में रहकर सांस बाहर कर दीजिए। अब फिर सांस लेकर पैरों को और ऊपर उठाइए और साठ अंश का कोण बना लीजिए। यहां भी पहले की तरह रूककर सांस बदल लीजिए और इस बार पैरों को और उठाकर समकोण बना लीजिए।

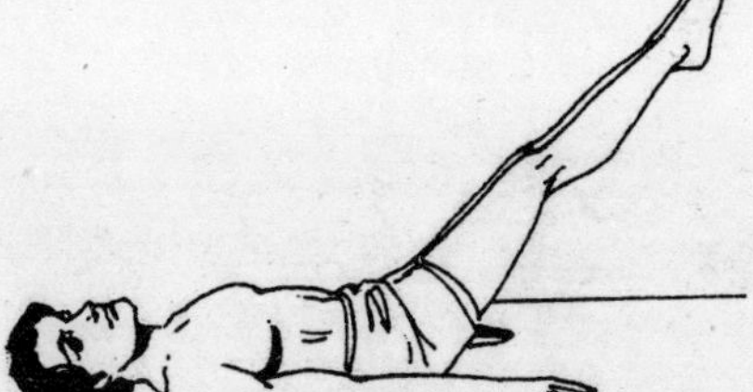

अब तक हाथ और कुहनियां बिल्कुल निष्क्रिय पड़ी हुई थीं। अब बाहुओं पर भार देकर नितंबों के पास से धड़ को सीधे ऊपर ले जाइए जिसमें सीना ठुड्डी का स्पर्श करने लगे। इसके अनंतर कुहनियों के पास

से हाथों को मोड़कर उनसे धड़ को ऊपर की ओर ले जायें, जिसमें ठुड्डी पर धड़ का दबाव बढ़ जाय और कंठ कूप में ठुड्डी के बैठ जाने से ठुड्डी और सीने का बंध, जिसे जालंधर बंध कहते हैं, बन जाय। धड़ को टेढ़ा होने से रोकने के लिए हाथों को अच्छी तरह जमाये रखिए। यही सर्वांगासन की पूर्णावस्था है। इस अवस्था में गर्दन का पृष्ठ भाग फर्श पर जमा रहेगा।, धड़ और पैर एक सीध में होंगे, शरीर का सारा भार गर्दन, कंधों तथा बहुओं पर रहेगा और अभ्यासी का ध्यान अबटुका पर केंन्द्रित रहेगा। दृष्टि नासाग्र पर या पैरों के अंगूठे पर जमी रहेगी। आसन कर लेने पर पैर झटके के साथ नीचे न लाकर उल्टे क्रम से धीरे-धीरे आरंभिक अवस्था में लायें जायें।

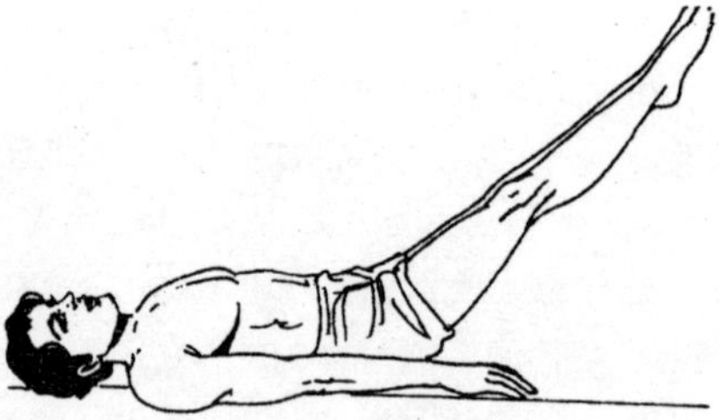

कुछ लोग हाथ फैलाये रखकर केवल धड़ की टुड्डी से लगाने को सर्वांगासन की पूर्णावस्था मानते हैं। यह भी इसका एक प्रकार हो सकता है। बंध ठीक हो जाने पर सहारा हटाकर हाथों को पहले की तरह फैला देना इसका बर्द्धित रूप माना जाता है, पर यह तभी होना चाहिए जब पूर्णावस्था

का अच्छा अभ्यास हो जाय और हाथों का सहारा हटा लेने पर धड़ के झुककर टेढ़ा होने की संभावना न रहे।

समय–यह आसन आधे मिनट से आरंभ कर हर हफ्ते एक मिनट बढ़ाते हुए दो मिनट तक करना चाहिए। ओशो ने शीर्षासन से होने वाली हानियों का विस्तृत उल्लेख किया है पर सर्वांगासन सभी दृष्टियों से बेजोड़ व लाभप्रद है। सर्वांगासन में जितना समय लगाया गया है उतना ही शवासन में लगाया जाय।

व्यायामात्मक लाभ–इस आसन में अगले भाग का मुख्य रूप से व्यायाम होता है जिससे उसमें अवस्थित थायराइड ग्रंथियों को पर्याप्त मात्रा में शुद्ध रक्त की प्राप्ति होती है। ये शरीर की प्रमुख ग्रंथियां हैं और ये ही मस्तिष्कस्थ पीयूष ग्रंथि के साथ मिलकर अन्य निःस्त्रोत ग्रंथियों तथा शरीर की क्रियाओं का संचालन और नियंत्रण करती हैं। इस प्रकार यह आसन अबटुका ग्रंथियों को स्वस्थ बनाये रखकर सारे शरीर का स्वास्थ्य ठीक रखता है।

गैस की शिकायत तथा कब्जियत से मुक्ति का अद्भुत प्रयोग

पवनमुक्तासन–भूमि पर लेट जाइए और एक पांव को घुटने से मोड़कर पेट के ऊपर अच्छी तरह दबाइए। फिर उसको जमीन पर अथवा ऊपर सीधा रखकर दूसरे पांव को पेट के संग दबाइए। पेट के संग दबाकर थोड़ी देर ठहरना चाहिए, तब इसका परिणाम पेट पर तथा विशेषतः निचली आंतों पर बड़ा अच्छा होता है और शौच शुद्धि होने में सहायता होती है।

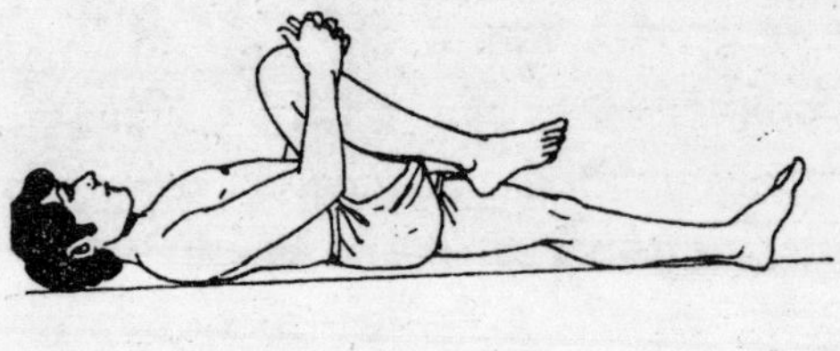

इसका तीसरा प्रकार दोनों पांवों को इकट्ठा पेट के साथ दबाने से बनता है। यह भी पूर्ववत् ही लाभकारी होता है। इसे उच्च रक्तचाप के रोगी न करें।

खड़ा रहकर भी एक-एक पांव के साथ यह आसन इसी प्रकार किया जा सकता है। कुर्सी पर बैठकर भी एक-एक पांव के साथ तथा दोनों पांवों के साथ किया जा सकता है। जमीन पर पांवों के तलवों पर बैठकर दोनों पांवों को पेट के साथ दबाकर यह आसन हो सकता है।

पेट की वायु को नाभि के नीचे भेजकर अपान वायु की निम्नगति होना इस आसन का फल है। थोड़ा जलपान करके यह आसन किया जाए तो शौच शुद्धि होने में बड़ी सहायता मिल जाती है। नींद खुलने के पश्चात् बिस्तर पर ही यह आसन कई बार किया जाए, तो शौच साफ होने में बड़ी आसानी होगी। गर्भधारण होने के पूर्व स्त्रियां इसका अभ्यास करें, गर्भधारण के पश्चात् कदापि न करें।

हलासन–इसको सर्वांगासन भी कहते हैं।

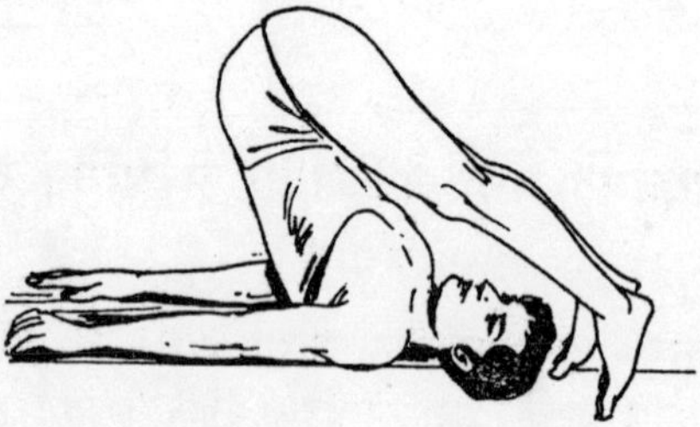

प्रथम भूमि पर लेट जाइए। पश्चात् पांवों को उठाकर अपने सिर के पीछे जमीन पर लगाइए, केवल पांव के अंगूठे और उंगुलियों ही भूमि को स्पर्श करें और घुटनों समेत पांव सीधे सरल समसूत्र में रहें। हाथ चाहे भूमि पर ही रखिए, चाहे सहारे के लिए कमर पर रखिए। हाथ भूमि पर रखकर सहारे के बिना ही करेंगे तो अच्छा है, परंतु प्रारंभ में कमर को हाथों का सहारा देने से यह आसन सुगमता से होता है।

इस आसन पर जितनी देर आप रह सकते हैं, रहिए। इसमें क्षुधा प्रदीप्त होती है, पेट के दोष दूर हो जाते हैं, यकृत और प्लीहा निर्दोष हो जाते हैं, अर्जीण के सब रोग इससे दूर हो जाते है। इस समय पेट को अंदर खींचना उत्तम है, परंतु यदि प्रारंभ में न हो सका, तो भी कोई परवाह नहीं है।

प्रयत्न करके आप इस आसन पर एक-दो मिनट रहेंगे तो भी लाभ का अनुभव आपका होगा। पांच मिनट तक रहने का अभ्यास हो जाए, तो जठराग्नि अच्छी प्रकार प्रदीप्त होगी। परन्तु प्रारम्भ में बिलकुल थोड़ा करके पश्चात् जैसे-जैसे अभ्यास बढ़ेगा, वैसे-वैसे समय बढ़ाने से सब प्रकृति के

मनुष्यों को इससे लाभ प्राप्त हो सकता है। स्त्रियां इसे बहुत देर तक न करें तथा गर्भधारण के चार मास के पश्चात् न करें।

ऊर्ध्व सर्वांगासन—पूर्ववत् सर्वांगासन करके युक्ति से पांवों को छत की ओर खड़े करने से यह आसन बनता है। पूर्ववत् सर्वांगासन पहले न करते हुए भी यह बन सकता है। नीचे लेटकर नितम्ब तक भूमि पर ही रखकर केवल दोनों पांवों को जोड़कर ऊंचा करना, पश्चात् युक्ति से केवल कंधे और माथे पर ही संपूर्ण शरीर को तानकर खड़ा करने से यह आसन सिद्ध होता है। इस समय प्रारंभ में कमर को हाथों का सहारा दीजिए, परन्तु पीछे से हाथों के सहारे के बिना ही करना उत्तम है। कई लोग इसको 'विपरीतासन' अथवा 'विपरीत करणी' अथवा केवल सर्वांगसन भी कहते हैं। प्रत्येक पांव को आगे और दूसरे को पीछे करने से इसके विविध प्रकार हो जाते हैं। एक पांव सिर के पीछे भूमि पर लगाने से एक पांव का सर्वांगासन होता है और साथ-साथ दूसरे पांव को ऊपर रखने से ऊर्ध्वगमन भी हो जाता है। इसी प्रकार एक पांव से कर्णपीड़सन करके दूसरे पांव से ऊर्ध्व सर्वांगासन किया जा सकता है। इस प्रकार हेर-फेर से विविध आसनों को साथ करना उत्तम है।

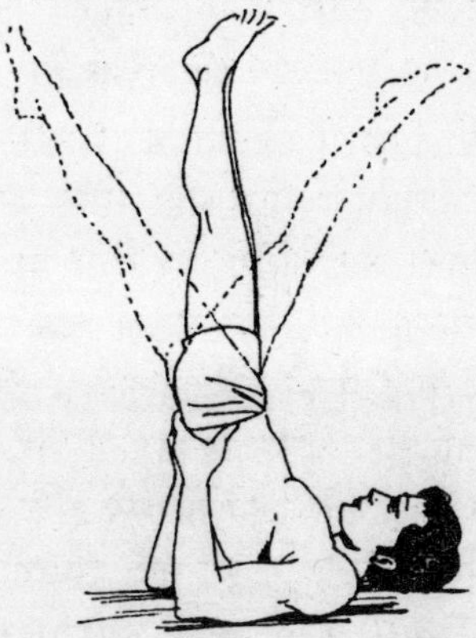

इससे हृदय को विश्राम मिलता है, सब रक्त हृदय और फेफड़ों में उतरने से रक्तशुद्धि होती है, रक्त सिर में उतरकर वहां की शुद्धता करता है और दोषों को धो देता है इसलिए सरदर्द इससे हट जाता है। आंखें निर्दोष होती हैं, तथा गले में कफ के विकार न्यून हो जाते हैं और पेट के विकार कम होते हैं।

इस समय ठोड़ी कंठमूल में डटकर लगाने से कंठभाग में स्थित थायराइड ग्रंथि सक्रिय होती है।

पश्चिम-तानासन

मोटापा कम करने रीढ़ की हड्डी के निम्न भाग व घुटनों के दर्द का व्यायाम—पैरों को फैलाकर बैठ जाइए। पैर सटे रहें और हथेलियां बगल में फर्श पर जमी रहें। अब कुछ झुककर दाहिने हाथ की तर्जनी से दाहिने पैर का अंगूठा और बायें हाथ की तर्जनी से बायें पैर का अंगूठा पकड़ लीजिए और पकड़े हुए अंगूठे को बिना घुटना उठाये अंदर की ओर लीजिए। इससे पैरों के पिछले भाग की पेशियों में काफी तनाव आ जायेगा। इसके बाद सांस बाहर निकालकर धड़ को कमर से मोड़कर जांघों से इस प्रकार मिलाने का प्रयत्न कीजिए कि आपका सिर घुटनों के अंदर आ जाय। इस अवस्था में आपका शरीर कमर के पास से दोहरा हो जायेगा, कंधों से पैरों के अंगूठों का फासला बहुत कम रहेगा और कुहनियां फर्श पर टिक जायेगी। इस बात का ध्यान बराबर बना रहे कि इस क्रिया में घुटने जरा भी न उठने पायें, क्योंकि कटि देश में तनाव लाने के लिए घुटनों का सीधा रहना अनिवार्यतः आवश्यक है। यही इस आसन की पूर्णावस्था है। बाहर निकली हुई सांस जब तक रोकी जा सके तब तक पूर्णावस्था बनाये रखिए पर सांस जबर्दस्ती रोकने की कोशिश मत कीजिए, आराम से जितनी देर तक रोक सकें उतनी ही देर तक रोकना अच्छा है।

आरंभ में घुटनों की पिछली पेशियों में, जिनके संकोच से वे मुड़ते हैं; इस आसन के लिए आवश्यक लोच नहीं रहेगी, जिससे जांघों पर धड़ को झुकाते समय घुटने ऊपर उठ जायेंगे, पर कुछ ही दिनों के अभ्यास से लोच आ जायेगी और घुटनों का ऊपर उठना रुक जायेगा। हां, जिनकी अवस्था अधिक है, जो जवानी में ही बूढ़े हो गये हैं, जिन्होंने अति व्यायाम द्वारा पेशियां कड़ी कर ली है, जो स्थूलकाय हैं या जिनकी तोंद निकल आयी है उनकी बात भिन्न है। उनके लिए तो धड़ झुकाना इतना कठिन होगा कि हाथ की अंगुलियां पैरों तक पहुंच भी नहीं सकेंगी, पर इससे हताश न होकर उन्हें धैर्यपूर्वक अभ्यास करते जाना चाहिए। वे पहले अंगूठों को पकड़ने की कोशिश करने के बजाय टखनों को पकड़ने की कोशिश करें और आराम के साथ जितना झुक सकें, उतने से ही संतोष करें। जोर लगाने या झोंका देने से क्षति पंहुच सकती है। घुटनों को ऊपर न उठने देने का ध्यान बराबर बना रहे। आरंभ में जितना झुकाव होगा उसमें अभ्यास से

दिनों-दिन वृद्धि होती जायेगी–पेशियों से लोच आती जायेगी और पृष्ठवंश अधिक झुकता जायेगा।

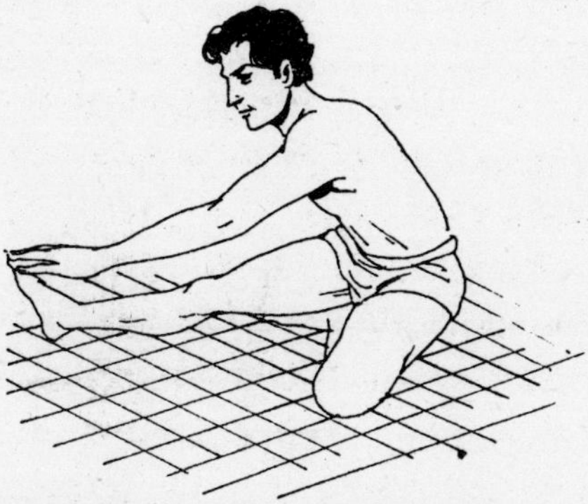

अगर इस श्रेणी के लोग पूर्ण पश्चिमतानासन न कर अर्द्ध पश्चिम तानासन करें तो उन्हें अधिक सुविधा होगी। वे पहले एक पैर को मोड़कर दूसरे पैर की जांघ से तलवा सटाकार रखें और आगे फैले हुए पैर का अंगूठा पकड़कर झुकने की कोशिश करें। इसके अभ्यास द्वारा वे कुछ ही दिनों में पूर्ण पश्चिमतान करने योग्य स्थिति में पंहुच जायेंगे।

समय–अगर यह आसन केवल व्यायाम के उद्देश्य से किया जाय तो समय तीन मिनट से अधिक नहीं लगाना चाहिए। अगर पेशियों में लोच मौजूद हो तो पंन्द्रह सेकंड से आरंभकर धीरे-धीरे बढ़ाते हुए एक बार में एक मिनट लगाना चाहिए, पर अगर पेशियां कड़ी हो और मोड़ पूरा न हो सकता हो तो थोड़ी-थोड़ी देर करते हुए तीन बार में एक मिनट लगाना चाहिए। मेरुदंड में लोच आ जाने पर एक मिनट में तीन बार न केवल एक बार किया जाय। इस प्रकार एक-एक बार में एक-एक मिनट लगाते हुए कुल तीन बार किया जाय।

व्यायामात्मक लाभ–परिश्चमतानासन में प्राय: सारे शरीर और विशेषकर घुटनों के पिछले भाग की पेशियों का बहुत अच्छा तनाव और शिथिलन होता है। इसके साथ ही पेड़ू की अगली पेशियों का बहुत अच्छा संकोच होता है जिससे उनका स्वास्थ्य और सक्रियता बनी रहती है। मेरूदंड निम्न भाग के व्यायाम से वस्तिदेश की नाड़ियों को अधिक रक्त मिलता है जिससे उनकी शक्ति बढ़ जाती है।

मोटापा व उदर-वृद्धि रोकने में सहायक–शरीर का मोटा होना कई प्रकार का है। 1. एक तो वह है, जिसका सारा शरीर ही अति मोटा हो, और इसी मोटाई के कारण चलने-फिरने तथा अन्य कार्य करने में भी कठिनाई

हो। 2. दूसरा वह है, जो इतना मोटा शरीर हो जो चलने-फिरने में तो कोई कठिनाई न हो, परन्तु जो काम फुरती से किए जाते हैं, उन्हें न कर सकें; और धीरे-धीरे शरीर मोटेपन की ओर बढ़ रहा है। 3. तीसरे वह शरीर जिसमें अन्य शरीर की अपेक्षा केवल पेट बढ़ जाए अथवा पेट के अतिरिक्त शरीर पतला पड़ जाए। कई बार यह पेट-वृद्धि उन बालकों को हो जाती है, जिन्हें दूध नहीं मिलता है, और रूखा अन्न ही मिलता है। उस अवस्था में भुजाएं और टांगें पतली हो जाती है और पेट बढ़ जाता है; उसी बालक के सदृश कई व्यक्तियों का पेट बढ़ जाता है और कइयों का शेष शरीर पतला नहीं होता है, तो भी पेट अपेक्षा से अधिक बढ़ जाता है।

उपर्युक्त तीनों प्रकार की स्थूलता की चिकित्सा यदि औषधि उपयोग को छोड़कर, योग की रीति से करनी हो, तो योग की क्रियाओं और आसनों द्वारा की जाती है। मैं प्रथम और दूसरे प्रकार की मोटाई का कोई उल्लेख न कर, केवल तीसरे प्रकार की मोटाई का ही वर्णन करूंगा। यह उपाय कई व्यक्तियों ने किया है और उनका उदर न्यून हो गया है।

जिसका पेट बढ़ गया हो अर्थात् जिसकी तोंद निकल आई हो, जिसे पंजाब में गोगड़ कहते हैं. उसे निम्नलिखित रीति से 'योग का व्यायाम' करना चाहिए।

1. प्रथम तो वह भूमि पर नितंब टेककर बैठ जाए, और एक टांग को सामने आगे फैला दें और फैलाई हुई टांग के मूल में दूसरे पांव का तलवा ऊपर को करके जमा ले, और धीरे-धीरे अपने दोनों हाथ फैलाकर फैलाए हुए पांव के पंजे को पकड़े। यदि न पकड़ सकें, तो जहां तक हाथ जा सके ले जाए. वहां ठहरकर फिर सीधा बैठ जाए। इसी भांति दो बार यत्न करक छोड़ दें। 2. और फिर दूसरी टांग को फैलाकर अर्थात् पूर्व से विपरीत करके, पहले की तरह दो बार यत्न करे। 3. और इसके पीछे दोनों टांगों को फैलाकर पास-पास रखे। सारी टांग भूमि पर लगी हुई हो और एड़ी पृथ्वी पर लगी हुई और पांव का पंजा ऊपर को हो। इस भांति बैठकर दोनों हाथों को फैलाकर यत्न करे, जो तर्जनी और मध्य-मांगुलि से पैर के अंगूठे को पकड़ना है। यदि प्रथम दिवस न पकड़ा जाए तो कोई चिंता नहीं। दो बार यत्न करके छोड़ देना चाहिए। इसी भांति उस समय तक यत्नवान् हो, जिस समय तक पांव के अंगूठे न पकड़ ले। जिस समय अंगूठे को पकड़ ले उस समय अंगूठे को दृढ़ता से पकड़कर धीरे-धीरे शरीर को आगे झुकाए, जहां तक माथा जानु को स्पर्श करने लगे और इसी रीति से अर्थात् माथे को जानु पर रख कर जितना समय ठहर सके, उतना ठहरा रहे। माथे

को जानु पर लगने के समय इस बात का विशेष ध्यान रखना चाहिए कि टांगे भूमि के ऊपर से न उठें, और घुटना इकट्ठा न हो।

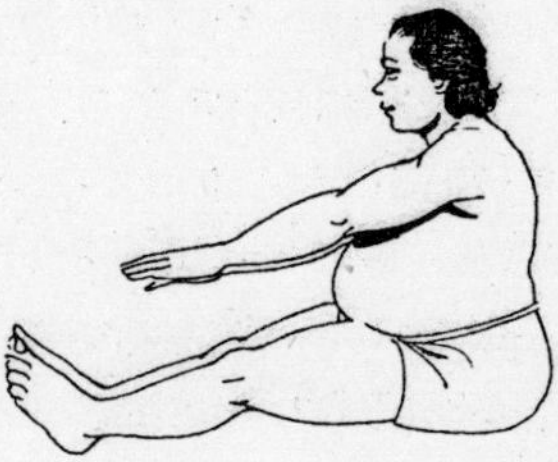

इसी आसन का नाम पुस्तकों में 'पश्चिमतान' में लिखा है, और 'वैदिक धर्म' में इसका नाम 'जानुशीर्षासन' लिखा गया है। जिस समय यह आसन उपर्युक्त विधि से सिद्ध हो जाए, उस समय उस आसन का समय बढ़ाना चाहिए। मैनें इस आसन को प्रतिदिन आधा-आधा घंटे तक स्वयं किया है; इसलिए यदि किसी से प्रथम न हो तो उसे निरुत्साहित न होना चाहिए। क्योंकि बलपूर्वक करने से लाभ के स्थान में हानि का भय रहता है। इसलिए यह आसन धीरे-धीरे करना उचित है। जो व्यक्ति इस आसन को 15 मिनट प्रति दिवस करे, उसका उदर अवश्य ठीक हो जाता है और जिस समय यह आसन आसानी से होने लग जाए, लाभ उसी समय प्रतीत होता है। इसलिए जिन महानुभावों का पेट बढ़ा हुआ हो उन्हें औषधियों का पीछा छोड़कर इसी आसन का अभ्यास करना चाहिए। इस रोग के अतिरिक्त इस आसन से क्षुधा बढ़ जाती है। जिन्हें मंदाग्नि हो उनके लिए भी यह आसन लाभदायक है।

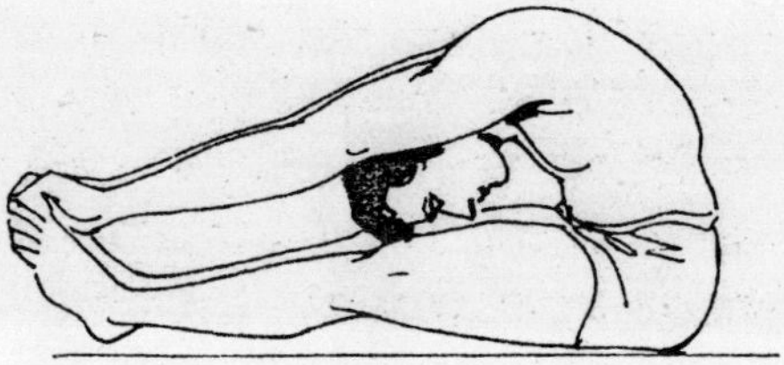

उदर-बुद्धिवालों को आरम्भ से इस आसन के साथ-साथ 'नौलिक' का अभ्यास करना अच्छा रहता है। वह इस प्रकार है:

सीधे खड़े होकर, श्वास को बाहर निकालकर पेट को अंदर को सिकोड़े और फिर पूर्ववत् श्वास बाहर निकालकर, कुछ झुककर, दोनों हाथ घुटनों पर रखकर, पेट को ऊपर खींचकर दायें और बायें हिलाए। इसी भांति तीन-चार बार प्रतिदिन करें। यह भी पेट को हल्का करने में सहायता देती है।

पेट-वृद्धिवाले यदि डाक्टरों की शरण न जाकर और औषधि पर धन का अपव्यय न करके, उपर्युक्त योग के साधनों में प्रवृत्त हों, तो उन्हें बिना धन नष्ट किए ही, लाभ हो सकता है। यही नहीं और भी कई रोग है जिनकी चिकित्सा इस ढंग से हो सकती है। अत: लोगों को इसी भांति की चिकित्सा में प्रवृत्त होकर, इन आसनों का विशेष ध्यान करना चाहिए।

आसनों के अभ्यास से उदर-वृद्धि को दूर किया जा सकता है। पर मोटापा योगासन से कम तभी होगा तब आलू, चावल, चीनी और तली हुई चीजों का कम से कम प्रयोग करें। भोजन हल्का संतुलित व सुपाच्य लें। सब्जियों व सलाद का अधिक से अधिक प्रयोग करें। सुबह उठते ही एक चम्मच शहद नीबू के साथ गुनगुने पानी से लें। इस योगासन के साथ पेट के बल लेटकर भुजंगासन भी करें। दो मिनट से पांच मिनट तक बैठकर कपालघाती प्राणायाम अर्थात् श्वास मुह बंदकर दोनों नासिका छिद्रों से पेट सिकोड़ कर बाहर उलीचने से हर तरह का मोटापा दूर होता है।

स्वामी रामदेव के दो-तीन मिनटों के कुछ प्रभावी प्राणायाम के प्रयोग–कनखल के स्वामी रामदेव पूरे देश में भ्रमण करते हुए अपने योग-शिविरों में उक्त प्राणायाम के प्रयोगों के साथ कुछ योगासनों तथा देसी जडी-बूटी के प्रयोगों द्वारा उच्च रक्तचाप, डायबिटीज, मोटाप, उदररोग, कब्ज आदि रोगों का सफल उपचार करते हुए साधकों को आरोग्य के साथ-साथ ध्यान में उतरने की कला भी सिखला रहे हैं।

जो लोग उच्च रक्तचाप के रोगी हैं अथवा जिन्हें प्रात:काल एक घंटे ध्यान सक्रिय ध्यान करने का समय नहीं मिलता अथवा स्त्रैण चित्त के तामसी तथा सात्विक वृत्ति के साधकों के लिए श्वास सुषुम्णा नाड़ी से गतिशील करने के लिए और शारीरिक स्वास्थ्य की खातिर दो-दो मिनट के यह प्राणायाम अत्यंत उपयोगी हैं। मैने स्वयं इनका प्रयोग कर इनका चमत्कारिक प्रभाव का अनुभव किया है।

ओशो सक्रिय ध्यान के प्रथम चरण में पहिले नासिका छिद्रों से गहरी श्वास अंदर भरने और अंदर से बाहर गहरी श्वास उलीचने को कहते थे। यह मस्त्रिका प्राणायाम है। बाद में संशोधित कर उन्होंने नासिक छिद्रों से केवल श्वास लुहार की धौंकनी की तरह बाहर उलीचने को कहा। यह विधि

कपालभाति प्राणायाम की है, जिसे खड़े होकर दस मिनट किया जाता है।

स्वामी रामदेव के प्रयोगों में सुखासन में बैठकर ही दो मिनट मस्त्रिका प्राणायाम और दो मिनट के विश्राम के बाद कपालभाति प्राणायाम करने से श्वास सुषुम्ना से चलने लगती है। मूलाधार चक्र में सुप्त कुण्डलिनी पर चोट पड़ने से वह जागने लगती है। इन प्राणायामों को दो मिनट से पांच मिनट तक बढ़ाया जा सकता है। स्वामी रामदेव ने इन प्रयोगों में विभिन्न बंधों का उल्लेख किया है पर कपालभाति प्राणायाम करते समय केवल श्वास फेंकते समय पेट का संकोचन की पर्याप्त है।

उच्च रक्तचाप के रोगियों को यह प्राणायाम मंद गति से करना चाहिए। यह मोटापा, मधुमेह, गैस, कब्ज, अम्लपित्त, किडनी प्रोस्टेट, हृदय, फेंफडों तथा मस्तिष्क रोगों के साथ सर्दी, जुकाम, दमा, एलर्जी, साइनस व थायराइड के साथ गले के रोगों को दूर करते हैं। रक्त परिशुद्ध होकर प्राण व मन थिर होते हैं।

तीसरा प्राणायाम है—अनुलोम-विलोम। इसे समय भाव करें कि इड़ा और पिंगला नाड़ियों में श्वास का घर्षण और मंथन होने से सुषुम्णा नाड़ीं जागृत हो रही है। इसे करने से सभी नाड़ियां शुद्ध होकर संधिवात, गठिया, कम्पवात, सभी वात तथा मूत्र रोग, कफ रोग आदि दूर होते हैं। कुण्डलिनी शक्ति अधोमुखी से ऊर्ध्वमुखी हो जाती है।

विधि—दाएं हाथ के अंगूठे से दाहिनी नासिका का छिद्र बंदकर बाएं नासिका छिद्र से गहरी श्वास अंदर भरें, फिर अनामिका व मध्यमा अंगुलियों से बायां नासिका छिद्र बंद कर दाएं हाथ के अंगूठे को नासिका छिद्र से हटाकर गहरी श्वास इसी छिद्र से बाहर उलीच कर फिर दाएं छिद्र से ही गहरी श्वास अंदर लेकर बाएं नासिका छिद्र से बाहर फेंक दें। फिर बाएं नासिका छिद्र से नासिका से गहरी श्वास अंदर भरकर उपरोक्त विधि से उसे बाहर उलीच दें।

❑❑❑

द्वितीय खंड

ध्यान घटने और प्रेम में विकसित होने की सहज सरल विधियां और सूत्र

नम्र निवेदन-

ओशो के प्रमुख ध्यान सूत्रों और प्रयोगों के सम्बंध में मैं अपने पूर्व ग्रंथ "बुद्धत्व खड़ा बाजार में" में विस्तार से प्रकाश डाल चुका हूं। यहां मैं केवल उन्हीं सूत्रों ओर विधियों का उल्लेख कर रहा हूं– जिनसे मैं स्वयं विकसित हुआ और विकसित हो रहा हूं।

मेरा पूरा प्रयास है कि पिछले ग्रंथों में उल्लिखित प्रसंग दोहराये न जायें। पर फिर भी कहीं-कहीं संदर्भ को स्पष्ट करने और बात अधूरी न रह जाये, इसलिए उनका उल्लेख मात्र कर दिया गया है।

18. ध्यान करने से पूर्व ठीक से समझें—ध्यान है क्या? वह घटे कैसे? अंतर्यात्रा के आवश्यक सूत्र

सभी बुद्ध पुरुषों की एक ही देशना है ध्यान और प्रेम। पर ओशो ने ध्यान विधियों को पहली बार वैज्ञानिक आधार दिया। बदले युग और मनुष्य की परवर्तित चित्रवृत्ति को दृष्टिगत रखते हुये उन्होंने कई ध्यान प्रयोगों को मिलाकर नई ध्यान विधियां विकसित कीं। उन्होंने धर्म और ध्यान के रूखे-सूखे, नीरस और गम्भीर पथ को गीत-संगीत तथा नृत्य से जोड़ कर सरस और उत्सवपूर्ण बनाया।

अतीत में व्यक्ति बुद्धिवादी न होकर भावुक और संवेदनशील था। वह सहज, सरल और संवेदनशील था। तब जीवन शांत और धीमी गति से गतिशील था। तब ध्यान थोड़े से चुने हुए लोगों की विलासिता थी। आमलोगों का जीवन ध्यानपूर्ण था ही।

पर आज के यांत्रिक, वैज्ञानिक और बुद्धिवादी युग में ज्ञानविज्ञान के विकास के साथ परिवर्तन की रफ्तार बहुत तेज है। समझदार बने रहने के लिये मृत्यु के अंतिम क्षण तक मनुष्य को कुछ न कुछ सीखते रहना आवश्यक है। अब मस्तिष्क पर दबाव पहले से चालीस गुना अधिक है। मनुष्य चिंतित और तनावग्रस्त ही नहीं, विक्षिप्त होने की कगार पर है। पहले से आत्महत्याएं बहुत अधिक बढ़ गई हैं। इस तनाव और दबाब को शिथिल करने के लिए यह आवश्यक है कि मनुष्य कम से कम प्रतिदिन एक घंटे एकान्त में ध्यान में डूबे, जहां कोई स्मृति, विचार या कल्पना न हो। यह उसे नई ताजगी ऊर्जा और आनन्द देगा।

अंग्रेजी में दिये गये अनेक प्रवचनों में ओशो ने 'ध्यान क्या है, इस पर विस्तृत चर्चा की है। उनके अंग्रेजी प्रवचनों में से उन चुने अंशों को संकलित कर "व्हाट इज मेडिटेशन?" (ध्यान क्या है?) पुस्तिका प्रकाशित

हुई है। हिन्दी प्रवचनों में 'साधनापथ' 'नेति-नेति' 'ध्यान सूत्र' 'गीता दर्शन, अष्टावक्र गीता, ताओ उपनिषद् तथा निर्गुण संतों की वाणी के साथ-साथ अन्य प्रवचन मालाओं में भी ओशो ने ध्यान क्या है, उसे क्यों किया जाये, वह कैसे घटे? और उसके कौन से सूत्र हैं, इस पर सम्यक बोध दिया है।

ओशो प्रेमियों के लिये इन कुंजियों, सूत्रों और बोध को एक साथ संकलित कर प्रस्तुत करने का यही उद्देश्य है कि ध्यान के संबंध में वह गहराई से जानें और जाने अनजाने यदि वह कहीं चूक रहे हैं तो ओशो द्वारा दिये गये संकेत उनका मार्गदर्शन करें।

ध्यान है–

1. आशापूर्ण दृष्टिकोण–अधिकतर लोग हताश और निराश हैं। जीवन में संघर्ष करने से पूर्व ही वह आधी हार स्वीकार कर चुके हैं। ध्यान है पतझड़ में वसंत का आगमन। आधे गिलास पानी को देखकर निराशावादी व्यक्ति कहता है कि यह गिलास आधा खाली है, जब कि आशावादी हँस कर कहता है– वाह! यह गिलास तो आधे से अधिक भरा है। बस जरा-सा ही खाली है।

2.अज्ञात में छलांग–ध्यान क्रिया नहीं अक्रिया है। यह मन, बुद्धि और अंहकार के परे, उस पार अज्ञात संसार में प्रवेश है। यह स्वयं अपने अंदर की ही अंतर्यात्रा है। गीता दर्शन अध्याय 7 में अष्ट प्रकृति के विज्ञान को समझाते हुये ओशो कहते हैं– जड़ और अपरा प्रकृति को कृष्ण ने आठ प्रकार से विभक्त होकर व्यक्त होना बतलाया है। पृथ्वी, जल वायु और अग्नि यह चार तत्त्व प्रधान हैं, जिनसे यह जगत बना। इन सभी का अस्तित्व स्थान (स्पेस) और समय ही में संभव है। स्थान और समय का ही नाम आकाश है। चार तत्त्वों में भी मूल तत्त्व अग्नि है जिसका तरल रूप जल, गैसीय रूप वायु और ठोस स्वरूप पृथ्वी है। अग्नि (विद्युत) ही से मनबुद्धि और अंहकार का जन्म होता है। इस जड़ अपरा प्रकृति के पार जाकर ही धर्म की यात्रा का प्रारंभ होता है। परमात्मा, मन बुद्धि और अंहकार को विसर्जित करने के बाद ही मिलता है।

अहंकार से मुक्ति तभी होती है जब धन, पद और भोगों की व्यर्थता का बोध हो जाये और संसार सपनावत लगने लगे। यह मार्ग ध्यान का मार्ग है, जिसमें संकल्प और श्रम के बिना कुछ भी नहीं होता और दूसरे भक्ति के मार्ग को कृष्ण अपना मार्ग बताते हुए कहते हैं कि यदि प्रत्येक कर्म बिना फलाकांक्षा के मुझे समर्पित करते हुये किया जाये, तो अहंकार विसर्जित हो जाता है।

ओशो ने ज्ञान और भक्ति दोनों के मध्य संतुलन साधते हुये जो मार्ग दिया वह मार्ग रहित मार्ग और प्रयास रहित प्रयास है। उन्होंने कहा– परमात्मा (बुद्ध) होना हमारा स्वभाव है। हम सभी आत्मा का बीज लेकर ही उत्पन्न होते हैं पर मूर्च्छा के कारण अपने निज स्वरूप का विस्मरण कर देते हैं। ध्यान, होश जगाने की, अपने को स्मरण करने की विधि है। यह प्रयास से नहीं सद्‌गुरु और परमात्मा के प्रसाद से ही घटता है। पर जो लोग आलस्य में प्रयास ही नहीं करते, वह उन्हें भी नहीं मिलता। परमात्मा तो अज्ञात और अरूप है, अतः उसे समर्पण करना कठिन है। इसलिये सद्‌गुरु जो अपने को जान कर परमात्मा ही हो गया है, उसे समर्पण करना आसान होता है। जो सद्‌गुरु को सर्वात्म समर्पित कर, कुछ भी न करते हुये भूतकाल और भविष्य को भुलाकर वर्तमान में थिर हो जाता है, जो प्रत्येक कार्य का दृष्टा बना हुआ कर्त्ता और भोक्ता नहीं रहता, जो सोते, जागते हुये भी होशपूर्ण रहता है, वह तुरीयावस्था में प्रवेश करता है। वह बुद्ध हो जाता है।

3. अकेलेपन को अनिवार्य नियति मानकर आनंदित रहना। हम दूसरे के चाहे जितने निकट जायें पर फिर भी द्वैत का भाव बना रहता है। अहंकार के कारण अद्वैत नहीं घटता। हम खाली हाथ आये हैं और खाली हाथ जाना है।

4. संसार को रंगमंच समझ कर अभिनेता बन कर रहना।

5. अद्वैत का भाव। संसार को परमात्मा से पृथक न समझते हुये अपने को सम्पूर्ण अस्तित्त्व से जुड़ा हुआ जानना।

6. आनंद को बांटना।

7. करुणा–सम्पूर्ण अस्तित्त्व के प्रति कृतज्ञता व करुणा का भाव।

8. कृतज्ञता–जड़, चेतन, वृक्ष, सभी पशु और जीवों (थलचर, नभचर और जलचर) के प्रति।

माता, पिता, गुरुजन और सभी पूर्वजों के प्रति अहोभाव। अग्नि, पृथ्वी, जल, वायु, आकाश, मन, बुद्धि और इंन्द्रियों के प्रति अहोभाव। सदगुरु ओशो तथा सभी बुद्धों के प्रति कृतज्ञता व अहोभाव।

9. कुछ भी न करना–कुछ भी न करना ही ध्यान है। ध्यान क्रिया नहीं अक्रिया है। पर इस स्थिति तक आने के लिए, चंचल मन को थिर करने के लिये तथा शरीर मन और बुद्धि के मध्य संतुलन साधने के लिए ध्यान की सभी प्रक्रियाएं हैं। तनाव के चरम शिखर पर पंहुचने के बाद ही विश्राम की गहरी घाटी में उतर पाना सम्भव है। Sit silently, doing nothing when spring comes, grass grow it self.

10. खेलपूर्ण होना–

11. खिलावट– परमात्मा, परमानन्द है। वह प्रफुल्लता और प्रसन्नता से की जाने वाली सतत खोज है जो साधक को सदा ताजे फूल-सा खिला रखती है।

12. खाली हो जाना- रेचन के बाद जब शांति व परम मौन घटता है तो खालीपन में भी एक परिपूर्णता होती है।

13. खतरों से खेलना–

14. गहरी प्यास–सत्य को जानने को जिज्ञासा ही प्यास बनती है। यह प्यास जब मन प्राणों की पुकार बन जाती है तब उसे अभीप्सा कहते हैं। जब यह लपट बन जाती है तब यह मुमुक्षा होती है।

15. प्रकृति का अधिक से अधिक सान्निध्य।

16. प्रेम–सभी के प्रति अपेक्षारहित प्रेम, जिसमें कोई मांग न होकर सर्वस्व देने का भाव हो। शरीर का प्रेम, हृदय के प्रेम में और हृदय कर प्रेम आत्मा के प्रेम में परिवर्तित होकर प्रार्थना बन जाये।

17. प्रतीक्षा–साधक या मुमुक्ष को साधना बिना किसी आशा या परिणाम की चिंता किये बगैर करना चाहिये। परमात्मा को पाने की चाह भी बाधा बन जाती है। साधक को अनन्त धैर्य और प्रतीक्षा के लिये तैयार रहना चाहिये। यह जन्म जन्मों की साधना से, प्रयास करते हुये भी प्रयास से नहीं, प्रभु प्रसाद से मिलता है।

18. पूर्ण शुद्धता–शरीर, विचार और भावों की शुद्धता।

19. पारदर्शिता–मन में सदा विचारों की धुंध और भीड़ रहती है। जब भूत और भविष्य के संबंध में चिंता छोड़कर वर्तमान में रहना आ जाता है, जब कामनाओं का जाल गिर जाता है तब मन थिर होता है। उसमें विचार की तरंगें उठना बंद हो जाती हैं और पारदर्शिता घटती है।

20. प्रमुदिता–धर्म में उदासी और गम्भीरता लाकर लोगों ने उसे रुग्ण बना दिया है। ओशो ने ध्यान को एक खेल कहा है। हंसिबो खेलिबा करवाध्यानम्। उत्सव, आनंद तथा नृत्य गीत के समिश्रण द्वारा ओशो ने ध्यान को सरस और आनंदपूर्ण बनाया।

सदैव फूल से खिले रहना, झरने की तरह हंसना और नदी की तरह कल-कल बहना, ध्यान में सहयोगी है।

21. प्रज्ञा–बुद्धि को मालिक से हृदय का अनुचर बनाकर रखने से बुद्धि परमार्जित होती है। उसमें से कूड़ा कर्कट और असार अलग हो जाता है। ध्यान द्वारा एक समझ विकसित होने पर बुद्धि प्रज्ञा बन जाती है।

22. मैत्री–सभी के प्रति मैत्री साधना

23. मस्तिष्क को विश्राम–आज के बुद्धिवादी युग में मनुष्य का मस्तिष्क सर्वाधिक व्यस्त तथा थका हुआ है। मस्तिष्क के केन्द्र को हृदय केन्द्र पर लाने के लिये ओशो ने कई प्रयोग बतलाये हैं। इनमें से एक प्रयोग में यह धारणा करना या मन को निरन्तर एक सुझाव देना है कि हमारा सिर किसी ने तलवार से काट दिया है और हम बिना सिर बैठे हैं। यह प्रतीति घनी करनी है। इससे निर्विचार में छलांग लगने में सहायना मिलती है।

24. मौन--कम से कम बोलना। संकेतों में बात करना। मन भी जब बात न करे, न संकेतों में और न लिखकर (स्लेट या कॉपी पर) तभी वह मौन है।

25. मस्ती से रहना।

26. मनोरंजन

27. मन का मालिक बनना।

28. विस्मय का भाव–पूरे ब्रह्माण्ड की विराटता का स्मरण-कि यहां पृथ्वी से करोड़ों गुने बड़े असंख्य ग्रह, नक्षत्र और ऐसे तारे हैं जिनका प्रकाश पृथ्वी पर आने में अरबों वर्ष लग जाते हैं जब कि प्रकाश की गति एक लाख छियासी हजार प्रति मील है, अपनी क्षुद्रता का अनुभव होने के साथ अंहकार विसर्जित होता है।

असंख्य ग्रह नक्षत्र, सूर्य और तारे अपने अपने केन्द्र पर घूमते हुये एक दूसरे के आर्कषण से अंतरिक्ष में तेजी से घूमते हुये टकराते नहीं यह कम आश्चर्य नहीं है।

एक बीज से विशाल वृक्ष का बनना व फूल खिलना कम बड़ा आश्चर्य नहीं है।

भोजन का पच कर रक्त मांस बनना, अपने आप घाव भरना, सोते में भी सांस चलते रहना, दिल धड़कते रहना क्या कम बड़ा चमत्कार है।

यह विस्मय का भाव सत्य की यात्रा में सहायक है।

29. वर्तमान में जीना--वर्तमान में क्षण क्षण जीना तभी सम्भव है, जब भूत भविष्य विसर्जित हो जायें। यह विसर्जित तभी होते हैं जब कामना के कभी तृप्त न होने के स्वभाव का बोध होने पर कामनाएं मिट जायें। निर्विचार में छलांग लग जाये। गीतादर्शन में ओशो कहते हैं कि सभी कर्म प्रभु को समर्पित करने पर ही भूत भविष्य विदा हो जाते है। वर्तमान में रहते हुये क्षण-क्षण जीना ही समय के पार छलांग है।

30. विनम्रता–जिसकी कोई कामना या अपेक्षा न रही, जो सर्वस्वीकार से जीते हुये कण-कण में परमात्मा या अपने को ही देखता है, उसका अहंकार या क्रोध फिर बचता ही नहीं। विनम्रता छाया की प्रकार स्वयं प्रकट होती है।

31. वितर्क छोड़कर सदगुरु के प्रति श्रृद्धा और समर्पण– ध्यान घटता ही तभी है जब सारे संदेह और संशय गिर जायें और श्रद्धा का स्वत: जन्म हो।

32.विधायक दृष्टिकोण का होना–जो दूसरों में त्रुटियां या कमियां देखते हैं, जिन्हें प्रत्येक कार्य का नकारात्मक पहलू ही दिखाई देता है, ऐसे लोग ध्यान को उपलब्ध नहीं हो सकते। जो अपमान और चोट भी इस भाव से स्वीकार करता है कि वह उसी की गल्तियों का प्रतिफलन है वही ध्यानी है।

33. विकसित होना–ध्यान करते हुये सृजनात्मक होने से तथा बुद्गि के निर्मल होने से व्यक्ति का मानसिक तथा आध्यात्मिक विकास होता है।

34. विश्रामपूर्ण रहना–विश्रामपूर्ण स्थिति आती ही तभी है जब भूत और भविष्य विदा हो जायें। कोई महात्वाकांक्षा कामना या तनाव न रह जाये।

35. नाभि से श्वास लेने का अभ्यास डालना, जिससे नाभि केन्द्र विकसित हो। लाओत्से किसी भी शिष्य को तभी स्वीकार करता था जब यह परीक्षण कर लेता था कि वह नाभि से श्वास ले रहा है। निरन्तर नाभि से श्वास लेने पर ही केन्द्र मस्तिष्क तथा हृदय से खिसक कर केन्द्र पर आ जाता है। ऐसा विचारों और भावों की शुद्धि के बाद ही होता है।

36. निर्भयता–सबसे बड़ा भय मृत्यु है। जिसने मृत्यु को नये जीवन का द्वार जान लिया वह भयमुक्त हो जाता है।

37. सम्यक आहार– ध्यान करने के लिये शाकाहारी, ताजा, हल्का सुपाच्य बिना तेज मसालों का सादा आहार लेना आवश्यक है। भूखा रहना और अधिक भोजन दोनों ही ध्यान में बाधक हैं। उत्तेजक, तेज मसालों का मांसाहारी आहार हिंसा, क्रोध कामवासना तथा उत्तेजना उत्पन्न करता है और बासा ठंडा तथा भूख से अधिक भोजन निद्रा व आलस्य उत्पन्न करता है। इसीलिये ध्यानियों के लिये शुद्ध शाकाहारी सादा, संतुलित तथा सम्यक् आहार लेना आवश्यक है।

38. संवेदनशीलता–आज के भौतिकवादी युग ने मनुष्य को यांत्रिक, कठोर और संवेदनाहीन बना दिया है। प्रकृति की सुंदरता में, फूलों के

खिलने और चिड़ियों के संगीत में उसके प्राणों में पुलकन नहीं होती। उसका प्रेम मात्र शरीर तक सीमित होने से उसमें स्फुरण, कंपन और पुलकन नहीं आ पाता है।

39. सजगता से जीना–निरन्तर होशपूर्ण बने रहने से ही सजगता का जन्म होता है। एक ज़ेन सदगुरु के पास जब एक राजकुमार तलवार सीखने आया तो सदगुरु ने कहा- तुझ पर पहले महीने मैं लकड़ी की तलवार से और अगले महीने सोते में वार करूंगा और फिर वार असली तलवार से होंगे। तुझे सदा सजग रहना है। कुछ वार झेलने के बाद राजकुमार सोते हुए भी सजग रहने लगा।

40. सहजता से जीना-- सहज तभी हो पाता है व्यक्ति, जब वह बच्चे की प्रकार भोला और निष्पाप हो जाये। अस्तित्त्व के रहस्य को देखकर विस्मय के भाव से भर जाये।

41. सृजनात्मकता– संगीत, चित्र, कला, मूर्तिकला अथवा कोई भी सृजनात्मक कला, जीवन को आनन्द और सुवास से भर देती है। 64 कलाओं में भोजन बनाना भी एक कला है। इसे और व्यापक आयाम देते हुये ओशो कहते हैं कि बागवानी, बढ़ईगीरी, पेंटिंग (दीवारों की) यह भी एक कला है।

42. समग्रता से जीना तथा प्रत्येक कार्य को समग्रता से उसमें पूरी तरह डूब कर करना। हम घर में दफ्तर की और दफ्तर में घर की बातें सोचते हैं। कोई भी कार्य समग्रता और पूर्णता से न कर उसे ऊबे हुये अधूरेमन से करते हैं। कार्य को ध्यान समझ कर उसे रुचिपूर्वक समग्रता से करते हुये उसमें डूब जाना ही ध्यान है।

43. संतुलन साधते हुये केन्द्र की ओर जाना– दो अतियों के बीच संतुलन साधने की कला ही ध्यान है। दो शब्दों अथवा दो सांसों के अंतराल में ठहर चेतना को केन्द्रित करना ही ध्यान है। हृदय और बुद्धि, निद्रा और जागरण, भूख और भोजन के बीच ठहर जाना है। तभी बुद्ध ने इसे 'मज्झिम निकाय या मध्य मार्ग कहा है।

44. सम्यक निरीक्षण– इन्द्रियों तथा मन के मनोभावों और वृत्तियों का सम्यक निरीक्षण करते रहना और उनसे निर्लिप्त रहना।

45. सम्यक बोध–मृत्यु का सम्यक बोध। मृत्यु की अनिवार्यता मानकर, एक दिन नाशवान शरीर नष्ट होगा ही, ऐसा जानकर निर्भय हो जाना।

46. साक्षी और सर्वस्वीकार– संन्यास लेकर भी संसार तथा घर परिवार में रहने की ओशो ने अद्‌भुत तथा नवीन विधि विकसित की। जल में कमल की तरह तटस्थता से रहना, सभी दुखों को सहजता से स्वीकार करते हुये उनके दृष्टा बने रहने की कला ही ध्यान है। हम मूर्च्छा में बार–बार अपनी वृत्तियों से तादात्म्य जोड़ लेते हैं। उठते बैठते, चलते फिरते, सोते जागते, निरन्तर होश साधने की कला ही साक्षी हो जाना है। तब चेतना, शरीर से पृथक खड़ी दृष्टिगत होती है।

47. स्वभाव के अनुसार कार्य चुनना और उसे रुचि तथा आनन्द भाव से करना। माता-पिता, बच्चों की रुचि के प्रतिकूल उसे डॉक्टर या इंजीनियर बरबस बनने को विवश करते हैं जब कि वह संगीतकार या चित्रकार होना चाहता था।

48. स्मरण– निरन्तर यह स्मरण बने रहना कि मैं मात्र शरीर न होकर परम ऊर्जा और चैतन्य का ही एक अंश हूं।

49. स्वतंत्रता– धर्म, समाज तथा बाहर से थोपे गये नीति नियमों में आबद्ध न रहते हुये अपने छंद से जीना। आत्म अनुशासन और विवेक से जीना।

50. समझ विकसित होना–धर्म, समाज ओर परिवार ने हमें रूढ़ियों और अंधविश्वासों की कारा में कैद कर रखा है। हम एक मूर्च्छा में जी रहे हैं। ध्यान बुद्धि को निर्मल करती है। कूड़े कचरे को जलाकर उसे प्रज्ञावान बनाती है।

51. शब्दों के अंतराल पर चेतना को केन्द्रित करना--ओशो प्रवचन देते हुये अचानक मौन हो जाते थे। यह जानते हुये भी कि सत्य कहते ही असत्य हो जाता है उन्होंने शब्दों द्वारा उसके सार्थक संकेत दिये। गहरे ध्यान मं उन्होंने मौन को समझने की कला सिखाई जो आत्मानुभूति ही है।

यह सूत्र कोई नियम और अनुशासन नहीं थोपते। यह एक नई जीवन शैली विकसित करते हैं, जिससे व्यक्ति का होश बढ़ता है। उसके जीवन में मस्ती और आनन्द आते हैं। उसकी समझ विकसित होती है। बुद्धि प्रज्ञा बनती है जो हृदय द्वारा संचालित होती है और तुम उसके मालिक बन जाते हो।

एक बार जब ध्यान का स्वभाव समझ में आ जाये तो ध्यान में उतरना सहज और सरल हो जाता है। फिर शरीर शुद्धि भाव शुद्धि और विचार शुद्धि सरलता से हो जाती है। शरीर, मन और इन्द्रियों से मैत्री स्थापित हो जाती है। दमित मनोग्रंथियों के रेचन फिट शरीर ही सहायक होता है। सम्यक

व्यायाम शरीर को स्वस्थ रखता है। संतुलित शाकाहारी आहार शरीर को हल्का, स्वस्थ और सक्रिय बनाने में सहायक होता है।

अधिक से अधिक प्रकृति और सत्संग के सान्निध्य से शुभ विचार ही उठते हैं। सत्यम, शिवम् और सुंदरम इन तीनों में से किसी एक के सध जाने से भी विचार शुद्ध हो जाते हैं। यही शुभ विचारों के केन्द्र हैं। अखबार, रेडियो और टी.वी. ये सभी अशुद्ध विचारों का कचरा दिमाग में फेंकते हैं। इनमें व्यर्थ समय नष्ट न करके किसी लोककल्याणकारी शुभ कार्य को करना और सृजनात्मक बनना ही विचार शुद्धि की कुंजी है। कला अथवा बागबानी आदि कार्य सुंदरतम् की अभिव्यक्ति है। भाव शुद्धि के लिये प्रमुदित रहना मैत्री और करुणा को साधना तथा अहोभाव से भर जाना ही एक मात्र उपाय है।

मैं शरीर हूं यह भाव विलीन होने पर तथा मैं परम चैतन्य या परम ऊर्जा का एक अंश हूं यह भाव सघन होने पर शरीर शून्यता घटती है।

विचारों ओर काम क्रोध, घृणा आदि भावों के सम्यक निरीक्षण से जब उनसे तादात्म्य टूट जाता है और तुम कर्त्ता और भोक्ता नहीं रह जाते तब विचार शून्यता और भावशून्यता घटती है।

पर ध्यान करने से पूर्व उसके प्रति प्यास होना जरूरी है। बिना प्यास या बिना भूख लिया गया कोई भी भोजन या पेय वमन ला सकता है। यह प्यास तभी जागती है जब यह बोध घना हो जाये कि हमने अभी तक जो किया, धन कमाया पद के लोभ में पागल बनकर, औरों को सताया या शरीर भोगा उससे मिला कुछ नहीं, एक रिक्तता और संताप घना हो गया।

जब व्यक्ति अतीत को भुला दे और भविष्य के सपनों में न फंसकर वर्तमान में क्षण-क्षण जीना सीख ले, जब अकेलेपन में आनन्द आने लगे और जीवन सहज और सरल हो जाये तब ध्यान अपने आप घटता है। सत, चित् आनन्द की वर्षा होती है।

❑❑❑

19. ध्यान घटने के लिए होशपूर्ण जीवन-शैली विकसित करें

यह स्पष्ट कर दिए जाने के बाद भी कि ध्यान प्रयास से नहीं, बिना प्रयास अकस्मात् स्वतः घटता है, मन फिर भी पूंछता है-कि ध्यान की जीवन-शैली बनाने की विधि बतायें। संवेदनशील, सृजनात्मक आदि कैसे बना जाये, इसका तरीका बताएं।

ओशो इसके तीन उपाय बताते हैं।

शरीर शुद्धि, विचार-शुद्धि और भाव शुद्धि

वे कहते हैं—मन के दमित मनोभावों को होशपूर्ण रेचन से और स्वच्छता से रहते हुए शरीर और मन शुद्ध होते हैं। अंदर से खाली होने का यह सुगम उपाय है। इसके लिए सक्रिय ध्यान के प्रथम दो चरण, नो माइन्ड-ध्यान और पूरा तनाव देकर धीमे-धीमे विश्राम में जाना भी सहायक है।

साधना शरीर के द्वारा ही जाती है अतः उसका स्वस्थ रहना भी आवश्यक है। इसके लिए आवश्यक है-सम्यक व्यायाम और हल्का, सुपाच्य और शाकाहारी आहार। वह भी न भूख से अधिक, जिससे आलस्य और नींद आये और न इतना कम जिससे क्षुधा शांत न हो और प्रत्येक क्षण भोजन ही याद आता रहे। सामिष या मांसाहारी आहार जो देर में पचता है-हिंसक विचारों और क्रोध का जन्मदाता है। इसी प्रकार शराब या मादक वस्तुओं का सेवन भी मूर्च्छा बढ़ाता है। वह सजगता और होश साधने में बाधक है।

विचार और भाव शुद्धि के लिए आवश्यक है प्रकृति के साथ ऐसे लोगों का भी सान्निध्य और सत्संग करना जिन्हें ध्यान घटा है। वे अपने अनुभवों से सही मार्ग निर्देशन दे सकते है।

प्रकृति के मध्य जीने और वृक्षों से मैत्री साधने से उनसे एक अंतर्संबंध घटित होने लगता है। अधिक से अधिक मौन रहकर, सूर्योदय,

सूर्यास्त, अंधेरी रात का तारों भरा आकाश या मेघरहित नीला आकाश घूरते रहने से मन खाली होता है। मैत्री भाव, आस पड़ोस के व्यक्तियों, पशुओं और वृक्षों से साधना है। पंच तत्त्वों के निकट सम्पर्क से प्राण व जैविक ऊर्जा अधिक से अधिक मिलती है। सदा नाचते गाते उत्सवपूर्ण रहने, नाभि से धीमी, गहरी व लयबद्ध श्वास लेने, सृजनात्मक होने तथा अपेक्षारहित छोटे-छोटे शुभ कार्य करने से विचार और भाव शुद्ध होते हैं।

समाज, धर्म और परिवार के मूढ़ संस्कारों से मुक्त होकर अपने शास्त्र ज्ञान द्वारा ज्ञानी होने का जो भ्रम त्याग देता है और जो सर्वस्वीकार भाव से जीते हुए, अकेले होने का आनन्द लेने लगता है, वह ध्यान घटने की पात्रता स्वत: अर्जित कर लेता है।

फिर शरीरशून्यता, विचारशून्यता और भावशून्यता सहज रूप में घटने लगती है। अज्ञान की ग्रंथियाँ विसर्जित होने लगती हैं। शरीर मन से तादात्म्य टूटने लगता है। द्रष्टा भाव से श्वास, विचारों और भावों को देखते रहने और वर्तमान में क्षण-क्षण जीने से स्वत: रूपान्तरण होने लगता है।

इसका यह भी अर्थ नहीं कि इतना सब कुछ होने के बाद ही ध्यान करना शुरू करें। ध्यान करना तो तुरंत शुरू कर दें और साथ सत्य उक्त प्रकार की जीवन शैली से जीते रहें।

ध्यान चाहता है- अनन्त धैर्य और आशापूर्ण दृष्टिकोण। यदि यह कामना भी रही कि ध्यान से कुछ घटे और ध्यान करते हुए भी वह घटता क्यों नहीं, तो यह कामना भी बाधा बन जायेगी।

यदि दोनों नितम्बों पर संतुलन साधकर नहीं बैठा जाता और यदि दाएं नितम्ब पर अधिक भार रहा तो नासाग्र को अर्द्ध निमीलित नेत्रों से देखते हुए दाहिनी भौंह के ऊपर संवेदना का केन्द्र निर्मित हो जाता है जिसे त्रिनेत्र का बिन्दु होने का भ्रम उत्पन्न हो जाता है। इसी तरह बाएँ नितम्ब पर भार अधिक रहा शरीर का, तो निष्क्रिय ऊर्जा जागकर नासाग्र ध्यान के बाद बाईं भौंह के ऊपर केन्द्र निर्मित होता है।

दोनों नितम्बों पर समान भार डालकर बैठने से तमस और रजस, (निष्क्रिय और सक्रिय) ऊजाएं तो संतुलित होती ही हैं, ऊर्जा का ऊर्ध्वगमन होकर वह त्रिनेत्र पर पहुंच कर उसे सक्रिय करती है।

मेरा और कई मित्रों का अनुभव है कि ऊर्जा का ऊर्ध्वगमन हृदय चक्र तक तो सरलता से हो जाता है पर हृदय चक्र से ऊपर ऊर्जा को ऊर्ध्वगमन में कठिनाई होती है। इसका कारण कंधों में ऊर्जा का अवरोध है। यह पीठ व गर्दन पर नीचे से ऊपर सूखी मालिश करने पर तथा गर्दन घुमाने के व्यायाम द्वारा यह अवरोध समाप्त हो जाता है। ऊर्जा के ऊर्ध्वगमन के समय,

जब ऊर्जा हृदयचक्र तक पहुंची हो बीच ही में किसी कारणवश ध्यान अधूरा छोड़कर उठ जाने के कारण ही ऊर्जा अवरोध उत्पन्न होता है। अतः जब तक जागी हुई ऊर्जा को सहस्त्रार द्वारा मुक्त न कर दिया जाये, ध्यान को अधूरा छोड़कर उठना नहीं चाहिए। मंडल ध्यान भी ऊर्जा के आज्ञाचक्र तक ऊर्ध्वगमन में सहायक है।

एक अन्य कारगर विधि—दोनों आंखों पर कोमलता से हथेलियां रखकर जब पलकों को हथेलियों द्वारा सौम्यता से पंख की तरह स्पर्श किया जाता है तो ऊर्जा के बाहर जाने का द्वार बंद होने से ऊर्जा भीतर की ओर मुड़ जाती है और तीसरी आंख से टकराती है। अवधान तीसरी आंख का भोजन है।

अंदर लौटकर जाने वाली ऊर्जा चेहरे व सिर में हल्कापन लाती है और त्रिनेत्र से टकराने पर यह बूंद-बूंद कर बरसती है।

हृदय और श्वास की गति स्वतः अत्यंत धीमी हो जाती है और पुतलियां थिर होने से निर्विचार घटता है। अंदर खोपड़ी में विराट ब्रह्माण्ड के होने की अनुभूति होती है।

इन दो उपायों के बाद सघन भाव किया जाये कि अन्दर हृदय के मध्य एक नीली ज्योति जल रही है और उसका प्रकाश रोम-रोम से छनकर बाहर निकल रहा है। दो मिनट की भाव भरी इस कल्पना से शरीर पिघलने लगता है और मात्र एक प्रकाश पुंज रह ताजा है।

अब मूलाधार चक्र और कामकेन्द्र पर सघन प्रकाश बिंदुओं की कल्पनाकर यह भाव करते से कि प्रकाश बिंदु या विद्युत-धारा नाभि की ओर ऊर्ध्वगमन कर रही है, ऊर्ध्वगमन प्रारम्भ हो जाता है।

पर इस पूरी प्रक्रिया में प्रमुदिता का भाव निरन्तर बने रहने की आवश्यकता है। यह भाव तो प्रत्येक ध्यान प्रयोग में निरन्तर बने रहना बहुत जरूरी है। प्रायः लोग ध्यान करते समय गंभीर हो जाते है। गंभीरता और उदासी भारयुक्त बनाती है और गुरुत्वाकर्षण शक्ति नीचे की ओर खींचने लगती है। प्रमुदित होने का भाव निर्भार बनाता है और यह ऊर्जा के ऊर्ध्वगमन में सहयोगी है।

प्रत्येक ध्यान प्रयोग करते समय, जब आप शांत बैठते हैं, यह स्थिति सहयोगी है। त्रिनेत्र पर अवधान रहने से श्वास, विचारों और भावों का तटस्थ द्रष्टा बने रहना सहज हो जाता है।

❑❑❑

20. ध्यान के रहस्य, बोधपूर्वक समझें

ध्यान के सम्बंध में सभी बुद्ध-पुरुष एक ही बात कहते हैं कि जब तुम कुछ भी नहीं कर रहे हो- न शरीर से, न मन से और न अन्य किसी भी तल पर, तो वही ध्यान है।

- जब समस्त क्रियाएं शून्य हैं और तुम बस हो-वही ध्यान है।
- तुम इसे न तो कर सकते हो और न ही इसका अभ्यास किया जा सकता है। तुम इसे मात्र समझ सकते हो।

कृष्णामूर्ति अपनी 'ध्यान' पुस्तिका में कहते हैं-

स्वयं का निरीक्षण करते हुए ध्यान को आप स्वयं सीख सकते हैं, अपनी समझ, परम अडिगता और गतिशीलता से। कोई भी पुस्तक कोई भी आध्यात्मिक संस्था इस संबंध में आपको कुछ भी नहीं सिखा सकती।

आज से हजारों वर्ष पूर्व अष्टावक्र का वक्तव्य इससे भी कहीं अधिक क्रांतिकारी था।

जनक ने न साधना की, न योग साधा। न मनन या निदिध्यासन किया। अष्टावक्र के वचन सुनने मात्र से वह बोध को उपलब्ध हो गये। अद्‌भुत समझ, संवेदनशीलता, ग्राह्यता और तैयारी रही होगी जनक की कि वह साक्षी को उपलब्ध हो गये।

पर कृष्णमूर्ति के चरणों में बैठकर वर्षों उन्हें सुनते हुए भी किसी को ध्यान नहीं घटा।

इसी असम्भव जैसे कार्य को ओशो ने खेल-खेल में सहज और सरल बना दिया।

वह कहते हैं—यह बात बिल्कुल ठीक है कि कुछ न करना ही ध्यान है। कुछ करने से कर्त्ताभाव उत्पन्न होता है और 'मैं' ही सबसे बड़ी बाधा है। इसलिए इस 'मैं' को कर्त्ता को मिटाने के लिए मैं तुम्हें विधि दे रहा हूं। तुम पहले सहज सरल बनो। यह 'मैं' और मन जिसे समाज और परिवार

ने संस्कारों द्वारा दिया है, तुम्हें जो सहज स्वाभाविक मनोवेगों का दमन करना सिखाया है, पहले उनका रेचन कर सहज सरल और निर्दोष बनो। मन को अमन बनाओ और ध्यान घट जायेगा।

मैं तुम्हें विधियां रेचन के लिए, सहज सरल और निर्दोष बनने के लिए, मन को अमन बनाने के लिए दे रहा हूं। बस इतना भर हो जाये फिर किसी विधि की कोई आवश्यकता नहीं।

वह कहते–मैं ध्यान क्या, तुम्हें कुछ भी नहीं सिखा रहा हूं। तुमने जो कुछ सीखा है उसे ही अनसीखा करने के लिए विधि दे रहा हूं। सब कुछ सीखे को अनसीखा कर कोरा कागज़ हो जाना ही ध्यान है।

वे कहते हैं–छोड़ो ध्यान-व्यान। जरा मस्ती में झूमो, नाचो, गाओ और मस्त हो जाओ। भूल जाओ अपना अतीत और भूल जाओ भविष्य के स्वप्न देखना। यह क्षण कितना सुंदर है जो वर्तमान को क्षण-क्षण सर्व स्वीकार भाव से प्रेमपूर्वक जीता है, वही ध्यान है।

लोग पूछते–"क्षण-क्षण कैसे जिया जाये? कैसे प्रेमपूर्ण हुआ जाये?" ओशो उत्तर देते-मैं उसी के लिए तो ये विधियां दे रहा हूं। उनकी ध्यान विधियों में नृत्य संगीत भी है।

वे कहते थे- विधियां तो उस नाव की तरह हैं जिनके द्वारा ध्यान के अवरोधों की उफनती नदी पार करनी है। नदी पर कर ली फिर नाव को कंधों पर ढोने का फायदा क्या?

उन्होंने बुद्ध की तरह घर परिवार छोड़कर सिर मुंडाने की कोई शर्त नहीं रखी और न नीति नियम और अनुशासन थोपे।

उन्होंने पंतजलि की तरह यम, नियम, आसन प्राणयाम की बात ही नहीं की।

न उन्होंने महावीर जैसे व्रत और तप दिए।

न उन्होंने कृष्णमूर्ति जैसी बेबूझ बात कही जो साधारण लोगों की समझ में ही नहीं आये। कृष्णामूर्ति कह तो बिल्कुल ठीक रहे थे, पर उनका वक्तव्य ज्ञानी और समझदार लोगों के लिए था, न कि अज्ञानियों के लिए।

ध्यान के सम्बंध में ओशो के बड़े क्रांतिकारी वचन हैं–

ध्यान है–बस होना, कुछ भी न करते हुये मौन रहना। कोई क्रिया नहीं, कोई विचार नहीं, कोई भाव नहीं। तुम बस हो और यह एक खालिस आनन्द है।

- तुम ध्यान कर नहीं सकते, उसे समझ भर सकते हो।
- ध्यान का सार तत्त्व है- यह सीखना कि कैसे साक्षी हुआ जाये? देखने की गुणवत्ता, होशपूर्ण और सजग होने की गुणवत्ता- यह है ध्यान।
- होश साधने के लिए पहला चरण है- अपने शरीर के प्रति पूर्ण होश रखना। प्रत्येक गति और प्रत्येक भाव भंगिमा के प्रति होश रखना ... और एक चमत्कार घटित होने लगता है।

दूसरा चरण है- अपने विचारों के प्रति होशपूर्ण होना। इससे अंदर के पागलपन का बोध होता है और वह मिटने लगता है।

तीसरा चरण है- अपने भावों और अनुभूतियों के प्रति सजग होना।

यह तीनों जुड़कर जब लयबद्ध होकर सुरताल बन जाते हैं तो चौथा चरण तुरीय घटता है...

ध्यान कोई विधि मात्र नहीं। इसे तुम सीख नहीं सकते। यह तो एक विकास है। तुम्हारे समग्र जीवन का विकास। यह तुम्हारे ही अंतस से, तुम्हारी समग्रता से उपजता है। ध्यान तुम्हारे अंतर्जगत का स्वाद, सुवास और प्रकाश है। तुम्हारे अंतर्जगत के केन्द्र पर परम मौन है।

विधियां और ध्यान- विधियां सहयोगी हैं, जिनके द्वारा तुम भटकने से बच जाते हो और तुम्हारा समय व्यर्थ नष्ट नहीं होता।

सभी विधियां सहयोगी हो सकती हैं, पर वे ध्यान नहीं हैं। वे तो अंधकार में टटोलने के समान हैं। किसी दिन अचानक कुछ करते हुये तुम साक्षी हो जाओगे। उस दिन विधि न सहायक रहती है और न बाधा। तुम चाहो तो एक व्यायाम की तरह उसका आनन्द ले सकते हो।

ध्यान एक समझ है, एक होश है। वह कोई भी विधि नहीं है। लेकिन तुम्हें विधियों की इसलिये जरूरत है क्योंकि परम समझ जो गहरे में तुम्हारे भीतर ही है, तुमसे बहुत दूर है। प्रारम्भ में विधियां ही ध्यान होती हैं और अंत में जाकर तुम स्वयं हंसोगे तब ध्यान घटेगा।

प्रारम्भ में प्रयास भी होगा, कृत्य भी होगा लेकिन एक अनिवार्य बुराई की तरह। तुम्हें सतत स्मरण रखना होगा कि तुम्हें उसके पार जाना है।

ओशो कहते हैं-

- ध्यान के बारे कभी गंभीरता से सोचो ही मत। गंभीरता एक तनाव है जब कि तनावपूर्ण न होकर खेलपूर्ण भावदशा ही ध्यान है।
- ध्यान तो जीवन और अस्तित्व के साथ खेल खेलने की तरह है। वह भी अकारण। बिना किसी उद्देश्य के।

– जो ध्यान से आनन्द, सुख, शांति या विश्राम पाने की कामना से भरे हैं, वे भी उसे चूक जायेंगे।

– केवल वही ध्यान को उपलब्ध हो सकते हैं जो कामनामुक्त हों। कामना, भले ही शुभ हो, भले ही वह परमात्मा को पाने की हो कामना का होना ही बाधा बन जाता है। शांति, आनन्द, सुख विश्राम, यह सभी ध्यान घटने पर अप्रत्यक्ष रूप से मिलता है पर शर्त इसकी यही है कि इसकी कामना न की जाये।

जीवन का यही रहस्य है कि इस पर आक्रमण कर कुछ भी प्राप्त नहीं किया जा सकता। प्रयास करना ही व्यर्थ होता है। वह प्रसाद से प्रीति से स्वयं मिलता है।

– यदि तुम ज्ञानी हो, पंडित और जानकार हो तब भी ध्यान नहीं घटेगा। ध्यान की शर्त है- अज्ञानी बनना। कोरी स्लेट हो जाना। जो सीखा है इसे अनसीखा कर देना। अपने अज्ञान के प्रति सजग होना।

– ध्यान है–अकेला होकर ही एकाकी पथ की उड़ान।

– ध्यान है–संवेदनशीलता, सृजनात्मकता, सजगता, संतुलित और सदा प्रमुदित बने रहने की कला।

– ध्यान है–पूरी पृथ्वी, प्रकृति, सम्पूर्ण अस्तित्त्व और प्रत्येक के प्रति प्रेमपूर्ण होना।

– ध्यान है–तनावमुक्त होना। स्वतंत्रता के खुले आकाश में ऊंची उड़ान।

ओशो कहते हैं–

"ध्यान के बारे में पहली बात तो यह कि यह किया नहीं जा सकता। यह कोई क्रिया या कृत्य नहीं है। यह तो कुछ ऐसा है जो अनायास घटता है। यह तुम्हारे पास स्वयं आता है, न कि तुम उसे प्राप्त कर सकते हो। यह तुम्हारे अंदर गहरे में प्रवेश कर अंदर बहुत कुछ नष्ट कर देता है और तुम्हारा नव-निर्माण करता है। फिर आखिर क्या किया जाये कि ध्यान घटे? हम केवल ऐसी स्थिति उत्पन्न कर सकते हैं जिसमें हम अपने खिड़की दरवाजे खोलकर उसे अंदर प्रवेश करने के लिये द्वार दें सकें, क्योंकि हमने चारों ओर से अपने को सुरक्षा खोल में इस प्रकार बंदी बना रखा है कि हम मात्र एक जीवन अवरोधी कैप्सूल बन कर रह गये हैं। जीवन अनियंत्रित और खतरनाक न हो जाये इसलिये हमने अपने चारों और जीवन विरोधी तमाम अवरोधक, एक कांटेदार बाड़ की तरह लगा रखे हैं। अपने अस्तित्त्व को

सुविधाजनक और सुरक्षित बनाने के नाम पर हम जैसे मृतवत जी रहे हैं।

ध्यान है कि खुला असीम अस्तित्व, जो प्रत्येक वस्तु के लिये दसों दिशाओं और विभिन्न प्रकार के सभी आयामों में खुला है। अपने में प्रत्येक वस्तु के लिये खुला रखना बेशक असुविधाजनक और खतरनाक है और कभी भी कुछ भी हो सकता है।

जो मन पूर्ण सुरक्षा, सुविधा और जीवन में निश्चयात्मकता चाहता है, वह ध्यान नहीं कर सकता। जिसके मन के द्वार प्रत्येक उस चीज के लिये खुले हैं जो कि जीवन हमें देता है, भले ही वह मृत्यु ही क्यों न हो उसी में ध्यान घटने की सम्भावना है। जो चित्त प्रत्येक वस्तु और स्थिति का स्वागत करता है, जिसमें पूर्ण ग्रहणशीलता है, न केवल किसी विशिष्ट घटना के प्रति, बल्कि प्रत्येक घटना और स्थिति के प्रति, वही चित्त ऐसी स्थिति सृजित कर सकता है जहां ध्यान घटता है।

ध्यान, दिशाहीन समग्र विराट अस्तित्व है, एक ऐसा अस्तित्व जो बिना किसी शर्त, बिना किसी अपेक्षा और बिना किसी पकड़ के प्रत्येक दिशा में खुला है। यदि कहीं कोई अगर-मगर या कोई शर्त है तो वह पूर्ण रूप से खुला ही नहीं। यदि चित्त पूर्ण रूप से खुला नहीं है तो उस विराट अनन्त विस्फोट को वह ग्रहण कर ही नहीं सकता। इसलिये ध्यान के लिये केवल एक पूर्ण ग्राह्यशील चित्त चाहिये, जो सब ओर से खुला हो। जो चारों ओर बरसते अस्तित्व और जीवन को उसके हर रूप रंग और ढंग में स्वागतपूर्ण मुद्रा में अहोभाव से स्वागत करते हुये मेहमान बनाने को आतुर हो।

– ध्यान के लिए एक ऐसा चित्त चाहिए जो अज्ञात की अनन्त धैर्य से प्रतीक्षा कर सके।

ओशो कहते हैं इसीलिए मेरे ध्यान के प्रारम्भ दो या तीन चरण तुम्हें सहज, सरल, प्रेमपूर्ण, संवेदनशील, सजग और होशपूर्ण बनाने के चरण हैं। विधि और ध्यान के अंतिम दो चरण अक्रिया, अविधि और कुछ भी न करने के हैं। जब सहज ही साक्षी घटता है। परम विश्राम में तुम अपने केन्द्र पर पंहुचते हो और वही ध्यान है।

❑❑❑

21. विधियां भटकाने से बचाती हैं और प्रयास ही प्रयास रहित बनाता है

ध्यान की सभी विधियां, ध्यान घटने में सहयोगी हैं, पर वे ध्यान नहीं हैं। किसी दिन कोई भी ध्यान विधि करते हुए अचानक साक्षी सध जायेगा। फिर ध्यान तो चलता रहेगा पर तुम उससे अलग हो जाओगे। फिर ध्यान की विधि तुम्हारे लिए एक व्यायाम बन जायेगी और तुम उसका आनन्द ले सकते हो।

वस्तुतः ध्यान कोई विधि न होकर एक समझ या होश है। यही कृष्णमूर्ति कहते थे। वह कहते थे-न किसी गुरु की जरूरत है और न किसी विधि की। वह कहते तो ठीक थे पर बिना विधि के उनके शिष्य रूपांतरित न हो सके। न कोई गुरु है और न कोई शिष्य-यह वक्तव्य सत्य होते हुए भी शिष्यों के लिए अंहकार बन गया और उनका रूपान्तरण न हो सका।

प्रारम्भ में विधियों को ध्यान समझकर ही करना चाहिए। जब तक तुम्हारा होश नहीं सधता, तुम शरीर, विचारों और भावों के प्रति सजग होने की कला सीख नहीं जाते, तब तक विधियां ही इस अंतराल को भरने का काम करती हैं। ध्यान घटने पर विधियां व्यर्थ हो जाती है।

जैसे नाव से नदी पार कर ली, फिर नाव को कंधों पर ढोकर चलने की आवश्यकता क्या?

प्रारम्भ में अनिवार्य बुराई की तरह कृत्य भी होगा, प्रयास भी होगा पर यह सभी कुछ प्रयासरहित अवस्था तक ले जाने के लिए किया जा रहा है।

ध्यान में कल्पना या धारणा—कल्पना वह धारणा है जिसमें गहराई में जाने पर धारणा ही वास्तविकता बन जाती है। एक बार कल्पना से समग्रता से लयबद्ध हो जाने पर शरीर भी सक्रिय हो जाता है। तिब्बती लामा इसी धारणा के द्वारा गिरती बर्फ में भी अंदर ज्वाला और गर्मी की कल्पना करते हुए शरीर से पसीना निकालने में सक्षम हो जाते हैं।

सम्मोहनविद कहता है कि तुम कल्पना से कुछ नया निर्मित कर रहे हो। जब कि तंत्र का मानना है कि तुम जो भी कल्पना कर रहे हो वह तुम्हारे अंदर पहले से है। तुम उससे केवल लयबद्ध हो रहे हो।

जरा ध्यान से निरीक्षण करना–तुमने जीवन में जब जो होना चाहा (यदि गहन अभीप्सा से चाहा और निरन्तर चाहते ही रहे) तुम वह हो गये। इस होने में समय लग सकता है। दस बीस या पचास साठ वर्ष। अथवा पूरे दो एक जन्म। पर वह पूरा अवश्य होता है।

इसलिय चाह, कल्पना भी शुभ के लिए ही हो–यह ख्याल रखें।

❑❑❑

22. नकली सद्‌गुरु से सावधान

My way, The Way of the White Clouos प्रवचनमाला में ओशो कहते हैं– "यदि सदगुरु या ध्यान सिखाने वाला शिक्षक स्वयं सजग और होशपूर्ण नहीं है तो वह सजगता के बारे में तो बता सकता है पर सज़ग होना नहीं सिखा सकता।

सजगता के बारे में उसका सिद्धान्त जानकर भी तुम सजग नहीं बन सकते और जो स्वयं सजग नहीं है वह दूसरों को कैसे सजग और होशपूर्ण बना सकता है? वह सजग होने का नाटक कर सकता है। सजगता का मात्र अभिनय कर सकता है। ऐसा व्यक्ति बहुत खतरनाक है। सजगता का यह झूठा अभिनय, छूत की बीमारी की तरह है।

नकली गुरु से नकली शिष्य ही उत्पन्न होते हैं।

ओशो कहते हैं–"यदि कोई व्यक्ति सजग होने का झूठा बहाना बनाकर, सजगता का अभिनय करता है, जो उसका पाप तथा अपराध किसी व्यक्ति की हत्या करने के अपराध से भी बड़ा अपराध है। किसी भी हत्या करने पर तुम उसके शरीर को ही मारते हो और आत्मा नया शरीर ग्रहण कर लेती है।

यदि तुम झूठे सदगुरु बनकर, सजग और होशपूर्ण न होते हुए भी उसका अभिनय करते हो तो अस्तित्व की शांत झील में एक पत्थर उछाल कर जो लहर उत्पन्न करते हो, उस लहर से एक के बाद एक नई तरंगे बनने की शृंखला उत्पन्न हो जाती है और इससे तमाम लोग पथभ्रष्ट होकर भटक जाते हैं।

झेन सदगुरु नानइन कहा करता था- जब तक किसी का स्वयं का दीया न जल जाये वह दूसरों का अंधेरा कैसे दूर कर सकता है?

– जिसकी अंतर्अग्नि प्रज्वलित न हुई हो वह दूसरों की अंतर्अग्नि प्रज्वलित करने में कैसे सहायक हो सकता है?

झेन मठों में शिष्य को सद्‌गुरु को सान्निध्य में दस वर्ष रहते हुए कठोर प्रशिक्षण से गुजरना होता था। दस वर्ष व्यतीत होने पर सद्‌गुरु द्वारा ली परीक्षा में उसे उत्तीर्ण होना होता था। बुद्ध के निकट रहकर जो बुद्धत्व की उपलब्ध हो जाता था, वह उन्हें ही दूरस्थ प्रदेशों में धम्म का संदेश प्रसारित करने भेजते थे।

नानइन जैसे सदगुरु की परीक्षा शिष्य की बुद्धि या स्मृति की परीक्षा न होकर उसके होशपूर्ण और सजग होने की, उसके प्रति क्षण वर्तमान में जीने की होती थी।

ऐसा ही एक शिष्य जब दस वर्ष व्यतीत करने बाद, वर्षा में भीगता हुआ, अपने जूते बाहर उतार कर और उसके निकट छाता बंदकर, अंदर नानइन के निकट आया तो उसका प्रणाम स्वीकार कर और उसे सामने बैठने का संकेत करते हुए नानइन ने उससे पूछा-"तुमने अपना छाता, जूते उतार कर उसके बाईं और रखा है या दाईं ओर?"

प्रश्न सुनकर वह भिक्षु हिचकिचाया। उसे ठीक से याद नहीं था कि उसने छाता, जूतों की बाईं ओर रखा है या दाईं ओर?

नानइन उसे बहुत तीक्ष्ण और बेधक दृष्टि से देख रहा था। उसकी हिचक और द्विविधा देखकर ही नानइन ने उसे परीक्षा में अनुत्तीर्ण कर दिया।

यह परीक्षा उसकी स्मृति की नहीं थी। यदि वह ठीक-ठीक उसके दाएं रखने की बात भी बता देता तो भी वह फेल हो चुका था। उसकी हिचक और द्विविधा ने उसे अनुत्तीर्ण कर दिया। यह इस बात का सूचक था कि उसकी सजगता अभी प्रयास रहित नहीं थी।

उसने प्रयास करके नकली सजगता तो अर्जित की थी पर कोई भी प्रयास व्यक्ति को थका देता है। थकान, को विश्राम की जरूरत होती है और इस तरह सजगता या होश की सतत धारा खंडित हो जाती है। जीवन दो विपरीत ध्रुवों के मध्य ही गतिशील है। हर प्रयास के बाद थकान होती है। थकान विश्राम में ले जाती है। विश्राम के बाद फिर प्रयास शुरू होता है।

उस परीक्षा देने वाले शिष्य की सजगता या होश की धारा अभी प्रयासरहित और सतत नहीं हो पाई थी। उसने याद करने की कोशिश की। कोशिश से तनाव उत्पन्न हुआ। जब उसने छाता रखा तो वह होशपूर्ण नहीं था। जितना उसका होश सधा था, वह प्रयास से, केवल परिधि पर था। वह अभी केन्द्र पर नहीं पहुंचा था। हर प्रयास केवल परिधि तक ही रहता है। वह कभी केन्द्र को छू ही नहीं सकता।

तुम प्रयास करके अपना आचरण, चरित्र सब कुछ बदल सकते हो, पर उससे तुम अंदर से नहीं बदलते। बदलने का तुम मात्र अभिनय कर रहे हो।

चैतन्य तुम्हारा स्वभाव है। सजगता, होश तुम साथ लेकर ही जन्मे थे। तुम्हारा हर प्रयास, तनाव उत्पन्न कर तुम्हें इधर-उधर भटका देता है।

भारत के ऋषि इसी को सत् चित् आनन्द कहते हैं।

सत्–जो शाश्वत है। अस्तित्व गत है।

चित्–जो चैतन्य है। जो सजगता, होश या चेतना की सतत धारा है। यह धारा तुम्हारे अस्तित्व के रोम-रोम से सदा प्रवाहित हो रही है।

आनंद–जो होना तुम्हारा स्वभाव है। यह अकारण और प्रयास है।

इसी तरह ओशो होश साधने की एक दूसरी झेन कथा सुनाते हैं, जिसमें जापान के एक सम्राट ने अपने राजकुमार को तलवार के प्रशिक्षण के लिए झेन सद्‌गुरु के पास भेजा। सदगुरु ने उसे पहला पाठ पढ़ाते हुए लकड़ी की तलवार दिखा कर कहा- "देख अब तुझे हर घड़ी होशियार रहना है। तब भी जब कोई भी तेरे आसपास न हो। मैं किसी झाड़ी में छिप कर भी तुझ पर लकड़ी की तलवार से वार कर सकता हूं"

यह कहते हुए सद्‌गुरु ने तलवार चला दी। बचते-बचते भी राजकुमार के दहिने कंधे पर चोट लगी। चोट अच्छी खासी थी। वह दर्द से बिलबिला कर रह गया। मन हुआ-वापस लौट जाऊं। यह कैसी तलवारबाजी की शिक्षा है? उसे निहत्थे होकर एक पागल के वार बचाने है। पर जानता था पिताजी की इस फकीर पर अगाह श्रद्धा है। वह नाराज हो मुझे उत्तराधिकार पद से वंचित भी कर सकते हैं। अब वह हमेशा होशियार रहने लगा। पर फिर भी दिन में चार छः वार उसे झेलने ही होते थे। वह और सजग रहने लगा। एक हफ्ता व्यतीत होने पर दिन में मुश्किल से एक प्रहार ही सहना होता था। तीन दिन और बीतने पर झेन सद्‌गुरु ने उससे कहा-"अब तुझे रात में भी सावधान होकर सोना पड़ेगा। अब मैं तुझ पर जब तू सोया होगा तब वार करूंगा।" उसकी रातों की नींद उड़ गई। फिर भी उस रात उसे तीन वार झेलने पड़े। अब वह रात में हर हल्की सी हल्की आहट पर सजग रहने लगा। पर सद्‌गुरु बिल्ली की तरह दबे पांव आता था और उसे हर रात कम से कम एक प्रहार झेलना होता था। अब वह गुरु की सांसों की आवाज और हृदय की धड़कन अपने निकट अनुभव कर अंधेरे में भी उसकी उपस्थिति का आभास पा जाता था।

तीन दिन और बीतने पर सद्‌गुरु ने कहा–"अब यह बच्चों का खेल बहुत हो चुका। अब तुझे लकड़ी की तलवार का नहीं, असली तलवार के वार के प्रति सचेत रहना होगा।"

यह कहते हुए उसने म्यान से धारदार चमकती तलवार निकाल कर राजकुमार पर प्रहार किया। बचाव करते-करते भी राजकुमार का कंधा छिल गया। रक्त की धार बहने लगी। सद्‌गुरु मुस्कराता हुआ अपने कक्ष में चला गया, जैसे कुछ हुआ ही न हो। अब राजकुमार प्रतिक्षण सजग रहने लगा। यह जीवन और मृत्यु का खेल था। वह जानता था, जरा भी असावधान रहने पर यह निर्दयी पागल उसका सिर भी कलम कर सकता है और उसके पिताजी उससे एक शब्द नहीं कह सकते। जब एक सप्ताह गुजरने पर वह दिन में गुरु के प्रहार बचाने में सफल होने लगा तो उसे चेतावनी देते हुए सद्‌गुरु ने रात सोते हुए तलवार से वार करना शुरू कर दिया। एक दो बार जब कभी वह थोड़ा सा घायल जरूर हुआ पर अब वह उसके वार सरलता से करवट लेकर बचा लेता था। अगले सप्ताह रात में गुरु द्वारा किया गया हर प्रहार उसने नाकाम कर दिया। तब सद्‌गुरु ने उसे हृदय से लगाकर चूमते हुए कहा–

–"आज तेरा प्रशिक्षण पूरा हुआ। अब तू शत्रु के मन में प्रहार करने का विचार जानकर भी उसके हर वार को निष्फल करने में सक्षम है। अब तेरी सजगता, परिधि पर नहीं, केन्द्र पर है। अब तुझे प्रयास करना ही नहीं होता। अब यह होश प्रतिपल प्रवाह की तरह अनवरत बह रहा है। आक्रमण और प्रहार करना तो तुझे कोई भी योद्धा सिखा सकता है। अब तू वापस लौट सकता है।"

पर लोग परेशान, चिंतिंत और दु:खी इसीलिए हैं क्योंकि वह अपने केन्द्र को भूल कर परिधि ही पर उलझे हैं। उनकी चेतना बाहर दूसरों पर बिखरी है। उनकी सजगता कामचलाऊ और प्रयास से अर्जित है। इसीलिए थक कर विश्राम में जाते ही सजगता का सतत प्रवाह अवरुद्ध हो जाता है। मूर्च्छा के बादल छा जाते हैं।

नानइन का प्रश्न यह जानने के लिए था ही नहीं कि उसने छाता, जूतों के बाईं ओर रखा या दाईं ओर? वह देख रहा था-शिष्य क्षण-क्षण वर्तमान को जी रहा है अथवा नहीं? उसकी चेतना का सतत् प्रवाह बह रहा है या नहीं? शिष्य को हिचकते देख वह पलक झपकते जान गया कि उसकी सजगता प्रयास से निर्मित अभी परिधि पर है। अभी वह केन्द्र पर नहीं पहुंचा। वह भिक्षु अपनी हिचक और द्विविधा के प्रति सचेत नहीं था।

प्रश्न करके वह देख रहा था कि उसका मन विचारों में उलझता है या नहीं? वह परीक्षा में असफल हो गया। ऐसा व्यक्ति साधना के मार्ग पर अभी दूसरों का पथ प्रशस्त नहीं कर सकता।

यह सजगता एक छूत की बीमारी की तरह है। सद्‌गुरु के सान्निध्य में जहां सतत चेतना की नदी बह रही है, बैठे हुए शिष्य भी स्वत: बिना प्रयास

होशपूर्ण हो जाते हैं। उनके चित्ताकाश पर छाये बादल स्वत: विसर्जित हो जाते हैं। सद्गुरु तो सजगता, होश और सतत चैतन्य की शांत झील की तरह हैं, जिसके पेंदें में स्त्रोत से सतत चेतना का जल प्रवाहित हो रहा है।

पर प्रारम्भ में प्रयास तो करना ही होता है। हर गलती से सबक लेना होता है-ठीक उस राजकुमार की तरह जिसे अपने सदगुरु की तलवार के वार झेलने पड़े थे। कभी-कभी बिना प्रयास के परम चैतन्य की एक छोटी सी झलक मिल जाती है। फिर वो मन विसर्जित होने लगता है-जो अतीत या भविष्य में भागता है। होश सधने के साथ-साथ प्रयास कम होते जाते हैं।

जैसे पहली बार साइकिल पर चढ़ने वाला गिरता है, चोट खाता है। बार-बार प्रयास करते रहने से उसका संतुलन स्वत: सध जाता है। फिर बिना प्रयास ही वह साइकिल चलाने लगता है।

या जैसे किसी तैराक को प्रारम्भ में तैरने के लिए बहुत हाथ पैर फेंकने होते हैं। वह गोते भी खाता है। फिर धीमे-धीमे बिना प्रयास वह धारा के साथ आसानी से बहना सीख जाता है।

ध्यान भी प्रयास से प्रारम्भ होता है। पर प्रयास ध्यान नहीं है। प्रयास तो ध्यान के बीज के अंकुरण के लिए जमीन तैयार करने जैसा है। प्रयास तो वह जम्पिंग बोर्ड निर्मित करता है जहां से ध्यान की झील में छलांग लगाई जाये।

ओशो कहते हैं–"प्रयास से जो होश साधा जाता है, वह बहुत भारी और तनावपूर्ण होता है। वह निर्भार, आनन्द और उत्सवपूर्ण नहीं होता और जब होश बिना प्रयास सध जाता है वह आनन्द और उत्सवपूर्ण होता है। वह तुम्हें निर्भार हो आकाश में उड़ने के लिए पंख देता है।

बहुत से लोग जो सुबह शाम ध्यान करते हैं उन्हें ध्यान करते हुए कुछ भी नहीं घटता। लेकिन दोपहर या रात जब वे कुछ भी नहीं कर रहे होते, पूर्ण विश्राममय होते हैं, उन्हें अनायास अपार आनन्द की अनुभूति होती है। उन्हें लगता है जैसे वे अस्तित्त्व में घुल कर एक हो गये हों और चारों ओर से आनन्द बरस रहा हो। ध्यान करते हुए चूंकि प्रयास से तनाव उत्पन्न हो जाता है, इसलिए थकान में चेतना धारा का प्रवाह अवरुद्ध हो जाता है।

तभी झेन सद्गुरु कहते हैं–

चुपचाप शांत बैठो रहो। कुछ करो ही मत। कुछ किया और चूके। तुम्हारा प्रयास ही बाधा बन जायेगा। जब वसंत ऋतु आती है तो पृथ्वी स्वत: हरी घास की नर्म चादर ओढ़ लेती है। फूल स्वत: खिलने लगते हैं। वृक्षों पर नई कोंपले आ जाती हैं। पक्षी स्वयं गीत गाने लगते हैं।

कुछ करने में कर्त्ता भाव आ जाता है। कृत्य कुछ पाने के लिए ही किया जाता है। चाहे वह धन, पद, भोग या यश हो या स्वयं मुक्त होने या ध्यान घटने की कामना हो।

तानसेन के संगीत से अकबर मुग्ध था। एक दिन उसने पूछा-"तानसेन! जब तुम इतना सुंदर गाते हो तब तुम्हारे गुरु का संगीत तो तुमसे भी मधुर और श्रेष्ठ होगा। मैं उनका संगीत सुनना चाहता हूं।"

तानसेन ने निवेदन किया—"आलमपनाह! मेरे गुरु हरिदास जी कहीं आते जाते नहीं। वे फरमाइश पर कभी गाते ही नहीं। उनका संगीत सुनना हो तो पेड़ों के बीच छिपकर सुबह चार बजे उसे सुना जा सकता है जब वो प्रभु की प्रार्थना में उसे गाते हैं।"

अकबर ने छिपकर जब वह दिव्य संगीत सुना तो तानसेन से कहा-"तुम्हारा संगीत तो इसके आगे कुछ भी नहीं।"

तानसेन ने उत्तर दिया—"मैं गाने का प्रयास कता हूं आपको प्रसन्न करने और आपकी प्रशंसा पाने के लिए। मेरे गुरु हरिदास जी का संगीत झरने के प्रवाह की तरह स्वतः प्रवाहित हो रहा है। वह उनका कोई प्रयास नहीं, वह अकारण है। जैसे पक्षी गीत गाते हैं। नदी कल-कल करती बही जाती है।''

ध्यान के लिए प्रारम्भ में प्रयास बहुत जरूरी है। जैसे शास्त्रीय संगीत सीखने के लिए स्वर को लयबद्ध करने के लिए प्रयास करना ही होता है। पर संतुलन सधते ही, उसके साथ लयबद्ध होते ही फिर प्रयास ही बाधा बन जाता है।

विज्ञान भैरव तंत्र के पांच-पांच मिनट के आणविक प्रयोग इसीलिए रूपान्तरणकारी हैं, क्योंकि प्रारम्भ के दो मिनटों में थोड़ा सा प्रयास करते ही तुम संतुलित और लयबद्ध हो जाते हो और शेष तीन मिनट सारे प्रयास छोड़कर चेतना की सतत बहती धारा के तुम द्रष्टा मात्र रह जाते हो। पर यह प्रयोग उन्हीं के लिए हैं जो श्रद्धावान हैं। जो संवेदनशील और सजग हैं। जो राजकुमार की तरह लकड़ी की तलवार के वारों से सोते में भी सजग रहने की कला जान गये हैं।

ओशो कहते हैं—ठीक इसी तरह बुद्धत्व भी प्रयास से नहीं प्रसाद से घटता है। उसे प्रयास करके बलपूर्वक परमात्मा या अस्तित्व से छीना नहीं जा सकता। क्योंकि पश्चिम में विज्ञान ने प्रकृति से प्रयास करके पदार्थ की ऊर्जा को बलपूर्वक छीन कर प्राप्त किया है इसलिए पश्चिम के बुद्धिवादी लोगों को भ्रम है कि वे ध्यान की अनुभूतियों को भी प्रयास करके प्राप्त कर सकते हैं। वे ड्रग्ज या रासायनिक दवाओं से गहरे अचेतन में उतर कर

चेतना के सतत प्रवाह की प्रतीति कर सकते हैं। ड्रग्ज गहरे अचेतन में तो उतार देता है पर उनका नशा उतरने पर व्यक्ति और अधिक दु:खी, तनावग्रस्त और बैचेन हो जाते हैं। वे पुनः ड्रग्ज का सेवन करते हैं। दिव्य गंधों विविध रंगों, ध्वनियों का अनुभव लेने के लिए पुनः शरीर ड्रग्स दिव्य गंधों, विविध रंगों और ध्वनियों का अनुभव लेने के लिए और ड्रग्स का अभ्यस्त होने पर और अधिक मात्रा की मांग करता है। शरीर खोखला और शक्तिहीन होने लगता है। हर प्रयास, थकान लाता है और विश्राम चाहता है और चेतना का सतत प्रवाह संभव ही नहीं हो पाता। सिर भारी हो जाता है। तनाव बढ़ता है और इसके साथ दूसरा खतरा भी है। अचेतन में जो दमित मनोवेग हैं वे उभर कर उसे हिंसक, और खूंखार बना देते हैं। वह उनका तटस्थ द्रष्टा न रहकर उनसे तादात्म्य जोड़ लेता है।

तुम दिव्यता और चेतना को प्रयास से पा ही नहीं सकते। प्रेम, प्रसन्नता और परमात्मा, प्रसाद स्वरूप अकारण बरसता है। प्रारम्भ में केवल थोड़ा सा प्रयास इसीलिए आवश्यक है जिससे तुम अपने अंदर का कूड़ा कर्कट साफ कर खाली हो सको। सहज, सरल और स्वाभाविक हो सको। बाहर बिखरी चेतना को समेट कर अंदर थिर हो सको। स्त्रैण और पुरुष ऊर्जा को अपने ही अंदर संतुलित कर सको। श्वास, इला पिंगला अर्थात् चन्द्र सूर्य नाड़ी से न चलकर सुषुम्णा से चलने लगे। बच्चे की तरह तुम नाभि से धीमी पर गहरी श्वास लेने लगो। बस इतना सा प्रयास कर फिर सारे प्रयास छोड़ देने पड़ते हैं। फिर परम विश्राम में क्षण क्षण सर्वस्वीकार भाव से जीते हुए किसी दिन अचानक प्रसाद बरस उठता है। चेतना का विस्फोट होता है। सहस्त्रदल कमल खिलकर अमृत बरसने लगता है। अंदर चहुं दिस दामिनी दमकने लगती है। आनन्द की घटा अमृत बरसाने लगती है।

ओशो कहते हैं–आकाश में मस्ती से उड़ते सफेद बादलों को देखो। वह इधर-उधर आवारा बन विचरण कर रहे हैं। न उनका कोई लक्ष्य है और न कोई प्रयास। जिधर हवा चाहती है वह उधर ही अपने साथ उन्हें उड़ा ले जाती है। वे कोई प्रतिरोध नहीं करते। कहीं भी जाने को हिचकते नहीं। वे भूत भविष्य का विचार नहीं करते। वे कुछ करते ही नहीं।

साधक को इसी तरह लक्ष्यहीन, कामनारहित होना चाहिए। सारे प्रयास छोड़कर वह केवल सजग बना रहे। तटस्थ द्रष्टा बना रहे। अस्तित्व के रहस्यमय द्वार सदैव खुले ही हैं। वे तुमसे दूर नहीं हैं। तुम्हारा प्रयास ही तुम्हें भटका रहा है।

तुम स्वयं दिव्य हो। दिव्यता तुम्हारे साथ सतत चेतना के रूप में प्रवाहित हो रही है। उसे खोजने का प्रश्न ही नहीं। खोजने का प्रयास ही तुम्हें

कर्त्ता और हिंसक बना देता है। खोजने के प्रयास का अर्थ है कि वह यहीं और अभी न होकर कहीं भविष्य में है और खोज पूरी होने पर ही मिलेगी।

मनुष्य की विक्षिप्तता और प्रवृत्ति देखकर ओशो कहते हैं–

''तुम एक बार पागल बन कर सारे प्रयास करके देख लो, क्योंकि शुरुआत तुम्हें खोज से ही करनी होगी। तुम बुरी तरह थक कर जब नि:सहाय होकर प्रयास छोड़कर कुछ देर के लिए शांत बैठोगे तो कभी कभी तुम्हें उसकी झलक मिलेगी।

कभी अचानक सड़क पर बिना किसी उद्देश्य टहलते हुए। कभी हरी घास पर लेट कर विश्राम करते हुए। कभी अंधेरी रात में झिलमिलाते सितारों से गुफ्तगू करते हुए।

कभी तुम्हें उसकी झलक भोर के उगते शुक्र तारे में, कभी उगती उषा में उगते सूरज को देखकर और कभी किसी फूल की मुस्कान और सुवास में मिलेगी।

यह झलक निष्क्रिय सजगता में ही मिलती है। ऐसी सजगता जो बिना प्रयास के सतत प्रवाहित होती रहती है।

अस्तित्व में सभी कुछ अकारण घट रहा है। सूर्य उगता है और डूबता है। पक्षी गीत गाते हैं। तेज हवा में वृक्ष मस्ती से नाचते हैं। पूर्णिमा का चांद शीतल चांदनी और अमृत बरसाता है। समुद्र में ज्वार और भाटे उठते हैं। कलियां स्वयं खिलती हैं। फूल स्वयं सुवास बिखेरते हैं। कोई मूर्ख चाहे तो भी लाख प्रयास कर वह कली को फूल नहीं बना सकता। कोयल और बुलबुल को गाने के लिए बाध्य नहीं कर सकता। सूरज को उगने और डूबने में उसकी कोई सहायता नहीं कर सकता। कुछ करने का प्रयास ही मनुष्य का अंहकार और कर्त्ताभाव है, जो कृत्य से ही उत्पन्न होता है।

कुछ न करते हुए शांत बैठ कर निष्क्रिय सजगता से प्रकृति का सौंदर्य निहारते रहो। झील में चांद का हिलता प्रतिबिम्ब देखो। चांदनी में नदी का जल और चमकती रेत देखो। हंसते मुस्कराते फूल देखो। अस्तित्व चारों ओर से बरस रहा है। प्रकृति उत्सवपूर्ण है। चारों ओर उत्सव और आनन्द बरस रहा है।

ओशो कहते हैं–दो तरह के लोग हैं। एक वे जो बिना कुछ किए रह ही नहीं सकते। उनमें रजस प्रबल है। उनसे मैं कहता हूं-पूरा प्रयास करो। सब कुछ दांव कर लगाकर कृत्य में पूरी तरह डूब ही जाओ। तनाव के चरम शिखर पर पंहुच जाओ। पर इसके बाद सारे प्रयास छोड़कर निष्क्रिय सजगता के साथ विश्राम में चले जाओ। पर वे परम विश्राम की बात भूल ही जाते हैं।

दूसरे तरह के लोग हैं, जिनसे मैं कहता हूं–कुछ करो ही मत। वह बिना कुछ किए विश्राम में ही घटेगा। वे सारे प्रयास एक साथ छोड़ देते है। ये दोनों गलत है। दोनों मुझे चूक रहे हैं। वे जीवन की लय को समझे ही नहीं। प्रयास इसलिए करना है जिससे तुम तनाव के एक छोर पर पंहुचकर, विश्राम के दूसरे छोर पर निष्क्रिय सजगता की झलक पा सको। पर अधूरा या कुनकुना प्रयास तुम्हें तनाव पर विश्राम के शिखर और गहरी घाटी तक नहीं पहुंचाता। तुम विश्राम में लेट भी जाते हो पर अंदर तनाव या बैचेनी रहती है। सोचविचार चलता ही रहता है। निष्क्रिय सजगता के सतत प्रवाह का इसलिए अनुभव नहीं होता।

जिनसे कुछ न करने को कहा था, उनको सजगता के लिए प्रारम्भ में कुछ प्रयास करना होगा। थोड़ा-सा संतुलन साधना होगा। अस्तित्त्व के साथ लयबद्ध होना होगा। बाहर बिखरी चेतना को समेट कर अंदर थिर करना होगा। सक्रिय ध्यान में सक्रियता और निष्क्रियता दोनों हैं। प्रयास भी है और प्रयास छोड़कर कुछ न करना भी है।

नानइन के निकट रहने वाला वह शिष्य आतुरता से दस वर्ष मठ में यही प्रतीक्षा कर रहा था कि जैसे ही दस वर्ष पूरे हों वह परीक्षा की औपचारिकता पूरी कर सद्गुरु बन जाये। पर नानइन जैसे सदगुरु को कौन धोखा दे सकता है?

नानइन शिष्यों को निरन्तर छाया बनकर जैसे देखता ही रहता था। न केवल उनके जागे रहने पर, वह उन्हें उनके सोये रहने और उनके स्वप्न में भी निरीक्षण करता रहता था।

जब शिष्य तैयार हो जाता है, बोध को उपलब्ध हो जाता है, वह उसकी घोषणा करता ही नहीं। यदि वह घोषणा करता है तो इसका अर्थ है कि अभी उसे कुछ घटा नहीं। अभी वह अंहकार से ग्रस्त है। सद्गुरु स्वयं उससे कहता है-बात खत्म हुई। अब तू तैयार है। तू जहां जाना चाहे अब जाने के लिए स्वतंत्र है।

एक बार महाकश्यप ने बुद्ध से निवेदन किया मैं किसी भी दशा में बुद्धत्व को उपलब्ध नहीं होना चाहता। यदि ऐसा हुआ तो आप मुझे कहीं दूसरी जगह जाने को बाध्य करेंगे और किसी भी दशा में मैं आपसे दूर नहीं जाना चाहता।

बुद्ध मौन रहे। उन्होंने कोई उत्तर ही नहीं दिया। वह महाकाश्यप की श्रद्धा और प्रेम को भली-भांति जानते थे। कहा जाता है कि इस डर से कि वह कहीं बुद्धत्व को उपलब्ध न हो जाये, महाकाश्यप ने ध्यान करना पूरी

तरह छोड़ ही दिया। वह कुछ भी न करते हुए केवल शांत मौन बैठा रहता था।

कुछ ही समय बाद ही अचानक घटना घट गई। महाकाश्यप तो रोने लगा। उसने बुद्ध के चरण पकड़कर कहा–मैं आपको छोड़कर कहीं जाने को नहीं। बुद्ध ने कहा--मैं तुझे बधाई देने स्वयं तेरे पास इसीलिए आया था, पर तू रो मत। तू कहीं नहीं जाना चाहता, मत जा। तुझे बुद्धत्व घटे या न घटे, मैं न उसे रोक सकता हूं और न इसमें तेरी सहायता कर सकता हूं। तूने चूंकि ध्यान करना भी छोड़ दिया, इसलिए घटना और शीघ्र घट गई। तेरा प्रयास ही इसमें बाधा बन रहा था।

पर नानइन का वह शिष्य समर्पित और श्रद्धावान न था। वह कामना से भरा था। ऐसा व्यक्ति दस वर्ष क्या दस जन्मों में भी तैयार नहीं हो सकता। यदि वह समर्पित और श्रद्धावान होता तो समय की गणना करता ही नहीं। वह अपने को भाग्यशाली समझता कि उसे नानइन जैसे सद्‌गुरु के सान्निध्य में रहने का अवसर मिल रहा है। समय की गणना वही रखता है जो अभी मन की कारा में कैद है। जो अंहकार में जी रहा है। अभी उसने समयहीनता में प्रवेश नहीं किया।

उसने सारे शास्त्र रट लिये थे। वह हर प्रश्न का उत्तर देने को तैयार था। वह उन प्रश्नों का भी उत्तर दे सकता था, जिनका उत्तर बुद्ध ने भी नहीं दिया था।

और नानइन ने प्रश्न किया–छाते और जूतों के बारे में। जिसके लिए वह सपने में भी नहीं सोच सकता था।

छाते और जूते रखते समय भी वह होशपूर्ण नहीं था। वह परीक्षा के बारे में ही सोच रहा था। परीक्षा उत्तीर्ण कर सद्‌गुरु बनने का स्वप्न देख रहा था और यहीं वह चूक गया।

ओशो कहते हैं–यदि किसी में दूसरों को सिखाने का लालच ही जागे तो वह सत्य, परमात्मा, होश या सजगता के बारे में ही बतलाये और दूसरों को साफ बतला दे कि उसे अभी इनमें से किसी का अनुभव तो नहीं है पर इनके बारे में जैसा उसने शास्त्रों में पढ़ा या सुना है वह उसे बहुत अच्छा लगा और वह उसका सभी को भागीदार बनाने के लिए उनका जिक्र कर रहा है।

यदि तुम खामोश रहे। यदि तुमने अपने अनुभव न होने की बात खोलकर न बतलाई तो लोग उससे भ्रमित हो सकते हैं।

इसलिए जब तक बोध को उपलब्ध न हो जाओ, उसका अनुभव न कर लो, किसी का पथ प्रदर्शन करना ही मत। यह हिंसा होगी और जिस दिन तुम उसे प्राप्त कर लोगे फिर तुम्हारी उपस्थिति मात्र से ही लोगों का मार्ग दर्शन स्वयं होने लगेगा।

पर खोटे सिक्के, असली सिक्कों से अधिक चलते हैं क्योंकि उन्हें चलाने वाले बहुत होशियार हैं। वे नये, चमकदार और आकर्षक होते हैं। आज नकली सद्‌गुरुओं की बाढ़ आई हुई है। जगह-जगह भव्य पंडालों में गीत संगीत नृत्य और कीर्तन के साथ उपदेश परोसे जा रहे हैं। दान-पुण्य का महात्म्य बताकर तुम्हारी जेबें खाली कर स्वर्ग, मोक्ष और मुक्ति के सस्ते नुस्खे परोसे जा रहे हैं। तुम्हें सान्त्वना देकर बहलाया और फुसलाया जा रहा है और साथ नर्क का भय भी दिखलाया जा रहा है। धर्म की यह अफीम वही पुरानी अफीम है जिसने सदियों तक तुम्हें मूर्च्छित रखा। तुम्हें विकसित नहीं होने दिया। अब उसी को घोल कर नये आकर्षक बिल्लौरी कांच के जामों में प्रस्तुत किया जा रहा है। कुंऐ खुद प्यासों की तलाश कर रहे हैं। तुम्हें प्यास नहीं है फिर भी प्रवचनों का चरणामृत तुम्हारे कानों में उड़ेला जा रहा है।

नानइन जैसे सद्‌गुरु तभी मिलते हैं जब गहरी अभीप्सा हो। जीवन को दांव पर लगाने की तैयारी हो। वे तुम्हें सान्त्वना नहीं देते। तुम्हें तुम्हारा असली चेहरा दिखाकर तुम्हारी प्यास को उद्दीप्त करते हैं। सभी नकली मुखौटों से मुक्त कर तुम्हें अपना ही दीया आप बनने का पथ प्रशस्त करते हैं। वे तुम्हें बांधते नहीं मुक्त करते हैं।

❑❑❑

23. निष्क्रिय सजगता से निरीक्षण ही केन्द्र पर पंहुचा देता है

ओशो से पूछा गया—हम ध्यान में गहरे उतरने के लिए क्या करें? कैसे मन को विसर्जित कर सही मार्ग का चुनाव करें क्योंकि मन हमेशा सरल और सुविधामय मार्ग का ही चयन करता है।

आप कहते हैं- सद्गुरु के वचन ही पथ प्रशस्त करते हैं, पर हम अपनी रोज-रोज की समस्याओं का कैसे समाधान करें क्योंकि आपसे संवाद सम्भव नहीं हो पाता।

(My way the way of white clouds) प्रवचनमाला में इन सभी प्रश्नों का समाधान करते हुए ओशो ने बहुत सरल नुस्खा बतलाया है, पर मन का अंहकार जटिल और कठिन मार्ग ही चुनता है। सीधी, सरल और सुगम राह भी उसे मंजिल तक पंहुचा देगी, यह उसे विश्वास ही नहीं होता।

ओशो कहते हैं—तुम जीवन भर कुछ न कुछ करते ही रहे हो। बिना कुछ किए तुम शांत बैठ ही नहीं सकते। तुम शांत और मौन होने की जितनी अधिक कोशिश करते हो, उतने ही अधिक अशांत हो जाते हो।

ध्यान, शांति और आनन्द इन्हें प्राप्त करने के लिए कुछ भी नहीं करना है। यह सभी तुम्हारे अंदर पहले से विराजमान हैं। तुम इन्हें साथ लेकर ही जन्मे थे, लेकिन तब मन और बुद्धि नहीं थी। तुम भोले सहज सरल होकर सभी की आंखों का तारा बने आंगन में किलकारियां मारते हुए सभी को खुशियां और आनन्द बांटते थे। तब तुम एक नादान शिशु थे। परिवार, समाज ने तुम्हारा मन विकसित किया। तुम्हें प्रतियोगिता में सफल होने, कुछ पाने के लिए प्रयास करना सिखलाया। तुम मन और बुद्धि के जाल में फंसकर अपनी सम्पदा की बात ही भूल गये। तुम्हारी नाभि, जिससे तुम मां के गर्भ से जुड़े थे, वही तुम्हारा केन्द्र है। वह शांत, थिर और परम मौन है। वहीं सत् चित् और आनन्द तीनों एक साथ हैं।

निष्क्रिय सजगता का उपाय- तुम्हें प्रत्यक्ष रूप से करना कुछ भी

नहीं है। कुछ करते ही मन, बुद्धि और कर्त्ताभाव आ जाता है। तुम शांत होने के लिए ध्यान करते हो, या कुछ प्रयास करते हो तो करने वाला मन ही है और वही एकमात्र बाधा है। वही शोर उत्पन्न कर रहा है। उसमें प्रतिक्षण विचारों की तरंगें उठ रही हैं।

इसी मन को सजगता से देखते रहना है। जैसे नदी तट पर बैठे हुए जल में उठती लहरें और उसका प्रवाह देख रहे हो तुम। मन में विचारों की तरंगें और उसका सतत प्रवाह, तटस्थ भाव से देखते-देखते शांत होने लगता है। सक्रिय सजगता से मन फिर क्रियाशील हो जाता है, इसीलिए ओशो निष्क्रिय सजगता की बात कहते हैं।

केवल थोड़ा-सा बोध और समय चाहिए। शुरू में इसके लिए मन का उपयोग कर कुछ प्रयास जरूर करना होता है। थिर होकर बैठने का संकल्प करना होता है। संवेदनशील बनना होता है। प्रकृति के सान्निध्य और सत्संग में, सृजनात्मक और प्रेमपूर्ण होने से यह निष्क्रिय सजगता स्वयं जन्मती है।

फिर मात्र अपने खिड़की, दरवाजे खोलकर निष्क्रिय सजगता के साथ कुछ न करते हुए, बैठे हुए धैर्यपूर्वक प्रतीक्षा करो। सुबह की सुनहरी धूप और सन्नाटे का संगीत बुनती हुई ठंडी सुवासित हवा स्वतः स्वयं प्रविष्ट हो रही हैं तुम्हारे अंदर। अंधकार और जड़ता, धूप के आते ही स्वतः तिरोहित हो गए। सन्नाटे के संगीत में तुम अपने सघन मौन और ताजी हवा के सुवासित झोंके से तुम अपने ही अंदर छिपे आनन्द से अब मुलाकात कर रहे हो।

हर सुबह धूप और हवा तुम्हारे बंद दरवाजों और खिड़कियों पर दस्तक देते थे। तुम मन के शोर में उसकी हल्की आहट सुन ही नहीं पाते थे।–

तभी अज्ञेय कहते हैं–

मैंने उठकर खोल दिया वातायन

और दुबारा चौंका

वह सन्नाटा नहीं

झरोखे के बाहर

ईश्वर गाता था।

उस शांत, मौन और आनन्द के स्त्रोत केन्द्र या परमात्मा तक पंहुचने के लिए मन ही एकमात्र दीया है। हम स्वयं दरवाजे बंद कर, दीवारें चुनकर अपने ही कारागार में कैद होकर रह गए हैं।

पता नहीं, कि मैंने सत्य नहीं पाया था

यह नहीं, कि मुझको शब्द अचानक कभी-कभी मिलता है,
दोनों जब तक सम्मुख आते ही रहते हैं।
प्रश्न यही रहता है–
दोनों जो अपने बीच एक दीवार बनाये रहते हैं
मैं कब, कैसे उनके अनदेखे
उसमें सेंध लगा दूं
या भरकर विस्फोटक
उसे उड़ा दूं।

ओशो कहते हैं–तुम धूप या हवा को गठरियों में बांधकर या बाल्टियों में भरकर नहीं ला सकते। पर अधिकतर लोग ऐसी ही बेवकूफियां कर रहे हैं। बस खिड़कियां दरवाजे खोलकर बैठे-बैठे धैर्यपूर्वक उसकी प्रतीक्षा मात्र करनी है। रात का अंधकार धीमे-धीमे स्वतः छटता जायेगा। फिर भोर का तारा उगेगा। पक्षी मंत्र गुनगुनाएंगे। उषा रंगोली सजायेगी और सात रंगों के रथ पर सवार सूर्य देवता की सवारी निकलेगी। धूप और हवा के साथ शांति और आनन्द स्वतः प्रकट होंगे।

धूप रोज खिलती है और रोज हमारी खिड़कियों और दरवाजे खटखटाती है। वे खुले होते हैं तो हमारे शीत से सीले अंधेरे तहखानों को उष्णता और उजास से भर देती है।

ओढ़े हुआ ठंडा धुंवा
खोला शरद की धूप ने, नवनीत सा दिन का कुंवा।
छू दीं हवा के होंठ ने
नव रश्मियों की वंशियां
ओढ़े हुए ठंडा धुंवा।

जाड़ों की धूप, कोहरे की ठंडी धुंध को चीरती हुई, तुम्हारी कुंवे जैसी गहराइयों में उतर कर, तुम्हें नवनीत का जैसे कूप ही बना देती है। नवनीत, सारी रुक्षता को मिटाकर उसे चिकना बनाता है। चिकनाई, तेल या स्नेह ही हृदय के दीप को अंधेरी रातों में प्रज्वलित रखता है।

अपने बंद खिड़की दरवाजे खोलना भी एक प्रयास है। निष्क्रिय सजगता से देखते रहना और धैर्य पूर्वक प्रतीक्षा करना भी एक प्रयास है, पर यह निष्क्रिय प्रयास है। इसमें क्रिया नहीं है। इसमें अप्रत्यक्ष रूप से मन का उपयोग मालिक की तरह किया गया है। विचारों को तटस्थता से देखते हुए दो विचारों के अंतराल में, उसकी संद में से मौन और आनंद की अंजुरी भर धूप सरक आती है और उसकी क्षणभर की एक झलक मिल जाती है।

धीमे-धीमे यह अंतराल बड़े होते जाते हैं। तुम्हारी चेतना या सजगता भी अन्दर मंथर गति से प्रवाहित होने लगती है। पर अभी यह सतत प्रवाह नहीं है। ज्यों-ज्यों विचार-प्रक्रिया थमती है, तुम्हारे बंद दरवाजे खुलने लगते हैं। तुम्हारी ग्राह्यता और संवेदनशीलता बढ़ती जाती है।

जो लोग अंदर से खाली हो गये हैं, जो संवेदनशील और खुले हुए हैं, सद्‌गुरु के सान्निध्य में रहते-रहते उसके होश और सजगता की तरंगें तुम्हें भी चेतना के सतत प्रवाह में अपने साथ बहाकर होशपूर्ण बना देती हैं।

तुम शांत बैठे धैर्यपूर्वक तटस्थ भाव से अपने विचारों को और दो विचारों के अंतराल को देख रहे हो, तभी किसी बच्चे के रोने या किसी के झगड़ने की आवाज आती है। मन तुरन्त सोचने लगता है, कमेंट करने लगता है–

बच्चा क्यों रो रहा है?

कौन कर रहा है झगड़ा? झगड़े का कारण क्या है?

जो भी आस-पास हो रहा है, सब सहज और स्वाभाविक है। बच्चा जिद पूरी न होने पर रोता ही है। लोग बिना बात झगड़ते रहते हैं। तुमने टीका टिप्पणी की कि विचारों के घोड़े फिर दौड़ने लगे। हर ध्वनि को भी तटस्थ बने सुनते रहो। शांति और आनन्द स्वतः उतरती है।

यह शांति और आनन्द प्रयास द्वारा लाई गई शांति और आनन्द से भिन्न है। तुम घर के एकान्त कमरे में खिड़की दरवाजे बंद कर बैठते हो या किसी निर्जन स्थान में बैठकर माला फेरते हुए मंत्रजाप करने लगते हो, तो इस उपाय से भी मन उसमें उलझ कर कुछ समय के लिए ठहर जाता है। विचार तिरोहित हो जाते हैं। पर यह मन को किसी कृत्य में उलझा कर प्रयास द्वारा प्राप्त की गई शांति अस्थाई है। एक ही मंत्र जपते-जपते मन बोर हो जायेगा। या तो नींद आ जायेगी या मन उत्तेजना का कोई नया साधन खोजने लगेगा। यह बलपूर्वक लाई गई नकारात्मक शांति है। यह दो युद्धों के मध्य की शांति है। यह शीतयुद्ध जैसी शांति है, जिसके नीचे अशांति की ज्वाला धधक रही है।

यह ठीक एक नशे की तरह है। तुम सिगरेट पीते हो उससे तुम्हें प्राप्त कुछ भी नहीं होता। पर यदि उसे न पीयो तो ऐसा लगता है जैसे कहीं कुछ रिक्तता है। कुछ ऐसा है जिससे तुम चूक रहे हो। धुंआं अंदर भरना और छोड़ना, माला के मनके फेरना जैसा या मंत्र दोहराने जैसा है। धुंआं अंदर गया जैसे तुमने माला का एक गुरिया सरका कर राम कहा। तुमने धुंआं बाहर छोड़ा, जैसे माला का दूसरा दाना सरकाते हुए फिर राम कहा।

इस तरह अर्जित की गई शांति, कब्रिस्तान की शांति जैसी है। यह गंभीर उदास मुर्दा शांति है। इसमें उत्सव और आनन्द नहीं। मूर्ति, मंत्र, माला,

यह सभी उपाय किसी शैतान बच्चे को दिए जाने वाले खिलौनों की तरह हैं। बच्चा कुछ देर तो उनमें उलझा रहकर शांत रहेगा, पर कुछ ही समय बाद उनसे उबकर या तो सो जायेगा अथवा फिर शोर करने लगेगा। किसी चीज में मन को व्यस्त कर देना या उलझा देना, मन का विसर्जन नहीं है।

निष्क्रिय रहकर, कुछ न करते हुए नींद आ सकती है, इसीलिए ओशो सजग या होशपूर्ण रहने को कहते है।

यही द्रष्टा बनने और साक्षी का मार्ग है। यही मन को विसर्जित कर केन्द्र पर पंहुचने का मार्ग है। मन कभी भी सही मार्ग का चुनाव कर ही नहीं सकता। वह जो भी चुनेगा, कुछ दिन बाद वह उससे ऊब कर दूसरे मार्ग पर चल पड़ेगा। उसे सदा नये आकर्षण चाहिए। मन की सुनना ही मत।

मन को भक्ति मार्ग बड़ा सरल और सुगम लगता है। नाचो, गाओ और मस्ती में झूमते रहो। सभी से प्रेम करो। लोग मूर्ति पर जल चढ़ाने फूल, चंदन अर्पित कर भगवान को भोग लगाने और झांकी सजाने को ही भक्ति समझते हैं। यह भक्ति का पहला सोपान है। पर वास्तविक भक्ति बिना परिपूर्ण समर्पण और अंहकार को विसर्जित किये बिना होती ही नहीं। प्रत्येक व्यक्ति में परमात्मा को देखना सर्वाधिक कठिन लगता है। कितने लोग अपने नौकर और साधारण व्यक्तियों में परमात्मा देख पाते हैं? मन को भक्ति मार्ग बहुत कठिन लगने लगता है। भक्ति छोड़ फिर मन ध्यान की ओर भागता है। उसे मंत्र जाप बड़ा सुगम लगता है। महेश योगी का भावातीत ध्यान मंत्र जाप ही है। मन जाप में व्यस्त होकर थोड़ी देर को सब कुछ भूल जाता है। विचारों का अंधड़ थम जाता है। पर यह अस्थाई शांति है। मन शीघ्र उससे भी ऊब जाता है। मंत्र जाप केवल एकाग्रता देता है, पर मन विसर्जित नहीं करता। ध्यान तो संकल्प और होशपूर्ण होने की साधना है। कुछ भी न करना, मन के लिए बहुत मुश्किल है। फिर ध्यान में भी "मैं" को विसर्जित करने और समर्पण की बात आती है। भक्ति में प्रारम्भ ही समर्पण से होता है, पर ध्यान में समर्पण बाद में करने से भी काम चल जाता है।

फिर ध्यान से भी ऊबकर मन तंत्र की ओर भागता है। कुछ लोग शुरू में ही तंत्र साधना की ओर आकर्षित होते हैं। संभोग से समाधि वाला मार्ग मन को सवार्धिक आकर्षित करता है। पर यह मार्ग भक्ति और ध्यान से भी कठिन है। कठिन ही नहीं अत्यंत दुष्कर। अटल मैथुनानंद। स्खलन रहित संभोग। काम वासना को भी श्वास शांत रख थिर होकर देखते रहना। काम कृत्य में पूजा के भाव से प्रवेश करना। गुरु के प्रति सर्वात्म समर्पण। यह पूर्ण सजगता की साधना है। इस साधना में वही प्रविष्ट हो सकते हैं जिन्हें कामवासना से ऊब हो चुकी है। जिनकी दमित कामवासना का पूर्ण रेचन हो चुका है।

ओशो सरलतम सांख्य योग का मार्ग पहले ही बता चुके हैं जो कृत्य से या विधि से शुरू होता है और अ-विधि या अक्रिया में ले जाता है। उनके ध्यान प्रयोगों के पहले दो-तीन चरण विधि हैं जिनके लिए कुछ करना होता है। यह ध्यान की तैयारी के प्रयोग हैं। रेचन और मन को विसर्जित करने के उपाय हैं और अंतिम दो चरण अक्रिया के, निष्क्रिय सजगता से तटस्थ निरीक्षण के चरण हैं।

यह भी मन का सूक्ष्म जाल है कि एक ओर तो वह ओशो के प्रति सर्मपण की घोषण करता है, सन्यास लेता है और दूसरी ओर वह उनके वचनों का अनुगमन नहीं करना चाहता। वह तर्क करता है कि बदली परिस्थितियों में आपके निर्देशों के पालन में नई उलझनें उत्पन्न हो रही हैं फिर क्यों हम आपके निर्देशों में संशोधन न कर लें? फिर आप स्वयं ये भी कहते हैं कि अपने दीये आप बनो। आपसे चूंकि संवाद संभव नहीं है, इसलिए रोज-रोज की समस्याओं का समाधान कैसे हो?

यह प्रश्न पूछे जाने पर ओशो ने उत्तर दिया–

"यदि तुमने मुझे परिपूर्ण रूप से समर्पण किया है, फिर अंधानुसरण करने से ही तुम अखण्ड या अविभाजित रह सकते हो। जिसे तुमने समर्पण किया है वह स्वयं सूक्ष्म रूप से सब कुछ देख रहा है।"

अपने दीये आप बनने की सामर्थ्य भी तभी आती है जब परिपूर्ण समर्पण के बाद तुम गहराई में अपने केन्द्र की झलक पा लो। तुम्हारी निष्क्रिय सजगता की सतत धारा प्रवाहित होने लगी, फिर सद्‌गुरु का कार्य समाप्त हो जाता है।

यदि तुम्हें समर्पण कठिन और असम्भव लगता है, तो समर्पण करने की बात ही भूल जाओ। स्वयं अपना ही अनुगमन करो। पर यह मन का अनुगमन न होकर तुम्हारा अंत:स्र्वर हो। कृष्णमूर्ति का यही मार्ग है। वह कहते हैं- न किसी गुरु की जरूरत है और न समर्पण या ध्यान की। कृष्णमूर्ति पिछले पचास वर्षों से यही सिखाते रहे पर उनके निकट रहने वालों में एक भी ध्यान को उपलब्ध नहीं हुआ। ऐसा भी नहीं कि कृष्णमूर्ति गलत कह रहे हों, पर यह मार्ग बहुत कठिन है। यह उनके लिए ही है जो कगार पर खड़े हैं और उन्हें केवल एक धक्के की जरूरत है। यह बहुत लम्बा मार्ग है। इसमें स्वयं ही भटक-भटक कर मार्ग खोजना है। कोई भी मार्ग प्रशस्त करने वाला या सहायता करने वाला नहीं होता। भूलों से सबक लेकर फिर नये सिरे से सब कुछ नई शुरुआत करनी होती है। अपने अंहकार में यों ही व्यक्ति जन्म-जन्मों तक भटकता रहता है।

मन बहुत चालाक है। वह इस कठिनाई को भली-भांति समझता है। वह आधा-अधूरा समर्पण कर यह भी कहता है कि हम आपका ही अनुसरण

कर रहे हैं। केवल परिस्थिति बदल जाने पर आपसे नया निर्देशन न पाने की स्थिति में यदि हम आपके निर्देश को बदल कर अपने अनुसार चलने लगते हैं तो इसमें गलत क्या है?

ओशो कहते हैं- यदि तुम स्वयं ही निर्णायक बन गये फिर तुम्हारे समर्पण का, विश्वास और श्रद्धा का मूल्य क्या है? इससे अच्छा था समर्पण करते ही नहीं। यदि तुम्हें स्वयं अपने सहारे ही अंतर्यात्रा करनी है फिर इस बात को भूल ही जाओ कि मैं क्या करने को कहता हूं। कम से कम समर्पण का नाटक करते हुए अपने आप को धोखा मत दो। इस धोखे से तुम विकसित न हो सकोगे। तुम और अधिक भ्रमित हो जाओगे। सद्‌गुरु का पथ प्रर्दशन एक जैविक जोड़ है और प्रत्येक निर्देश दूसरे से जुड़ा है। वह एक परिपूर्ण संयोजन है। यदि तुम एक निर्देश मानोगे और दूसरा नहीं तो उस समय तक तुम जितने विकसित हुए हो, वह सभी कुछ नष्ट हो जायेगा। किसी एक मार्ग का चुनाव करो और पूरी तरह से उसी का अनुगमन करो। दो नावों पर पैर रखकर नदी को पार नहीं किया जा सकता।

- तुम अकेले, बिना किसी सहायता के भी पंहुच सकते हो।
- तुम सद्‌गुरु के सहारे भी पंहुच सकते हो।
- तुम साधकों के एक ग्रुप के साथ भी पंहुच सकते हो।

मैं अतीत में हुए सद्‌गुरुओं की तरह यह कभी नहीं कहता कि केवल मेरा मार्ग ही पंहुचा सकता है और अन्य सभी मार्ग भटकाने वाले हैं। उस जमाने में जब संसार बहुत सीमित था, आवगमन तथा संचार व्यवस्थाएं बहुत धीमी और अपर्याप्त थीं, जब विभिन्न मार्गों के अनुयाइयों में संवाद नहीं था, उन सद्‌गुरुओं का कथन ठीक था। पर आज प्रत्येक धर्म दूसरे धर्म के बारे में भली-भांति जानता है। दोनों धर्मों में आदान प्रदान होने पर लोगों की समझ व्यापक हुई है। हम हिन्दू भी कुरान तथा बाइबिल पढ़ते हैं और ईसाई गीता तथा धम्मपद। अब लोग भली-भांति जानते हैं कि सभी मार्ग पंहुचा देते हैं।

किसी भी मार्ग पर चलो, समग्रता से उसी एक का अनुगमन करो। फिर दूसरे मार्ग की बात ही भूल जाओ। केवल तभी तुम कहीं पहुंच सकते हो।

❑❑❑

24. न परिवार छोड़ना है न संसार, केवल होशपूर्ण रहना है

ओशो कहते हैं–घर, परिवार और संसार यह सभी अस्तित्व अथवा परमात्मा के अमूल्य उपहार हैं। इन सभी को त्यागना अथवा इन्हें छोड़कर कर पलायन करना, परमात्मा द्वारा दिए उपहार को ठुकराने जैसा है।

जो लोग परिवार और संसार का त्याग करते हैं, उनका अंहकार संसारी के अंहकार से भी बड़ा होता है। वे समझते हैं कि वे जीवन के दिव्य स्त्रोत से भी अधिक बुद्धिमान हैं।

वे परिवार और संसार केवल इसीलिए छोड़ते हैं क्योंकि उन्हें गहरे में कहीं कोई चोट लगी। प्रेमिका या पत्नी की मृत्यु हो गई अथवा किसी अपने ने धोखा दिया या जीवन ने निराश किया।

परिवार या संसार छोड़कर निर्जन वनों या पर्वतों की गुफाओं में रहने वाले लोग भी उस मन का त्याग नहीं करते जो घावों से भरा हुआ है। उस सोच या व्यवहार को नहीं त्यागते, जिसके कारण उन्होंने चोट का अनुभव किया।

- लोग उस मन का त्याग नहीं करते, जो रुग्ण है। जो उन्हें अब भी अस्थिर और बैचेन किए हुए हैं।

- वे क्रोध, ईर्ष्या या कामना किसी का भी त्याग नहीं करते। संसार में रहते हुए वे पद, प्रतिष्ठा, धन या स्त्री के पीछे पागल थे, अब वे परमात्मा या मोक्ष पाना चाहते है। जो उनके मार्ग में बाधक बनता है, उस पर उन्हें क्रोध भी आता है, घृणा भी होती है।

तुम संसार छोड़कर हिमालय में भी अपने अंदर पूरा संसार साथ लिए रहते हो। जिसे तुमने छोड़ा है वह सभी स्मृति बन कर तुम्हारे मन में अभी भी मौजूद है। तुम अपने आप को मात्र धोखा दे रहे हो।

ओशो कहते हैं–हिमालय जाने की जरूरत ही क्या है? तुम अपने अंदर ही हिमालय जैसी शांति और पवित्र वातावरण निर्मित कर तुम जहां भी जाओ या रहो, हिमालय तुम्हारे साथ चले।

घर, परिवार, पत्नी, और मित्र, इन सभी से तुम्हारा सम्बंध ही एक दर्पण की तरह है जिसमें तुम अपना वास्तविक चेहरा देख सकता हो। तुम्हें अपनी वासना, पकड़, ईर्ष्या, क्रोध और अंहकार इस दर्पण में भली-भांति दिखाई देगा। पर कुछ मूर्ख अपनी ही कुरूपता दर्पण में देखकर क्रोध में दर्पण ही तोड़ देते हैं। वे कहते हैं–यह दर्पण केवल मात्र कुरूपता ही दिखाता है इसलिए दर्पण ही वाहियात और कुरूप हैं। वे स्वयं तो अच्छे हैं। दूसरे लोगों ने ही उन्हें छला, उन्हें धोखा दिया। जब कि वे स्वयं ही इसके जिम्मेदार हैं।

यह संबंध जितने निकट होंगे वह उतना ही स्पष्ट प्रतिबिम्ब बनायेंगे। दूरी बढ़ने से प्रतिबिम्ब धुंधला होता जायेगा।

-तुम अपनी पत्नी से ऊब गये हो। उसके रोज-रोज के झगड़ों शिकायतों और तानों से परेशान तुम उसकी सूरत नहीं देखना चाहते। घर में उसकी उपस्थिति तुम्हें असह्य लगने लगी है। इसी पत्नी से कभी तुम प्रेम करते थे। वह तुम्हें सुंदर और आकर्षक लगती थी। अब प्रेम घृणा बन गया है।

इन संबंधों के दर्पण में पति को पत्नी और पत्नी को पति कुरूप दिखाई देता है।

जो तुम्हें तुम्हारी कुरूपता को निरन्तर प्रतिबिम्बित करता हुआ उसकी याद दिलाता रहता है, वह तुम्हें दुश्मन सरीखा दिखाई देता है। तुम उसे छोड़कर पलायन कर जाते हो।

हिमालय की शांति में मन कुछ समय उलझ कर, व्यस्त रहकर भले ही अस्थाई शांति पा ले पर अंदर अशांति का ज्वालामुखी धधकता रहता है।

प्रत्येक अहंकार कुरूप होता है। निष्क्रिय सजगता से स्वयं का निरीक्षण करते-करते धीमे-धीमे अंहकार विसर्जित होने लगता है। अपनी ही मूढ़ता का बोध होता है। पत्नी के व्यवहार के प्रति बिना प्रतिक्रिया व्यक्त किए सतत संबंधों के दर्पण में स्वयं को देखते-देखते क्रोध, घृणा, पकड़ और अहंकार धीमे-धीमे विसर्जित होने लगते हैं। अब दर्पण में प्रतिबिम्ब भी सुंदर दिखाई देता है। तुम्हारी तुमसे ही पहली बार मुलाकात होती है। फिर तुम पिघलकर, निर्भार होकर एक सफेद बादल की तरह आकाश में उड़ान भर सकते हो। फिर संसार की प्रत्येक झील तुम्हें हंस जैसा तैरता प्रतिबिम्बित करेगी।

इस सम्पूर्ण अस्तित्व ने तुम्हें माता-पिता की गोद दी है। तुम्हें घर, परिवार और संबंधों का संसार दिया है। यदि माता-पिता और समाज न होता

तो कौन तुम्हारा पालन-पोषण कर तुम्हें विकसित करता? तुम जहां हो, वही तुम मुक्त हो सकते हो।

परिवार में अभिनेता बनकर रहो—तुम कहोगे झगड़ालू पत्नी के साथ निबाह करना बहुत कठिन है। वह घर नहीं पूरा पागलखाना है। पिता शराब पीकर गालियां बकते हैं। मां को पीटते हैं। बच्चे दिन भर चीखते चिल्लाते धमाचौकड़ी करते रहते हैं।

तुम्हारा घर ही क्या यह पूरी दुनिया एक पागलखाना है। राजनीतिज्ञ, कुर्सी के लिए पागल हैं। कोई धन या पद प्रतिष्ठा पाने के लिए पागल है। कोई स्त्री के प्रेम में इसलिए पागल है क्योंकि लाख प्रयास करने पर भी उसे वह स्त्री प्राप्त न हो सकी। वह किसी और को प्रेम करती थी। जिस व्यक्ति से उस स्त्री ने शादी की, वह उस स्त्री को पाने के बाद पागल हो गया।

इस पागलों से भरे संसार में तुम पागल बन कर ही रह सकते हो। सचमुच के पागल न होकर तुम पागलों जैसा अभिनय तो कर ही सकते हो। तुम्हें पति का, पिता का मात्र अभिनय करना है। अभिनय करते हुए पागलखाने का आनन्द लो। जैसे ही परिवार में रहते हुए तुम्हें अभिनय करना आ गया तुम देखोगे कि शोर केवल परिधि पर रह जायेगा और अंदर शांति और आनन्द की चांदनी छिटकी हुई है।

यह संसार एक रंगमंच है। यहां रहते हुए सभी अभिनय ही कर रहे हैं। जब तुम्हारी पत्नी झगड़ा करे, कलह करे, शिकवा शिकायत करे तो देखो वह एक विलेन स्त्री (खलनायिका) का अभिनय किस कुशलता से कर रही है? मन ही मन अंदर उसके अभिनय की प्रशंसा करो। अब तुम्हें उसका कलह या झगड़ा करना अन्दर से विचलित नहीं करेगा। तुम प्रतिक्रिया व्यक्त नहीं करोगे। जो भी कहोगे, वह अभिनेता का वह एक संवाद मात्र होगा।

पिता शराब पीकर गुलगपाड़ा करें तुम भी शराबी का अभिनय करने लग जाओ। वह तुमसे खुलकर अपना दु:ख दर्द व्यक्त करेंगे।

तुम्हारे अभिनय से कुछ समय पश्चात् कुछ और परिवर्तन हो या न हो पर तुम्हें सारा शोर परिधि पर ही लगेगा और अन्दर तुम अपने थिर, मौन और शांत केन्द्र की ओर गतिशील होने लगोगे।

□□□

25. किसी भी सद्‌गुरु से जुड़ने पर दाम्पत्य-जीवन की दरार कैसे मिटे?

यदि पति-पत्नी में से कोई एक, किसी भी सद्‌गुरु से जुड़कर ध्यानी बन जाता है तो यह स्वाभाविक है कि उनके दाम्पत्य जीवन की दरार पहले से अधिक चौड़ी हो जाती है। ध्यान न करने वाले पार्टनर के हृदय में हीन भावना का जन्म होता है। वह उस सद्‌गुरु के प्रति ईर्ष्या और द्वेष से भर जाता है। उसे ईर्ष्या इसलिए होती है क्योंकि पहले उसकी पत्नी केवल उसी के बारे में सोचती थी, केवल उसी का ध्यान रखती थी, पर अब वह सत्संग में जाती है। पचास लोगों से मिलती-जुलती है। बड़ी खुश-खुश नजर आती है। पहले तो मुंह लटकाये उदास लेटी हुई बकती-झकती रहती थी। उसका बकना-झकना, शिकवे-शिकायत तो बिदा हो गये हैं पर उसकी मस्ती और मुस्कान देखकर वह तरह-तरह के संदेह करने लगता है। कहीं यह किसी के प्रेम में तो नहीं पड़ गई? कहीं इसके सद्‌गुरु ही तो इससे प्रेम नहीं करने लगे? उन्हें चारों ओर से सुंदर स्त्रियां घेरे ही रहती हैं।

यदि पति ध्यान-सत्संग में डूबा तो पत्नी ईर्ष्या और संदेह से भर जाती है। सबसे अधिक खतरा उसे पति के हाथ से फिसल जाने का होता है। कहीं किसी अन्य स्त्री के फेरे पड़कर वह मुझे छोड़ न दें? कहीं घर-बार छोड़कर पूरी तरह संयास ही में न रम जाये। उनके शराब की लत छोड़ने से उसे कोई खुशी नहीं हुई, बल्कि वह अक्सर सोचती है कि अच्छा होता वह शराबी ही बने रहते। जब शराब पीते थे तो वह मेरी हर बात बिना नुक्ताचीनी के मान लेते थे। किसी बात का प्रतिवाद नहीं करते थे। अब वह अपनी मन मर्जी के मालिक हो गये हैं। जब चाहते हैं, शिविर के बहाने चार-पांच दिनों के लिए गायब हो जाते हैं।

पति-पत्नी किसी एक के ओशो से जुड़ जाने पर यह मनोवैज्ञानिक समस्या तो आती ही है पर इससे भी जटिल एक अन्य समस्या भी है।

My way, the day of the While Clouds.

प्रवचनमाला में इसी से संबंधित ओशो से एक अजीबोगरीब प्रश्न एक विदेशी सन्यासी ने पूछा था-"प्यारे भगवान! आपके सान्निध्य में आकर सन्यास लेने वाली कुछ स्त्रियां बतलाती हैं कि उनकी भौतिक और शारीरिक वासनाएं यद्यपि अभी भी बनी हुई हैं पर किसी भी सांसारिक पुरुष से उन्हें तृप्ति नहीं मिलती। कुछ स्त्रियां यह कहती हैं कि आपसे भेंट करने के बाद वे अधिक प्रेमपूर्ण हो गई हैं।

गुरुजियेफ कहा करता था कि कोई स्त्री केवल किसी पुरुष के द्वारा ही मुक्त हो सकती है। कृपया स्त्री ऊर्जा के इस रहस्य के सबंध में बोध देने की अनुकम्पा करें।"

ओशो ने उत्तर दिया- "गुरुजियेफ बिल्कुल ठीक कहता है। स्त्री ऊर्जा, पुरुष ऊर्जा से ठीक विपरीत ऊर्जा है। गर्भ धारण करने के कारण उसका शारीरिक और मानसिक गठन पुरुष से भिन्न है। चूंकि स्त्री बच्चे का पालन-पोषण करती है इसीलिए प्रकृति ने उसे प्रेम की अपार ऊर्जा दी है। स्त्री का अकेले रहना लगभग असम्भव है। प्रेम करने के लिए कोई दूसरा चाहिए।

मुक्त होने और बुद्धत्व को उपलब्ध होने के दो ही मुख्य मार्ग हैं- एक ध्यान और दूसरा प्रेम। इसे ज्ञानयोग और भक्तियोग कहा जाता है। प्रेम के मार्ग में किसी दूसरी की उपस्थिति अनिवार्य है और ध्यान में अकेले ही गहरे उतरा जा सकता है।

पुरुष अकेले ही पूर्ण एकांत में ध्यान करते हुए उसकी गहराइयों में उतर सकता है, पर स्त्री ध्यान में केवल प्रेम के द्वारा ही प्रविष्ट हो सकती है। पुरुष ऊर्जा ध्यान के द्वारा ही प्रेम और करुणा को उपलब्ध होती है।

गौतम बुद्ध ने जब यशोधरा, जिसे वह बहुत प्रेम करते थे का त्याग किया तो अकेलेपन में ही वह बुद्धत्व को उपलब्ध हुए। जिसे तुम प्रेम करते हो, खाली क्षणों में उसकी स्मृति ही ध्यान में बाधा बन जायेगी। ध्यान में सब ओर बाहर बिखरी चेतना के समेट कर अंदर लाना होता है।

पर स्त्री अकेलेपन से भयभीत है। प्रेमपूर्ण होने के कारण वह अकेले रह ही नहीं सकती। अकेलापन उसे पीड़ित और संतप्त बनाता है। शारीरिक रूप से भले ही उसे पुरुष का सान्निध्य न मिले पर यदि उसका प्रेमी उसके आस-पास है, जिसे वह दूर से देख सकती है, याद कर सकती है तो भी वह विकसित होती है। उसे पुरुष का मानसिक या आध्यात्मिक सम्बल चाहिए। जब प्रेमी प्रेमिका दो से एक हो जाते हैं, तभी ध्यान घटता है। मीरा, राधा, टेरेसा यह सभी प्रेमियों के सहारे ही मुक्त हुईं।

ओशो कहते हैं- इसीलिए मेरे पास आने वाले पुरुष साधक ध्यान में गहरे डूबते हैं और स्त्रियां साधक प्रेम में।

स्त्री ऊर्जा प्रेम के द्वारा ही विकसित होकर ध्यान को उपलब्ध होती है। जो ध्यान घटित होता है, उसकी जड़ में प्रेम होता है। पर पुरुष ऊर्जा का विकास ध्यान से होता है। उसकी जड़ों में ध्यान होता है और विकसित होकर ही प्रेम और करुणा का फूल खिलता है।

चूंकि स्त्रियां अपने आत्मा की गहराइयां से मुझे प्रेम करने लगती हैं इसीलिए शारीरिक तल पर वे अब प्रेमियों से संतुष्ट और तृप्त नहीं होती। प्रेमी या पति केवल परिधि पर उन्हें बाहर ही बाहर तृप्त कर पाता है पर उनके अन्दर केन्द्र पर तृप्ति अब ध्यान से ही मिलती है। उनका ध्यान तभी गहरा होता है जब अपने हृदय आत्मा में वे मेरी अहरय उपस्थिति अनुभव रहती हैं।

हृदय तल के गहरे प्रेम में ही स्त्री अपने केन्द्र पर एक गहरी प्यास और अतृप्ति का अनुभव करने लगती है, जो प्रेमी के पास लेकिन फिर भी दूर रहते हुए ध्यान के द्वारा ही वह तृप्त होती है। ऐसी स्त्रियों के पति या प्रेमी उन्हें तभी पूर्ण तृप्त और आनंदित कर सकते हैं जब वे स्वंय ध्यान में गहरे डूबने में रुचि रखते हों। अन्यथा संबंधों में दरार पड़ जाती है।

इसी तरह जो पुरुष साधक मेरे निकट आकर ध्यान में डूबने लगते हैं, उनकी पत्नी या प्रेमिका के साथ उनके संबंधों में दरार पड़ने लगती है क्योंकि अब वे अधिक से अधिक अकेले रहना चाहते हैं। ऐसे समय यदि उनकी पत्नी या प्रेमिका भी स्वयं भी ध्यान करने लगे और उन्हें अकेले में रहने की अधिक से अधिक सुविधा दे तो दोनों साथ-साथ विकसित हो सकते हैं। ध्यान में डूबने से पुरुष में प्रेम और करुणा के फूल खिलेंगे और स्त्री अपने गहराई में पति या प्रेमी के मानसिक-प्रेम का अनुभव करते हुए ध्यान को उपलब्ध होगी।

□□□

26. विकसित होने की सात सरल विधियां

पहली विधि–स्वीकार भाव और 'हां' का प्रयोग

अधिकतर लोग दुःखी, निराश, तनावग्रस्त और उदास इसलिए हैं क्योंकि वे विधायक अनुभूतियों का स्मरण न कर नकारात्मक दृष्टिकोण से जी रहे हैं। कार्य शुरू करने से पूर्व ही उन्हें असफलता होने का भय बना रहता है। उनकी सोच बन जाती है कि चूंकि समाज में सर्वत्र भ्रष्टाचार, शोषण लूट और अनाचार है इसलिए उनके साथ कुछ भी अच्छा हो ही नहीं सकता। ऐसे लोग चिड़चिड़े, उदास और अपने से ही घृणा और उपेक्षा से जीते नजर आते हैं।

दृढ़ संकल्प और हारा चक्र को सक्रिय करने के बाद यह प्रयोग करना सरल होगा। हारा चक्र सक्रिय होने पर आप विधायक दृष्टिकोण से खुश-खुश जीने का निश्चय कर सकते हैं। आप नकारात्मक सोच से संकल्पपूर्वक छुटकारा पा सकते हैं।

लगभग हर बात पर अभी तक आपकी जो 'ना' करने की या 'नहीं' कहने की जो आदत पड़ गई है उसे त्याग कर आप 'हां' करना सीखें।

प्रातः उठते ही, दिन में या रात सोने से पूर्व सुखासन में बैठकर धीमे-धीमे 'हां-हां' दोहराना आरम्भ कर दें। 'हां' 'हां' दोहराते हुए आशा भरे दृष्टिकोण से मस्ती में इस तरह झूमना शुरू कर दे जैसे तेज हवा में वृक्ष मस्ती में झूमते हैं। यह 'हां' का भाव रक्त की बूंद-बूदं में समाहित हो जाने दें।

हंसते-मुस्काते आश्रम के डिस्को का कैसेट लगाकर या कोई भी नृत्य की ट्यून लगाकर मस्ती में दस मिनट नृत्य करें। उत्सव मनायें। सदैव विधायक दृष्टि से सोचें। आधा गिलास पानी को देख आधा गिलास खाली न होने के भाव के स्थान पर आधा गिलास भरे होने का भाव करें।

किसी की कमियां न देखें पहले उसके गुणों को देखें। गुलाब के फूल पर ध्यान केन्द्रित रहे, कांटों पर नहीं। दृष्टि बदलते ही सारी सृष्टि बदल जाती है।

दूसरी विधि–तनाव मुक्त होकर सदा प्रमुदित बने रहने की अद्‌भुत विधि

पैरों के तलवों से सांस लें–रात्रि में सोने से पूर्व दोनों पैर पानी से धोकर और उन्हें कोमलता से पोंछकर आंखें बंद कर फर्श पर बैठ जायें। फिर कल्पना करें कि आप नाक या मुंह से सांस लेने के स्थान पर पैर के एक तलुवे से श्वास भीतर खींच रहे हैं और दूसरे पैर के तलवे से श्वास बाहर फेंक रहे हैं। पैर को संवेदनशील और सांस लेने और छोड़ने के लिये समर्थ बनाने में आपको गहन कल्पना के लिए पांच सात मिनट से अधिक समय न लगेगा। वह भी प्रारम्भ में। अभ्यास होने पर फर्श पर बैठते ही फिर तो आपको स्वयं लगने लगेगा कि आपके दोनों पैर के तलवे मुस्करा रहे हैं। कोई आपके पैरों के तलवों को गुदगुदा रहा है। चाहें तो किसी पक्षी के पंख से पैरों को अहिस्ते से स्पर्श कर गुदगुदाने का कार्य भी प्रारम्भ में ले सकते हैं। जब आपके पैर मुस्कराने लगें तो आंखे बंद किए हुए ही महसूस करें कि हास्य का कम्पन पैरों के द्वारा नाभि तक आ गया है और हास्य की सूक्ष्म तरंगें आपके पेट में भी गुदगुदी कर रही हैं। फिर हंसी को पेट से ऊपर कंठ तक और फिर होठों तक आता महसूस करें ।

हास्य तरंगों को तब तक फैलने दें जब तक आपका हृदय और सम्पूर्ण व्यक्तित्त्व हास्य और प्रसन्नता से लबालब न भर जाये। हंसी से पूरे शरीर को आविष्ट होने दें, जब तक वह स्वतः शांत न हो जाये।

10–15 मिनट का यह प्रयोग आपके दिन भर के तनाव और थकान को दूर कर आपको गहरी नींद में ले जायेगा। आप सुबह उठकर बहुत ताजा अनुभव करेंगे। सुबह उठते ही आप स्वयं हंसते-हंसते उठेंगे, क्योंकि निद्रा से पूर्व का अंतिम विचार या भावदशा ही सुबह जागने पर पहला विचार या भावदशा होती है। यदि सुबह उठते ही स्मित मुस्कान भी प्रकट होती है तो रात्रि के ध्यान का स्मरण कर आप हास्य की तरंगों को पूरे शरीर में फैलने दें। बिस्तर पर लेटे हुये या उठकर बैठते हुये पांच सात मिनट की हंसी से अपनी दिनचर्या का प्रारम्भ करें। पूरे दिन शरीर में एक अनोखी फुर्ती और ताजगी रहेगी और आप दिन भर तनावमुक्त रहेंगें। दफ्तर में भी तनाव होने पर मेज के नीचे रखे पैरों के तलवों से सांस लें तथा उनमें हास्य कम्पन की कल्पना कर यह प्रयोग आप कभी भी स्वंय ही कर सकते हैं।

तीसरी विधि–हीन भाव से मुक्त होने, केन्द्र तक पंहुचने, आत्मविश्वास बढ़ाने तथा संकल्पवान होने की अभूतपूर्व विधि।

अधिकतर लोग अपने शरीर का केन्द्र मस्तिष्क और थोड़े से लोग हृदय मानते हैं। हमारे शरीर का ही नहीं, अस्तित्त्व का भी केन्द्र नाभि से

दो अंगुल नीचे हारा चक्र है, यह बहुत कम लोग जानते हैं। बच्चे श्वास इसी बिंदु से लेते हैं। आप भी लेटे हुए श्वास इसी बिन्दु से लेते हैं। यदि आप इसी हारा चक्र से नियमित गहरी व लयबद्ध सांस लेने का अभ्यास करें तो आप केन्द्रस्थ होने लगते हैं। यह संकल्प मजबूत करने का भी प्रयोग है।

इसके अभाव में, लज्जा की यह भावना कि धरती फट जाये और आप उसमें समा जायें, गहरा पश्चाताप, घबराहट से स्टेज पर भाषण देने के समय टांगों का कांपना आदि लक्षण प्रकट होते हैं। आपमें आत्मविश्वास की कभी होना केन्द्र में स्थित न होने के कारण ही हैं।

यह विधि चेतना के सिंहासन पर स्थित होने अथवा इसे लंगर डालने की विधि भी कहा जाता है।

सोने से पूर्व बिस्तर पर लेट कर अपने दोनों हाथों को हारा चक्र पर रखकर कोमलता से उस पर दबाव डालें। फिर गहरी सांस लेना शुरू करें। आप देखेंगे कि यह केन्द्र ऊपर नीचे हो रहा है।

दो मिनट बाद आप कल्पना करते हुए अनुभव करें कि आपके शरीर की पूरी ऊर्जा इसी केन्द्र पर इकट्ठी होती जा रही है। आप धीमे-धीमे सिकुड़ना शुरू कर दें और सघन भाव करें आपका शरीर लघु होते हुए इसी केन्द्र में सिकुड़ कर समा गया है।

इसी कल्पना को सघन करते हुये आप सो जायें। रात भर आपकी ऊर्जा केन्द्रित होती रहेगी और जाने-अनजाने आपका सम्पर्क केन्द्र के साथ बना रहेगा।

प्रातः आंख खुलते ही दोनों हाथ पुनः हारा चक्र पर रखकर उसे कोमलता से दबायें। मुंह से श्वास लेते हुये इस चक्र को ऊपर नीचे होने दें। यह प्रक्रिया 10-15 मिनट तक करें। ऐसा करने से दिन भर आपकी ऊर्जा इसी केन्द्र पर एकत्रित होती रहेगी।

एक सप्ताह के प्रयोग के बाद और कुछ लोगों को तीन चार दिनों के बाद ही अपने व्यक्तित्त्व में सुखद परिवर्तन होना अनुभव होने लगता है। उनका आत्मविश्वास बढ़ जाता है। घबराहट और हीनता की भावना समाप्त होकर संकल्प दृढ़ होने लगता है।

स्वस्थ और संतुलित बनने की चौथी विधि–नाभि से गहरी, लयबद्ध श्वास लो और उतनी ही गहराई और तेजी से बाहर उलीच दो।

जो लोग गहरी श्वास नहीं लेते वे लोग ही विचारों और भावनाओं का दमन करते हैं। क्रोध में सांस तेज हो जाती है। क्रोध रोकने के लिए सांस भी रुक जाती है। क्रोध को ओषजन की जरूरत है जो गहरी सांस लेने में ही मिलती है।

कामवासना और संभोग में भी सांस बहुत तेज हो जाती है। संभोग में नाभि से गहरी श्वास लेने पर ही शरीर का रोयां-रोयां उत्तेजित होकर कांपने लगता है। तुम अंहकारशून्य और विचार शून्य हो जाते हो। पर सभ्यता के आवरण, काम कृत्य को सम्पूर्णता से शिखर अनुभव पर नहीं ले जाते। तभी अतृप्ति और कुंठा बनी रहती है।

शरीर के दो छोर हैं। ऊपर का भाग, छाती और सिर। यह केवल लेने की भाषा समझते हैं। मुंह भोजन लेता है और नाक श्वास। कान ध्वनियां और संवेदनाएं लेते हैं। आंखें रूप, रस और सौंदर्य का पान करती हैं। मस्तिष्क विचारों और प्रभावों को ग्रहण करता है।

शरीर का पेट से नीचे का छोर विसर्जन करता है। वह देना जानता है। वह मल मूत्र व वायु विसर्जित करता है। वह सेक्स ऊर्जा और वीर्य भी विसर्जित करता है।

यदि शरीर केवल लेता रहे और विसर्जित न करे तो अस्वस्थ हो जायेगा। यहां तक कि तुम चाहते हो कि कोई तुमसे प्रेम करे। पर शरीर की यह भी आवश्यकता है कि तुम भी किसी से प्रेम करो। पर कंजूस लोग व्यक्तियों से प्रेम इसीलिए नहीं करते क्योंकि उन्हें कुछ देना पड़ेगा। खर्च करना पड़ेगा। वे मल तक नहीं छोड़ना चाहते, इसीलिए कब्ज के मरीज हो जाते हैं। भोजन करने से कामऊर्जा बढ़ती है। यदि उसे अवमुक्त न किया जाये तो पागलपन बढ़ेगा ही। ध्यानी इस ऊर्जा का ऊर्ध्वगमन कर इसका निष्कासन सहस्त्रार से करते हैं।

इस अस्तित्त्व में सभी कुछ प्रवाहमय है। सब कुछ बहा जा रहा है। जहां भी प्रवाह अवरुद्ध हुआ, संतुलन भंग हुआ। शारीरिक और मानसिक रोग उत्पन्न हुए। सभ्यता केवल लेना सिखाती है। क्रोध, काम, घृणा, हिंसा सभी नकारात्मक भावों का दमन सिखाती है। यहां तक कि हास्य और रुदन का भी दमन।

अस्वस्थ, असंतुलित और असामान्य वही है जो लेता अधिक है और देता (निष्कासन) बहुत कम है। जो देता है वह भी बलपूर्वक। कोई उससे जैसे छीनता है। उसका देना सहज स्वाभाविक और ऐच्छिक नहीं है। वह सभी कुछ जोड़ता जाता है। संग्रह करने की उसे सनक सवार रहती है। इसीलिए वह अर्द्धविक्षिप्त है। पागलखानों में अधिकांश पागल दमित मनोवृत्तियों के कारण बंद है।

सामान्य और स्वस्थ वही है जिसका लेन-देन संतुलित है। असाधारण व्यक्ति वही है जो दूसरों से कुछ भी नहीं लेता वरन अधिक से अधिक देता

है। बुद्ध केवल अस्तित्त्व से जैविक ऊर्जा लेता है और रोम-रोम से मनुष्यों को ही नहीं, जड़, चेतन ओर वृक्षों तक को प्रेम, मैत्री और करुणा जल से सिंचित ही करता रहता है।

तभी ध्यान में ओशो श्वास उलीचने पर जोर देते हैं। श्वास तो तुम्हारा रोम-रोम ले रहा है। केवल श्वास उलीचतो रहो। हास्य, रूदन, घृणा, हिंसा क्रोध सभी का निष्कासन करो। सभी को मैत्री भावना से प्रेम बांटो। पूरा अस्तित्व तुम्हें जीवित रखने में अपना योगदान दे रहा है, उसके प्रति अहोभाव और कृतज्ञता से भर जाओ।

इसीलिए दान का सर्वाधिक महत्त्व है। प्रेम वही शुद्ध है जो अपेक्षारहित है। लेने में नहीं, वह सर्वस्वदान में उत्सुक है।

लाओत्से का तानदेन (नाभि से धीमी लयबद्ध गहरी सांस लेना और छोड़ना) इसीलिए महत्त्वपूर्ण है। इस तरह श्वास लेने से क्रोध, घृणा और कामवासना उत्पन्न ही नहीं होती। जीवन संतुलित और लयबद्ध हो जाता है।

पांचवी विधि–कामना मुक्त होने की विधि

कामना का अर्थ है कि इस क्षण जो तुम्हारे पास है, तुम उससे संतुष्ट नहीं हो। तुम कोई कमी महसूस कर रहे हो। यही तनाव कामना है। तुम कुछ ऐसा चाह रहे हो जिससे भविष्य में तुम्हें सुख और शांति मिले।

सांसारिक पदार्थों की चाह तो कामना है ही। परमात्मा निर्वाण, मोक्ष, ध्यान और निर्विचार की चाह भी कामना है। कामना चाहे वह शुद्ध और पारलौकिक हो, वह भी कामना ही है। वह मनुष्य जो वर्तमान से संतुष्ट नहीं, भविष्य में कुछ पाकर सुखी होने का विचार कर रहा है वह भी कामना से भरा है।

कामना मात्र ही भविष्य के स्वप्न निर्मित करती है। जब भविष्य वर्तमान बनता है तुम पुनः आगत भविष्य के लिए नई कामना निर्मित कर लेते हो।

अचाह में अलौकिक आनन्द है। पर इस कथन को ही चाह का विषय बना लेना, उससे चूक जाना है। केवल गहरी समझ से ही चाह से मुक्त हुआ जा सकता है।

हर चाह चाहे वह कितनी भी आध्यात्मिक क्यों न हो, तनाव और पीड़ा उत्पन्न करती है, एक नर्क निर्मित करती है, भविष्य का स्वप्नजाल पैदा करती है, केवल बोध और समझ से उससे मुक्त हुआ जा सकता है। सजगता और होश ही वह उपाय है जिससे तुम कामनाओं के जाल में न उलझो। हर

चाह में सजगता और पूरे होश से प्रवेश करो। उस चाह से उत्पन्न भविष्य के सपनों को होशपूर्ण होकर ही देखते रहो। वह कैसे तनाव और पीड़ा उत्पन्न करती है, इसका निरीक्षण करते रहो। यह होशपूर्ण निरीक्षण ही तुम्हें बोध देता है और तुम अचाह को उपलब्ध हो जाते हो।

छठी विधि–सजग और होशपूर्ण होने के उपाय

पहली अप्रैल 1973 को विज्ञान भैरव तंत्र प्रवचनमाला के अंतर्गत सजगता और होशपूर्ण होने के लिए ओशो ने निम्न उपाय बताये हैं–

सजगता या awareness मस्तिष्क से विचार करते हुए कभी भी प्राप्त नहीं की जा सकती। यह केवल करने से, अभ्यास से अभी और यहीं प्राप्त हो सकती है।

तुम मुझे सुन रहे हो पर इसके ही साथ तुम्हारे मस्तिष्क में विचार चल रहे हैं। तुम मुझे रोम-रोम से केवल सुनो। यह भूल ही जाओ कि तुम्हारे पास खोपड़ी नाम की कोई चीज है। अपनी सारी चेतना को हृदय पर केन्द्रित कर दो। हृदय से सुनो। यह सुनना होशपूर्ण होगा।

तुम सड़क पर चल रहे हो। होशपूर्ण होकर चलो। अर्द्धनिमीलित नेत्रों से दृष्टि झुकाकर तीन गज सामने की भूमि देखते हुए अपना पूरा होश पैरों की ओर ले जाओ। बायां पैर उठा और दाहिना पैर आगे आया। चलते समय पूरी चेतना चलने पर केन्द्रित रहे। यह होशपूर्ण चलना है।

खाओ, पीयो या कुछ चबाओ। पर पूरी सजगता और होश से। पूरी चेतना चबाने और स्वाद लेने या पीने की ओर केन्द्रित रहे। किसी भी कृत्य में यांत्रिकता न हो। इस प्रकार होशपूर्ण चलने, भोजन करने में एक गरिमा और प्रसाद होगा। उसका अनुभव कुछ अनूठा होगा। यदि तुम होशपूर्ण और सजग होकर भोजन कर रहे हो तो कभी भी आवश्यकता से अधिक नहीं खा सकते। जितना भी खूब चबा-चबाकर खाओगे वह शीघ्र पचेगा। उसे तुमने चबाने में ही रस बना दिया था, अब पेट को वह श्रम नहीं करना पड़ेगा।

लोग मोटे होने पर डाइटिंग की सोचते है। पर डाइटिंग से कुछ होने का नहीं। केवल होशपूर्ण होने से ही बात बनेगी। तुम्हें अपनी यांत्रिक आदतों से छुटकारा पाना होगा।

भोजन करते समय पूरी चेतना यदि भोजन और उसके चबाने में रही, तो तुम उसका स्वाद, उसका रस और उससे मिलने वाली तृप्ति का बखूबी आनंद उठा सकोगे। भोजन करते समय बातें करनी ही नहीं चाहिए और न भूत भविष्य के बारे में सोचना चाहिए।

जिसका होश सध-गया, उसने जीवन में क्षण-क्षण जीने की, वर्तमान में बने रहने की कला सीख ली।

भयमुक्त होने की सातवीं विधि–दि. 2.7.73 को विज्ञान भैरवतंत्र की प्रश्नोत्तर प्रवचन में एक महत्त्वपूर्ण प्रश्न पूछा गया था–

"**आपने कहा**–जो व्यक्ति भयभीत है वह प्रेमपूर्ण नहीं हो सकता और न परमात्मा को उपलब्ध हो सकता है। कृपया बतायें-भय से कैसे मुक्त हुआ जाये?

ओशो ने उत्तर दिया था- किसी चीज से मुक्त होने की बात नहीं है। सिर्फ समझने की है। बोध की है। भय को समझो कि वह क्या है? और उससे मुक्त होने की चेष्टा मत करो।

भय से कैसे मुक्त हुआ जाये–यह एक नया भय है। यह पहले भय से जो स्वाभाविक था, कहीं अधिक खतरनाक है, क्योंकि यह अस्वाभाविक है। यह नया भय अत्यंत सूक्ष्म है।

यदि भय है, तो उसे छिपाने की चेष्टा मत करो। उसे स्वीकार करो। स्वीकार करते ही भय विदा होता है और इन्कार से बढ़ता है। अपने प्रेमी या प्रेमिका से स्पष्ट कहो कि मैं भयभीत हूं और भय के कारण ही तुमसे चिपका हुआ हूं और मात्र प्रेम का अभिनय कर रहा हूं। मैं अब तुम्हें और धोखे में नहीं रख सकता। तुम स्वीकार करो कि भय के कारण ही तुम मंदिर जाकर प्रार्थना करते हो और भय के कारण ही परमात्मा को स्मरण करते हो। जब भय तुम्हारा सत्य बन जाता है और तुम भयभीत होने से नहीं डरते हो तो इस स्वीकार भाव के साथ ही भय विलीन होने लगाता है। अब वह भय को छिपाने के लिए निर्भीकता का झूठा कवच पहनने का नाटक नहीं करता। वह भय के विपरीत निर्भीकता का नाटक नहीं करता। अब उसमें द्वंद्व न रहा। वह सहज, सरल और विनम्र हो गया।

इसी प्रामाणिकता में सच्चे प्रेम का जन्म होता है। अब तुम्हें किसी के पीछे भागने की कोई आवश्यकता नहीं है।

❑❑❑

27. मात्र न बोलना ही नहीं है मौन

झेन: दि क्लांटम लीप फ्रॉम माइंड टू नो माइंड' प्रवचनमाला में 'मौन' के संबंध में ओशो कहते हैं–

"जब तुम कामना रहित होकर निर्विचार हो जाओगे, मन, अमन बन जायेगा, तब परम विश्राम की दशा में तुम सीधे अपने केन्द्र पर पंहुच जाओगे, जो पहिए की कील की तरह थिर है। तुम पिघलकर अस्तित्व के साथ एक हो जाओगे। खण्ड, अखण्ड हो जायेगा।

झेन इसी को केन्द्र पर पंहुचना कहते हैं, जहां आनन्ददायक परम मौन है। उपनिषद के ऋषि इसी को आत्मज्ञान या तुरीय के पार कहते हैं। सांख्य इसी को साक्षी होना कहता है। मैं इसे होश साधना कहता हूं।"

इसी प्रवचनमाला में एक अन्य स्थान पर ओशो कहते हैं–

"अपने चारों ओर के दृश्यों और ध्वनियों को आंखों से देखो और कानों से सुनो- पर पूरे होश और सजगता से। बिना उन दृश्यों और ध्वनियों से कोई तादात्म्य किये बिना। यदि बाहर के दृश्यों और ध्वनियों से कोई प्रतिक्रिया नहीं होती और सजगता व होश बना रहता है, तो वही पूर्ण मौन है।

मौन का यह अर्थ नहीं है कि तुम कुछ बोलो मत। कोई बोलते हुए भी मौन हो सकता है, क्योंकि मौन का केन्द्र मन है। यदि मन, अमन हो गया हो, तो कोई बोलते हुए भी मौन है। वह कामनाशून्य और निस्तरंग है। थिर है अपने केन्द्र पर। वह स्वयं में स्थित हो गया है।"

मौन साधने का पूरा रहस्य ओशो के उक्त वचनों में समाहित है। कामनाओं से भरा मन, भूत की स्मृतियों में भटकता और भविष्य के स्वप्न जाल में उलझा मन जब तक कामना मुक्त होकर, भूत भविष्य का विसर्जन कर वर्तमान में थिर नहीं होता, तब तक कामनायुक्त कर्मों को करते हुए वह कर्त्ता बना रहता है और 'मैं' का विसर्जन कर द्रष्टा नहीं बनता, परमविश्राममय नहीं होता, वह मौन नहीं हो सकता।

जब तक बाहर की वस्तुओं, दृश्यों और व्यक्तियों से, मन के विचारों और भावों से वह तादात्म्य जोड़ रहा है, जब तक वह सभी का तटस्थ द्रष्टा नहीं बन जाता, तब तक वह मौन नहीं हो सकता।

प्रत्याहार–न बोलने का अपना उपयोग है। बोलते हुए, बाहर खुली आंखों से देखते हुए हम अपनी काफी ऊर्जा व्यर्थ ही बाहर फेंक देते हैं।

इसीलिए ध्यान शिविरों में ओशो ने आंख पर काली पट्टी बांधकर और कानों में रूई ठूंसकर ध्यान प्रयोग करने को कहा है जिससे बाहर व्यर्थ उलीचे जाने वाली ऊर्जा का उपयोग ध्यान में किया जा सके। प्रत्याहार का अर्थ ही है- बाहर प्रकृति द्वारा प्रदत्त, सूर्य, वायु, जल, पृथ्वी आकाश और वृक्षों से अधिक से अधिक प्राण-ऊर्जा ग्रहण की जाये और शरीर से कम से कम ऊर्जा बाहर निकलने दी जाये।

जितना बिना बोले चल जाये, उतना मौन रखा जाये। हां! कोई बात बहुत आवश्यक सम्प्रेषित करना हो तो उसे कम से कम शब्दों में अभिव्यक्त किया जाये और हो सके तो संकेतों से काम चलाया जाये। व्यर्थ की गपशप तो करनी ही नहीं है। हमारी सारी बातचीत भूत या भविष्य के संबंध में ही होती है। मौन-शिविर में विशेष रूप से टी.वी. रेडियो देखने और सुनने से तथा समाचार-पत्र पढ़ने से दूर रहा जाये जिससे व्यर्थ का कचरा अंदर न जाये। इस अवधि में तो होशपूर्ण रेचन द्वारा दमित मनोभावों के कचरे को बाहर उलीच कर अंदर से खाली और निर्भार होना है।

बाहर का मौन भीतर के मौन में सहायक है

"बिन घन परत फुहार" प्रवचनमाला में ओशो कहते है-"बाहर और भीतर में बहुत भेद मत करना। भेद है ही नहीं। जिसको तुम बाहर कहते हो, वह भी भीतर है-बाहर आया हुआ और जिसको तुम भीतर कहते हो, वह भी बाहर है–भीतर गया हुआ। तुम बाहर-भीतर के भेद में पड़ो ही मत।

तुम जब बहुत बातचीत करते हो, तब बहुत ज्यादा मन चलता है। तुम यदि बातचीत मत करो तो तुमने मन का आधा आधार तोड़ दिया। अगर तुम बोलो न, तो धीरे-धीरे भीतर का बोलना भी कम होने लगेगा। क्योंकि भीतर का बोलना, सिर्फ बाहर के बोलने का रिहर्सल है। तुम बाहर बोलने की तैयारी कर रहे हो भीतर। प्रशिक्षण है।

तुम जो भी भीतर सोचते हो, उसकी तुम्हें चौबीस घंटे जरूरत है। वे चीजें भविष्य में काम आने वाली हैं, इसलिए मन उसकी तैयारी कर रहा है।

या तो तुम अतीत के ऊहापोह में पड़े रहते हो या भविष्य के और इन दोनों के मध्य तुम्हारे वर्तमान का क्षण भरा हुआ गुजर जाता है। वही तुम्हारी भीतर की विचारधारा -'इनर टाक' है, जो चौबीस घंटे चल रही है। सोते हुए भी स्वप्न में वह जारी रहती है।

लेकिन अगर तुम बाहर से बोलना धीमे-धीमे कम कर दो तो भीतर का बोलना भी धीरे-धीरे कम होता जायेगा।

अगर कोई व्यक्ति तीन वर्ष तक बिल्कुल मौन रख ले तो कुछ और करना न पड़ेगा, भीतर का विचार अपने आप टूट जाएगा। लेकिन इस मौन के मध्य करीब-करीब पागल होने के मौके आएगें कई बार। तीन वर्ष की अवधि इसीलिए, क्योंकि परिपूर्ण मौन रहना कठिन होता है।

आदमी शब्द से ही नहीं बोलता–हाथों के इशारों से, और आंखों के संकेतों से भी बोलता है।

बाहर से पूरे मौन का अर्थ है–जैसे तुम अकेले हो संसार में। अन्य कोई दूसरा नहीं है। अगर परिपूर्ण मौन रखा जाये-आंख का, भाव का, भंगिमा का, ओठ का, इशारों का, चलने का उठने-बैठने का-कुछ भी वक्तव्य न दिया जाये तो तीन महीने भी काफी हैं, तीन साल की जरूरत नहीं है। तीन महीने में ही विचार की वाणी अपने आप शांत हो जाएगी-उसका कोई प्रयोजन ही न रहा।

तुम भीतर निर्विचार हुए, बाहर से संसार बिदा। बाहर का संसार तुम्हारे विचारों का और मन का प्रक्षेपण है। तुम्हारे भीतर से फिल्म बंद हो गई, सामने का पर्दा शून्य हो जाएगा। इस कोरे पर्दे का ही नाम परमात्मा है।

'एस धम्मो संनतनो' प्रवचनमाला में मौन का रहस्य उद्‌घाटित करते हुए ओशो ने बुद्ध के समय की एक अनूठी घटना का जिक्र किया है।

बुद्ध के निर्देशानुसार भिक्षु, भिक्षा मिलने के बाद धन्यवाद के रूप में, जो आनन्द उन्हें ध्यान से मिला जो शील की संपदा मिली, जो उत्सव आनंद और गीत उनके अंदर उमंग, उसका जिक्र करते थे क्योंकि बुद्ध कहा करते थे-जितना लो, उससे ज्यादा लौटाना।

पर जैन मुनि भिक्षा के बाद केवल 'सुखं होतु' (सुखी होओ) का आर्शीवाद देकर चले जाते थे। जैन मुनियों ने बौद्ध-भिक्षुओं के उपदेश देने के संबंध में उनकी निंदा करते हुए कहा-"बौद्ध भिक्षु तो बकवादी हैं। भिक्षा मिलने के बाद महाकथा सुनाने लगते है। हम लोग मुनि हैं, मौन रहते हैं। मुनि को मौन रहना ही चाहिए।"

जब भिक्षुओं ने यह बात भगवान से कही तो बुद्ध ने कहा-"भिक्षुओ! मौन रहने मात्र से कोई मुनि नहीं होता, क्योंकि भीतर हजार विचार चलते

रह सकते हैं। मौन का बोलने न बोलने से कोई वास्ता नहीं है। मौन तो निर्विचार दशा का नाम है।"

ओशो कहते हैं-"जब तक मन है, तब तक मौन नहीं। मन की मृत्यु का नाम मौन है। मन मर जाये तो मौन। भीतर विचार न चलें, तरंगें न उठें तो मौन। मौन की अंतर्दशा बोलने से भंग नहीं होती। यह मैं अपने अनुभव से कहता हूं। एक बार मौन तुम्हारे भीतर सघन हो जाये, फिर बोलना ऊपर ही ऊपर परिधि पर होता है और भीतर मौन की धारा बहती रहती है। भीतर अपने केन्द्र पर तुम शांत, मौन बने रहते हो।

बोलने से जो भंग हो जाये, वह भी कोई मौन है? वह तो केवल मौन का धोखा हुआ। वह तो मौन का ऊपरी आयोजन भर है। कुछ इसलिए चुप रहते हैं कि बोलें तो क्या बोलें? न बोलने से कम से कम अज्ञान छिपा रहता है। गीत तो सभी के भीतर उठते हैं, पर बहुत कम लोग गा पाते हैं। गीत गाने की दक्षता विरले लोगों में ही होती है।

सद्‌गुरु के पास शिष्य मौन बैठा होता है, शांत बैठा होता है-स्वीकार के भाव में, श्रद्धा में डूबा हुआ-टकटकी लगाये। इधर गुरु की वीणा बजती, उधर शिष्य के भीतर वर्षों-वर्षों, जन्मों-जन्मों से सूने पड़े तार हिलने लगते हैं। उसके भीतर एक संगति बैठ जाती है। वह लयबद्ध हो जाता है।"

अपने भिक्षुओं से इसीलिए बुद्ध कहते हैं-"उसकी चिंता मत करो कि दूसरे क्या कहते हैं? तुमने जो जाना है, उसे जनाओं। तुम्हें जो मिला है, उसे बांटो। पहले तो जानना कठिन और फिर जाने हुए को जनाना और भी कठिन"

साधना पथ प्रवचन 26 में ओशो कहते हैं-"अगर मन की कोई भी अवस्था है तो अभी मौन नहीं हुआ। जब मौन होगा, तो मन नहीं होगा। जहां मन है वहां मौन नहीं, और जहां मौन है वहां मन नहीं।"

ओशो के प्रवचन को सुनते हुए, दो शब्दों के मध्य मौन पर ध्यान दो

'नहिं राम बिन ठांव' प्रवचनमाला में ओशो कहते है-"जब मैं बिल्कुल मौन बैठा हूं, तब तुम चुप नहीं बैठ पाते। तुम्हारे भीतर विचारों की अंर्तधारा बहती रहती है। तुम्हारी बात करने की आदत इतनी गहन हो गई है कि तुम अपने से ही बात करते रहते हो। मेरा मौन तुम्हें दिखाई पड़ना मुश्किल है क्योंकि वही हमें दिखाई देता है जिसकी पृष्ठभूमि में विपरीत मौजूद हो। सफेद दीवार पर सफेद चिन्ह नहीं दिखाई देता। काले ब्लैकबोर्ड पर खड़िया से खींचा एक सफेद बिंदु तुरंत ध्यान आकृष्ट कर लेता है।

अगर मैं चुप बैठा हूं तो सफेद दीवार पर सफेद चिन्ह से तुम चूक जाओगे। शब्द मैं तुम्हारे लिए बोल रहा हूं, अपने लिए तो मैं मौन ही हूं। शब्द तो ऊपर-ऊपर हैं, भीतर तो मैं मौन ही हूं। मेरे भीतर कोई अंर्तवार्त्ता नहीं है। मेरे बोलने में हर शब्दों के मध्य मौन है। एक खाली जगह या शून्य है। वह खाली जगह या मौन तुम्हें प्रगाढ़ होकर दिखाई दे, मैं इसीलिए बोल रहा हूं।

अब यदि तुम शब्दों का अर्थ समझोगे तो मौन खो जाएगा। यदि तुम पहले शब्द की स्मृति से भरे हो और दूसरे शब्द की प्रतीक्षा कर रहे हो, तो तुम दो शब्दों के मध्य मौन से चूक जाओगे।

तुम मेरे शब्दों की फिक्र छोड़ो, तुम मौन पर ध्यान दो। क्योंकि जो मैं कह रहा हूं, उसका अर्थ शब्दों में नहीं, मौन में है। अगर मैं शब्दों का प्रयोग कर रहा हूं, तो बस ब्लैक बोर्ड की तरह, ताकि तुम्हें सफेद बिंदु दिखाई पड़ जाए।

तुम मुझे सुनते हुए शब्दों के अर्थ की फिक्र छोड़ो। अर्थ स्वयं शून्य से प्रकट होगा। वह तुम्हें मौन से मिलेगा। तुम शब्द को सुनो, लेकिन पकड़ो मौन को। तुम्हारा ध्यान मौन पर हो। जब एक शब्द खो जाए और दूसरा उठे न, तभी उसी संधि पर तुम मुझसे जुड़ोगे। उसी जगह द्वार खुला है। तुम रिक्तता से ही मेरे भीतर प्रवेश करोगे और मैं भी रिक्तता से ही तुम्हारे अंदर प्रवेश कर सकता हूं।

अगर मैं न बोलूं, तो तुम भीतर बोलते रहते हो, इसलिए मेरे मौन को नहीं पकड़ पाते। मैं बोलता हूं तो तुम उत्सुक हो सुनने लगते हो। तुम्हारे भीतर की अंर्तवार्ता छिन्न-भिन्न हो जाती है, रुक जाती है। बोलता हूं ताकि तुम न बोलो। बस इतना ही अर्थ है।

मैं जो तुमसे कहना चाहता हूं, वह शब्दों के बीच निःशब्द में है। तुम्हारा मन कहेगा कि सुनो, मैं क्या कह रहा हूं। उसका क्या अर्थ है? उसका क्या उपयोग है? वह कितनी जानकारी बढ़ा रहा है? लेकिन जो भी महत्वपूर्ण है वह कहा ही नहीं जा सकता। शब्द सभी थोथे हैं। शब्दों का कोई भी मूल्य नहीं है। शब्द चेतना के सागर पर उठे झाग से ज्यादा नहीं है। यदि चेतना गहरी हो तो सुंदर झाग उठाती है। बड़ी प्यारी मालूम पड़ती है। यदि चेतना संगीतपूर्ण हो तो झाग में भी एक गीत और संगीत होता है। एक सौंदर्य और काव्य होता है। पर तुम झाग की नहीं, उस शून्य की ओर ध्यान देना-जहां से वह झाग प्रकट हुआ। उसका जन्म हुआ।

यदि तुम मेरे शब्द सुनोगे, तो मौन को न सुन पाओगे। तुम शून्य से वंचित हो जाओगे। और जब तुम शून्य को पकड़ोगे तो तुम शब्द को न

पकड़ पाओगे। तुम्हारा मन बार-बार शब्द को पकड़ना चाहेगा-क्योंकि मन सदा शब्द पर ही जीता है। शब्द उसका भोजन है। उसकी सारी संपदा ही शब्द हैं जिनसे विचार बनते हैं। जहां शब्द गए, मन गया। शब्द न बचे, मन न बचा।

आंखें आधी खुली और आधी बंद हों

जीवन के अधिकतर आघात और संवेग हमारी आंखों के द्वारा ही भीतर प्रवेश कर स्नायुओं को डावांडोल कर उन्हें तनाव से भर देते हैं।

आधी खुली और आधी बंद आंखें, विश्राममय होती हैं। वे शिथिल और शांत होती है। उस स्थिति में कोई तनाव नहीं रह जाता।

अर्द्ध निमीलित नेत्रों से चलते-फिरते, उठते-बैठते देखते रहें। कुछ भी करते हुए आधी आंखे खुली और आधी बंद रहें। इस स्थिति में पुतलियां थिर रहती हैं और विचार नहीं चलते।

आंख के पलक जितने पूरे खुले हों उतना ही मन सबसे अधिक तनाव से भर जाता है। आंख जितनी ऊपर खिंची होगी, मन उतना ही अधिक तनाव से भर कर सम्मोहित अवस्था में आ जायेगा। उसका सोचना और विचार करना क्षीण हो जायेगा। तभी नेता ऊंचे मंच बनवाते हैं जिससे नीचे बैठे लोगों का सोच विचार क्षीण कर वह उन्हें सम्मोहित कर सकें।

आंखें जितनी शिथिल, शांत और ढीली होगीं, आधी खुली होगी आप उतनी ही जाग्रत-अवस्था में होंगे और आंख जितनी अधिक खुली होगीं उतनी आसानी से आपको हिप्नोटाइज किया जा सकेगा।

दीप या मोमबत्ती पर त्राटक इसीलिए ध्यान नहीं है क्योंकि वह खुद को सुलाने की प्रक्रिया है।

ऊर्जा खुली आंखों से निरन्तर बाहर निकलती रहती है। आधी पलकें बंद करने पर ऊर्जा अंदर ठहर जाती है और वही ऊर्जा ध्यान में लगती है।

कभी रात में ऊपर छत पर चढ़कर या किसी व्यस्त चौराहे पर अर्द्धनिमीलित नेत्रों से आते जाते ट्रैफिक और व्यक्तियों को एकटक देखते रहें। सब कुछ एक सपने जैसा लगता है। जब बाहर का जगत, जागते हुए स्वप्नवत लगने लगे तो सोते हुए भी सपने आने पर उनके सपने होने का बोध होता है।

यह मात्र कुछ दिनों निरन्तर अभ्यास की बात है। फिर तो इसमें आनन्द और मस्ती आने लगती है।

❑❑❑

28. पांच ग्रंथियों का विसर्जन

1. जन्म-जन्मों की यह हिप्नोसिस और ग्रंथि कि मैं मात्र शरीर और मन हूं तोड़नी और विसर्जित करनी है। यह काल्पनिक नाम-रूप की ग्रंथि है।'

गीता दर्शन 14(7)

2-3. वासना, कामना और कर्त्ता भाव

4. सत्व और पुण्य की सूक्ष्म आकांक्षा

5. जीवेषणा (जीवन के प्रति गहन आसक्ति)

इन पांचगाठों का जोड़ ही 'मैं' और 'मेरे' का भाव है। शरीर, मन और बुद्धि से तादात्म्य ही अज्ञान है- इनका तटस्थ द्रष्टा होते ही सारे बंन्धन स्वत: गिर जाते है।

मैं का त्याग– 'किसी भी कार्य को करते समय समग्रता से उसमें डूब जाने और उसमें पूर्णतय निमज्जित हो जाने से कर्त्ताभाव खो जाता है। इसके लिए ओशो द्वारा बताए निम्न उपाय सहयोगी हैं।

1. सृजन कार्य में तल्लीन हो जाना।

   नृत्य करते समय नर्तक खोकर नृत्य ही हो जाना।

   भोजन करते समय रस ही बन जाना।

2. कामना युक्त कर्मों को न करना।

3. सभी कर्म प्रभु को समर्पण कर, फलाकांक्षा का त्याग

4. भूत-भविष्य को भूल वर्तमान में क्षण-क्षण जीना

5. द्वैत में सुख और दु:ख में, अच्छे और बुरे में कभी कोई चुनाव करना ही मत

6. दो विचारों को दो कामनाओं के मध्य अंतराल को देखें। आकृति को न देखते हुए स्क्रीन को देखें।

7. अपनी सक्रिय व निष्क्रिय (दाईं व बाईं) ऊर्जा को संतुलित और लयबद्ध करें।

हम खाली हाथ ही संसार में आते हैं और खाली हाथ ही विदा हो जाते हैं। मरने के बाद एक सुई भी साथ नहीं जाती। इतिहास ग्रंथों में जिन्हें अपना नाम स्वर्णाक्षरों में लिखे जाने की आकांक्षा थी, उन सभी के नाम काले-अक्षरों में ही अंकित हैं।

जो अपने को मात्र शरीर और मन ही समझता है वह दु:ख-सुख मान-अपमान, पाप-पुण्य, के द्वंद्वों के फंसा सदा अतृप्त, बैचेन दु:खी और संतप्त ही रहता है।

भक्ति मार्ग है–'मैं' का विसर्जन। 'मैं' नहीं, प्रकृति के कण-कण में चारों और परमात्मा ही है। वह 'मैं' को गिराकर सम्पूर्ण समर्पण कर देता है परमात्मा को।

ध्यानी मन द्वारा निर्मित मनोसंसार को माया समझकर, शरीर और मन से तादात्म्य तोड़कर अपने चैतन्य के होने का, ब्रह्म होने की अनुभूति करता है। वह ब्रह्म ही हो जाता है।

ओशो कहते हैं–अहं ब्रह्मासि की अनुभूति साधकों में अहंकार इसलिए उत्पन्न कर देती है क्योंकि उनका पूरा साक्षी नहीं सध पाता। यदि अंह ब्रह्मासि के प्रति **'मैं नहीं ब्रह्म ही है'** ऐसा भाव रहे तो अंहकार भी नहीं रहता।

❑❑❑

29. गीत-संगीत और नृत्य का परमात्मा से संबंध?

'प्रेम पंथ ऐसो कठिन' प्रवचनमाला में ओशो कहते हैं-

'परमात्मा कोई व्यक्ति नहीं, जगत् की लयबद्धता और संगीत का नाम ही परमात्मा है। तुम थोड़ा संगीत बाहर और थोड़ा अपने अंदर खोजो। थोड़ी लय बाहर और थोड़ी अंदर तलाशो। जहां तुम्हें रस की प्रतीति होने लगे, जहां तुम्हें हृदय में झंकार सुनाई देने लगे, जहां तुम्हारे पैर डोलने लगें और जहां-जहां तुम्हें लय की प्रतीति होने लगे, समझना तुम परमात्मा के बहुत निकट हो।

मेरे आश्रम में इसीलिए इतना संगीत, गीत और नृत्य है। जिस आश्रम में 'प्रेम की सुवास न हो, गीत, संगीत और नृत्य न हो वह आश्रम न होकर मरघट है। परमात्मा है-आनन्दस्वरूप, रसस्वरूप।

जिन लोगों को परमात्मा का आभास मिला, उनमें से पचास प्रतिशत लोगों को संगीत से मिला। उन्होंने पहले अपने अंदर ओंकार का अंतर्नाद सुना, फिर धीमे-धीमे वाद्यों पर उस ओंकार को बजाने की व्यवस्था की। उन्होंने नदी की कल-कल, झरने की झर-झर, समुद्र और बादलों की गर्जन, पक्षियों की चहाचहाहट और वृक्षों से टकराती पवन में भी उसी अंतर्धुन का आभास पाया। सामवेद तो संगीत का मूल शास्त्र है। बाहर का संगीत, हृदय तंत्री के तारों को कंपित करता है। वह तरंगित और रससिक्त करता है। मस्त बना देता है। एक दीवानगी देता है।

इसी दीवानगी में, संगीत का जादू और हवा में शराबी से झूमते वृक्ष, पृथ्वी का सूर्य के चारों ओर, चन्द्रमा का पृथ्वी के चारों ओर और अनन्त ग्रहों नक्षत्रों का महारास देखकर जब शरीर, मन और आत्मा एक रेखा में लयबद्ध हो जाते हैं तो उसी संतुलन में नृत्य उमगता है। जलालुद्दीन रूमी छत्तीस घंटे गोल-गोल घूमता हुआ ही परमात्मा हो जाता है। कोई दीवानी मीरा बन जाती है।

किसी को नृत्य करते देखकर ही देखने वाले भी डोलने लगते हैं। नर्तक की मुद्राएं, भाव भंगिमाएं और लयबद्धता देखने वालों को आंदोलित कर देते हैं। वह ताल देने लगते हैं। उनके कदम थिरकने लगते है। अमृत की रसधार प्रकट होने लगती है।

भारहीनता का बोध–हमारे जन्म जन्मों का सम्मोहन है कि हम अपने को शरीर समझते हैं। शरीर में भौतिक तत्त्व होने से उसका भार होता है। यदि यह सम्मोहन तोड़कर निरन्तर गहन भाव किया जाये कि मैं शरीर नहीं हूं- शुद्ध चैतन्य हूं, तो धीमे-धीमे भारहीनता का अनुभव होने लगता है। 'मैं भारहीन होता जा रहा हूं', 'भारहीन होता जा रहा हूं' निरन्तर यह गहन भाव करने से भी भारहीनता का अनुभव होने लगता है।

उदासी पीड़ा और दुख में जीवन भारस्वरूप लगता है। प्रसन्नता में, आनंद में जैसे शरीर में पंख लग जाते हैं। शरीर हल्का हो जाता है। गहरे ध्यान में शरीर और मन का बोध मिटते ही प्रमुदित दशा में भारहीनता का अनुभव होता है। आनन्द की स्थिति में शरीर के बारे में विस्मरण होने से ही भारहीनता का बोध होता है। दुख या पीड़ा में पृथ्वी का गुरुत्वाकर्षण बढ़ जाता है। आनन्द के क्षणों में शरीर का विस्मरण होते ही तुम गुरुत्वाकर्षण से मुक्त हो जाते हो।

सिद्धासन में, या दोनों नितम्बों पर समान भार डालकर जब रीढ़ की हड्डी सीधी कर तुम बैठते हो, और यदि वस्त्रविहीन होकर नंगी पृथ्वी पर बैठकर यह प्रयोग किया जाये, अथवा दोनों पैरों पर समान भार डालकर संतुलित होकर खड़े होकर यह प्रयोग किया जाये तो चूंकि सबसे कम क्षेत्र पर गुरुत्वाकर्षण शक्ति का प्रभाव होता है, तुम भारहीनता का अनुभव करते हो।

मन शांत होता है बोध से–मन हम जन्म से लेकर नहीं आते। वह समाज और परिवार द्वारा दिए गए संस्कारों से निर्मित होता है।

समाज प्रत्येक व्यक्ति को नियंत्रित करने के लिए नीति, नियम, अनुशासन और भावों के नियंत्रण की शिक्षा देता है। वह सहज स्वाभाविक वृत्तियों का दमन सिखाता है। वह जीवन में महत्वाकांक्षा का ज्वार उत्पन्न करता है।

कुछ बनने की आकांक्षा, पाने की दौड़ उत्पन्न कर देती है। कामनाएं फैलती जाती हैं। धन, पद, स्त्री, बच्चे, कोठी, मकान सब कुछ अर्जित कर कर्त्ता-भाव प्रबल होता है। यह सब कुछ मैंने अपने श्रम से अर्जित किया। यह मेरा है, यह मालकियत की भावना और अहंकार उत्पन्न करती है।

जो सब कुछ परमात्मा को समर्पित कर अपने को निमित्त मात्र समझ लेता है, जो पकड़ और मालकियत छोड़ देता है, तो कर्त्ता-भाव, मैं और मेरे की भावना स्वत: गिरने लगती है।

इसके लिए बोध और समझ की आवश्यकता है। कामनाएं दुष्पूर हैं। वह कभी तृप्त होती ही नहीं। तृप्त होना उनका स्वभाव नहीं है। सिकन्दर, हिटलर और चंगेज खां की कामनाएं सब कुछ धन, वैभव भोग और ऐश्वर्य पाकर भी तृप्त नहीं हुईं। ऐसे सभी लोग अतृप्त और दु:खी होकर ही संसार से विदा हुए।

हमें किसी कामना के पूरे होने पर जो सुख मिलने का आभास होता है, वह वस्तुत: कामना के पूरे होने का सुख न होकर, दूसरी कामना के उत्पन्न होने तक, जो कामनाशून्य होने का अंतराल है, उसका ही सुख है। जैसे हमने एक मकान बनाकर अपनी एक कामना पूरी की। अब कुछ समय तक कोई कामना नहीं उठती। कुछ समय बाद किसी अन्य की सुविधा सम्पन्न भव्य कोठी देखकर उस जैसा ही भवन पाने की कामना उत्पन्न होती है। मकान बनवाने और कुछ समय बाद कोठी की कामना उत्पन्न होने की अवधि, वह अंतराल है जब व्यक्ति कामनाशून्य होता है। वह सुख कामना के तृप्त होने कां न होकर कामनाशून्यता का सुख होता है। जो इसे बोधपूर्वक समझ लेता है वह कामनाओं के जाल से मुक्त हो जाता है।

कामवासना से संघर्ष न कर उसे स्वीकारें। उसके प्रति निंदा-भाव से मुक्त हों। नीचे की ओर प्रवाहमान इस ऊर्जा की जो ध्यान विधियों से ऊर्ध्वगमन की कला जान लेता है तो यही ऊर्जा रूपांतरित होकर करुणा बन जाती है। प्रेम जिसमें कोई अपेक्षा, ईर्ष्या और मालकियत नहीं होती, ध्यान द्वारा ही उत्पन्न होता है। सजगता, होश और सृजनात्मता से कामवासना रूपान्तरित होती है। संभोग समाधि बनता है।

सत्व और पुण्य की सूक्ष्म आकांक्षा में भी कर्त्ताभाव बना रहता है। यदि दान, परोपकार और पुण्य कार्यों से नाम प्रसिद्धि पाने की आकांक्षा है और यदि कर्त्ता-भाव से मुक्ति पाने का लोभ है, तो ऐसा सत्व और पुण्य भी एक ग्रंथि है। तभी ओशो कहते हैं—कि एक हाथ यदि कुछ दान करें तो दूसरे हाथ को भी उसकी खबर न हो। नेकी कर दरिया में डाल। अपेक्षारहित शुभकार्य ही आनन्द देता है।

जीवन के प्रति मोह, जीने की आकांक्षा, उसके प्रति आसक्ति, किसी भी शर्त पर जीवित रहने की चाह अथवा यह आकांक्षा भी कि मेरे मरने के बाद मेरा नाम जीवित रहे-जीवेषणा है। जो वासना, तृष्णा कामना और

कर्त्ताभाव से मुक्त हो जाता है, वह जीवन के प्रति अनासक्त हो जाता है। साक्षी होकर जीवन के प्रति उसे कोई भी राग या विराग नहीं रह जाता। खण्ड से अखण्ड होकर वह हवा में उड़ते सूखे-पत्ते की भांति हो जाता है। जो अस्तित्व कराये वह करता है। उसकी अपनी कोई कामना या आसक्ति नहीं होती। जीवेषणा से मुक्त होने का अर्थ आत्महत्या करने से हरगिज नहीं है।

आती-जाती सांस के तटस्थ द्रष्टा बनने से स्थूल शरीर पारदर्शी होने लगता है और सूक्ष्म शरीर का बोध होने लगता है। आती-जाती श्वास के अंतराल में कुछ देर रूकने से हारा केन्द्र और भृकुटि के पीछे आज्ञाचक्र के त्रिनेत्र बिंदु का बोध होने लगता है।

सम्यक व्यायाम, सम्यक आहार और सम्यक निद्रा भी साधना के लिए आवश्यक हैं।

सम्यक व्यायाम का अर्थ है–अपना प्रत्येक कार्य स्वयं अपने हाथों से करें जैसे अपना कमरा साफ करना, अपने वस्त्र जूते आदि साफ करना। किसी कार्य को छोटा मत समझें। ओशो ने पूना आश्रम में इसीलिए **वर्क मेडीटेशन** पर जोर दिया। हाथों से काम करते हुए मस्तिष्क के सोचने की ऊर्जा हाथों में आ जाती है और विचार विसर्जित हो जाते हैं। आश्रम में वर्क मेडीटेशन का अर्थ है–पौधों वृक्षों को सींचना, भूमि गोड़ना, भोजन बनाना, बर्तन साफ करना, फर्श साफ कर पोंछा लगाना और बाथरूम आदि की सफाई करना। इससे अहंकार भी विसर्जित होता है। यों ओशो की सक्रिय, कुंडलिनी तथा नटराज ध्यान आदि में ध्यान के साथ प्राथमिक दो तीन चरणों में, जो वास्तव में ध्यान की तैयारी के चरण हैं, स्वतः सम्यक व्यायाम भी हो जाता है। तैरना, दौड़ना और जागिंग करना भी सम्यक व्यायाम के ही अंतर्गत आता है।

सम्यक आहार–अंतर्यात्रा के पथिक को शाकाहारी, सुपाच्य और हल्का भोजन ही लेना चाहिए। मांसाहारी भोजन और नशीले पदार्थ वृत्ति को हिंसक, कामुक और तामसी बनाते हैं। भोजन करते समय बातचीत न कर उसे मौन होकर सजगता से करना चाहिए। न अधिक और न कम। अधिक भोजन करने से निद्रा अधिक आती है क्योंकि ऊर्जा भोजन के पचाने में खर्च होने लगती है। चिंतित, क्रोधित और उत्तेजित दशा में जल्दी जल्दी भोजन करने से तेज श्वास चलने के कारण वह शीघ्र पचता भी नहीं। भोजन न ठंडा हो और न अधिक गर्म। खूब चबा-चबा कर भोजन करना चाहिए जिससे वह रस बन जाये और पेट को उसे पचाने में अधिक ऊर्जा खर्च न

करनी पड़े। रसो वैः सः। परमात्मा रसपूर्ण है। भोजन शरीर कर रहा है। ऐसा मेरी चेतना तटस्थता से दूर खड़ी देख रही है, इस चित्तदशा से भोजन करने पर वह ध्यान बन जाता है।

सम्यक निद्रा- युवा व्यक्ति के लिए प्रतिदिन छः या सात घंटा सोना या विश्राम करना भी बहुत आवश्यक है। यदि नींद पूरी न हो तो शरीर ऊर्जा विहीन थका-थका सा रहता है। नींद में, ऊर्जा कम खर्च होने से इतनी ऊर्जा स्टोर हो जाती है, जो आपके दिन भर के कार्यों और साधना के लिए आवश्यक है।

प्रेमपूर्ण दंड–तिब्बत में लामा के प्रशिक्षण के लिए चुने गये बालकों को, उनके सुप्त चक्र और केन्द्र जगाने के लिए अहिंसक दंड दिए जाते थे।

1. छः घंटे तक अंधेरे कमरे में खड़े रहो और आंखें मत खोलो।
2. पचास बार भूमि पर लेटकर दंडवत करो।

आप स्वयं का निरीक्षण करें तो पायेंगे कि आपने दिन भर कई कार्य मूर्च्छा में किए। आप सजग और होशपूर्ण होने की बात भूल गये। किसी दिन आप ध्यान करना ही भूल गये। किसी दिन व्यर्थ की गपबाजी में आपने समय नष्ट किया। अखबार पढ़कर या टी.वी. देखकर आपने अंदर कचरा एकत्रित किया। याद आते ही, सजगता जगते ही उक्त प्रकार के दंड आप स्वयं को दें। न सही छः घंटे-आप आधा घंटा ही बिना आंख खोले शांत खड़े रहें। बीस बार दण्डवत प्रणाम करें। झुकें। अस्तित्त्व को ही दण्डवत करें। इसका महत्त्व पृथक चेप्टर में, अहंकार विसर्जन की प्रक्रिया के साथ दिया जा रहा है।

❑❑❑

30. दमित काम-ऊर्जा से मुक्ति के प्रयोग

सृजनात्मक बनें।

मैं स्वीकार करता हूं मेरे अंदर कामवासना का प्रचंड तूफान था। जब ओशो साहित्य में डूबा तब जाना यह ऊर्जा ही मेरे लेखन का आधार था। इसी ऊर्जा ने मुझे सृजनात्मक बनाया। जब सृजन में तल्लीन होता था तो कामवासना क्या, भूख प्यास सभी कुछ भूल जाता था। सृजन का आनन्द संभोग के सुख से कहीं अधिक था। पर इस आनन्द में यश की आकांक्षा थी।

फिर दूसरा दौर आया, जब ध्यान करने के बाद ओशो कथा लिखने का माध्यम बना। तब धन, यश की भी कामना न थी। सेवानिवृत्त होने पर अब चौबीस घंटे एक ही धुन थी-ओशो के बारे में पत्र पत्रिकाओं, पुस्तकों का मनन कर अधिक से अधिक जानना, उनसे जुड़े लोगों से साक्षात्कार कर, संबंधित स्थलों का भ्रमण, निरीक्षण और दर्शन कर रोमांचित, पुलकित और तरंगायित होना। जब यह क्रम समाप्त हुआ फिर प्रयासरहित प्रयास से ओशो गाथा, कोरे कागजों पर उतरने लगी। वर्षों तक कामवासना जैसी कोई कामना होती भी है, यह भी ख्याल नहीं आया।

इसीलिए ध्यानियों से ओशो सृजनात्मक बनने को कहते हैं। स्त्री बच्चे का सृजन कर मातृत्व और सजीव सृजन में इतनी मग्न हो जाती है कि कामवासना से विरत हो जाती है।

संगीतकार, चित्रकार, मूर्तिकार या कवि अपनी कला में तल्लीन होकर अपनी चेतना चारों ओर से समेट कर उसे एक जगह केन्द्रित कर देता है और ऊर्जा रूपांतरित हो जाती है।

जो लोग कलाकार नहीं है वे भी किसी कला के रसास्वादन में, उसमें डूबकर अप्रत्यक्ष रूप से कलाकार के सृजन से जुड़कर कामवासना से मुक्त हो सकते हैं। बागवानी करना घर को सजाना, सुंदर बनाना दीवारों को स्वयं पेंट करना यह भी सृजनात्मक कार्य हैं।

ध्यान में कामवासना का ऊर्ध्वगमन, काम की ऊर्जा को राम की ऊर्जा में रूपांतरित कर देता है।

मेरी लेखन यात्रा में कुछ दौर ऐसे भी आये जब लेखनी मौन हो गई प्रयास किये वह भी विफल हुए। पर वे क्षण ऐसे थे जब एक वरिष्ठ ओशो-संन्यासी के सुझाव पर मैंने ध्यान करना भी छोड़ दिया था। वह कहा करते थे–"स्वामीजी! बहुत सक्रिय और कुंडलिनी ध्यान कर लिया। हुए विचारों से शून्य? आपको ऊर्जा के ऊर्ध्वगमन होने से यह बहम हो गया है कि आपकी कुंडलिनी जागृत हो गई। यह मात्र मन का प्रक्षेपण था। अब कुछ न कर शांत बैठ जाइये। विचारों के तटस्थ साक्षी बन जाइये।"

उनके सुझाव का अनुगमन करने से ऊर्जा का ऊर्ध्वगमन न होने से और सृजन भी न होने की दशा में फिर कामवासना का तूफान उठने लगा। रेचन करता था पर कुछ परिणाम न निकलता था। द्रष्टा भाव और साक्षी केवल शब्द मात्र थे। जब तूफान उठता था तो उसमें सूखे पत्ते की तरह उड़ने लगता था। पूंछने पर वही स्वामीजी कहते थे–

"मित्र! यह जीवन भर की दमित कामवासना है। इसका निष्कासन तो तंत्र की थेरेपी विधियां ही कर सकती हैं।" वह साक्षी पर लम्बे-लम्बे प्रवचन तो देते थे पर साक्षी साधने की विधि नहीं बतलाते थे।

साक्षी के संबंध में मैंने ओशो साहित्य में भी पढ़ा सभी कुछ था पर वह क्लिक होकर आत्मसात नहीं कर पा रहा था।

स्त्री से मुक्त होकर कामवासना की याचना कर फिर उसका गुलाम नहीं बनना चाहता था। उसके इशारों पर नहीं नाच सकता था।

तभी उन दिनों छिंदवाड़ों में जमुनिया आश्रम के एकान्त में फिर से तंत्र-सूत्र के सभी खण्ड पढ़े। प्रकृति सान्निध्य में फूलों वृक्षों से संवाद स्थापित हुआ। सितारों भरे आकाश को, घंटों छत पर लेटता निहारता रहता। अंधकार पीता रहता। स्वीमिंग पूल में पड़ा रहता। वृक्षों की छाया में लेटा रहता। कामवासना का ज्वार थमा। पर रात बिस्तरे पर लेटे-लेटे कभी-कभी वह उद्वेलित कर देता।

कामवासना से मुक्त होने का तंत्र का सरल उपाय–तब ओशो द्वारा बताया प्रयोग मुझे क्लिक कर गया। अब जब कामवासना उठती, उसे सहज भाव से सहर्ष स्वीकार कर लेता। उससे संघर्ष नहीं करता। फिर गुदा और जननेन्द्रिय को सिकोड़ कर ध्यान मुद्रा में बैठ जाता। दोनों नितम्बों पर संतुलन साधकर आंखों की पुतलियां थिर कर बैठता। ऊर्जा के ऊर्ध्वगमन का आनन्द लेता। कुंडलिनी की बात ही भूल गया। कुंडलिनी का

मनप्रक्षेपण भले ही करे पर उससे भी लाभ होता है। एकाग्रता बढ़ती है। सभी विचारों से मुक्त होकर एक ही विचार बचता है। यद्यपि एकाग्रता ध्यान नहीं है पर ध्यान की वह एक सीढ़ी है। तभी "ध्यान, प्रथम और अंतिम मुक्ति तथा तंत्र-सूत्र में त्रिनेत्र सक्रिय करने की विधि से दुबारा साधना शुरू की। 95 से 98 तक की यात्रा में तीसरी आंख भी त्रिनेत्र साधना से सक्रिय हुई थी, टेलीपैथी जैसी कुछ दृष्टि भी मिली थी, पर स्वामीजी के सुझाव पर सभी साधनाएं छोड़ दी थीं। न जाने क्यों-इस ओर उन्होंने मेरा ध्यान आकृष्ट नहीं किया था कि चेतना जब त्रिनेत्र पर केन्द्रित हो जाये तो विचारों और भावों के उड़ते बादलों को तटस्थता से देखते-देखते वह स्वत: विलीन हो जाते है। मैंने इसे पढ़ा भी था पर वह क्लिक नहीं किया था। जब यह बात क्लिक कर गई तो लातिहान ध्यान की तरह लेखनी स्वत: गतिशील हो उठी। ऊर्जा ग्राह्यता की जो क्षमता ध्यान न कर मैं खो चुका था वह ओशो अनुकम्पा से फिर से प्राप्त हुई। पर शायद यह भटकन भी मूल्यवान थी। यह निराशा हुई वह काला ब्लैक बोर्ड थ जिस पर चाक से लिखा जीवन का नव-संदेश पढ़ा।"

होशपूर्ण रेचन, अपने ही शरीर में स्त्री-पुरुष की निष्क्रिय व सक्रिय ऊर्जा का संतुलन और प्रतिक्रमण विधि के प्रयोग से भी काम की ऊर्जा का रूपान्तरण सहज रूप से होने लगा। इन सभी विधियों में पिछले अध्यायों में मैंने विस्तृत उल्लेख किया है, अत: अब उनका स्मरण दिलाना मात्र ही पर्याप्त है।

प्राइमल थेरेपी अर्थात् अपने बचपन की घटनाओं में लौटकर उस बचपन को जीते हुए भी मैं क्रमशः मूल तथा केन्द्र की ओर सरकने लगा। बचपन की तीन चार वर्ष तक की घटनाएं बखूबी याद आईं। बचपन को जीने की विधि में मेरी लेखनी ने भी बहुत सहयोग दिया। बचपन की उन सभी घटनाओं को लिपिबद्ध करता गया। उन घटनाओं को फिर से जीते हुए ही, मन के दर्पण पर जो चित्र बने, बाद में वे चित्र ही लेखन में सहायक हुए। पिछले अध्यायों में प्राइमल थेरेपी की विधि का भी विस्तृत उल्लेख कर चुका हूं मैं।

रात्रि भोजन हल्का, सुपाच्य हो और भोजन करने के कम से कम एक घंटे बाद सोने जायें—मैंने जीवन में कई बार यह अनुभव किया कि जब-जब स्वाद के कारण भोजन की मात्रा जरा भी अधिक हो गई अथवा किसी पार्टी या भोज में तला हुआ या गरिष्ठ भोजन हुआ तो उस रात कामवासना अधिक उठी अथवा कामवासना की पूर्ति के ही स्वप्न दिखाई दिए।

महावीर इसीलिए सूर्यास्त से पूर्व भोजन का सुझाव देते हैं जिससे सोने से पूर्व वह पच जाये। कामवासना न उठे। पर सूर्यास्त से पूर्व भी यदि ठूंस-ठूंस कर खाया जाये तो वह भोजन भी समस्या बन जाता है।

आज के व्यस्त जीवन में रात्रि भोजन एक अनिवार्यता है। फिर सूर्यास्त से पूर्व भोजन लेने वाले भूख का दमन करते हैं। पाखण्ड कर खोये की मिठाई या फल खाते हैं। कुछ लोग दूध पीते हैं। सूर्यास्त से पूर्व वही भोजन करे जिसे रात्रि में फिर भोजन का ख्याल तक न आये।

सूर्य, वायु, जल, पृथ्वी, आकाश से प्राण-ऊर्जा लेने पर अर्थात् प्रकृति के सान्निध्य में रहते हुए प्रकृति प्रदत्त ऊर्जा आपकी भूख स्वत: कम कर देती है।

कामवासना को ही ध्यान बनायें—इस विधि को सविस्तार जानने के लिए एक फक्कड़ मसीहा ओशो के खण्ड छ: का नं 55 अध्याय "प्रौढ़ावस्था में कामवासना से छुटकारा कैसे हो?" का अध्ययन, मनन कर उस कीमती प्रयोग को करें।

❑❑❑

31. तनाव और चिंता की जड़ों में उतरकर ध्यान बीमारी का आक्रमण रोक देता है। शरीर को सतायें मत

ओशो कहते है–"वैज्ञानिक खोजों से यह ज्ञात हुआ है कि मस्तिष्क में एक ऐसा विशिष्ट केन्द्र है जो भावों के संवेगों को संचालित करता है और इस बिन्दु के सक्रिय होने पर वह आने वाली बीमारी का प्रतिरोधक कवच निर्मित कर देता है। वह ऐसे स्त्राव छोड़ता है जिससे बीमारी के कीटाणुओं से लड़ने की शरीर की प्रतिरोधक क्षमता काफी अधिक बढ़ जाती है।

औषधि का प्रयोग तो तब किया जाता है जब शरीर पर रोग के लक्षण प्रकट होते हैं। ध्यान बीमारी आने से पूर्व ही उसके आक्रमण को निष्फल बनाने का उपाय करती है। प्रयोगों से यह सिद्ध हुआ है कि जो लोग हंसते मुस्कराते और सदा प्रसन्न रहते हैं उन्हें अन्य लोगों की अपेक्षा केवल 10 मामलों में ही हार्ट एटक होता है। मनोचिकित्सकों ने अध्ययन कर यह जाना है कि जिन बच्चों को मां का प्रेम और तीन चार वर्ष तक उनके स्तनपान करने का अवसर मिलता है, वे बच्चे बहुत कम बीमार होते हैं। उनका स्वास्थ्य अन्य बच्चों की अपेक्षा काफी अच्छा होता है। वह तेजी से विकसित होते हैं।

आपका निरन्तर हंसते मुस्कराते रहना, सभी के प्रति प्रेमपूर्ण होना, उल्लसित और उत्सवमय होना ही आपके मस्तिष्क के उस केन्द्र को सक्रिय करता है जो रोग का प्रतिरोध कर शरीर को नई ऊर्जा देता है।

शरीर से मित्रता जोड़कर उससे संवाद स्थापित करें–शरीर से आपकी तभी मित्रता हो सकेगी जब आप उसे सताना छोड़कर उसकी प्राथमिक आवश्यकताओं की पूर्ति करें।

शरीर की प्राथमिक आवश्यकताएं है-श्वास लेना, भूख लगने पर भोजन और प्यास लगने पर पानी। नींद आने पर विश्राम करना तथा प्रेशर

लगने पर मलमूत्र का विसर्जन करना। शरीर की अंतिम आवश्यकता है सेक्स।

यदि आप शरीर की इन आवश्यकताओं को पूरा करने में सहयोग देते हैं तभी शरीर आपका मित्र बन सकता है। उस स्थिति में शरीर आपकी बात मानेगा। यदि आप उसे समझायेंगे कि तू स्वस्थ है रोग को विदा कर दे, तो निश्चित ही रोग धीमे-धीमे विदा हो जायेगा।

याद रखें दवा शरीर को स्वस्थ नहीं करती। शरीर स्वयं ही अपने को स्वस्थ करता है, दवा तो उस कार्य में उसे मात्र सहायता प्रदान करती है। घाव होने पर शरीर उसे स्वयं भर देता है। हड्डी टूटने पर हड्डी स्वयं जुड़ती है। प्लास्टर चढ़ाकर अंग गति न करें।

बांधकर उसे इस स्थिति में रखा जाता है कि वह हिलने डुलने से बचा रहे, जिससे थिर दशा में हड्डी आसानी से जुड़ सके।

हम जब-जब शरीर की प्राथमिक आवश्यकताओं की ओर ध्यान नहीं देते अथवा उसकी उपेक्षा करते हैं, शरीर बीमार होता ही है।

शरीर की उपेक्षा न करें–शरीर ही वह मंदिर है जिसमें निराकार रूप में आत्मा या परमात्मा विराजमान है। शरीर के द्वारा ही हम साधना करते हैं। अस्वस्थ शरीर से साधना करना भी संभव नहीं है। अस्वस्थ शरीर चाहते हुए भी कुछ नहीं कर सकता।

महत्वाकांक्षाओं की अंधी दौड़ में हम शरीर की आवश्यकताओं की उपेक्षा करते हैं। न समय पर भोजन करते हैं और नींद आने पर भी विश्राम न कर, चाय या काफी लेकर देर रात में जागते हुए कार्य करते रहते हैं। अपनी देर से उठने की आदत के कारण हम सूर्योदय से चूक जाते हैं, जबकि प्रातःकाल की कुनकुनी धूप की प्राणदायिनी किरणें और प्राणवायु शरीर को अद्‌भुत ऊर्जा देती हैं।

सिगरेट, शराब, तले हुए गरिष्ठ भारी भोजन की आदतें धीमे-धीमे शरीर को खोखला करती जाती हैं। स्वादिष्ट भोजन की चाह में शरीर की मांग समाप्त हो जाने पर भी हम ठूंस-ठूंस कर खाते ही जाते हैं। शरीर तो डकार द्वारा अपने तृप्त होने की सूचना तुरन्त दे देता है, पर स्वाद का लालची मन खाये ही चला जाता है। शरीर को आवश्यकता से अधिक विश्राम देना भी आलस्य और तमस है।

इन्हीं आदतों के कारण उम्र की ढलान पर अथवा उससे पूर्व ही हम डाइबिटीज़, उच्च रक्तचाप, एन्जाइना, बदहजमी, गैस कब्जियत, जोड़ों में दर्द आदि विभिन्न बीमारियों के जाल में जकड़े हुए, दवाओं की बैसाखियों

से शरीर को मात्र ठेलते हैं। यदि घर-परिवार में प्रेम न हो, झगड़े फसाद, तनाव और उपेक्षा हो तो उसके फलस्वरूप हम थकेहारे सिपाही की भांति प्रति क्षण मृत्यु से भयभीत रहते हैं।

मृत्यु का भय और असुरक्षा, भूख प्यास, नींद और चैन सभी कुछ छीन लेते हैं। बीमारियों की समुचित चिकित्सा तथा परिवार द्वारा उचित देखभाल न किए जाने के कारण क्षोभ, निराशा और क्रोध अन्दर ही अन्दर तोड़ देता है। कुछ लोग तो डिप्रेशन का शिकार होकर आत्महत्या तक कर लेते हैं, अन्यथा उनका जीवन, जीते हुए भी मरे के समान ही होता है।

बहुत से लोग धार्मिक–अंधविश्वासों मान्यताओं तथा परलोक के लोभ में व्रत, उपवास करते और बार-बार ठंडे पानी से स्नान आदि करते अपने शरीर को सताते हुए एक विशिष्ट धार्मिक-अंहकार से ग्रस्त हो जाते हैं। शरीर को स्वस्थ रखने के लिए एक विशिष्ट जीवन शैली की आवश्यकता है जिसके सूत्र हैं–

1. सम्यक सुपाच्य हल्का आहार जो दिन भर में थोड़ा-थोड़ा चार पांच बार लें।
2. न भूख को दबायें और न आवश्यकता से अधिक भोजन करें।
3. सम्यक व्यायाम। सूर्योदय के समय प्रार्थना और सक्रिय ध्यान।
4. सम्यक विश्राम।
5. अधिक से अधिक प्रकृति का सान्निध्य
6. पूरी, गहरी और धीमी श्वास लें।
7. सोच नकारात्मक न होकर विधायक हो
8. मन की गलत आदतों के जाल से बाहर निकलें।
9. मृत्यु की अनिवार्यता का बोध और मृत्यु के भय से मुक्त होने के लिए किसी की मृत्यु होने पर स्वयं ही मरने और जलने का ध्यान करें।
10. प्रतिदिन शवासन में जाकर शरीर और मन से तादात्म्य तोड़ें।

आप कहेंगे-हम तो शरीर की हर आवश्यकता की पूर्ति करते हैं पर फिर भी बीमार रहते हैं। पर यदि आप होशपूर्वक सजगता से अपने कृत्यों का निरीक्षण करेंगे तो पायेंगे हम ऐसा नहीं कर रहे हैं अथवा व्यस्त नागरिक जीवन या हमारी सभ्यता इसमें कही प्रतिरोध उत्पन्न कर रही है।

श्वास के द्वारा ओषजन लेना शरीर की पहली आवश्यकता है। बढ़ते प्रदूषण, वृक्षों की कटान और शहरी जीवन में दरबे नुमा छोटे-छोटे क्वार्ट्स

में रहना, धूल धुवां और शोर यह सभी बाधाएं शरीर को आवश्यक ओषजन लेने से वंचित कर देती हैं।

यदि छः मिनट तक मस्तिष्क को ओषजन न मिले तो उसकी नाजुक मांसपेशियां मृत हो जाती हैं। रक्त का प्रवाह और उसके साफ होने की प्रक्रिया मंद हो जाती है। मस्तिष्क की सफेद मांसपेशियां ही घाव भरने में सहायक होती हैं। नाभि के नीचे से पूरी धीमी और लयबद्ध सांस खुली छत या पार्क में लेने के संबंध में मैं पूर्व ही चर्चा कर चुका हूं।

दूसरी आवश्यकता है-सम्यक भोजन जो हल्का सुपाच्य और शरीर को आवश्यक कैलोरीज, प्रोटीन, विटामिन, खनिज और कार्बोहाइड्रेट देने में सक्षम हो। हम स्वाद के कारण बिना भूख भी भोजन कर, अधिक गर्म या अधिक ठंडा, खट्टा तीखा मिर्च मसाले का अधिक चिकनाई युक्त भोजन कर पाचन तंत्र पर इतना अधिक भार डाल देते हैं कि शरीर उसे पचा नहीं पाता। अमेरिका आदि सम्पन्न देशों में छः करोड़ लोग अधिक भोजन करने के करण अस्वस्थ हैं। इसकी दूसरी अति है-उपवास। धार्मिक अनुष्ठान समझ कर भूख लगने पर भी व्रत उपवास के कारण आंतें सिकुड़ जाती हैं। भोजन पचाने के बाद रक्त मांस आदि बनने तथा शरीर को ऊर्जा देने की प्रक्रियाएं रुक जाती है।

सभा सोसाइटी में या अपने कार्य में व्यस्त रहने के कारण हम अपने मल मूत्र के विसर्जन की शरीर की आवाज को दबा कर, जो शरीर को अप्रत्यक्ष रूप से क्षति पंहुचाते हैं उसकी हम कल्पना नहीं कर सकते। इसी प्रकार सभ्यता के कारण हम अपनी छींक या पाद को भी रोकने या नियंत्रित करने का प्रयत्न करते हैं। हमें जितना शुद्ध जल पीना चाहिए, उससे कम पीते हैं। जब नींद आती है तो उसे आवश्यक कार्य करने के बहाने हम चाय या काफी पीकर भगाने की अनुचित चेष्टा करते हैं।

इसी प्रकार सेक्स भावना का अनुचित दमन हमारी कई मानसिक बीमारियों, जैसे हिस्टीरिया और पागलपन का जन्मदाता है। अश्लील साहित्य या अश्लील फिल्में देखकर मानसिक रूप से सेक्स का चिंतन शरीर की आवश्यकता न होकर सभ्यता और समाज द्वारा उत्पन्न सेक्स विकृति है। कामकृत्य में समग्रता से होशपूर्वक उतरना ध्यान है उसका चिन्तन एक बीमारी।

शरीर की आवश्यकताओं के प्रति जागरूक होकर हम शरीर को मित्र बनाकर उससे संवाद स्थापित कर बीमारियों को शरीर में प्रविष्ट होने से पूर्व ही रोक सकते हैं और यदि हमारी असावधानी से हमें बीमारी ने पकड़ भी लिया है तो भी शरीर से संवाद स्थापित कर उससे मुक्त भी हो सकते हैं।

❑❑❑

32. समत्वबुद्धि योग या मध्यम मार्ग और उससे विकसित बैलेसिंग थेरेपी

गीता में कर्मयोग, निष्काम योग, भक्तियोग और ज्ञानयोग आदि सभी मार्गों का उल्लेख है। ओशो ने अपने अनुभव और प्रज्ञा से नये युग की नई गीता-गंगा को, द्वंद्व में उलझे मनुष्य के रूपान्तरण के लिए करुणा कर प्रवाहित किया है। भगीरथ की तरह वह नई ज्ञान गंगा को स्वर्ग से उतार कर पृथ्वी पर लाये हैं।

कृष्ण कहते हैं- समत्व बुद्धि, योग का सार है। बुद्ध भी मज्झिम निकाय या मध्य मार्ग का अनुसरण करना सिखाते हैं। तंत्र शरीर के अंदर स्त्रैण और पुरुष अर्थात् सक्रिय और निष्क्रिय ऊर्जा के लयबद्ध होने और उनके अंतर्संभोग का रहस्य उद्धारित करता है। ओशो ने जोरबा दि बुद्धा अर्थात नये मनुष्य को विकसित करने की कीमिया दी। ध्यान करते हुए, होशपूर्ण होकर उत्सव आनन्द मनाते भोग में समग्रता से उतरो और तुम भोग का अतिक्रमण कर जाओगे।

योग कहता है-मन सतत द्वंद्व में डोलता है। वह सदा दो अतियों में गति करता है। समत्व बुद्धि, द्वंद्व के मध्य का संकीर्ण मार्ग है। द्वंद्व के मध्य सम होना ही समत्वबुद्धि योग है।

लोग त्यागी को ही योगी समझते हैं। भोगी के विपरीत योगी शब्द दूसरी अति पर है। सभी तथाकथित धर्म संसार का त्याग करने वाले को ही योगी समझते हैं। भोग एक अति है तो त्याग दूसरी अति। परम्परा के विरुद्ध ओशो इसका रहस्य उद्घाटित करते हुए कहते हैं- योगी वह है- जिस पर न भोग की पकड़ रही और न त्याग की। जो पकड़ के बाहर हो गया। जो दोनों अतियों के मध्य ठहर गया। जिसका द्वंद्व समाप्त हो गया। जो चुनाव के बाहर हो गया। जो न भोग चुनता है और न त्याग। लेकिन मन सदा चुनाव करता रहता है। एक अति से ऊब कर वह दूसरी अति पर चला जाता है।

मन का विकास ही चुनाव करने के कारण हुआ और मन के कारण ही विकसित होकर पशु से मनुष्य बना। पशु के पास कोई मन नहीं होता। वैज्ञानिक कहते हैं- मन का विकास ही मनुष्य है। लेकिन मन के पार उठने के लिए, परमात्मा का स्पर्श कर दिव्य होने के लिए, भगवत्ता की प्राप्ति के लिए, मन का अतिक्रमण कर उसके पार जाने की कला ही योग है।

चित्तवृत्तियों के निरोध को योग जाना जाता है। पर चित्तवृत्तियों के निरोध का अर्थ लोग दमन मानते हैं। यदि पंतजलि का यही आशय होता तो वह निरोध के स्थान पर 'विरोध' शब्द का प्रयोग करते। ओशो कहते हैं-निरोध का अर्थ 'दमन' केवल अज्ञानी ही करते हैं। जिसने वृत्तियों का दमन किया वह भली भांति जानता है कि उसने क्रोध, घृणा या वासना के बीज को जमीन में दबा दिया है और वह समय आने पर वृक्ष बनेगा। उसकी जड़ें दूर-दूर तक फैलेंगीं, वह आकाश को छूने ऊपर उठेगा और करोड़ों बीज उत्पन्न करेगा। ओशो कहते हैं- चित्तवृत्ति का निरोध, चित्तवृत्ति की समझ है। जैसे ही कोई चित्त की किसी वृत्ति को समझता है वह वृत्ति निरूद्ध हो जाती है। समझ ही निरोध है। जिसने बोधपूर्वक समग्रता से क्रोध को समझ लिया वह क्रोध से मुक्त हो जाता है। क्रोध की ऊर्जा ही क्षमा में रूपांतरित हो जाती है। वृत्ति का उसकी शुद्धितम समग्र स्थिति में साक्षात्कार ही निरोध बन जाता है।

योग कहता है- मस्तिष्क के वे भाग सक्रिय किये जायें जो सुप्त पड़े हैं और जिनका हम जीवन भर उपयोग नहीं करते। मेरु दंड के सात चक्र, जिनमें नकारात्मक मनोभावों को विधायक भावों में रूपातंरित करने की अद्‌भुत क्षमता है, प्राणायाम, प्रत्याहार और योगासानों द्वारा सक्रिय किए जायें। योग, शरीर को एक जीवंत ऊर्जा में परिवर्तित कर देता है, जिसके द्वारा अंतर्यात्रा पर निकला जा सकता है।

योग कहता है-दोनों भौहों के मध्य त्रिकुटि में स्थित तीसरी आंख है, उसे जगाकर अपने केन्द्र पर पंहुचा जा सकता है। योग ने ध्वनि, शब्द, मंत्रयोग और मुद्राओं के प्रयोग द्वारा अंतर्यात्रा के लिए एक नये मन को विकसित करने की अद्‌भुत प्रक्रिया खोजी। चित्त पर विशिष्ट ध्वनियों का अद्‌भुत प्रभाव पड़ता है। शोर और विकृत ध्वनियों को सुनकर मनुष्य विक्षिप्त हो सकता है, तो ऐसी भी ध्वनियां हैं, जो चित्तवृत्तियों को शांत कर निर्विचार होने में और ऊर्जा के ऊर्ध्वगमन में सहयोगी होती हैं।

मंत्रयोग में विशिष्ट ध्वनियों के आंतरिक, हृदयगत और प्राणगत उच्चारण से, अजपाजाप से मन का एक नया ढांचा निर्मित होता है। ओम्

ऐसा ही मंत्र है। अल्लाह भी एक मंत्र है। यह ध्वनि मन द्वारा अवशोषित किए जाने पर, मंत्र के साथ मन के एकाकार हो जाने पर, नया मन निर्मित होता है और पुराने मन का ढांचा टूटता है।

योग के अनुसार पहला तत्त्व है–ऊर्जा, दूसरा तत्त्व है ध्वनि और तीसरा तत्त्व है-ध्यान। ध्यान, चेतना को ऊर्ध्वगामी करने की उसकी दिशा को बदलने की प्रक्रिया है। चेतना उसी दिशा में बहने लगती है, जिस तरफ उसे बहने के लिए उन्मुख किया जाये। काम ऊर्जा नीचे की ओर बहती है, उसे ऊर्ध्वगामी बनाने के लिए योग पूरी प्रक्रिया देता है।

ओशो ने मंत्रयोग के कुछ खतरों से बचाने के लिए, ध्वनि का संगीत के रूप में भरपूर प्रयोग किया है। ध्यान प्रयोगों के विशिष्ट संगीत के कैसेट तैयार करवाये हैं। ऐसे अराजक संगीत का भी प्रयोग किया है जो विचार प्रक्रिया तोड़कर निर्विचार में ले जाये। कोमल मधुर संगीत का भी प्रयोग किया है जो चक्रों को सक्रिय करे और ऊर्जा के ऊर्ध्वगमन में सहयोगी हो।

ओशो ने सम्मोहन को भी ध्यान का सहयोगी बना दिया है। हमारा जन्म-जन्मों का यह सम्मोहन ही है कि हम शरीर और मन से तादात्म्य जोड़कर अपने चैतन्य को भूल गये है। आत्मसम्मोहन का प्रयोग इस सम्मोहन को तोड़ता है। दमन के द्वारा चित्त में जो ग्रंथियां उत्पन्न हो गई हैं, सम्मोहन के प्रयोग अवचेतन में गहरे उतर कर उन ग्रंथियों को विसर्जित करता है। आत्मसम्मोहन का प्रयोग ही मृत्यु का साक्षात्कार कराता है जिसके पार अमृत के द्वार में प्रवेश होता है।

ओशो ने नये सक्रिय और निष्क्रिय ध्यान, आज के बदले युग और मनुष्य की बदली चित्तवृत्ति के अनुसार खोजे हैं।

ओशो ने मनुष्य इतिहास में बुद्धों द्वारा अंतर्यात्रा के लिए अभी तक खोजे सभी मार्गों और विधियों को बदले युग और मनुष्य की बदली चित्तवृति के अनुसार पुनर्जीवित किया, जिससे आस्तिक-नास्तिक और अलग-अलग चित्तवृत्ति और प्रकृति प्रदत्त तमोगुण, रजोगुण और सतोगुण प्रधान व्यक्ति अपना-अपना मार्ग चुन कर अंतर्यात्रा पर निकल जायें।

गीता दर्शन अध्याय 13 के छठवें प्रवचन में ओशो कहते हैं-

"बुद्धि सक्रिय होने पर न तो प्रकृति और उसकी वृत्तियों में डूबना सम्भव है और न बुद्धि से परमात्मा जाना जा सकता है। बच्चा, बुद्धि लेकर उत्पन्न नहीं होता। समाज और परिवार उसे जो शिक्षा, संस्कार और आचरण देते हैं उससे ही बुद्धि निर्मित होती है। नीति-नियम और आचरण की शिक्षा द्वारा वह सहज स्वाभाविक वृत्तियों का दमन कर और कुछ लक्ष्यों पर मन

एकाग्र कर मन को चेतन और अचेतन दो खण्डों में बांट देता है और इन दो का सतत संघर्ष ही उसकी पीड़ा और दुःख है।

बुद्धि के सक्रिय रहते, कामवासना, क्रोध और घृणा आदि प्रकृति के निम्न तल पर भी नहीं उतरा जा सकता। पशु तल पर उतरने के लिए कुंठित बुद्धि और पागलपन चाहिए। इसी बुद्धि के रहते प्रकृति का दूसरा छोर परमात्मा भी नहीं जाना जा सकता। बुद्धि गिराकर वह प्रेम से, हृदय से जाना जा सकता है। बुद्धि का स्वभाव है वह वस्तु या विषय को खण्ड-खण्ड कर उसका विश्लेषण कर, तर्क-वितर्क से जानना चाहती है। वह अखण्ड और विराट को नहीं जान सकती जैसे सागर में रहने वाली मछली, सागर को नहीं जान पाती।

रेचन और साक्षी–ओशो कहते हैं-साक्षी (तटस्थता से निरीक्षण) का उपयोग इसीलिए है जिससे निम्न-प्रकृति से आती, वासना क्रोध और हिंसा आदि वृत्तियों को, तुम बुद्धि को अलग हटाकर, सजगता से साक्षी होकर तटस्थता से देख सको। उस नकारात्मक वृत्ति का दमन न कर उसके तटस्थ द्रष्टा बन जाओ। बुद्धि कभी तटस्थ हो ही नहीं सकती वह तुरन्त तादात्म्य स्थापित कर मूर्च्छित हो जाती है। सजगता और जागरूकता बुद्धि से परे है।

साक्षी का प्रयोग कैसे करें?–ओशो इसी प्रवचन में इसकी सरलतम विधि बतलाते हुए कहते हैं-एक गहरी श्वास लेकर और आज्ञा चक्र पर उसे कुछ देर रोककर तुम सहज ही द्रष्टा बन जाते हो। फिर स्वाभाविक रूप से आती-जाती श्वास का निरीक्षण करो। श्वास धीमी और शांत हो जाती है। अब चेतना को शरीर के अंदर हृदय पर केन्द्रित कर शरीर के प्रत्येक अंग को देखो। भोजन करते स्नान करते, चलते-फिरते अपने शरीर की हर गति का निरीक्षण करो। तुम्हें अनुभव होगा कि जो भोजन कर रहा है, स्नान कर रहा है, चल फिर रहा है, तुम वह नहीं हो। तुम उसे देखने वाले शरीर से पृथक शुद्ध चेतना या साक्षी हो।

विपस्सना ध्यान में सांसों का द्रष्टा बनना पहली सीढ़ी है। सांसों का द्रष्टा बनते ही स्थूल शरीर के पार सूक्ष्म शरीर की झलकियां मिलना शुरू हो जाती हैं। यह श्वासप्रश्वास के निरुद्ध होने की दशा में ही होता है जब ध्यान करते हुए ऐसा लगने लगे कि श्वास धीमी होकर न चलने के समान हो गई है। समत्व बुद्धियोग से ही बुद्ध का मज्झिम निकाय अर्थात् मध्य मार्ग विकसित हुआ। पूना कम्यून में बैलेसिंग थैरेपी का जन्मदाता भी यही दर्शन है, यद्यपि उसमें तंत्र, झेन विधियां और पश्चिम में विकसित हुई मनोवैज्ञानिक थेरेपी चिकित्सा भी सम्मिलित हैं।

अमेरिका का सुप्रसिद्ध मनोवैज्ञानिक थियोडोर रेक कहता है कि मन के दो ही सूत्र हैं- उसका किसी के प्रति आसक्त हो जाना या उससे विरक्त हो जाना। मन या तो आसक्त होगा या विरक्त। राग या विराग। वह पकड़ना चाहेगा या छोड़ेगा। वह मित्र बनायेगा या शत्रु। वह प्रेम करेगा या घृणा। वह कभी तटस्थ नहीं होगा। तराजू के एक पलड़े पर सदा अधिक भार होगा। जब भार से नीचे होकर पलड़ा थक जायेगा तो वह हल्का होना चाहेगा। ऊपर का पलड़ा भी थक कर भारी होना चाहेगा। मन सदा एक पलड़े से दूसरे पलड़े पर वजन रखकर ऊपर नीचे डोलता रहता है।

जब भी मन कोई चुनाव करता है, चित्त उत्तेजना से भर जाता है। उद्विग्न हो जाता है। कुछ समय बाद ऊब कर वह उससे विपरीत का चुनाव करता है। अतियों में डोलते मन की कोई स्मृति होती ही नहीं। वह याद कर, कभी लौटकर अपनी भूलों से सबक नहीं लेता। जिसे एक बार छोड़ देता है, उसे फिर चुन लेता है। क्रोध के बाद वह पश्चाताप करता है। फिर क्रोध न करने का निर्णय करता है। फिर पश्चाताप के बाद हल्का होने पर कुछ समय बाद वह पुनः क्रोध करता है। ऐसा वह प्रेम, घृणा आदि सभी वृत्तियों के साथ करता है।

ओशो कहते हैं-मन सदा चुनाव कर द्वंद्व में फंसा रहता है और जहां द्वंद्व होगा, वहां संघर्ष, कलह, उत्तेजना, तनाव और पीड़ा होगी ही। वहां जीवन का नर्क निर्मित होगा। मन नर्क ही निर्मित करता है। मन के रहते कोई स्वर्ग में प्रवेश नहीं कर सकता।

द्वंद्व में फंसने के सारे निर्णय नासमझी के निर्णय हैं। निर्द्वंद्व होने का निर्णय ही समझदारी का निर्णय है। जो समझदार हैं वे चुनाव करते ही नहीं, द्वंद्व के बाहर खड़े होते हैं। वे उत्तेजित नहीं होते। शांत, मौन, तटस्थ साक्षी बने रहते हैं। ऐसे लोग ही मन का अतिक्रमण कर समत्वबुद्धि योग में प्रवेश कर समाधि को उपलब्ध होते हैं।

अर्जुन से गीता में कृष्ण कहते हैं-"समत्वबुद्धि को उपलब्ध होकर तू योगारूढ़ हो जायेगा। योगारूढ़ होकर चित्त के सारे संकल्प और विकल्प गिर जायेंगे। तेरी चिंताएं मिट कर तू चिन्तातीत हो जाएगा। जब तेरा चित्त या मन ही नहीं रहेगा, फिर तू नाम रूप से परे शुद्ध आत्मा ही रह जायेगा। वही सत्य है, वही शिव और सुंदर है। वही समाधि है।

गौतम बुद्ध की देशना ही यही है कि निर्वाण मिलता है-सम्यक् दृष्टि, सम्यक् संकल्प, सम्यक् वाक्, सम्यक् कर्मान्त, सम्यक् आजीव सम्यक् व्यायाम, सम्यक् स्मृति और सम्यक् समाधि से। सम्यक अर्थात् संतुलित।

ओशो ने दो विपरीत निष्ठाओं सांख्य और योग में, ज्ञान और भक्ति में भी अद्‌भुत संतुलन लाकर सांख्य-योग का नया मार्ग दिया। सांख्य निष्ठा के अनुसार अकर्म या साक्षी ही एकमात्र मार्ग है क्योंकि कुछ करने से अर्थात् कृत्य से कर्त्ताभाव जाग्रत होता है। अंहकार होता है, जो समाधि के लिए सबसे बड़ी बाधा है। योग निष्ठा कहती है कि मनुष्य जैसा है उसे बदलने के लिए कुछ करना पड़ेगा। पूजा, अर्चना, ध्यान या तप। ओशो कहते हैं- क्रिया से प्रारम्भ कर अक्रिया में उतर जाओ। ध्यान के प्रारम्भिक दो तीन चरण क्रिया के और फिर शवासन। उन्होंने ज्ञान मार्ग और भक्ति मार्ग में भी संतुलन लाकर कीर्तन और नृत्य को भी ध्यान बना दिया। उनकी देशना ही बुद्धि और हृदय में संतुलन साधने की है। वे कहते हैं-ध्यान और प्रेम दो पंख है। एक के बिना दूसरा अधूरा है। दो पंखों से ही मुक्ति के आकाश में उड़ा जा सकता है।

❑❑❑

33. पतंजलि योग के कुछ रूपान्तरणकारी सूत्र

योग का अनुशासन तभी प्रारम्भ होता है जब तुम अपने जीवन से ऊबे हुए हो। जब चारों ओर से तुम निराश और थक कर जीवन की व्यर्थता के संबंध में सोचने लगे हो। जब मन में कोई आशा शेष न बची हो। जब भविष्य के बारे में सोचना ही तुम्हें व्यर्थ लगता हो। अब तक जो जीवन तुमने जिया है, जब वह सारहीन और व्यर्थ बोझ लगने लगे-तभी योग का अनुशासन प्रारम्भ होता है।

तभी ओशो कहते हैं- ध्यान करते हुए पहले होशपूर्ण बनो। फिर जो भी वासनाएं शेष हैं उन्हें समग्रता से होशपूर्ण भोगो। तभी उनकी व्यर्थता का बोध होगा। जन्म जन्मों में तुमने हर बार घर संसार जोड़ा है, विवाह कर संतान उत्पन्न की है। धन अर्जित किया है। प्रेम-घृणा, ईर्ष्या क्रोध, मोह और लोभ के जाल में फंस कर तुम हर बार दुःखी और पीड़ित हुए हो। इस जन्म में भी गहन मूर्च्छा में तुम फिर वही सब दोहराये जा रहे हो। हर बार मन की मानकर तुम द्वंद्व में उलझे हो। बुद्धि के तर्कजाल में भटके हो। पद, प्रतिष्ठा के चक्कर में अहंकार से भरकर, झूठे मुखौटे लगाकर दिखावटी और कृत्रिम जीवन जीते हुए संतप्त हुए हो। तुमने बार-बार सुख का चुनाव किया है पर हर सुख अपने साथ दुःख लेकर ही आया है। जब भली-भांति यह बोध हो जाये कि सुख बाहर नहीं है, बाहर उसे खोजने का उपाय मृगतृष्णा जैसा है, तभी अंदर की खोज अर्थात् अंतर्यात्रा शुरू होती है।

संसार में जिनका लक्ष्य हमेशा कुछ प्राप्त करने या पाने का रहा है, ऐसे लोग भी विषय परिवर्तन के लिए या अंहकार की तुष्टि के लिए सत्य की खोज में निकल पड़ते हैं। वे ध्यान से निर्वाण पाना चाहते हैं। सत्य को उपलब्ध होना चाहते हैं। पर उनकी चाह या कामना ही अवरोध बन जाती है। अंतर्यात्रा पाने का नहीं खोने की मार्ग है। मिटने का मार्ग है। वह चुनाव नहीं, सारे चुनाव से मुक्त हो जाना है।

जब अर्जुन युद्ध में सगे संबंधियों को देखकर मोहग्रस्त होकर विषाद को उपलब्ध हुआ और जंगल जाकर सन्यस्त होने की इच्छा प्रकट की तो कृष्ण ने कहा- तेरा विषाद झूठा है। तू मोहग्रस्त होकर युद्ध से भागकर सन्यासी बनना चाहता है। तू एक अति से ऊब कर दूसरी अति का चुनाव कर रहा है। तेरा मन अंदर से राज्य सुख तो पाना चाहता है पर अपनों को मारकर नहीं। जब अपने ही न रहेंगे तो राज्य पाकर उसे दिखायेगा किसे? तेरा अंहकार तब तृप्त कैसे होगा? तेरी बुद्धि अभी डांवाडोल है। तू समत्वबुद्धि को उपलब्ध हो, तभी योगारूढ़ हो सकेगा।

बुद्ध ने जब पहली बार रोगी, वृद्ध और मुर्दे को देखा तो उन्हें संसार की नश्वरता और भोगों की व्यर्थता का बोध हुआ। धन, वैभव घर संसार और महल में रहते हुए जब महावीर को वह सभी कुछ व्यर्थ और कचरा लगने लगा, तो उन्होंने सभी कुछ इस तरह छोड़ दिया जैसे सांप अपनी केंचुल को छोड़कर फिर पीछे मुड़कर देखता ही नहीं।

अंतर्यात्रा के मार्ग में सबसे बड़ी बाधा, मन, बुद्धि और अंहकार है। मन सदा भूतकाल की स्मृतियों और भविष्य के सपनों में जीता है। संसार के स्क्रीन पर मन का प्रोजेक्टर अपनी कामनाओं का प्रक्षेपण कर वही देखता है, जो वह देखना चाहता है।

बाहरी संसार की वस्तुओं और व्यक्तियों से तादात्म्य स्थापित कर, राग द्वेष से भरे चित्त की चेतना चारों और चंचल बनी डोलती रहती है। वही बिखरी चेतना साधना से सिमट कर जब स्वयं में आकर थिर हो जाती है, वही ध्यान है। चित्त की वृत्तियों का स्वभाव बोधपूर्वक जो जान लेता है, उसकी वृत्तियां स्वयं निरुद्ध हो जाती है। यही योग है। पंतजलि ने चित्तवृत्तियों के निरोध के लिए-यम, नियम, आसन, प्राणयाम, प्रत्याहार, धारणा, ध्यान और समाधि आठ सोपान बतलाए हैं। आज के युग के मनुष्य की परिवर्तित चित्त दशा को ध्यान में रखते हुए ओशो ने इनका क्रम उलट दिया। ओशो कहते हैं–ध्यान घटने पर यम, नियम छाया की तरह स्वयं अनुसरण करते साथ चले आते हैं और आत्म अनुशासन का उदय होता है।

स्वयं का स्वयं से मिलन और स्वयं का समग्र अस्तित्त्व से मिलन ही योग है। योग का अर्थ है, मिलन। योग का अर्थ है जोड़, जुड़ना। सभी धर्मों की आधारशिला योग है। योग शुद्ध विज्ञान है। वह एक प्रक्रिया है। योग यह नहीं कहता कि परमात्मा क्या है? योग कहता है-परमात्मा को प्राप्त किया जा सकता है। योग यह नहीं कहता कि प्रकृति किसने और कैसे बनाई? योग कहता है-प्रकृति में या अस्तित्त्व में उतरने की सीढ़ियां यह हैं-उतरो और जानो।

विज्ञान खोजता है पदार्थ और योग खोजता है परमात्मा। विज्ञान विश्लेषण की, तोड़ने की प्रक्रिया है। योग संश्लेषण की जोड़ने की प्रक्रिया है। योग चेतना का विज्ञान है। विज्ञान पदार्थ को तोड़ता हुआ उसके सूक्ष्मतम अंश परमाणु तक पंहुचता है और उसका भी विखण्डन कर अनंत ऊर्जा उत्पन्न होता देखता है। योग चेतना के विस्फोट की विधि बतलाता है। कर्मयोग, भक्तियोग, हठयोग और ज्ञान योग-ये योग की चार शाखाएं हैं।

जो भी अपने अंदर गहरे उतरे हैं, उन्होंने जाना वहां परमात्मा है। उसे कोई आत्मा कोई अनात्मा और कोई शून्य कहता है, पर सभी की अनुभूतियां एक जैसी हैं। वह सत्य (सत्+तत्) है, चित अर्थात् परमचैतन्य है, और वही आनन्द है। परमात्मा होना हमारा स्वभाव है। उसका बोध इसलिए नहीं होता क्योंकि हम उसे भूल गये हैं। उसका विस्मरण हो गया है। योग इस विस्मरण को तोड़कर स्मरण को जगाने की प्रक्रिया का नाम है।

यह विस्मरण भी अकारण नहीं है जो भी हम हैं स्वभाव से, उसे एक बार भूले बिना हमें उसकी प्रतीति नहीं हो सकती। सागर में तैरती मछली को सागर का बोध तभी होता है जब वह ज्वार के साथ तट पर रेत में पड़ी सागर से पृथक होकर उसके लिए तड़पती है। बिना बीमार पड़े स्वस्थ होने का आनन्द समझ में नहीं आता। पता लगने के लिए, प्रतीति के लिए विरोधी घटना घटनी आवश्यक है। काले ब्लैकबोर्ड पर ही खड़िया का चिन्ह नजर आता है। बिना मृत्यु के जिन्दगी का बोध नहीं होता।

परमात्मा का विस्मरण भी, स्मरण की प्रक्रिया का अनिवार्य अंग है। यह भूलना-यह विस्मरण, हमारे गलत समझने के कारण है। चेतना जब अपने को शरीर और मन समझ कर उससे तादात्म्य जोड़ लेती है, अपने को पदार्थ समझने लगती है, जब वह अपने को शरीर, मन, बुद्धि और अंहकार मानकर विचारों, भावों और वासना आदि वृत्तियों से संबंध जोड़ लेती है तो आत्मा का विस्मरण हो जाता है। चेतना का बाहर संसार की वस्तुओं और व्यक्तियों से राग-द्वेष का भाव संयुक्त होने पर चेतना कई खंडों में बिखर जाती है। वह कार, कोठी, पत्नी, बच्चों, सुंदर स्त्रियों, पद प्रतिष्ठा और इंद्रियों के भोग-विषयों पर बिखर जाती है। मैं, मेरे और मालकियत का भाव अहंकार के गुब्बारे को फुलाता जाता है।

योग कहता है कि बाहर इस चेतना को इधर-उधर बिखरा देने से हम अपने से बहुत दूर निकल कर भटक गये हैं। अब जहां से चले थे, वहीं फिर घर वापस लौटने के लिए यात्रा प्रारम्भ करने का नाम योग है। पर के साथ, किसी अन्य या दूसरे के साथ तादात्म्य करके ही विस्मरण हुआ था,

अब पर या अन्य से तादात्म्य तोड़ने पर ही स्मरण होगा। विस्मरण का अटकाव या भटकने का कारण शरीर और मन से ही तादात्म्य जोड़ लेना था। योग वही प्रक्रियाएं बतलाता है जिससे शरीर और मन से जुड़ा तादात्म्य तोड़ा जा सके।

वापसी की यात्रा करने के लिए ऊर्जा या शक्ति की आवश्यकता पड़ती है। योग कहता है हमारे शरीर और मन की नब्बे प्रतिशत शक्तियां सोई पड़ीं है। उन शक्तियों को जगाकर और प्राप्त ऊर्जा को नष्ट होने से बचाकर ही अंतर्यात्रा पर निकला जा सकता है।

गीता दर्शन खण्ड 3 अध्याय 6 के नौवे प्रवचन में ओशो कहते हैं-

योग की प्राणायाम विधि भीतर सोई हुई शक्तियों को हैमर या चोट करने की विधि है। पर योग के प्राणायाम सीखने के लिए योग का जानकार एक प्रशिक्षक चाहिए। संतुलित आहार-विहार भी प्राणायाम के लिए बहुत आवश्यक है। पुस्तकों में लिखी विधि के अनुसार बिना आहार विहार के प्राणायाम करने से और थोड़ी भी भूल चूक से पागल तक होने का खतरा है। इसलिए ओशो ने श्वास द्वारा सोई शक्तियों को जगाने और शरीर शुद्धि के लिए सुगम और हानिरहित प्रयोग श्वास तेजी से उलीचने का बताया। अर्थात् सक्रिय ध्यान का पहला चरण। उन्होंने भ्रमरी प्राणायाम का प्रयोग नाद ब्रह्म ध्यान में किया।

योग कहता है कि शरीर में मेरु दंड पर ऐसे सात मुख्यः बिन्दु ऐसे हैं जहां अनंत शक्तियां सुप्त पड़ी हैं। योग इन बिंदुओं को चक्र कहता है। इन चक्रों को गतिमान करने के लिए विशिष्ट योगासन और प्राणायाम की विधि है। रात में सोते समय तकिए पर सिर रखकर सोना भी एक विशिष्ट आसन है जिसके द्वारा सिर शरीर से ऊंचा रहता है और रक्त की आपूर्ति सिर में कम से कम हो जाती है। मस्तिष्क के सूक्ष्मतंतु रक्त की अधिक गति से सजग बने रहते हैं और नींद आना कठिन हो जाता है।

प्राणायाम और योगासानों द्वारा ही सोई शक्तियों को जगाकर और प्रत्याहार की विधि द्वारा ही भोगी हफ्तों, महीनों और वर्षों की समाधि में चले जाते हैं। उनके शरीर को बक्से में बंद कर भूमि में गाड़ दिया जाता है और बतलाई गई अवधि के बाद उन्हें बाहर निकालने पर और भी जीवंत होकर योग समाधि से वापस लौटते हैं।

प्रत्याहार के सम्बन्ध मे कैवल्य उपनिषद के प्रवचन में ओशो बतलाते हैं-प्रत्याहार का अर्थ है-प्रकृति की जैविक प्राण ऊर्जा को अधिक से अधि क ग्रहण करना और शरीर की ऊर्जा को बाहर व्यर्थ खर्च होने से रोकना।

सभी प्राणियों और वृक्षों का शरीर पंचभूतों का जोड़ है। अग्नि, वायु, जल, पृथ्वी और आकाश के विशिष्ट योग और संतुलन से ही हमारा शरीर कार्यरत है। पांच अग्नियां ही शरीर में भोजन पचाती हैं, हृदय को धड़काती हैं, मस्तिष्क को क्रियाशील रखती हैं। भोज्य पदार्थों से व्यर्थ का तत्त्व पृथक कर मल मूत्र और पसीने के रूप में बाहर फेंकती हैं। शरीर को गतिमान रखती हैं। बीज, पृथ्वी के अंधेरे गर्भ में प्रेम की उष्णता से टूटता है। जल और वायु के सहयोग से वह अंकुरित होकर ऊपर आता है। सूर्य का प्रकाश उसे विकसित करता है। आकाश उसे अवकाश देता है, स्थान और समय उपलब्ध कराता है और उसे अपनी ओर ऊर्ध्वगमन के लिए प्रेरित करता है। अन्न और मांस जिसमें पंच तत्त्व ही होते हैं, मनुष्य के शरीर का पोषण करता है। प्रकृति के सान्निध्य के रहते हुए, सूर्य किरणों, जल, वायु और पृथ्वी से योग की प्रक्रियाओं द्वारा सीधे ही जैविक प्राण ऊर्जा प्राप्त करने के उपाय हैं। महावीर पूरे जीवन में केवल 365 दिन भोजन लेकर प्रकृति की इस जैविक प्राण ऊर्जा लेकर ही स्वस्थ रहते हुए दीर्घजीवी हुए।

हम व्यर्थ बोलने में, वाद-विवाद में और व्यर्थ की वस्तुओं को देखने में, मुंह और नेत्रों द्वारा अपनी बहुत सी ऊर्जा को अपव्यय करते हैं। योग कहता है केवल उतना बोलें जितना परमावश्यक है। अर्द्धनिमीलित नेत्रों से देखते हुए चलें। प्रकृति के अधिक से अधिक सान्निध्य में रहें और इस ऊर्जा का उपयोग अंतर्यात्रा के लिये करें।

❑❑❑

34. तनाव मुक्ति का एकमात्र उपाय-ध्यान

जलते हुए शहर में हैं सहमे हुए लोग
चेहरे हैं सख्त आंख में कोई नमी नहीं।
हर सिम्त अंधेरे हैं, कोई रोशनी नहीं
वीरान बस्तियों में कोई आदमी नहीं।
हम भागने वालों से बात किस तरह करें?
न फ़ुरसत में कोई शख्स, कोई जिंदगी नहीं।

यहां सब जल रहा है। मानवीय मूल्य, प्रेम, संवेदनशीलता और उच्चतर जीवन के सभी सोपान झुलस रहे हैं। आज की यांत्रिक, भागदौड़ की जिंदगी में मनुष्य हिंसक, लोलुप, महात्वाकांक्षी और कठोर हो गया है। उसके हृदय की कोमलता लुप्त होती जा रही है। किसी पीड़ित, दु:खी, समाज से संतप्त व्यक्ति के लिए भी आंखें नम नहीं होतीं। दुर्घटनाओं, बाढ़, भूकम्प, जलप्लावन और आतंकवादी हिंसा में लोग रोज ही मरते हैं, पर आम व्यक्ति की आंख नम नहीं होती। सभी लोग अंधकार की गहन मूर्च्छा में सोये हैं। यहां मनुष्य हैं जो यंत्र क़ी तरह दफ्तरों दूकानों और प्रतिष्ठानों में जाते हैं और युद्ध से थके हारे अशांत घर लौट आते हैं। घर-घर में कलह, क्लेश और तनाव है।

मनोरंजन, अपने तनाव को भूलने का उपाय है। शराब ड्रग्ज के नशे में, जुए के रोमांच, क्लबों या कैबरे में लोग अपने को भूलने के लिए ही जाते हैं। पर भूल कहां पाते हैं? फिर उन्हें स्लीपिंग पिल्स की जरूरत होती है। यह बेहोशी की प्रक्रिया है। यह सिंह देखकर शुतुर्मुग का रेत में गर्दन दबाकर छिपने का मूर्खतापूर्ण उपाय है।

इस भागदौड़ की जिन्दगी में जहां हर व्यक्ति व्यस्त है या व्यस्त होने का नाटक रच रहा है, उसे किसी की बात सुनने की ही फुरसत नहीं। आज के कम्प्यूटर युग में उसका इन्द्रियजनित ज्ञान बहुत अधिक बढ़ गया है।

साइंस टेक्नोलॉजी के विकास से अब सीखने का दबाब पहले से चालीस गुना अधिक बढ़ गया है। देखते हैं-स्कूल जाते बच्चों के कंधों पर लदा पुस्तकों का बोझ भरा बैग? बच्चे शीघ्र जवान हो रहे हैं। आज मस्तिष्क खाली ही नहीं, जिसे समझदार सुसंस्कृत और शांत बनाया जा सके। जो थोड़ा बहुत खाली रहता है। उसे समाचार-पत्र और टी.वी. के कार्यक्रम अपने कचरे से भर देते हैं। ध्यान और कुछ नहीं, बस अपने को अंदर से खाली करने की कला ही ध्यान है।

मस्तिष्क पर अत्यधिक बोझ और तनाव के कई परिणाम हैं-बढ़ती आत्महत्याएं और आतंकवाद, डकैती, बलात्कार और दिन दूनी रात चौगनी बढ़ने वाली शराब की खपत और ड्रग्ज का फैलता अछोर विस्तार और प्रसार। परिणाम है बढ़ता पागलपन और मानसिक विकृतियां। अतीत में ध्यान विलासिता थी क्योंकि साधारण लोग एक थिर शांत संसार में रहते थे जहां सीखने को बहुत कम था। उनके मस्तिष्क का खाली स्थान ही उन्हें समझदार बनाने के लिए पर्याप्त था। तब लोगों का केन्द्र मस्तिष्क न होकर हृदय था।

इस दबाव और तनाव को ध्यान द्वारा शिथिल किया जा सकता है। आज ध्यान, जीवन-मृत्यु का प्रश्न बन गया है।

चौबीस घंटे में कम से कम एक घंटा एकान्त में, संसार से कटकर अपने में डूबना होगा–जहां कोई विचार, कोई स्मृति उसमें प्रविष्ट न हो सके।

तभी तो किसी कवि ने कहा है–

घर के एकान्त में कंधे पर शीश धरे।
रोने से सूख नहीं पायेंगे घाव हरे।
भीड़ों चौराहों के रंग नहीं चुनो अरे।
बाहर से ये अमृत भीतर से ज़हर भरे।
पेड़ों की बूढ़ी छायाओं के पास, सुनते हैं–
होती हर रोग की दवा।
चिड़ियों से पूछें चलो जीवन का पाठ
थोड़ी सी पी आयें भोर की हवा।

आज मनुष्य का प्रकृति से सान्निध्य टूट गया है। आज नगरों में कोलाहल, प्रदूषण धुंवा, गर्द-गुबार और घुटन में सांस लेने तक को प्राण वायु उपलब्ध नहीं है। वाहनों द्वारा छोड़ी प्रदूषित गैसों, बिजली गायब रहने

से शहरों में जेनरेटरों से उत्पन्न धुवां और शोर से मनुष्य त्रस्त है। तेजी से कटने वाले जंगलों और वृक्षों के कारण, वातावरण में ओषजन की मात्रा तेजी से घटती जा रही है। ओजोन पर्त में छेद हो गया है। प्रयोग के लिए किये जाने वाले आणुविक विस्फोटों, कारखानों से पृथ्वी से तापक्रम बढ़ता जा रहा है और ध्रुवों की बर्फ पिघलती जा रही है। इसी के परिणामस्वरूप समुद्रों का जल स्तर बढ़ रहा है और समुद्र किनारे के शहरों में समुद्रीचक्रवात के कारण प्रतिवर्ष लाखों की जनहानि हो रही है।

हम लोग जिस वृक्ष पर बैठे हैं, उसी डाल को काट रहे हैं। हम सभी स्वयं अपनी कब्रें खोद रहे हैं। किसी पागल राजनीतिज्ञ द्वारा किसी भी क्षण परमाणु मिसाइलों का बटन दबाने भर से यह पृथ्वी एक बार नहीं, तीस बार नष्ट हो सकती है।

कोई बदलाव इस माहौल में लाया जाये।
अब अंधेरे के खिलाफ हाथ उठाया जाये।
निगल चुका है ये अब तक कई सफीनों को
इस समुन्दर को किसी तरह सुखाया जाये?
हम अपनी पीठ पर लादे हैं मुरदा तारीखें।
चलो इन्हें किसी दरिया में डुबोया जाये।

यह अंधेरे का, मूर्च्छा का सागर बहुत सफीनों को डुबा चुका है। अब उसमें चेतना के उस प्रकाश की आवश्यकता है जिससे सुहानी सुबह हो और चेतना का सूर्योदय हो।

हमने अपने मस्तिष्क को अतीत की स्मृतियां से इतना अधिक भर लिया है और जानकारी के अहंकार से इस तरह ग्रस्त हैं कि उनका विस्मरण किये बिना उनके बोझ और तनाव से हम हल्के नहीं हो सकते और अहंकारवश हम हल्के होना ही नहीं चाहते।

आज तीन चार चैनेल तथाकथित संतों और उपदेशकों के व्याख्यानों द्वारा अध्यातम परोस रहे हैं। इन कथाकारों और तथाकथित संतों के भव्य आयोजनों में लाखों खर्च होते हैं। उधार धर्म और जानकरियां परोसी जा रही हैं। टी. वी. पर इन्हें देखकर और सुनकर लोगों में अपने को धार्मिक होने का भ्रम उत्पन्न हो जाता है पर उनका कोई रूपान्तरण नहीं होता। यह भी एक तरह का नशा है, जिसे सुन कर कुछ देर के लिए लोग अपने दुःख भूल जाते हैं। सुनते-सुनते सो जाते हैं, अथवा उन्हें थोड़ी सी सान्त्वना मिल जाती है। पर यह तुम्हारे अंदर कोई, बदलाव नहीं करता। तुम्हारी मूर्च्छा को दूरकर तुम्हें अपने बदलने, रूपांतरित करने के लिए कारगर सिद्ध नहीं होता।

इस पूरी परिस्थिति का आकलन करते हुए ही ओशो ने करुणाकर ध्यान की लुप्त प्रायः ध्यानविधियों को पुनर्जीवित किया है और आज के युग के बदली चित्तवृत्ति के मनुष्यों के लिये कुछ नई ध्यान विधियां सृजित की हैं जिनसे वह सहज सरल हो सके। तनाव मुक्त होकर वह उत्सवमय होकर सत् चित् आनन्द को उपलब्ध हो सके।

अभी तक का धर्म गंभीर, उदास और ऊबाऊ है। लोग धार्मिक प्रवचनों को सुनते हुए जम्हाइयां लेते हैं अथवा अपनी नींद पूरी करते हैं। इन उपदेशों को बूढ़े, मृत्यु की ओर खिसकते रुग्ण चित्त के लोग भयवश और स्वर्ग के लोभ से सुनते हैं। युवावर्ग के लिए धर्म व्यर्थ की बकवास और उबाऊ कार्यक्रम हैं। ओशो ने धर्म को उत्सवमय और आनंदमय बनाया। उसे नृत्य और गीत दिए। युवाओं की उसमें रुचि और प्यास जगाई।

ध्यान प्रयोगों के लिए बेजोड़ संगीत के ओडियो कैसेट तैयार किये जो ध्यान को सरल और सरस बनायें, सोये चक्रों को सक्रिय करें। विचारों से भरे मन को निर्विचार में ले जायें। जो मन में आलोड़न, सिहरन, पुलकन और पैरों में थिरकन उत्पन्न करें। उन्होंने अपने प्रवचनों में रोचक बोध कथाओं, बोधमय चुटकलों और सरस काव्य पंक्तियों का प्रयोग कर युवाशक्ति को उधारधर्म के स्थान पर नकद धर्म दिया।

उन्होंने संसार से पलायन का नहीं, घर व्यापार नौकरी करते हुए ही संसार की कीचड़ में कंवलवत खिलने का द्रष्टा और साक्षी रहने का मूलमंत्र दिया। उन्होंने कहा-

भागो मत जागो।

उन्होंने ध्यान के साथ प्रेम भक्ति

और समर्पण की कला भी सिखलाई।

उन्होंने बतलाया कि ध्यान और भक्ति, विज्ञान और अध्यात्म बुद्धि और हृदय, संसार और परमात्मा ये दो पंख है। इन दो विपरीत छोरों में संतुलन साधकर समाधि में प्रवेश होता है। जहां कोई तनाव और दुःख नहीं, जहां अखण्ड आनंद की परमात्मा की अनुभूति होती है।

ध्यान तुम्हें जीवन से तोड़ता नहीं-जोड़ता है।

लोग डरते हैं ध्यान से-न जाने उसके लिए कितना कुछ करना पड़ेगा? कितना शरीर को कष्ट देना होगा? कितना मन को मारना होगा? व्रत, तप और त्याग करना होगा? चूंकि परम्परागत धर्म ने तप, त्याग, तपस्या के द्वारा ही परमात्मा मिलेगा, ऐसी गलत धारणा फैला रखी है।

वे डरते हैं-ध्यान करने से कहीं उनकी गृहस्थी चौपट न हो जाये? कहीं उनकी नौकरी और व्यापार संकट में न पड़ जायें? वे डरते हैं उन्हें ध्यान करते हुए देखकर आस पड़ोस के लोग उन्हें पागल न समझने लगें।

और मजा यह कि कुछ न करना ही ध्यान है। ध्यान के लिए कुछ करना ही बाधा बन जाता है। ध्यान तुम्हें संसार से तोड़ता नहीं जोड़ता है। उसके लिए तप, त्याग, तपस्या कुछ भी नहीं करना है।

बस एक खाली एकान्त कमरा, अथवा कमरे का एक खाली कोना, वह भी उपलब्ध न हो तो खुली छत का एकान्त या सबसे अधिक अच्छा है-प्रकृति सान्निध्य में कोई छायादार वृक्ष मिल जाये एकान्त में तो और भी अच्छा है। ध्यान तुम्हारे तनाव को शांत करेगा। तुम ज्यों-ज्यों अपने अंदर उतरोगे-तुम्हें अपने मन का पागलपन अच्छी तरह दिखाई देगा। जो भी तुमने घृणा, क्रोध, कामवासना समाज द्वारा दिए नीति नियमों के अनुसार बलपूर्वक दबाई है, उसका दमन किया है, वह नर्क तुम्हें पहली बार दिखाई देगा।

इस प्रसव पीड़ा से गुजरने के बाद ही, सहज और सरल बनने के बाद ही तुम्हें सत्चित आनन्द की उपलब्धि होगी।

चूंकि तुम हमेशा कुछ न कुछ करते ही रहते हो और केवल करने की भाषा ही समझते हो, इसलिए पहले ध्यान अपने रोजमर्रा के कार्यों के प्रति उन्हें समग्रता से होशपूर्वक उनमें पूरी तरह डूब कर करो। जब दफ्तर में कार्य कर रहे हो तो भूल जाओ घर गृहस्थी और राजनीति। 100% अपनी सारी चित्तवृत्ति अपनी सारी ऊर्जा और कुशलता दफ्तर और दूकान के कार्य में ही लगा दो। उसे गम्भीरता से नहीं, खेल समझ कर उमंग और उत्साह से करो। कुशलता से सजगता से करना ही योग अर्थात् ध्यान है।

मुम्बई में एक सन्यासी बस ड्राइवर ने ओशो से कहा कि मुम्बई की ट्रैफिक से भरी सड़कों पर वर्षों से बस चलाते हुए वह बहुत अशांत और तनावग्रस्त हो गया है और वह नौकरी से त्यागपत्र देने की सोच रहा है। ओशो ने उत्तर दिया-अब तू एक सप्ताह तक बस यूं चला जैसे सरकस में अपनी ड्राइविंग कुशलता का खेल दिखा रहा हो। ड्राइवर ने यही किया और वह तनावमुक्त हो गया। सजग और होशपूर्ण होने से उसे ध्यान घट गया।

तुम्हें आश्चर्य होगा कि समग्रता और खेलपूर्ण ढंग से किया कार्य कम समय में और बिना किसी व्यवधान के सहजता से हो जाता है और यह तुम्हें आनन्द, स्फूर्ति और अद्‌भुत शांति देता है।

यदि घर में भोजन बना रहे हो या फर्श पर पोंछा लगा रहे हो, तो उसे बोझ समझ कर नहीं, हंसते गुनगुनाते इस भाव से करो कि तुम्हारा प्रियपात्र

जिसके अंदर भगवान ही हैं वह उसे देखकर आनंदित होगा, तुम्हें प्रेम देगा। घर का फर्श दर्पण सा स्वच्छ देख तुम्हें स्वयं और परिवार के अन्य सदस्यों को अच्छा लगेगा।

कार्य में समग्रता से डूबकर खेल समझकर उसे करते हुए तुम्हारे मस्तिष्क की ऊर्जा हाथों में आ जाती है। मन का सोच विचार थम जाता है। चूंकि मन का चंचल स्वभाव कभी थिर होना जानता ही नहीं, वह आवारा वर्षा ऋतु के बादलों सा कुंलाचे भरता भागता रहता है। कार्य में पूरी तरह डूब जाने से, इधर-उधर चित्त न भटकने से वह विसर्जित हो जाता है।

खेलपूर्ण ढंग, उल्लसित और प्रसन्नता का भाव
तुम्हारी ऊर्जा को खोपड़ी से हृदय चक्र तक
लाकर उसे सक्रिय कर देता है।

ध्यान का पहला चरण है–कि आज के बुद्धिवादी युग में तुम्हारा मस्तिष्क जरूरत से अधिक सक्रिय है। उस पर बहुत बोझ और दबाव है। उसे विश्राम देना है। तुम सेक्स तक में मानसिक रूप से सक्रिय होकर ही उतरते हो। सेक्स भी तुम समग्रता से उसमें डूबकर नहीं करते। संभोग भी अपने प्रिय पात्र से करते हुए तुम उन सभी सुंदरियों के बारे में ही सोचते रहते हो जिन्हें तुमने भोगना चाहा था, पाना चाहा था-पर पा न सके।

इसके लिए दो मिनट से पांच मिनटों के निम्न ध्यानों में से किसी एक का प्रयोग करें।

1. सिर छाती से लगाकर, सिर कट जाने का, केवल कबन्ध मात्र रहने का भाव करें।
2. दोनों हथेलियों को आपस में तेजी से रगड़ते हुए भाव करें कि सिर की सारी गर्मी हथेलियों में आ रही है और सिर हल्का होता जा रहा है।
3. आधा सेंटीमीटर होठ खोल कर जीभ को मुंह के अंदर ही होठों की सीध में अधर तैरने दें और दो मिनट पूरी चेतना को जीभ के मध्य भाग पर केन्द्रित करें। आप निर्विचार हो जायेंगे।
4. दोनों आंखें सौम्यता से बंद कर पूरी चेतना दोनों भौंहो के बीच ऊपर की ओर ले जायें। जिस बिंदु पर चेतना जाते ही पुतलियां थिर हो जायें वहीं देखते रहें।
5. दोनों हाथों की अंगुलियां एक दूसरे में फंसाकर बैठकर या खड़े होकर पूरे शरीर को तनाव से भर जाने दें। दांत कस कर भींचे। रक्त

की बूंद बूंद तनाव से भर जाये। रीढ़ की हड्डी भी तनती जाये। तनाव के शिखर पर पहुंचकर उसे धीमे-धीमे शिथिल करें।

यह ध्यान भी यदि किसी कारणवश न कर सकें तो एक दिन प्रात: जल्दी उठकर अपनी छत पर जाकर पूर्व दिशा में उदय होते सूर्य को सजगता और प्रसन्नता से भर कर निहारें। यदि उषाकाल से पूर्व कुछ धुंधलके में जायेंगे छत पर तो देखेंगे अभी सूर्योदय हुआ नहीं है, पूरब की दिशा में शुक्र या भोर का तारा चमक रहा है। उस पर पांच मिनट देखते हुए भाव करें कि वह आपके अंदर प्रविष्ट हो रहा है। पांच मिनट बाद नेत्र मूंदकर भाव करें कि वही भोर का तारा आपकी नाभि पर उदय हो रहा है। निरन्तर 15 दिन ध्यान व भाव करने पर नाभि पर उसके उदय होना अंतर्नेत्रों से दिखाई देने लगेगा।

यही विधि उगते सूर्य के लाल गोले पर भी ध्यान करने की है। आरेंज बुक में ओशो द्वारा बताये गये यह ध्यान प्रयोग अद्‌भुत रूप से प्रभावी और रूपान्तरणकारी हैं।

हो अरुण उठा छोर-छोर। पूरब में हो गया शोर।

खगकुल कहता एक बात। आ गई भोर, आ गई भोर।

तारा धुंधलाता जायेगा।

पूरब धीमे-धीमे उजास से भरता जायेगा।

भोर की ठंडी ताजी हवा को महसूसें। उसे सूंघें, सुनें, चखें।

पक्षियों के उड़ती पंक्ति को देखें, उनकी चहचहाहट का संगीत सुनें।

क्षण-क्षण रंग बदलती पूरब दिशा को देखते रहें।

दोनों पैरों पर संतुलन साधकर प्रार्थना भाव से खड़े हो जायें। सूरज जीवन दाता है। वह हमें विद्युत प्रकाश ताप और चुम्बकत्व की ऊर्जाएं देता है। उससे ही अग्नि, वायु, जल और पृथ्वी का जन्म हुआ। उसके बिना जीवन सम्भव ही नहीं है।

पूरब दिशा में लाल गोले को उदय होता देखें और महसूसें कि उसके साथ कुछ तुम्हारे अंदर भी उदय हो रहा है। दु:ख के स्थान पर उल्लास और आनंद। अंधकार के स्थान पर प्रकाश। बाल सूरज को यों देखें जैसे कोई प्रेमी अपनी प्रेमिका को देखता है। उसे अपनी नाभि में उगता देखें। पलकें बंदकर उसे नाभि पर व फिर आंखें खोलकर पूरब में उगता देखें। आंख मिचौनी के एक खेल की तरह ही सूरज का अंदर बाहर उगना तब तक देखते रहें जब तक कि उसमें किरणें न निकलने लगें।

यह ध्यान तुम्हें शीघ्र ही बदलना शुरू कर देगा। Feel Your Body' is becoming Bigger & Smaller

इसके बाद 5 मिनट तक श्वास बाहर फेंके। सांस की धौंकनी बनाकर।

5 मिनट तक No Mind ध्यान करें। या Mystic Rose और फिर प्रार्थना ध्यान में उतर जायें।

भाव हो और समय हो तो पांच मिनट विपसना ध्यान कर 5 मिनट के लिए श्वासन में चले जायें।

यदि विपसना ध्यान न करें तो नितम्बों पर संतुलन साधकर बैठ जायें।

भारहीन बनकर बांस की खाली पौंगरी बन जायें और अद्वैत का अनुभव करें।

चाहें तो विपसना Walk कर सकते हैं छत पर।

फुलवाड़ी हो तो किसी एक फूल पर या वृक्ष के नीचे वृक्ष का ध्यान करें। संवेदनशीलता से फूल या वृक्ष के साथ एकत्व साधकर फूल या वृक्ष ही बन जायें।

कितनी पवित्र शशि-सूर्य किरण
कितने पवित्र फूलों के मुख?
प्रातः उठते ही ज्योति स्नान
पावन लगता भू नभ प्रांगण
रोमांचित से लगते तृण तरू
किरणों से चित्त चुम्बित रज कण

सूर्य का ध्यान तुम्हें धो कर पवित्र कर देगा। जीवन उल्लास का प्रकाश बिखेरता नाभि पर उगता सूर्य तुम्हारी अंदर की अंधेरी मूर्च्छा अपवित्रता को प्रकाश, पावनता और आनन्द से भर देगा।

ध्यान के लिए सर्वोत्तम समय है-संध्याकाल। जब धुंधला प्रकाश हो। अंधेरा पूरी तरह गया न हो और प्रकाश पूरी तरह आया न हो।

एक संध्याकाल वह भी है जब प्रातः सोकर उठें या रात्रि सोने जायें। जो लोग देर से सोकर उठते हैं या दफ्तर अथवा दूकान में व्यस्त रहने से सूर्यास्त के समय ध्यान नहीं कर सकते। उनके लिए संध्याकाल है-जब नींद पूरी तरह आई न हो और चेतना भी पूरी तरह गई न हो, अथवा पूरा जागरण भी न हुआ हो और नींद टूट रही हो। इस संध्याकाल में ध्यान करना

अत्यंत प्रभावी है। बाहर बिखरी चेतना को अंदर केन्द्रित करना इस समय बहुत सरल होता है। अपनी चेतना को इस समय त्रिनेत्र, हृदय या नाभि कहीं पर भी केन्द्रित करें। कहीं भी केन्द्रित हुई चेतना तुम्हें नाभि ही के केन्द्र पर ले जाती है। सूर्योदय की भांति।

पश्चिम दिशा में अस्त होते सूर्य को देख मस्त होना सीखें।

सूर्य अस्त हो गया।

गगन मस्त हो गया।

पश्चिम में सूर्य के गोले को डूबते और अपनी नाभि में उसे उगते हुए देखें। सूर्यास्त के बाद उदय होते किसी चमकीले तारे पर ध्यान करें।

अंधेरी रात में तारों भरे आकाश पर दस मिनट त्राटक करें। आंखों में आंसू आयें बह जाने दें। फिर त्राटक और सरल हो जायेगा। फिर दस मिनट आंखे बंद कर लेटे रहें और अपनी खोपड़ी में ही उतर आये तारों भरे आकाश को देखें। नाभि तुम्हारा ही नहीं, अस्तित्व का भी केन्द्र है।

इन ध्यान प्रयोगों से तुम अस्तित्त्व के एक भाग बन जाते हो।

यदि ध्यान करने से पूर्व तनावग्रस्त व बैचेन हों तो आरेंजबुक में वर्णित कम्पन ध्यान करें। दो मिनट बड़ा मजा लेते हुए अपनी गर्दन दाएं बाएं घुमायें। फिर दो मिनट दोनों हाथ व धड़ जोर से हिलायें। फिर दो मिनट दोनों पैरों को जोर से कंपने दें। अब चार मिनट सिर धड़ और पैरों तीनों को एक साथ जोर से इस तरह हिलायें जैसे आंधी में वृक्ष कांपता है। फिर एकदम फ्रीज होकर तटस्थ द्रष्टा बन जाएं।

Mind to Heart & मस्तिष्क से हृदय तक आने का सूत्र है–प्रेमपूर्ण, संवेदनशील और सृजनात्मक बनें। प्रकृति सान्निध्य में रहें। शुभ कार्य करें। मैत्री, करुणा भाव विकसित करें।

ओशो कहते हैं–हृदय दूसरे से जुड़ने का द्वार है और अंहकार दूसरे से टूटने की प्रक्रिया है। मैं अलग, मैं भिन्न, यह अहंकार की आधारशिला है और हृदय दूसरे से जोड़ता है। तू से जोड़ता है। अन्य से जोड़ता है। अगर हम हृदय को ही मानते चले जाएं तो वह समग्र से जोड़ देता है। अगर हम अंहकार की मानते चले जाएं तो समग्र से तो तोड़ता ही है, अंतत: किसी से भी जोड़ने की हालत नहीं रह जाती। आदमी बिल्कुल अलग। फिर भंयकर पीड़ा भी होती है क्योंकि जितना ही आदमी दूसरे से टूट जाता है, उतना ही जीवन से टूट जाता है। जितना ही दूसरे से टूट जाता है, उतना ही

उसकी जड़ें कट जाती हैं। इसलिए अहंकार अपनी पूर्ति में ही जीवन को दुख और नरक से भर लेता है।

हृदय जितना दूसरों से जुड़ता है, उतना आनंद से भरता चला जाता है, क्योंकि दूसरों से जुड़ना है और नयी जड़ें खोजना है और जिस दिन हृदय परमात्मा से जुड़ जाता है अर्थात् सबसे जुड़ जाता है, उस दिन परम जीवन से जुड़ जाता है। परम स्रोत को दुख का कोई पता ही नहीं है, पीड़ा का कोई पता ही नहीं है। अपने को तोड़ लेना ही पीड़ा है अस्तित्व से और अपने को जोड़ देना ही आनन्द है।

ध्यान क्रिया नहीं-अक्रिया है। कुछ न करना ही ध्यान है। निर्विचार, शांत, मौन और विश्रामपूर्ण होकर तटस्थता से अंदर निरीक्षण करने की कला ही ध्यान है। शुरू में विचार बहुत शोर करेंगे, पर उनसे संघर्ष किये बिना उनसे तादात्म्य जोड़े वगैर, उन्हें तटस्थता से मात्र देखना भर है और धीमे-धीमे वह विलीन होने लगते हैं। ऐसे अंतराल आने लगते है जिनमें कोई विचार नहीं रहते। इन्हीं मौन के अंतराल में कोई विचार नहीं रहते। इन्हीं मौन के अंतरालों को बढ़ाते जाना है। विचारों की तरह सहज, सामान्य से चलने वाली आती-जाती सांस को भी तटस्थता से देखते रहना है।

इतना भर कर लिया तो तनाव को विलीन होते देर नहीं लगेगी।

शांति, प्रेम और आनन्द के फूल खिलना भी प्रारम्भ हो जाएगा।

❑❑❑

35. ध्यान और सरल प्राणायाम

प्राणायाम करने से इंन्द्रियों के मल नष्ट होकर मन थिर होता है। यद्यपि प्राणायाम एक जटिल प्रक्रिया है। इसे करने के लिए किसी सुयोग्य शिक्षक की आवश्यकता है। प्राणायाम करने वाले साधक का भोजन भी संतुलित और शक्तिवर्धक होना चाहिए। बिना योग्य शिक्षक के प्राणायाम करने से लोग विक्षिप्त भी हो जाते हैं। इसीलिए ओशो ने प्राणायाम के लिए आग्रह नहीं किया है, पर उन्होंने ध्यान प्रयोगों में भस्त्रिका प्राणायाम अथवा अन्य प्राणायाम संशोधित रूप में दिये हैं जो प्रत्येक दृष्टि से लाभदायक हैं और उनसे किसी हानि की सम्भावना नहीं है।

नादब्रह्म ध्यान, भ्रामरी व कुम्भक प्राणायाम से उद्‌भूत ओशो द्वारा निर्मित एक नया ध्यान-प्रयोग है। गौरी शंकर ध्यान का प्रथम चरण भी प्राणायाम है। जो गहरे ध्यान में डूबना चाहते हैं उनके लिए प्राणायाम की मूलभूत बातें समझना अति आवश्यक है। ओशो के ध्यान प्रयोगों में भस्त्रिका कपालभाति व भ्रामरी कुम्भक व कुछ अन्य प्राणायामों का जो संशोधित प्रयोग किया गया है, उसे ठीक से समझने के लिए पहले प्राणायाम को समझना आवश्यक है।

प्राणायाम में रेचक, कुम्भक तथा पूरक तीन क्रियाएं होती हैं। इड़ा नाड़ी (चन्द्र नाड़ी या बाईं ओर की नाड़ी) से श्वास को नासिका के भीतर खींचने की क्रिया पूरक कही जाती है।

पिंगला (सूर्य या दाहिनी ओर की नाड़ी) नाड़ी से धीरे-धीरे श्वास बाहर निकालने की क्रिया रेचक कही जाती है।

इड़ा, पिंगला दोनों नाड़ियों से श्वास लेकर अंदर मस्तक में रोकना ही कुम्भक है।

इन तीनों क्रियाओं को नासापुट द्वारा उलट-पुलट कर अर्थात् एक बार तीनों क्रियाओं को करना ही प्राणायाम है।

पूरक से चौगुना कुम्भक और कुम्भक से दूना समय रेचक को देना चाहिए। श्वास अंदर रोकने के बाद बहुत सावधानी से धीमे-धीमे श्वास को उतारते हुए बाहर निकालना चाहिए अन्यथा सुषुम्ना में विकृति आ जाती है।

भस्त्रिका प्राणायाम–जब सक्रिय ध्यान 1969 में प्रारम्भ हुआ तो ओशो नासापुटों से गहरी श्वास लेने और वेगपूर्वक श्वास को बाहर उलीचने को कहते थे। यह मध्यम भस्त्रिका प्राणायाम है। इस प्रक्रिया में दोनों नासापुटों से लम्बी, दीर्घ व वेगपूर्वक श्वास अंदर मूलाधार चक्र पर ले जाकर, दोनों नासिकापुटों से वेगपूर्वक बाहर उलीचा जाता था।

इस प्राणायाम में अंदर श्वास खींचकर एक क्षण मूलाधार चक्र पर, श्वास रोकते समय एक क्षण मणिपुर चक्र पर ध्यान देना चाहिए। साधकों द्वारा अंदर श्वास खींचते समय पूरक व कुम्भक ठीक से न हो सकने व अन्य कारणों से बाद में ओशो ने केवल श्वास उलीचना ही सक्रिय ध्यान का प्रथम चरण बनाया। चूंकि शरीर का रोम-रोम श्वास ले ही रहा है, इसलिए ओशो ने श्वास लेने की प्रक्रिया (नासापुटों से) ही समाप्त कर दी। केवल रेचक द्वारा वेग से श्वास उलीचने पर ही उन्होंने जोर दिया जिससे साधक अंदर से खाली हो सके। श्वास उलीचने की चोट से अचेतन में दबे मनोवेग सतह पर आ सकें और फेफड़ों के बाद छिद्र खुल सकें। यह कपालभाति प्राणायाम है।

प्राणायाम से सूर्य चक्र का जागरण–सूर्य चक्र ही शक्ति का भंडार है। अनाहत या हृदय चक्र में ही सूर्य का निवास माना गया है पर वस्तुत: यह चक्र दोनों पसलियों के पंजर के समाप्त होने पर दोनों के मध्य स्थित है। यों यह चक्र निष्क्रिय या सुप्त अवस्था में रहता है पर भस्त्रिका प्राणायाम या नादब्रह्म ध्यान से यह सक्रिय होता है। प्राणायाम से फेफड़ें फैलते हैं और यह फैलाव सूर्य चक्र की परिधि तक पंहुच कर उसे सक्रिय करता है।

सूर्य चक्र शक्ति का भण्डार है। जैसे ब्रह्माण्ड में सूर्य शक्तिशाली केन्द्र है, उसी तरह पिंड (शरीर) में सूर्य चक्र असाधारण कार्यों के सम्पादन करने की सामर्थ्यवाला, चमत्कारों व सिद्धियों का केन्द्र है।

इसे सक्रिय करने के लिए ओशो ने दो ध्यान दिए है। आरेंज बुक में उगते सूर्य पर त्राटक करने तथा दोनों नासापुटों से श्वास इस भाव से लेने को कहा गया है जैसे श्वास द्वार तुम पूरे ब्रह्माण्ड तथा उगते सूर्य की जैविक ऊर्जा और ताजगी, प्राणावायु के साथ अंदर ले रहे हो और श्वास दोनों नासापुटों से कुछ क्षण रोककर धीमे-धीमे इस भाव से उलीची जाये, जैसे तुम श्वास के साथ शरीर के सारे विकार विष और नकारात्मक भाव जैसे घृणा, कामवासना, हिंसा आदि उलीच रहे हो।

उगते सूर्य पर (जब तक किरणें न निकलने लगें) त्राटक करने से और किरणें निकलने पर आंखें बंद कर यह भाव करने से कि उगता सूर्य नाभि पर उदय हो रहा है, सूर्य चक्र सक्रिय होता है।

रात्रि में सोते समय इसी चक्र को ही सक्रिय करने के लिए ही ओशो ने निम्न विधि दी है।

बिस्तर पर ध्यान की मुद्रा में बैठकर पूर्व में बताई विधि के अनुसार ऊर्जा का ऊर्ध्वगमन होने दें। जब ऊर्जा सहस्त्रार से ऊपर ब्रह्माण्ड में निष्कासित करें, ठीक उसी के बाद श्वास रोककर जीभ को उल्टा कर तालू से लगाते हुए चूसने का भाव करें। चूसने की प्रक्रिया से ही योगी लोग समाधि में भी प्राणऊर्जा बिना सांस लिए इसी विधि से प्राप्त करते हैं। फिर शरीर का रोम-रोम तो श्वास ले ही रहा है। श्वास रोककर सहस्त्रार से झरती प्राणऊर्जा का प्रकाश के रूप में अनाहद चक्र पर बरसने का भाव करें। यही भाव करते हुए धीमे-धीमे लेट जायें और सो जायें। प्राणऊर्जा सूर्यचक्र को सक्रिय कर अंतर्यात्रा में काफी विकसित करती है।

योग में इसे सक्रिय करने की निम्न प्रक्रिया दी गई है। प्रकृति के रमणीय स्थान या खुली छत पर नरम बिछौना बिछाकर पीठ के बल लेट जायें। दोनों हाथ नाभि के पास उस स्थान पर रखें जहां पसलियां और पेट परस्पर मिलते हैं। यही सूर्य चक्र है जहां प्राण ऊर्जा एकत्र करनी है।

लेटे हुए पूरे शरीर को शिथिल छोड़कर दोनों नासापुटों से धीरे-धीरे इस भाव के साथ श्वास अंदर खीचें कि मैं विश्वव्यापी प्राण भण्डार में से श्वास के साथ प्राण खींच रहा हूं। वह मेरे रक्त प्रवाह के साथ सभी नाड़ी तन्तुओं में बहता हुआ सूर्य चक्र में एकत्र हो रहा है। श्वास अंदर दस सेंकड तक रोकें तथा प्राण ऊर्जा से भरा अनुभव करें। फिर मुंह खोलकर धीमे-धीमे वायु को इस भाव से बाहर फेंके कि श्वास के साथ शरीर के सभी विकार और विष बाहर जा रहे हैं।

यह प्रक्रिया दस मिनट तक करें तथा आधा घण्टा तक बढ़ायें। कुछ दिनों के बाद सूर्य के स्थान पर एक प्रकाश बिंदु मानस नेत्रों के समक्ष स्पष्ट होने लगेगा।

तनाव नाशक तथा ताजगी लाने वाला प्राणायाम—सुखासन में बैठ कर दोनों नासापुटों से लम्बी गहरी श्वास अंदर खींचे। पांच-सात सेकंड रोककर सीटी बजाने के समान होठों को सिकोड़ कर बिना गाल फुलाये धीमे-धीमे वायु को मुंह से बाहर निकाल दें। जब पूरी वायु मुंह द्वारा बाहर निकाल दें तो फिर उसे बंद कर दोनों नासापुटों से श्वास अंदर खींचे।

यह प्रक्रिया सात-आठ बार करें। सारी थकान दूर होकर ताजगी आ जाएगी।

कामवासना कम करने का प्राणायाम–शाम के समय यह प्रयोग करना अधिक लाभदायक है। यों इसे कभी भी किया जा सकता है।

पीठ के बल लेट जायें। सिर, गर्दन व छाती सभी एक सीध में हों। अब शरीर को ढीला छोड़ दें।

मुंह को बंद कर, गुदा और जननेन्द्रिय को सिकोड़ते हुये दोनों नासापुटों से श्वास अंदर खींचें। श्वास अंदर लेते समय भाव करें कि काम ऊर्जा जननेन्द्रिय से मस्तिष्क की ओर प्रवाहित हो रही है।

जितनी देर आसानी से श्वास अंदर रोक सकें, रोकें। फिर धीमे-धीमे इस भाव के साथ श्वास बाहर निकालें कि काम विकार बाहर निकलते जा रहे हैं और जननेन्द्रिय में हल्कापन और ताजगी आ गई है।

इस क्रिया को नित्य 10-12 बार किया जाये। कामवासना कम होने के साथ कामऊर्जा जो नीचे की ओर बहती है, ऊपर प्रवाहमान होने का नया मार्ग ढूंढ़ लेगी।

तुरन्त उठती कामवासना के रूपान्तरण के लिए श्वास को मुंह खोलकर बाहर उलीचें। 20-30 सेकंड बाद तुरन्त मूलाधार चक्र (गुदा) व जननेन्द्रिय सिकोड़ कर अंदर श्वास खींचे। उपरोक्त बताई प्रक्रिया खड़े होकर या बैठकर भी 3-4 बार करने से उठती कामवासना का ऊर्ध्वगमन होने लगता है। इस ऊर्जा को सहस्त्रार तक ले जाकर इसे पूरे ब्रह्माण्ड में विसर्जित कर दें।

योगदर्शन (2153) में कहा गया है–'धारणासुच योग्यता मनस' अर्थात् प्राणायाम से मन की चंचलता नष्ट होकर उसमें धारण की शक्ति आ जाती है।

कपालभाति प्राणायाम करने से योगियों ने अपने अनुभव से जाना है कि जैसे भोजन के बाद किसी प्रकार वमन हो जाये और मन हल्का और शांत हो जाये, इसी प्रकार इस प्राणायाम द्वारा श्वास उलीचने से अंदर के सारे कल्मष और विकार बाहर निकल जाते हैं और बारंबार करने से प्राण साधक के वश में हो जाता है। प्राण के थिर होने से, मन भी थिर होने लगता है।

चक्रा-ब्रीदिंग ध्यान में भी कपालभाति प्राणायाम का ही प्रयोग किया जाता है।

भ्रामरी प्राणायाम और नादब्रह्म ध्यान—भ्रामरी प्राणायाम में पूरक प्राणायाम अर्थात् श्वास अंदर लेते समय दोनों हाथों के अंगूठों से दोनों कान बंद कर, मुंह बंद कर लिया जाये। दोनों दांतों के जबड़ों के दांत परस्पर मिले न हों और कुछ दूर रहें। दोनों नासापुटों से श्वास जल्दी-जल्दी लेते हुए शीघ्रता से छोड़नी चाहिए और सम्पूर्ण ध्यान शरीर के भीतर होने वाली भ्रमर जैसी गुंजन पर केन्द्रित होना चाहिए।

नाक के छिद्रों से लम्बे स्वर में इस भांति सांस ली जाये कि ध्वनि भौंरे की गुंजार की तरह निकले। अंदर सुविधानुसार सांस रोककर इस तरह श्वास बाहर निकाली जाये जिससे भौंरे की गुंजन की मंद ध्वनि सुनाई दे। भौंरे की गुंजार में मिठास व सुरीलापन हो।

ओशो ने नाद ब्रह्म ध्यान में इस प्राणायाम की प्रक्रिया का आंशिक उपयोग किया है।

पर नाद ब्रह्म ध्यान में यदि कानों में रूई ठूंसकर और दांतों को बिना मिलायें नासिका से भौंरे की संगीतमय ध्वनि निकाल कर, यदि चेतना को कुछ क्षणों, सिर, गर्दन, हृदय पर थिर किया जाये तो पूरा शरीर ध्वनि की विद्युत-ऊर्जा से चार्ज हो जाता है और उसका परिणाम अत्यंत प्रभावी होता है।

❑❑❑

36. प्रेम परम मार्ग है, पर प्रेम हो तभी न?

ओशो कहते हैं–"यदि कोई सचमुच प्रेम ही करता है तो तंत्र की 112 विधियों, या किसी भी ध्यान की उसके लिए कोई आवश्यकता ही नहीं। जिसने परम प्रेम का अनुभव कर लिया वह स्वयं इतना आनंदित और पूर्ण होगा कि वह प्रश्न पूंछने की जहमत उठायेगा भी नहीं। प्रेम इतना तृप्त, परिपूर्ण और आनंदित कर निर्विचार, अहंकारशून्यता और समयशून्यता में ले जाता है कि फिर कुछ और करने की आवश्यकता ही नहीं रह जाती।

प्रेम का अनुभव इतनी प्रगाढ़ तृप्ति और आनन्द है कि कहीं भी कोई कोना खाली रहता ही नहीं। कुछ और पाने, कहने, सुनने या करने की इच्छा ही नहीं उठती। यदि प्रेम के अनुभव के बाद भी कहीं कुछ कमी हैं, कहीं कोई अधूरापन या अंतराल है तो इसका अर्थ है कि प्रेम का तुम्हें प्रगाढ़ अनुभव नहीं हुआ। तुम उसमें पूरी तरह डूबे नहीं। तुम प्रेम की भावना मात्र से चहक रहे हो। प्रेम का भाव मात्र रखना ही प्रेम नहीं है। प्रेम तो आत्मविसर्जन है।

जब प्रेम घटता है तो इतनी प्रगाढ़ तृप्ति होती है कि उसके आगे परमात्मा की भी कोई आवश्यकता प्रतीत नहीं होती। कोई भविष्य नहीं होता। कोई आने वाला या बीता कल नहीं होता। प्रेम वर्तमान में क्षण-क्षण घटता है और सबसे बड़ा लक्षण है प्रेम का कि तुम बचते ही नहीं। प्रेम परिपूर्ण समर्पण है। मैं बचता ही नहीं प्रेम में।

और यदि तुम बचे ही नहीं तो कौन ध्यान करेगा? कौन प्रश्न पूंछेगा? यदि कोई भविष्य ही नहीं तो तंत्र की सभी विधियां व्यर्थ है। विधियां सभी भविष्य में होगीं। उनका परिणाम भविष्य में निकलेगा।

पश्चिम के मनोवैज्ञानिकों में विलियम रैक जैसे लोग मानते हैं कि प्रत्येक मानसिक बीमारी, प्रेम की कमी या अभाव के कारण ही है। चूंकि परिपूर्ण प्रेम या संभोग में आनन्द का सर्वोच्च शिखर, तृप्ति अंहकारशून्यता नहीं मिलती आम लोगों को–इसीलिए इतनी पीड़ा, दुख, तनाव और गिला

शिकवा भी हैं। विरले लोग ही ऐसे प्रेम को उपलब्ध होते हैं। पर इन्हीं लोगों को समाज ने दीवाना, पागल और व्यर्थ बोझ मानकर उन्हें अपमानित किया है। मजनूं को पत्थरों से पीटा है। मीरा जैसी कुल की नाक कटाने वाली साधुसंगत में डोलने वाली साध्वी को मारने के लिए विष का प्याला भेजा गया, काला भुजंग पिटारी में छल से भेजा गया।

वही परिपूर्ण प्रेम, परमात्मा तक जाने का द्वार बन जाता है, जो अपेक्षारहित, ईर्ष्यामुक्त, बेशर्त और परिपूर्ण समर्पण होता है। जिसमें परम स्वीकार भाव होता है। कोई शिकवा शिकायत होती ही नहीं।

चूंकि परिपूर्ण प्रेम मिलना और अकारण होना अस्तित्व की अनुकम्पा पर निर्भर है इसीलिए इसकी प्रतिपूर्ति ध्यान की विधियों द्वारा की जाती है। ध्यान तुम्हें बाहर के जीवन से संतोष और स्वीकार भाव सिखाता है। वह तुम्हारे अंहकार पर चोट कर तुम्हें अतीत और भविष्य के जाल से मुक्त कर वर्तमान में क्षण-क्षण जीना सिखाता है। 'सिखाता है'- यह शब्द वस्तुतः गलत है। ध्यान सिखाता कुछ नहीं, वह तुम्हें बोधपूर्ण बनाता है। ऐसी समझ विकसित करने के लिए परिस्थितियां उत्पन्न करता है।

'प्रेम पंथ ऐसो कठिन' प्रवचनमाला में ओशो कहते हैं-साधुसंत, भक्ति मार्ग को एकमात्र सरल और सुगम मार्ग बतलाते हैं जब कि रहीम कहते हैं-'प्रेम पंथ ऐसो कठिन सब कोई निबहत नाहिं'। यह दोनों दो विरोधी बातें है।

साधु-संत वही कहते हैं–जो तुम सुनना चाहते हो। जो तुम्हें प्रीतिकर और मधुर लगे। तुम्हें सांत्वना और राहत मिले। थोड़ी आशा बंधे। साधु संत तुम्हारी आशा पर ही जीते हैं। वे सपनों के सौदागर हैं।

वे कहते हैं–भक्ति मार्ग है-हरि या राम का नाम और जाप। मंदिर में भगवान की मूर्ति का पूजन और अर्चन। लेकिन हरि राम का जाप तो तोतारटन्त है और राम का हृदय में स्मरण उतना ही कठिन है जितना ध्यान।

ध्यान के लिए सारी विचार शृंखला तोड़नी होगी। मन के पार जाना होगा। अतीत के अंहकार और भविष्य के सपनों के लोभ से मुक्त होकर वर्तमान में क्षण-क्षण जीने की कला सीखनी होगी।

प्रेम के पंथ पर चलना भी ध्यान की ही तरह कठिन है। शायद उससे भी अधिक कठिन। तभी रहीम कहते हैं-

रहिमन मैन तुरंग चढ़ि, चलिबो पावक माहिं

जैसे कोई आग लगे जंगल के बीच से घोड़े पर चढ़कर गुजरे। हरि नाम जपने भर से प्रेम पंथ पर चलना न हो सकेगा।

पहले प्रेम को समझो। प्रेम तीन तरह का होता है। पहली तरह का प्रेम होता है-किसी के प्रेम में गिरना। 'फालिंग इन लव। प्रेम में गिरने का अर्थ है- तुम अपनी निजता खोकर, स्वतंत्रता खोकर किसी दूसरे के गुलाम हो गये। अब तुम उसके बिना रह नहीं सकते। वह तुम्हारी आवश्यकता बन गया। तुमने सोचा था प्रेम मुक्त करेगा पर प्रेम लाया बंधन और कारागार। लोग प्रेम में गिरकर जीवन भर के पवित्र-बंधन में आबद्ध हो जाते हैं। पर विवाह दो लोगों के एक-एक पैर रस्सी से बांधकर उनकी लंगड़ी-दौड़ है। वे दोनों, तीनों पैरों से दौड़ते हैं। पति-पत्नी एक दूसरे पर निर्भर या आश्रित हो जाते हैं और जिस पर तुम निर्भर हो, उसे कभी क्षमा नहीं कर सकते। इसीलिए पति पत्नियों पर क्रुद्ध हैं और पत्नियां पतियों पर। निर्भरता से, गुलाम होने से अंदर क्रोध उत्पन्न होता है। दोनों की निजता और स्वतंत्रता समाप्त होकर दोनों की आत्माएं दुःखी होती हैं। दोनों अपंग हो जाते हैं। ऐसा प्रेम हर घर, हर परिवार में चल रहा है। इस प्रेम में ईर्ष्या, मालकियत थोपने की भावना और अंतहीन अपेक्षाएं है। इसमें निरन्तर कलह संघर्ष और पीड़ा है।

दूसरी तरह का प्रेम, प्रेम में होना-'बीइंग इन लव' है। इनमें प्रेमी-प्रेमिका दो मित्रों की तरह रहते हैं। न पास, न दूर। दोनों आपस में थोड़ा फासला बनाये रखते हैं ताकि दोनों की निजता और स्वतंत्रता सुरक्षित रहे। वे एक दूसरे पर आश्रित नहीं रहते। एक दूसरे पर मालकियत नहीं थोपते। ईर्ष्यामुक्त और अपेक्षारहित रहते हैं। ऐसे प्रेम में थोड़ी गरिमा, प्रतिभा और बोध है। ऐसे प्रेम में शरीर तल से कुछ ऊपर उठकर हृदय का प्रेम भी सम्मलित है। ऐसा प्रेम भी बहुत कठिन है। रहीम जिस **तीसरे प्रेम** प्रेम की बात कह रहे हैं-वह तो अति कठिन है। यह प्रेम की चैतन्य दशा है। यह भीतर से उमगता प्रेम है-सम्पूर्ण अस्तित्त्व के लिए। जड़, चेतन, वृक्षों, जीव जंतुओं और सभी मनुष्यों में उसी एक चैतन्य का अनुभव कर बेशर्त-प्रेम।

जो दुर्लभ व्यक्ति ऐसे प्रेम को जानते हैं-वे ही परमात्मा को जानते हैं। इसी प्रेम का नाम भक्ति है। यही प्रेम परमात्मा से मिलाता है।

साधुसंतों द्वारा बताया भक्ति मार्ग तो प्रेम का हाथों में झुनझुना थमा देता है। हाथ जोड़कर मूर्ति के आगे बैठकर फूल चढ़ा दिये। प्रसाद चढ़ा दिया। प्रार्थना या भजन कर लिया। हरि का नाप जप लिया। पर यह भक्ति एक धोखा और छलावा है। यह तुम्हें परमात्मा तक पंहुचाती नहीं, यह तुम्हारे अंहकार को और बढ़ाती है। इतनी देर नाम जप किया। इतने पदार्थ भोग में चढ़ाये। इतने लोगों को भोजन कराकर दान किया। इतने मंदिर बनवाये।

पर इन सभी कार्यों में मस्तिष्क की चेतना हृदय की ओर प्रवाहित नहीं होती। तुम पिघलते नहीं। संवेदनशील होकर आंसू नहीं बहाते। तुम्हारे पैर नृत्य के लिए उठते ही नहीं। वृक्षों, झरनों और पक्षियों का संगीत तुम्हें दीवाना नहीं बनाता। वीणा की झंकार तुम्हारे प्राणों को आंदोलित नहीं करती।

पहली तरह का प्रेम कामवासना, दूसरी तरह का प्रेम मैत्री और तीसरी प्रकार का प्रेम प्रार्थना या करुणा है। यही परमात्मा का द्वार बनता है। इसी प्रेम के लिए जीसस कहते हैं-प्रेम ही परमात्मा है।

ऐसे प्रेम में लोक लाज गंवाकर पैरों में घुंघरु बांधकर घर की मान मर्यादा को तिलांजलि देकर मीरा की तरह सड़कों पर नाचना होता है। चमार रविदास के चरणों की वंदना कर उन्हें गुरु बनाना होता है। अपने 'मैं' का पूर्णतय: विसर्जन करना होता है।

और ऐसा प्रेम ध्यान से ही जन्मता है। ध्यान की तलवार से विचारों की सारी जड़ें, मान्यताएं और संस्कार काटने होते हैं। चेतना को मस्तिष्क से मुक्त कर, हृदय तल में प्रवेश करना होता है।

कबिरा खड़ा बाजार में लिए लुकाठी हाथ
जो घर बारै आपना, चलै हमारे साथ।

सरल नहीं भक्ति का मार्ग। अपना घर जलाना होता है। स्वयं के बीज के अंहकार के खोल को अज्ञात पृथ्वी के अंधकार में दबे-दबे गलाकार प्रेम का अंकुर उगाना होता है।

यही प्रेम तुम्हारे मिटने की, न होने की, शून्य या निर-अंहकार की दशा है। यह कठिन है तभी रसपूर्ण है। इसमें एक चुनौती, एक पुकार है।

इसी स्थिति में एहसास होता है कि परमात्मा कहीं पास ही है। उसकी गंध, सुवास आने लगती है। झंकार सुनाई पड़नी लग जाती है। बस मिलने की तड़प और तलाश शुरू हो जाती है।

रोना केवल भक्त जानता है। उसके आंसू आंखों से नहीं आत्मा से आते हैं। वह रो-रोकर ही हल्का और निर्भार होता है। रोना उसका रासायनिक-रूपान्तरण करता है।

पर प्रेम, अद्वैत का अनुभव नहीं देता। भक्त और भगवान दो बने रहते हैं। भक्त को अद्वैत की क्षणभंगुर झलक मात्र मिलती है। झलक मिटते ही विषाद और घना हो जाता है। पर द्वैत की कटार छाती में चुभे तभी अद्वैत की खोज शुरू होती है। इसीलिए ध्यान और प्रेम एक दूसरे के पूरक हैं।

दोनों एक दूसरे के बिना अधूरे हैं। धर्म की आकाशगामी यात्रा में ध्यान और प्रेम दो पंखों की तरह है।

प्रेम का पंथ कठिन भी है और सरल भी।

मौसम पै है शबाब, मगर होश में रहो।
पीते रहो जनाब, मगर होश में रहो।
रखो न ये हिसाब, मगर होश में रहो।
पीते रहो जनाब, मगर होश में रहो।

लोग शराब पीते हैं, होश खोने के लिए। बेहोशी में वह संसार को, उसकी कटुताओं को, अपने पीड़ामय अतीत को और स्वयं को भूलने का प्रयास करते हैं। पर भूल कहां पाते है? जितनी भुलाने की कोशिश करते हैं यादें और तल्ख होती जाती है। हां! उन्हें अपने अचेतन मन की एक झांकी मिल जाती है। यदि अचेतन में कामवासना, क्रोध, घृणा या हिंसा छिपी है तो गालियों के द्वारा, झगड़ा फसाद, तोड़-फोड़ या अन्य कृत्यों द्वारा वह उसका रेचन कर थोड़ा सुकून पाते हैं। यदि अचेतन में प्रेम, करुणा या काव्य छिपा है तो नशे में वह भी प्रकट होता है। कुछ शराबी नशे में बहुत सहृदय, उदार और करुणामय हो उठते हैं। वे हंसते है, रोते हैं, गीत या गजल गुनगुनाते हैं और सो जाते हैं। और यह क्रम बरकरार रहता है। उनके नशे की डोज दिन प्रति दिन बढ़ती जाती है। उनका शरीर खोखला होता जाता है। अवसाद और तनाव उन्हें बार-बार शराब पीने को उत्प्रेरित करते हैं। "ज्यों-ज्यों दवा की मर्ज बढ़ता गया" वाली उक्ति चरितार्थ होती है।

पर इसके ठीक विपरीत ओशो ने एक नई शराब दी **ध्यान और प्रेम की शराब!** यह बेहोश करने की बजाय होश जगाती है। सजग, संवेदनशील, सृजनात्मक और प्रेममय बनाती है। यह भी अचेतन की गहराई में जाकर दमित वासना, क्रोध, हिंसा, घृणा, हास्य, रुदन और सभी नकारात्मक भावों का रेचन करती है। अपनी मूढ़ताओं का तटस्थ निरीक्षण करने की दृष्टि देती है। अतीत में निर्मित हुए अंहकार और भविष्य के स्वप्नजाल और लोभ से मुक्त कर वर्तमान में क्षण-क्षण जीने की कला सिखलाती है। यह नृत्य गीत, उत्सव और आनन्द सिखाती है।

यह तुम्हें जीवन की शराब को घूंट-घूंट कर मस्ती में पीते हुए तुम्हें तुम्हारे केन्द्र पर ले जाती है, जो न केवल तुम्हारा केन्द्र है वरन् पूरे अस्तित्त्व का केन्द्र है। तुम खण्ड से अखण्ड हो जाते हो। बूंद सागर में समा कर सागर ही हो जाती है। तुम परमात्मा हो जाते हो। परमात्मा तुम पहले से थे। जन्म के समय तुम भोले, निर्दोष, निष्पाप, सहज और सरल थे। परिवार और

समाज ने नीति, नियम अनुशासन के नाम पर तुम्हें महत्वाकांक्षा का ज्वर और अंतरहित दौड़ दी थी। तुम्हें अपनी सहजवृत्तियों का उसने दमन करना सिखाया था। तुम्हें अपने चेहरे पर कई मुखौटे लगाने की कुटिल राजनीति सिखलाई थी। तुम अपनी भगवत्ता को ही भूल बैठे थे। उस भगवत्ता की याद आ जाने की कला ही ध्यान है।

तुम कहते हो-प्रेम तुमने भी किया है, पर प्रेम ने तुम्हें कभी तृप्त नहीं किया। प्रेम ने कभी शांति, सुकून और आनंद नहीं दिया। प्रेम ने बेवफाई, जुदाई, दर्द, पीड़ा और जलन दी है। प्रेम ने तुम्हें घाव और नासूर दिए है।

नादान शायर की तरह तुम पूंछते हो–

"बताओ प्यार का घर तबाह किसने किया?
न वहां हम थे, न वहां तुम थे,
शीशे का चेहरा स्याह किसने किया?"

तुम शिकायत करते हो–

मैं तो सावन को समझा किया मेहरबां
और सावन मेरा घर जलाता रहा।

प्रेम के उज्ज्वल दर्पण को तुम्हारी मालकियत की भावना, ईर्ष्या, अंहकार और तुम्हारी तृष्णा ही स्याह बनाती है। तुम जिसे प्रेम करते हो, उस पर अधिकार जमा कर उसे गुलाम बना लेते हो। तुम उसे निर्जीव वस्तु, एक सम्पत्ति या एक खिलौना समझ उससे खेलते हो। तुम प्रेम की पूजा नहीं करते। तुम अपने प्रियपात्र से सब कुछ लेना ही चाहते हो। अपना सर्वस्व सौंपना नहीं चाहते। तुम्हारे प्रेम में ईर्ष्या, अपेक्षा और पकड़ है। यह प्रेम नहीं, पर तुम्हारा अंहकार, लोभ और पकड़ ही है।

तुम्हें लगता है प्रेम के सावन की बदली ने झमाझम बरस कर तुम्हें शीतल तृप्त और आनांदित नहीं किया। उसने तुम्हें और तुम्हारा घर जला दिया। तुम जिस प्रेम से यह उम्मीद लगाये बैठे थे वह प्रेम था कहां? वह तुम्हारी चाह थी जिसमें मालकियत, ईर्ष्या और पकड़ थी।

तुम प्रेम को अभी समझे नहीं। प्रेम ही परमात्मा है। प्रेम स्वतंत्रता चाहता है। प्रेम बांधता नहीं। मुक्तिदाता है, इसलिए परममुक्ति देता है।

प्रेम में दुई रहती ही नहीं। प्रेमी-प्रेमिका मिलकर एक जिस्म, एक धड़कन रह जाते हैं। प्रेम की शराब सबसे बड़ा नशा है जिसमें व्यक्ति स्वयं को भूल जाता है। सर्वात्म समर्पण करता है। प्रेम जीने की नहीं मिटने की कला है। जो मिटता है, वही बचता है। यहां प्रेम की बाजी में जो हारने को

तैयार है वही जीतता है। इस प्रेम के रहस्य को मीरा, कबीर और चैतन्य ने जाना। मध्ययुगीन संत और सूफी फकीर इसी प्रेम के तराने गाते रहे।

ऐसा प्रेम ध्यान से ही उत्पन्न होता है। ध्यान से समझ, सजगता, संवेदनशीलता और सृजनात्मकता का जन्म होता है। अभी तुम न प्रेम समझते हो और न ध्यान।

ओशो कहते हैं– "तुम ध्यान को मन की एकाग्रता समझते हो। तुम कहते हो-ध्यान किस पर एकाग्र करें? ध्यान तो किसी मूर्ति, ज्योति या बिंदु पर एकाग्र किया जा सकता है। पर ध्यान, एकाग्रता नहीं है। ध्यान तो एकाग्रता से उल्टी बात है। ध्यान का अर्थ है-शुद्ध जागरूकता किसी चीज पर एकाग्र नहीं होना, समग्र के प्रति जागे रहना ही ध्यान है।

यों समझो–तुम टार्च जलाते हो, तो प्रकाश एक स्थान पर केन्द्रित हो जाता है। टार्च का प्रकाश समझो एकाग्रता जैसा है और दीया जलाना ध्यान है। तुम टार्च लेकर अंधेरे में चल रहे हो तो ठीक सामने की वस्तु तो दिखाई देती है और शेष सभी कुछ अंधेरे में रहता है। पर दीये के प्रकाश में सब कुछ प्रकाशित हो जाता है।

एकाग्रता और ध्यान से प्रवचन सुनने में भी जमीन आसमान का अंतर है। जो लोग सभी ओर से चित्त हटाकर एकाग्रता से सुनते हैं वे एकाग्रता साधने के कारण तनाव से भरकर बहुत जल्द थक जाते हैं। उनकी एकाग्रता कुछ देर से अधिक नहीं रह पाती।

पर ध्यान से होशपूर्वक सुनते हुए तुम साक्षी रहोगे। मुझे सुनने के साथ तुम वृक्षों से टकराती हवा का शोर, पक्षियों की चहचहाहट और राह से गुजरती कारों का भी शोर सुनोगे। सब कुछ तटस्थता से सुनते हुए कोई तनाव या थकान न होगी। चित्त, निश्छल, निर्दोष और विश्राममय होगा।

निराकार पर ध्यान नहीं करना होता। जब तुम ध्यान में होते हो तो कोई आकार रहता ही नहीं। सारे आधार छूट जाते हैं। मात्र शून्यता रहती है। फिर झरता है अमृत।

"अमी झरत, बिगसत कंवल'

ज्ञान और प्रेम, ध्यान की छाया हैं। ध्यान घटता है तो ज्ञान और प्रेम का जन्म होता है। ज्ञान या बोध से कण-कण में परमात्मा दिखाई देता है। फिर कोई पराया रह ही नहीं जाता। सभी की पीड़ा अपनी ही पीड़ा बन जाती है। कोई चाह या मांग रह ही नहीं जाती। 'मैं' मिटता है। 'मैं' के साथ मेरे का भाव मालकियत गिरती है। सभी नकारात्मक भावों का विधायक

भावों में रूपान्तरण हो जाता है। वासना की कीचड़ से प्रेम का कंवल खिल उठता है।"

इसीलिए ओशो ने नियम बनाया था कि जो भी उनमें आश्रम या मैखाने में प्रवेश करे वह जूते उतारने के साथ-साथ अपनी बुद्धि भी वहीं उतार कर उनके साथ रख दे। वह पियक्कड़ बनकर प्रवेश करे आश्रम में। भाव और प्रेम से झूमते हुए।

ओशो कहते हैं-"यहां अंहकारी आयेंगे, अपने आप लौट जायेंगे, क्योंकि समर्पण सूत्र है यहां आने का। बिना शिष्य बने वे मुझे न सुन सकते हैं और न समझ सकते हैं। यहां जो बात कही जा रही है- वह तर्क की नहीं, प्रेम की है।

प्रेम का मार्ग परम मार्ग है। यह समर्पण, भक्ति और बेखुदी का मार्ग है। यह दीवानों, पियक्कड़ों और जीवन को दांव पर लगाने वालों का मार्ग है। इस मार्ग पर चलने के लिए लोक-लाज, मान-मर्यादा और सभी सुख त्यागने होते हैं। मीरा की तरह जहर का प्याला पीना पड़ता है।

कहा जाता है काश्मीरी सूफी फकीर लल्ला प्रेम में इतनी दीवानी हो गई कि वह अलफ नंगी रहती थी। उसे काश्मीर के लोग इतना पूजते थे कि कहा जाता था कि उस पार अल्ला तो इस पार लल्ला है।

आज मुशायरों और फिल्मों में प्रेम-गीतों की धूम है। साइबर केफे भी इस दिशा में महत्त्वपूर्ण भूमिकाएं निभा रहे हैं। रेडियो, टी.वी., सी.डी. और फिल्मों में किसी न किसी चैनल पर प्रेम की ही धुन बज रही है। दी-तीन चैनल तो अध्यात्म, प्रेम और भक्ति थोक में परोस रहे हैं।

अभी कुछ ही दिन पूर्व एक बहुत प्यारी गजल पढ़ रहा था।

रग-रग में तेरी याद समाये तो क्या करूं?
दिल से तेरा ख्याल न जाये तो क्या करूं?
हर हाल में शराब का पीना हराम है
अगर नजर से कोई पिलाये तो क्या करूं?
मुझको जुनूं नहीं कि मैं जागूं तमाम रात
लेकिन तेरा ख्याल जगाये तो क्या करूं?
मुझको मेरे नसीब पै शिकवा तो है जरूर
मुझको मेरा नसीब रूलाये तो क्या करूं?

मौन शमां की तरह बूंद-बूंद कर पिघलते और बुझते प्रेमी, तिल-तिल कर घुटते कराहते, आह भरते मौत की और एक एक कदम उठाते इन्ट्रोबर्ट,

प्रेमी आज इस आधुनिक कम्प्यूटर और एलोक्ट्रोनिक्स मीडिया के जमाने में इतने अधिक दुर्लभ और नगण्य हो गये हैं, कि इनकी घटती संख्या को देखकर यह डर होने लगा है कि कहीं ऐसे दुलर्भ लोग इतिहास बनकर ही न रह जायें।

आज लड़के लड़कियों पर पहले जैसे प्रतिबंध रहे कहां? आज मोबाइल फोन और कदम-कदम पर एस.टी.डी. बूथ के रहते हुए सारे प्रतिबंध शिथिल होने लगे हैं। पर इसके बावजूद भी ऐसे अंतर्मुखी लड़के और लड़कियां ही नहीं, ऐसे स्त्री और पुरुष भी हैं, जो अपने प्रेम की अभिव्यक्त नहीं कर पाते। उन्हें घुटने, तड़पने, आहें भरने और तिल-तिल पर दीपशिखा सा जलने में ही आनन्द मिलता है। स्वयं को दुख देने और शरीर मन को सताने वालों का यह वर्ग

मेरी बात रही मेरे मन में

मैं कह न सका उलझन में

यह प्रेम लैला मजनूं, शीरी-फरहाद हीर रांझा और देवदास-पारों के प्रेम जैसा है। ऐसे लोग मर-मर के जीते हैं।

विरह बान जाहि लागिया औषध लगे ना ताहि।

जियत-जियत फिर फिर मरत, उठै कराहि-कराहि।

ऐसा प्रोटोनिक प्रेम समलिगिंयों में किशोरावस्था में भी होता है और विषमलिगिंयों में युवावस्था के प्रारम्भ में। यह प्रेम मानसिक्र अधिक और शारीरिक कम होता है। प्राय: यह शरीर तल पर नहीं भी उतरता पर इसके मूल में शरीर मन आत्मा सभी संलग्न होते हैं।

आज के युग में जिसे भी ऐसा प्रेम हो वह सौभाग्यशाली है। उसके रूपांतरित होने की बहुत सम्भावना है। महावीर ने इस स्थिति को गलत ध्यान कहा है। है यह भी ध्यान और तल्लीनता। ध्यान होता है स्वयं का स्मरण। आत्मस्मरण। यह प्रेम है-दूसरे पर ध्यान। निरन्तर दूसरे का पर का स्मरण। यदि इसका तीर पर से स्वयं पर हो जाये तो ऐसा व्यक्ति गहरे ध्यान में जा सकता है।

ऐसा सम्भव है किसी आघात से।

राजा भतृहरि रानी पिंगला से अतिशय प्रेम करते थे पर जिस दिन राजा को ज्ञान हुआ कि रानी उनके कोतवाल से प्रेम करती है, वह संसार छोड़ कर योगी बन गये। शृंगार शतक के बाद उन्होंने वैराग्य शतक लिखा।

पर जिन दिनों वह शृंगार-शतक लिख रहे थे उन्हें पिंगला के सौंदर्य में कोई दिव्यता दिखाई दी थी। लैला दुनिया की नजरों में सांवली और कोई

बहुत सुंदर नहीं थी पर मजनूं की निगाहों में वह विश्व की सर्वोतम सुंदरी थी। जैसी दृष्टि हो वैसी ही सृष्टि हो जाती है।

तुलसीदास रत्नावली के प्रेम में इतने आसक्त थे कि उसके मायके जाने पर उसकी जुदाई न सह पाने के कारण मुर्दे को नाव समझ कर उससे नदी पार कर ससुराल के घर के पीछे पहुंचे। वहां रत्नावली की खिड़की से लटके सर्प को पकड़ कर रत्नावली से मिले। पर उन्हें इस दशा में चोरी छिपे मिलकर आने से रत्ना को लाज लगी और उसने चोट कि इतनी प्रीति जो मेरे हाड़ मांस के शरीर से लगा रहे हो उतनी भी यदि प्रभु राम में लगाई होती तो मुक्त हो गये होते।

और कहा जाता है इसी चोट ने तुलसीदास को रामचरितमानस का कवि और संत बना दिया। मीरा ने राणा को छोड़ अपना सांवरिया पति कृष्ण को बनाया।

राणा तो आज भी हैं। राणा के प्रेम में तो मालकियत, ईष्या और अपेक्षाएं है। लोक लाज, मर्यादा की जंजीर है। परम स्वतंत्रता का मुक्ताकाश नहीं। उनके प्रेम में तो शरीर प्रमुख है। उस प्रेम में हृदय का संगीत और प्रार्थना की पवित्रता नहीं।

कभी भी प्रेम प्रयास से होना सम्भव नहीं। प्रेम तो अकारण घटता है और जब घटता है तो एक मस्ती और खुमारी छा जाती है। आंखों में जैसे कंदील जल उठते हैं। शरीर निर्भार हो जाता है। प्रकृति का कण-कण सौंदर्य से ओतप्रोत दिखाई देने 'लग जाता है।

प्रेम में मिलन से भी अधिक विरह का आनन्द होता है। किसी शायर ने लिखा भी है–

वह मजा वस्ल में कहां
जो फिराक (विरह) में है।

जब शरीर के रोएं रोएं प्राणों के हर अणु में उस प्यारे की स्मृति हर पल, हर छिन, निस-बासर बसी ही रहे। जितनी उसे भुलाने की कोशिश की जाये, वो उतनी ही अधिक याद आये।

बस एक ही ख्याल, एक ही विचार रहे। वह विचार भी उसी के बारे में हो। उसी का नाम होठों पर हो।

जो कहते हैं समाधि निर्विचार में लगती है, वे पागल विचार की शक्ति समझते ही कहां है? वे विचारों से पागलों की तरह लड़ते हैं, संघर्ष करते हैं और हार जाते हैं। निर्विचार होना हो तो किसी से प्रेम करके देखो। प्रेम में शब्द खो जाते हैं।

लोग कहते हैं मुहब्बत में जुबां होती है।

यदि समग्रता से एक ही विचार पर सारी चेतना केन्द्रित हो जाये, पूरी तरह मैं खोकर तू ही तू रह जाये, तो फिर बिना 'मैं' के मिटने पर 'तू' भी कहां रह पाता है? फिर मैं और तू की दुई रहती ही नहीं। एक सघन मौन छा जाता है।

रग-रग में तेरी याद समाये तो क्या करूं?

दिल से तेरा ख्याल न जाये तो क्या करूं?

करो क्या? जश्न मनाओ। उत्सव आनंद मनाकर झूमो, नाचो।

अस्तित्व ने ऐसा सौभाग्यशाली क्षण दिया कि किसी की याद तुम्हारे शरीर, मन, प्राण और आत्मा में रंध्र-रंध्र में समा गई। सारी दुनिया जहान और खुद को भूलकर एक उसकी ही याद में घड़ी, दिन हफ्ते, महीने और वर्ष निकल जायें। उस याद में भूख प्यास खो जाती है। सारी चिंताएं पीड़ाएं, और वेदनाएं मिट जाती हैं।

उस प्यारे राम का नाम जपते-जपते, नाम जपने वाला ही राम हो जाता है। मीरा कृष्ण ही में समाहित हो जाती है।

नाप, जप और स्मरण की कोई कम महिमा नहीं है?

यदि तुम्हारा प्रेम परमात्मा से न होकर किसी सांसारिक प्राणी स्त्री या पुरुष से ही हुआ है तो भी बात वही है पर उसके लिए थोड़ी समझ चाहिए। हर घट में वही वृंदावन बिहारी रचा बसा, बांसुरी बजा रहा है। बांसुरी बजाकर पनघट पर चुपचाप बुला रहा है।

उसका रूप, सौंदर्य, सभी कुछ दिव्य और अनुपम है।

❑❑❑

37. आरेंज बुक के कुछ महत्त्वपूर्ण ध्यान प्रयोग

रात्रि ध्यान तथा सोने से पूर्व बिस्तर पर करने वाले ध्यान प्रयोग–

1. प्रार्थना ध्यान
2. गर्भासन में बैठकर मां के गर्भ में होने का ध्यान जिसमें नाभि के नीचे हारा केन्द्र पर श्वास का अनुभव मात्र करना है।
3. ध्यान मुद्रा में बैठकर एक गहरी श्वास लेकर उसे रोक कर श्वास के प्राणतत्त्व को आज्ञाचक्र पर टिकायें और उस प्राणतत्त्व का अनुभव सहस्त्रार पर भी करें।

उक्त दोनों ध्यान विधियां पूर्व अध्यायों में विस्तार से दी गई है।

कम्पन ध्यान–

4. अंधकार कर कमरे के कोने में खड़े हो जायें। क्रमशः आधे-आधे मिनट बायें और दायें पैर पर शरीर का पूरा भार डालकर स्त्री व पुरुष ऊर्जा का अनुभव करें और दोनों पैरों पर समान भार साधकर संतुलन बनाकर खड़े रहें। बैठे हुए ध्यान करने से मस्तिष्क में विचारों का बवंडर भी चलता है क्योंकि तुम खड़े-खड़े पढ़ते लिखते या विचार नहीं करते अतः खड़े हुए शांत होकर तुम ऊर्जा को एक स्तम्भ की भांति अपने अंदर उठता महसूस करते हो। बिना कुछ किए थिर खड़े-खड़े ही शरीर पिघलने मिटने लगता है और तुम अपने केन्द्र पर पंहुच जाते हो। रात के अतिरिक्त भी यह ध्यान कभी भी किया जा सकता है। पन्द्रह मिनट से एक घण्टा तक ध्यान अवधि को बढ़ायें।

अंधकार में खड़े होकर-कंपने का ध्यान–

5. अंधकार में खड़े होकर पहले चरण में केवल सिर को दाएं बाएं दो मिनट तक हिलायें, कंपायें और उसका कंपन अंदर महसूस करें। जब मजा आने लगे, फिर केवल हाथों और फिर धड़ को दो मिनट जोर से हिलायें, कंपायें। फिर केवल कुछ देर पैरों को हिलायें व कंपायें। फिर पूरे शरीर को दो मिनट जोरों से हिलाते कंपाते, तीन चार मिनट पत्थर की शिला की तरह जमकर मूर्तिवत खड़े रहें।

पूरे शरीर में कंपन से एक ऊर्जा का चक्रवात निर्मित होगा और मूर्तिवत होने पर तुम केन्द्र का अनुभव करोगे।

रात्रिध्यान–

6. जिस तारे (Star) से लयबद्धता हो उसे अपने अंदर प्रवेश करने दें।

अंधेरी रात में भूमि पर चित्त लेटकर आकाश में सितारों को देखें। जिस सितारे से अधिक लयबद्धता हो जाये, जो सितारा भाये, उसी पर त्राटक करते हुए यह भाव करो कि तुम एक छोटी-सी झील हो, जिसमें वह तारा प्रतिबिम्बित हो रहा है। जब सितारे से पूरी लयबद्धता हो जाये तब पांच दस मिनट बाद आंखें बंद कर अपने अंदर उस सितारे की खोज करो। चूंकि हम सभी प्रकाश कणों का समूह हैं अत: प्रकाश हम सभी में तरंगयित हो रहा है। प्रत्येक व्यक्ति का अपना कोई सितारा जरूर होता है। कुछ देर आंखें मूंदकर सितारा अन्दर न खोज पाओ तो आंखें खोलकर उस सितारे को देखो फिर आंखे बंदकर अंदर देखो। उस सितारे की उपस्थिति अपने हारा चक्र पर अनुभव करो और वहीं उसे खोंजो। कुछ दिनों के अभ्यास से तुम्हारे चारों ओर प्रकाश का एक आभामंडल बनने लगेगा जिसे तुम स्वयं व अन्य लोग भी अनुभव करेंगे।

7. ल्यूनाटिक ध्यान–

पूर्णिमा से तीन दिन पूर्व और दो दिन बाद भी चन्द्रमा पर त्राटक करते हुये सब कुछ चन्द्रमा पर छोड़ दो। वह अन्दर से जो भाव उत्पन्न करे, उसी के अनुसार उन्माद, उल्लास प्रकट होने दो। वह अन्दर बाहर आने लगेगा। पूर्णमासी को ध्यान करने के बाद तुम अपने अंदर नयी ऊर्जा, शांति, और विश्राम का अनुभव करोगे। पूर्णमासी के दिन तो इस ध्यान को एक घण्टा करो।

8. ध्यान के अंदर ध्यान–

प्रकाश बुझा कर आंखे बंदकर बिस्तर में लेट जाओ और कल्पना करो कि तुम वृक्षों झाड़ियों से भरे किसी जंगल में खड़े हो और आगे जंगल में निरन्तर बढ़ते जा रहे हो। पांच सात मिनट बाद जब ये कामना सघन होकर मूर्तिमान हो जाये तो कल्पना में देखो-जंगल में चलते हुए तुम एक गुफा में पंहुच गये हो और पास ही प्रपात से शोर करता हुआ पानी गिर रहा है। प्रपात के गिरने की ध्वनि के साथ जंगल के सन्नाटे और बीच-बीच में पशु-पक्षियों की ध्वनियां सुनो। फिर देखो कि तुम गुफा में बैठे हुए ध्यान कर रहे हो।

यह ध्यान के अन्दर ध्यान का प्रयोग बहुत अनूठा है।

9. अपने भय से साक्षात्कार करो–

रोशनी बुझाकर रात में दस से लेकर चालीस मिनट तक बैठकर सभी भयानक चीजों भूत, चुड़ैल, दैत्य, दानव और दुष्ट शक्तियों के बारे में सोचते हुये भय की प्रतिमूर्ति बन जाओ। कल्पना से इस सीमा तक पंहुचो कि तुम्हें ऐसा लगने लगे कि तुम मारे जा रहे हो। तुम्हारा दम घुट रहा है। जो भी घटे उससे हो कर गुजरो। फिर जब दिन में या कभी भी भय लगे तो उसे स्वीकार करो। रात्रि में ध्यान करते हुए भय के अभिव्यक्त होने पर उसे जीयो। एक सप्ताह ध्यान से बहुत-सी चीजें बदलने लगेंगी।

10. अपने को मां के गर्भ में होने का अनुभव करो–

प्रकाश बुझाकर रात्रि में बिस्तर में ही गर्भासन में बैठकर कल्पना करते हुये अनुभव करो कि तुम लघुतम आकार में मां के गर्भ में हो। इसी मुद्रा में केवल अपनी आती जाती श्वास का अनुभव करते हुये उसकी ध्वनि सुनो।

इस ध्यान में अद्‌भुत शांति और पारदर्शिता का अनुभव होगा।

11. जीवन और मृत्यु का ध्यान–

प्रकाश बुझाकर बिस्तर में शवासन में लेटकर अनुभव करो जैसे तुम्हारी मृत्यु हो गयी है। शरीर निस्पंद, बेजान, और निष्क्रिय होने का अनुभव करो। 10-15 मिनट के प्रयोग में यदि सो भी जाओ तो भी फिक्र मत करो बल्कि ध्यान करते हुये सो भी जाओ।

सुबह जब जागो तब बिना आंखें खोले 'जीवन ध्यान' करते हुये अनुभव करो कि रात मृत्यु के बाद तुम सुबह नया ऊर्जामय और अधिक

जीवन्त प्राणामय जीवन लेकर लौटे हो और जीवन ऊर्जा तुम्हारे शरीर में प्रवाहित हो रही है।

जीवन ध्यान को पन्द्रह मिनट करने के दौरान तुम जीवन दायिनी गहरी श्वासें ले सकते हो।

सोने से पूर्व अपने अंदर ही सम्पूर्ण ब्रह्माण्ड को देखो–

प्रकाश बुझाकर शांत बैठे हुये अपने शरीर के आकार को बढ़ता हुआ और चारों ओर फैलाता हुआ अनुभव करो। भाव करो कि तुम सीमा हीन होकर अनन्त विस्तार में फैलकर आकाश की ऊंचाइयों में खोकर ब्रह्माण्ड ही हो गये हो। तुम्हारे अन्दर ही असीम आकाश सिमट आया है और उसमें सितारे झिलमिला रहे हैं। उसमें ही चांद और सूरज उदय और अस्त हो रहे हों। सागर झिलमिला रहा हो, तथा जंगल और पर्वत चारों ओर फैले हों।

प्रारम्भ में कुछ दिन अपने को सीमित और शरीर मानने से ही कुछ कठिनाइयां होगीं, पर धीमे-धीमे निर्विचार होने और मन विसर्जित होने पर यह अनुभव होने लगेगा। इस ध्यान को समय मिलने पर दिन में खाली होने पर कभी भी करें और ब्रह्माण्ड को अपने ही अन्दर आते-जाते देखें। रात्रि ध्यान के बाद सुबह जागते ही आंखे बंद किये हुये फिर इस ध्यान को करें।

इस ध्यान से चेतना के अनन्त विस्तार और अद्वैत की अनुभूति होगी।

कुछ रेचन की विधियां–

1. जिबरिश ध्यान–आंखे बंद कर पन्द्रह मिनट तक निरर्थक उस भाषा में जिसे आप न जानते हों, बोलना शुरू करें। अपने अन्दर के सभी विचारों, भावों को निरर्थक शब्दों व अभिव्यक्ति (चेहरे पर क्रोध, घृणा व हिंसा के भावों एवं हाथ पैर फटकारने के साथ) बाहर उलीचें।

15 मिनट बाद पेट के बल लेटकर सांस छोड़ते समय मां पृथ्वी के साथ एकत्व होना और उसमें समहित होने का अनुभव करें।

2. तकिये को पीटना या उस पर प्रहार करना–जब क्रोध आये उसे ध्यान बना लें। कक्ष बंद कर बैठ जायें और जितना क्रोध आये उसे तकिये को पीटते हुये निकालें। उसे नोचें, काटें उस पर चाकू से प्रहार करें। जिस पर क्रोध आ रहा हो उसका नाम तकिये पर लिखकर या उसकी फोटो सीकर या चिपका कर उसे पीटें।

इसे प्रतिदिन सुबह 20 मिनट करें दो सप्ताह तक क्रोध की भावना से मुक्त हो जायेंगे।

3. कुत्ते की तरह चलते हुये गुर्रायें भौंके–कमरे में शीशे के सामने कुत्ते की तरह बैठकर गुर्रायें, भौंकें, जीभ को बाहर लटकने दें।

आधा घंटे का यह ध्यान क्रोध को विसर्जित करने में सहायक है।

4. विपरीत भाव पर ध्यान (ऊर्जा का रूपान्तरण)–हिंसा क्रोध और करुणा कामवासना और प्रार्थनामय प्रेम (घृणा और प्रेम) एक ही सिक्के के दो पहलू हैं।

जब क्रोध आये तो करुणामयी बुद्ध की प्रतिमा को देखते हुये क्षमा प्रेम और करुणा का स्मरण करो और उस विपरीत भाव में डूबो। ऊर्जा का रूपान्तरण हो जायेगा।

5. तनाव से भरने की विधि–जो लोग अवसाद, निराशा और क्रोध से भरे हैं। जिनका ऐसा स्वभाव ही हो गया है उनके लिये प्रतिदिन 15 मिनट का ध्यान।

इसमें क्रोध की ऊर्जा का रेचन न कर क्रोध ही हो जाना है। मुद्राओं, मुखाकृति या ताकिये को पीटना जैसा कुछ भी नहीं करना है।

शरीर के जिस अंग में बैचेनी, तनाव हो पहले उसी अंग को तनाव के चरम शिखर पर ले जाना है फिर पूरे शरीर को पन्द्रह मिनट तक पूरे शरीर को तनाव देकर•एक ज्वालामुखी उत्पन्न करें। फिर आंख बंद कर शांत बैठे हुए अन्दर जो हो रहा है उसे सजगता से देखते रहें।

6. एक पशु बन जाओ–अत्यधिक सभ्य और सुसंस्कृत होने की चाह में हम अपनी प्राकृतिक स्वतन्त्रता को बलिदान कर चुके हैं। अपने अंदर के पशु को हमने दमन कर बंदी बना दिया है, उसे स्वतंत्र छोड़ने की आवश्यकता है।

अतः तुम जो भी पशु कुत्ता, बिल्ली, शेर, तोता बनना चाहो, किसी एक का चुनाव कर रात में 15 मिनट के लिये वही बन जाओ। चारों पैरों से उसी पशु की तरह बोली निकालो, चलो। कमरे में उसकी विभिन्न मुद्रायें बनाते हुये अपने को वही पशु समझकर स्वतंत्रतापूर्वक वैसा ही आचरण करो। तुम नर या मादा कोई भी होने का चुनाव कर सकते हो।

इस ध्यान से तुम्हारे अचेतन की कई समस्याएं सुलझकर तुम्हें जीवन में नई उमंग तरंग और स्वतंत्रता का अनुभव होगा।

7. दर्पण में विभिन्न मुखाकृतियां बनाकर देखना–दर्पण के आगे नग्न होकर विभिन्न मुखाकृतियां बनाते हुये 15-20 मिनट तक विभिन्न भावमुद्रायें बनाकर देखते रहें।

कुछ दिनों के ध्यान के बाद तुम्हें लगेगा कि तुम इससे पृथक हो। और यदि पृथक नहीं हो तो फिर कौन कैसे यह सब कुछ कर रहा है? तुम खेल की तरह इस ध्यान को करो। धीमे-धीमे शरीर और मुखौटों के पार

तुम्हें अपने चैतन्य की अनुभूति होगी और तुम अपने को बड़ा हल्का, शान्ति पूर्ण और आनन्दित अनुभव करोगे।

श्वास के ध्यान—शांत श्वास को कार, रेल, या हवाई जहाज में यात्रा करते समय केवल उसके आने जाने को देखना भर है। न कोई आसन, न कोई मुद्रा और न एकाग्रता। चारों ओर का शोर बाधा न मान केवल शांत श्वास के आने जाने पर अवधान रहे। चारों ओर जो भी हो रहा है उसे सहज स्वीकार करें।

वृक्ष के नीचे बैठ कर किये जाने वाले ध्यानः

1. वृक्षों को मित्र बनायें—किसी मनपसन्द वृक्ष के साथ मित्रता जोड़ें। उसे प्रेम से छुयें, आलिंगन करें, चूमें। उसके नीचे बैठकर उसे महसूस करें। अपने व्यवहार और चेष्टाओं से वृक्ष को जतायें कि तुम एक भले व्यक्ति हो और उसे कभी कोई हानि नहीं पंहुचाओगे।

वृक्षों से सम्वाद—वृक्षों, पौधों को सींचो। उन्हें प्रेम से सहलाओ। वृक्ष के तने से लिपट कर उसकी धड़कनें सुनो। धीमे-धीमे मैत्री प्रगाढ़ होने पर तुम अनुभव करोगे कि तुम जैसे ही वृक्ष के निकट आते हो, वृक्ष तुम्हें ऊर्जा, शान्ति और प्रेम से नहला देते हैं। उसका सान्निध्य तुम्हारी निराशा, उदासी, को दूर कर तुम्हें पुलकन, सिहरन, रोमान्च और आनन्द देगा।

2. वृक्षों के मध्य वृक्ष होने की प्रतीति—वृक्षों के साथ लिपटें। उन्हें चूमें। उनसे बातें करें। जब वह हवा में झूमने लगें तुम भी आंख बंद कर अपने को वृक्ष मान कर वृक्ष की तरह ही हाथ फैलाकर नाचो, झूमो।

वृक्ष पास न हो तो कमरे में ही वृक्षों के मध्य होने का और स्वयं वृक्ष होने का भाव कर हाथ उठाकर इस तरह नाचो जिस तरह वर्षा और तेज हवा में वृक्ष नाचता झूमता है।

इस विधि से तुम आदिम चेतना, अति अचेतन चेतना में प्रविष्ट हो सकोगे।

कोई भी तीन चार ध्यान चुनकर, उन्हें सुबह, शाम और रात्रि में नियमित रूप से कम से कम एक सप्ताह करें।

अगले सप्ताह फिर तीन चार नये ध्यान चुनें और उन्हें भी नियमित रूप से कम से एक सप्ताह करें।

जिस ध्यान से रूपांतरण होने का अनुभव करें उसे बंद न कर नियमित रूप से करते रहें।

❑❑❑

ओशो का हिंदी साहित्य

उपनिषद

सर्वसार उपनिषद

कैवल्य उपनिषद

अध्यात्म उपनिषद

कठोपनिषद

ईशावास्य उपनिषद

निर्वाण उपनिषद

आत्म-पूजा उपनिषद

केनोपनिषद

मेरा स्वर्णिम भारत (विविध उपनिषद-सूत्र)

कृष्ण

गीता-दर्शन

(आठ भागों में अठारह अध्याय)

कृष्ण-स्मृति

महावीर

महावीर-वाणी (दो भागों में)

जिन-सूत्र (दो भागों में)

महावीर या महाविनाश

महावीर मेरी दृष्टि में

ज्यों की त्यों धरि दीन्हीं चदरिया

बुद्ध

एस धम्मो सनंतनो (बारह भागों में)

अष्टावक्र

अष्टावक्र महागीता (छह भागों में)

लाओत्से

ताओ उपनिषद (छह भागों में)

कबीर

सुनो भई साधो

कहै कबीर दीवाना

कहै कबीर मैं पूरा पाया

न कानों सुना न आंखों देखा (कबीर व फरीद)

शांडिल्य

अथातो भक्ति जिज्ञासा (दो भागों में)

अन्य रहस्यदर्शी

नाम सुमिर मन बावरे (जगजीवन)

अरी, मैं तो नाम के रंग छकी (जगजीवन)

कानों सुनी सो झूठ सब (दरिया)

अमी झरत बिगसत कंवल (दरिया)

हरि बोलौ हरि बोल (सुंदरदास)

ज्योति से ज्योति जले (सुंदरदास)

अजहूं चेत गंवार (पलटू)

सपना यह संसार (पलटू)

काहे होत अधीर (पलटू)

जस पनिहार धरे सिर गागर (धरमदास)

का सोवै दिन रैन (धरमदास)

सबै सयाने एक मत (दादू)

पिव पिव लागी प्यास (दादू)

कन थोरे कांकर घने (मलूकदास)

रामदुवारे जो मरे (मलूकदास)

भक्ति-सूत्र (नारद)

शिव-सूत्र (शिव)

भजगोविन्दम् मूढ़मते (आदिशंकराचार्य)

एक ओंकार सतनाम (नानक)

जगत तरैया भोर की (दयाबाई)

बिन घन परत फुहार (सहजोबाई)

पद घुंघरू बांध (मीरा)

नहीं सांझ नहीं भोर (चरणदास)

संतो, मगन भया मन मेरा (रज्जब)

कहै वाजिद पुकार (वाजिद)

मरौ हे जोगी मरौ (गोरख)

सहज-योग (सरहपा-तिलोपा)

बिरहिनी मंदिर दियना बार (यारी)

प्रेम-रंग-रस ओढ़ चदरिया (दूलन)

दरिया कहै सब्द निरबाना
(दरियादास बिहारवाले) हंसा तो मोती चुगै (लाल)
गुरु-परताप साध की संगति (भीखा)
मन ही पूजा मन ही धूप (रैदास)
झरत दसहुं दिस मोती (गुलाल)
जरथुस्त्र : नाचता-गाता मसीहा (जरथुस्त्र)

प्रश्नोत्तर

नहिं राम बिन ठांव
प्रेम-पंथ ऐसो कठिन
उत्सव आमार जाति, आनंद आमार गोत्र
मृत्योर्मा अमृतं गमय
प्रीतम छवि नैनन बसी
रहिमन धागा प्रेम का
उड़ियो पंख पसार
सुमिरन मेरा हरि करैं
पिय को खोजन मैं चली
साहेब मिल साहेब भये
जो बोलैं तो हरिकथा
बहुरि न ऐसा दांव
ज्यूं था त्यूं ठहराया
ज्यूं मछली बिन नीर
दीपक बारा नाम का
अनहद में बिसराम
लगन महूरत झूठ सब
सहज आसिकी नाहिं
पीवत रामरस लगी खुमारी
रामनाम जान्यो नहीं
सांच सांच सो सांच
आपुई गई हिराय
बहुतेरे हैं घाट
कोंपलें फिर फूट आईं
फिर पत्तों की पांजेब बजी
फिर अमरित की बूंद पड़ी
क्या सोवै तू बावरी
चल हंसा उस देस
कहा कहूं उस देस की
पंथ प्रेम को अटपटो
माटी कहै कुम्हार सूं
मैं धार्मिकता सिखाता हूं, धर्म नहीं

झेन, सूफी और उपनिषद की कहानियां

बिन बाती बिन तेल
सहज समाधि भली
दीया तले अंधेरा

तंत्र

संभोग से समाधि की ओर
तंत्र-सूत्र (पांच भागों में)

योग

पतंजलि : योग-सूत्र (पांच भागों में)
योग : नये आयाम

विचार-पत्र

क्रांति-बीज
पथ के प्रदीप

पत्र-संकलन

अंतर्वीणा
प्रेम की झील में अनुग्रह के फूल
पाथेय

बोध-कथा

मिट्टी के दीये

ध्यान, साधना

ध्यानयोग : प्रथम और अंतिम मुक्ति
नेति-नेति
चेति सकै तो चेति
हसिबा, खेलिबा, धरिबा ध्यानम्
समाधि कमल
साक्षी की साधना
धर्म साधना के सूत्र
मैं कौन हूं
समाधि के द्वार पर
अपने माहिं टटोल
ध्यान दर्शन
तृषा गई एक बूंद से
ध्यान के कमल

जीवन संगीत
जो घर बारे आपना
प्रेम दर्शन
साधना-शिविर
साधना-पथ
मैं मृत्यु सिखाता हूं
जिन खोजा तिन पाइयां
समाधि के सप्त द्वार (ब्लावट्स्की)
साधना-सूत्र (मेबिल कॉलिन्स)
ध्यान-सूत्र
जीवन ही है प्रभु
रोम-रोम रस पीजिए
राष्ट्रीय और सामाजिक समस्याएं
देख कबीरा रोया
स्वर्ण पाखी था जो कभी और
अब है भिखारी जगत का
शिक्षा में क्रांति
नये समाज की खोज
नये भारत की खोज
नये भारत का जन्म
नारी और क्रांति
शिक्षा और धर्म
भारत का भविष्य
विविध
अमृत-कण
मैं कहता आंखन देखी
एक एक कदम
जीवन क्रांति के सूत्र
जीवन रहस्य
करुणा और क्रांति
विज्ञान, धर्म और कला
शून्य के पार
प्रभु मंदिर के द्वार पर
तमसो मा ज्योतिर्गमय
प्रेम है द्वार प्रभु का
अंतर की खोज
अमृत की दिशा
अमृत वर्षा
अमृत द्वार
चित चकमक लागे नाहिं
एक नया द्वार
प्रेम गंगा
समुंद समाना बुंद में
सत्य की प्यास
शून्य समाधि
व्यस्त जीवन में ईश्वर की खोज
अज्ञात की ओर
धर्म और आनंद
जीवन-दर्शन
जीवन की खोज
क्या ईश्वर मर गया है
नये मनुष्य का धर्म
धर्म की यात्रा
स्वयं की सत्ता
सुख और शांति
अनंत की पुकार

ओशो के ऑडियो-वीडियो प्रवचन एवं साहित्य के संबंध में
समस्त जानकारी हेतु संपर्क सूत्र :

साधना फाउंडेशन

17 कोरेगांव पार्क, पुणे 411001
फोन: 020-6136655 फैक्स: 020-6139955
E-mail: distrib@osho.net Website: www.osho.com

नये मनुष्य के लिए एक नया दृष्टिकोण